Contents

Foreword

I have always admired the Victorians for their love of intricate detailed pattern and rich colors.

The fascination started at the age of ten, when my great aunt, who was born in Victoria's reign, gave me a miniature antique chest of drawers for my birthday. I was thrilled with it and immediately vowed to keep it full of tiny, precious items that I could collect over the years. I began with silver-topped scent bottles, miniature books, thimbles, snuffboxes, and any tiny article that I could afford with my pocket money or beg from a generous grandfather. I still have the chest of drawers today; however, it houses only a small part of the collection that I started then.

As I grew older, I became interested in all types of sewing and crafts, and so my collection included the beautiful tools and sewing items that were produced in such profusion in Victorian times.

My interest grew until needlework and crafts became my career, and at last I have brought everything together to write this book, which I hope will bring you many hours of creative pleasure.

VICTORIAN CRAFTS REVIVED

CAROLINE GREEN

PHOTOGRAPHY DI LEWIS

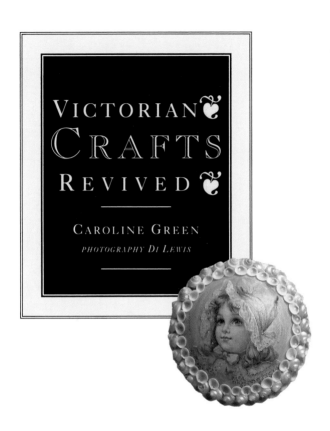

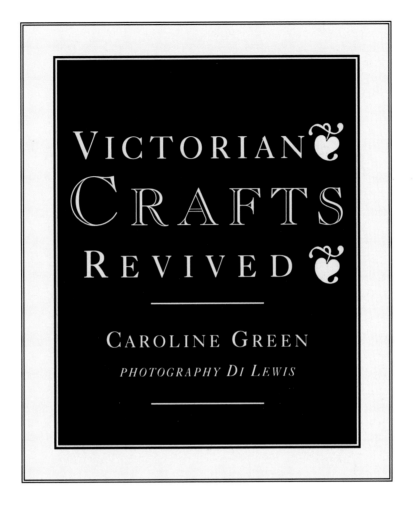

Victorian Crafts Revived

Caroline Green

PHOTOGRAPHY DI LEWIS

The Reader's Digest Association, Inc.
Pleasantville, New York • Montreal

ACKNOWLEDGEMENTS

I would like to thank the following people and companies for their help in making this book possible, and pleasurable.

Di Lewis for her imaginative and beautiful photography throughout the book and for her support and friendship in this project.

Rubena Grigg, who so kindly allowed us to photograph her beautiful découpage work at her house.

Marianne Grace, who made the lovely beaded bottles and earrings.

The expert needlewomen who worked so hard stitching many of my designs: Sue Robinson, Carrie Holyoak, Lyn Jones, and Pat Carden.

Sue and David Hill for the loan of some wonderful antique pieces and for kindly allowing us to photograph in their home.

Judith Dawes for lending her baby's crib and allowing us to photograph in her house and garden, and Suzanne De'Ath for bringing her baby son to be the model.

Appleton Bros Ltd., London, for supplying all the tapestry wools.

DMC Creative World Ltd., Leicester, for supplying all the embroidery threads and fabrics.

Hallmark Cards Ltd., Oxon, for supplying Victorian-style wrapping paper.

Lunn Antiques, London, for the loan of beautiful antique lace.

Arthur Sanderson and Sons Ltd., London, for the loan of their Opera fabric, featured on page 95.

Vince and Ann of V. and A. Traynor Fine Arts, Berkshire, for help with framing.

Lakeland Plastics Ltd., Cumbria, for supplying paper doilies.

Woman and Home magazine, which first featured my sailor's valentine shell pictures in that excellent publication.

And of course many thanks and love to my husband, David, and my two sons, Alistair and Duncan, who have been so patient, helpful, and supportive over the past months while the book has been in progress.

A Reader's Digest Book
Produced by David & Charles

Originally published in Great Britain.

Library of Congress Cataloging in Publication Data
Green, Caroline (Caroline M.)
        Victorian crafts revived / Caroline Green : photography
D.I. Lewis.
            p.   cm
        "Reader's digest book" – Verso t.p.
        Includes index.
        ISBN 0-89577-605-7
        1. Handicraft.   2. Decorative arts, Victorian.   3. Needlework –
        Patterns.   I. Title.
TT157.G636   1993
        745.5 – dc20   93-50890

David & Charles, PLC, is a wholly-owned subsidiary of The Reader's Digest Association, Inc.

Reader's Digest and the Pegasus logo are registered trademarks of The Reader's Digest Association, Inc.

Typeset by Greenshires Icon Exeter
and printed in Italy by Milanostampa SpA
for David & Charles
Brunel House Newton Abbot Devon

Introduction

The industrial revolution brought a greater amount of leisure time to the newly rich middle-class women who could now afford to employ servants. So needlework and crafts were no longer just for the gentry. The newly established lady of the household had time on her hands to produce beautiful pieces of needlework, watercolors, cut paperwork, embroidery, shellwork, and flowercrafts. The daughters of the house, with little chance of a career before marriage, also learned these skills. The items they made so beautifully were displayed about the home to be admired by family and friends. They were a source of great pride to both the maker and to her husband or father.

In the middle of the 19th century, extravagantly colored printed charts for woolwork arrived from Germany. This was quite a revolution in home needlework, for up until that time ladies had spent long hours making delicate embroidered silk pictures in crewelwork. Sometimes the silk pictures were pre-drawn, ready to be translated into stitching, but more often they were designed at home. Some people looked down on the new, ready-made patterns from the Continent as lacking in creativity and artistic talent, but in fact they brought needlework to a much wider audience.

New chemical aniline dyes provided colors for wool much brighter than the vegetable dyes used in the past, and the Victorians made full use of every shade! The results must have been very vivid and not the subtle, faded colors that we now associate with Victorian furnishings.

Almost every sort of household item could be made in needlepoint and it soon became the most popular of all pastimes. Large drawing room carpets were probably the most ambitious projects, although they were mostly stitched in small squares and then assembled later into the full-sized carpet. Cushions and covers for chairs and sofas were the most usual sight in a Victorian drawing room, with the addition of bellpulls, fire screens, footstools, pictures, and pelmets. Small beginners' projects ranged from pincushions, needlecases, and book covers to waistcoats, slippers, and cigar cases. Virtually the whole household's needs could be catered for in needlepoint!

Flowers were a popular subject, arranged into garlands, posies, and wreaths. There are many original examples still surviving today. Exotic birds and animals were an excellent subject, as well as rather sentimental representations of pet dogs and cats, which were a great favorite. Highly detailed copies of famous paintings and religious scenes were often stitched, especially on a Sunday, when frivolous pastimes were frowned on.

All sorts of other needlework abounded, with cross stitch a great favorite and often the first type of stitching that a child learned. This was usually in the form of a sampler to perfect the stitch and try out various patterns.

Whitework embroidery was more a necessity than a craft, as it was the fashion for most table

and bed linen to be embroidered in this way for everyday use. All types of patchwork and quilting were very common. Warm patchwork quilts were made from scraps of fabric cut from old clothes, something beautiful thus being created from virtually nothing.

More frivolous crafts and fancywork, as it was called, were featured in the many ladies' magazines that were produced in that era. Ladies were encouraged to make all manner of workbaskets, pincushions, antimacassars, needlecases, even penwipers, decorated matchboxes, and whatnot, to fill their time. These were produced to give as Christmas and birthday presents and to sell for the support of various charities at bazaars.

VICTORIAN SEWING EQUIPMENT

A lady's sewing table was given pride of place in the drawing room and many of them were exquisite pieces of furniture. However, if a sewing table was too expensive, a workbox could hold almost as much equipment, and the number of different styles still in existence shows that this was probably the most popular choice.

Beautiful sets of sewing accessories were made to go with these boxes, and if you come across one today with the set complete, it is a real find. Most sets were made of silver, mother-of-pearl, or ivory and always included scissors, a thimble, a slim case of needles, a stiletto, and a bodkin. These five essential items can often be found in small, flat, recessed ivory boxes that could be slipped into a pocket for traveling. Ladies often took their sewing with them when visiting friends, especially if they didn't enjoy playing bridge or other games.

In addition to the basic sewing tools, thread winders, spools, hemming clamps, pincushions, pin boxes, and tape measures were all thought to be necessary items for the needlewoman. Each of these came in numerous different styles and ingenious designs, and they make delightful collector's items.

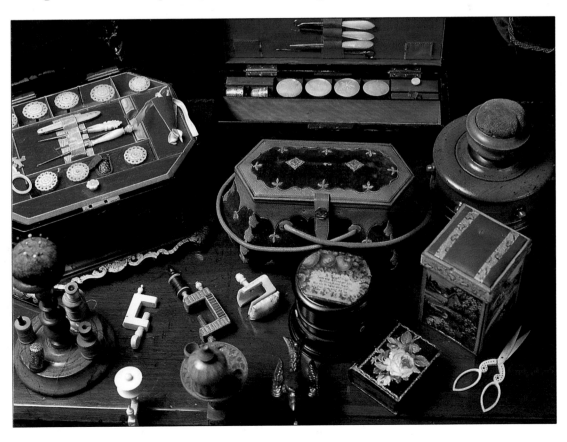

Patchwork &
❦ Quilting ❦

Crib Quilt

Patchwork and quilting are two closely allied crafts that are typical of the Victorians' love of flamboyantly colored and detailed work. Many patchwork items involve some sort of quilting to complete them, but you can also make beautiful, highly decorative items by quilting plain fabric in intricate patterns.

This baby block or tumbling block patchwork was a great favourite on both sides of the Atlantic. It is worked in fine lawn, basted onto diamond-shaped papers, then hand stitched in groups of three to make the three-dimensional – looking block pattern. The secret is to choose the fabrics very carefully in distinct groups of light, medium, and dark colors. This design uses about twelve different patterns.

For a 23 × 15 ¾in (59 × 40cm) quilt, plus frill:
8in (20cm) each of fine patterned lawn in twelve
different designs: 4 light, 4 medium, and 4 dark
1yd (1m) of similar weight fabric for the frills and
backing material
½yd (50cm) of thick polyester batting
Paper for patchwork papers
Craft knife and metal ruler
Poster board for template
Sharp pencil
Matching thread
A paper pattern of crib shape
Quilting needle and quilting thread to match fabrics
2 skeins of embroidery thread

❶ Trace the diamond shape from the page onto the poster board. This will be your template. Cut out the template and draw around it with a sharp pencil on the paper. Make about 110 paper diamonds to use as patchwork papers and cut them out. Using the same template, cut out the same number of diamonds in fabric, adding about ¼in (6mm) all around for turning. The fabric does not have to be accurate as long as there is enough to fold over the papers with a small seam allowance.

❷ Pin one paper diamond centrally onto the wrong side of each fabric diamond. Fold the excess fabric over the edge of the paper and baste it in position. Start the basting with a knot on the right side of the diamond, as this will make it easier to remove the threads later on. Prepare a quantity of these pieces before you start to join them into the patchwork.

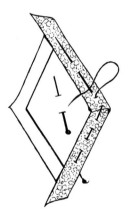

Stitching fabric to paper diamond

❸ Begin joining the pieces together in blocks of three – one light, one medium, and one dark in each group. Always have the light one at the top, the medium one to the left, and the dark

The quilt is decoratively edged with a matching frill
and ruffle.

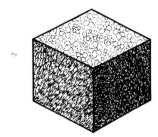

Block of diamond patches

one on the right. To join two patches, place them with right sides facing and overcast with tiny stitches along one edge. At the end of the side, open the patches out flat and join on the other patch to form the hexagonal block. When you have made a quantity of these, lay them out to the size of your quilt pattern in a pleasing arrangement of colors. Join the blocks in horizontal rows and then join the rows together to make the complete shape.

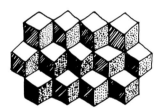

Join the blocks to make the
traditional pattern

❹ When all the patches are sewn together, pull out the basting threads by the knots and remove the patchwork papers. Carefully iron the resulting patchwork fabric. Cut out a piece of backing fabric and batting the same size as the quilt. Baste them all together with right sides outside

and the batting in between. Work several rows of basting through all the layers, starting from the center and working out to the edges.

❺ Using matching quilting thread and a quilting needle, make small running stitches in lines following the top and base of each row of blocks. This will join the layers together securely and quilt the patchwork. Pin around the edge and cut out the quilting to the exact size of your crib pattern.

❻ For the frill, cut and join strips of the backing fabric to make a piece 4in × 5yd (10cm × 4.50m). Fold this strip in half with wrong sides together and run a gathering thread near the raw edges. Pull up the gathers to fit the edge of the quilt and pin and stitch the frill to the back of the quilt, matching raw edges. Press the seam allowance toward the center of the quilt to make the frill lie flat and then baste the raw edges down.

❼ For the ruffle, cut and join strips to one of the patchwork fabrics to make a piece 3in × 5yd (7.5cm × 4.50m). Fold this strip in half lengthwise with right sides together and stitch close to the raw edges. Turn strip right side out and press, with the seam running centrally on the underside. This will be the back of the ruffle. Make a line of gathering stitches down the center of the ruffle and pull up to fit around the quilt along the raw seam. Baste ruffle in place. Using three strands of embroidery thread, work a line of chain stitch over the gathering to hold in place and make a decorative finish.

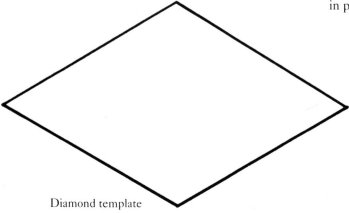

Diamond template

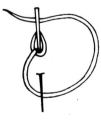

Chain stitch

Sewing Basket
with Patchwork Lid

Sewing baskets were very popular throughout the 19th century.
They were usually four-sided boxes rather than the five-sided one
I have designed here (see page 18), and were made in various sizes
from very tiny ones, which were possibly toys, to rather splendid ones
that could be displayed on a side table. The idea was to hold all the
necessary items for sewing in one container and to display them
attractively when the lid was removed, as shown below.

Thick poster board
Pieces of thin poster board for lining
½yd (50cm) of the main fabric
Scraps of fabric in five coordinating patterns for
  the patchwork lid
Matching thread
Plain lining fabric (lawn or silk is ideal)
Purchased tassel and cord or DMC pearl cotton to
  make your own
Narrow satin ribbon in two colors
Scraps of thin batting
A pencil, 2½in (6.5cm) long
Paper
Glue
Sharp craft knife and ruler
Needlework items: scissors, pins and needles, tape
  measure, needle threader, bodkins, safety pins,
  thimble, and a large spool of white thread

❶ Start by drawing full-size patterns for all pieces. Use these to cut out five side pieces, one base, one lid top, five lid side pieces, one inner base, and five inner side pieces from thick poster board. Cut a round hole, as marked, in the center of the inner base piece.

❷ Cut a piece of the main fabric a little larger all around than the box base. Lay this right side down on the work surface and center the poster board base on top. Fold the edges of the fabric around onto the back of the poster board and glue in place.

❸ Cut out a piece of the main fabric 14in (35cm) square. Lay this right side down on your work surface and glue the covered box base in the center, right side up. Place the box sides around the base, matching each side piece to the sides of the pentagonal base and leaving a small gap between the side pieces and the base. This gap should be about the thickness of the poster board. Carefully trim the fabric around the three outside sides of each of the poster board pieces to leave about 1in (2.5cm) excess. Fold over the excess fabric and glue to the poster board, snipping the excess fabric to make it lie flat.

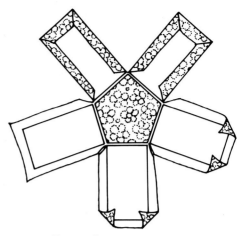

Layout for box sides and base

❹ Cut out five pieces of thin poster board slightly smaller than the box sides. Glue a piece of the batting to one side of each piece and trim the batting flush with the edge of the poster board. Lay each piece of poster board, batting side down, on to the wrong side of a piece of the lining fabric. Bring the raw edges of the fabric around and glue to the back of the poster board.

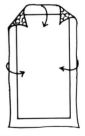

Covering box side

❺ Cut five 3in (8cm) pieces from each of the two ribbons. Glue one of each color around the lining pieces. Glue lining pieces to box sides so that all raw fabric edges are hidden.

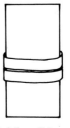

Adding ribbons

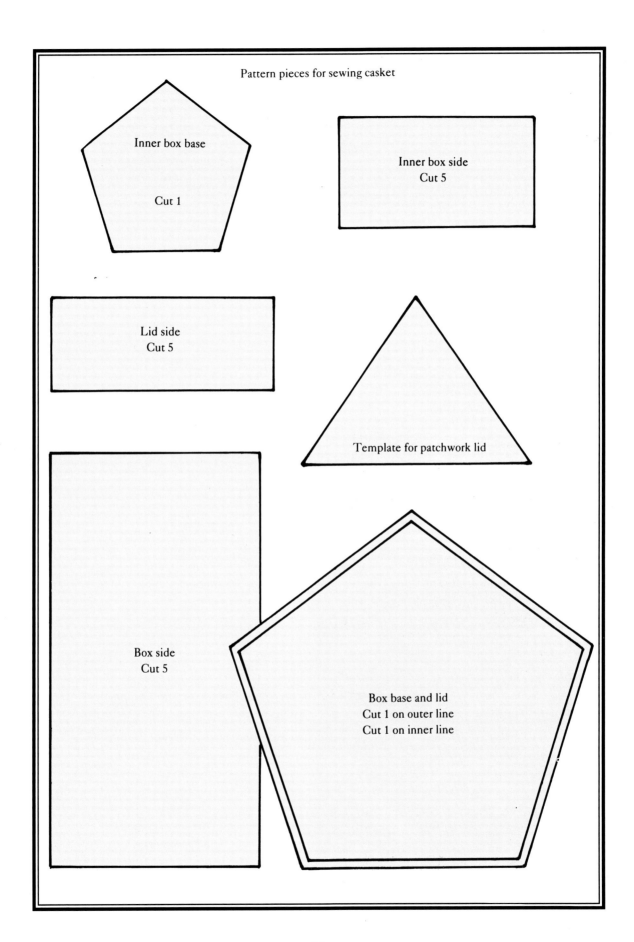

Pattern pieces for sewing casket

Inner box base

Cut 1

Inner box side
Cut 5

Lid side
Cut 5

Template for patchwork lid

Box side
Cut 5

Box base and lid
Cut 1 on outer line
Cut 1 on inner line

❻ Finish the small inner box in exactly the same way but omit the ribbon. Snip the fabric inside the hole in the base and glue the points to the underside of the poster board. Cover the pencil by gluing on a strip of the main fabric, leaving 1in (2.5cm) of fabric free at the bottom end. Push the covered pencil up through the hole in the base. Snip the excess fabric at the end of the pencil and glue the fabric under the poster board base, to hold the pencil firmly. Center and glue the base of the inner box to the base of the main box. The points of the small pentagon should match up with the centers of the sides on the large pentagon, so that the box falls open correctly.

Gluing pencil to base

Keep your sewing basket handy for all those little last-minute sewing jobs.

❼ To cover the lid, cut out a piece of the main fabric 14 × 2in (35 × 5cm). Lay it out on the work surface, right side down. Place the lid sides in a line, centered along the fabric, leaving a tiny gap between each piece. Fold the excess fabric along one long side over the lid and glue side pieces in place. Fold and glue the fabric over one short end. Fold this strip to fit around the edge of the lid top. Bring the excess fabric onto the lid top and glue to the top to hold in place. Cut out slightly smaller pieces of thin poster board to fit inside the lid, cover them with lining fabric, and glue in place.

Assembling the lid

❽ To make the patchwork top for the lid, cut out five triangles of paper from the pattern. Pin these to the wrong side of the five scraps of patchwork fabric and baste in place, folding in the corners as you go. Remove the pins. Carefully slip-stitch the triangles together to form the pentagon shape. Remove the basting threads and the patchwork papers. Cut out a lid top in thin poster board and glue on a layer of batting. Cover this with the patchwork, matching up the base of each triangle with the sides of the pentagon. Fold over the edge of the patchwork fabric and glue it to the back of the poster board.

❾ Take the tassel and stitch it through the center of the patchwork lid top. To make your own stitched head tassel, see the Tassels and Cords chapter. Glue the lid top in place to cover all the raw edges of fabric.

❿ Put the spool of thread over the pencil and place the thimble on top. Push various pins and needles into the flaps of the inner box and insert all the remaining needlework items under the ribbons on the box sides. Bring up the sides and place the lid on top to close.

Quilted Bedroom Accessories

These luxurious satin accessories (page 21) are worked by hand in traditional English quilting. The cushion and nightgown case look lovely displayed on top of the bed, and the drawstring bag is a perfect place to keep delicate stockings and underwear.

❶ Trace the design from the book, using a fine black waterproof felt-tipped pen. Tape the satin fabric over the tracing and draw over the design using a soluble felt-tipped embroidery marker pen or a white chalk quilting pencil. It is best to test the marker pen on some spare fabric first to make sure that it will wash out.

❷ The quilted areas for each article should be stitched first, and then the pieces can be made up into the finished items. Cut out the satin fabric, batting, and backing to the required shape and baste them together carefully before you begin quilting. This is a very important stage in quilting, as the layers can easily slip out of place as you are stitching. The batting should be laid between the layers of fabric and the right sides of the fabric should be on the outside. Use a fine needle and thread, so as not to mark the satin unnecessarily, and start basting with a knot on the right side. Start stitching in the center of the fabric and work out toward the corners. Then baste vertically and horizontally in lines about 4in (10cm) apart. Last, baste around the fabric near the raw edge.

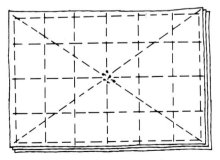

Basting fabric layers in place

Work with medium-length stitches, not pulled too tightly.

❸ Most small pieces of work can be hand quilted without the need for an embroidery frame, but some people find it easier to use a frame as it keeps the backing fabric taut, allowing the quilting to show up well on the surface.

❹ You can use either matching silk thread or special, stronger quilting thread for your stitching. Begin in the center of the design and work outward to keep the layers even. Use a fine quilting needle and make small even running stitches. The smaller and more detailed the pattern, the smaller and closer together these stitches should be. Fasten off securely on the reverse with two or three backstitches.

CUSHION

14in (35cm) square cushion pad
½yd (50cm) peach satin, at least 60in (1.85m) wide
18in (46cm) square of medium-weight polyester
  batting
Matching thread
18in (46cm) square of backing fabric

❶ Cut out two 18in (46cm) squares of peach satin. Fold one piece of satin in half and mark along the fold. Open it out and fold in half the other way and mark again. This is to mark the center of the cushion front.

❷ Trace the quarter pattern on page 20. Draw

the quilting lines onto the center of the satin, turning the tracing over twice to complete the whole pattern.

Baste the satin, batting, and backing together, as described on page 19, and hand quilt along the pattern lines with small running stitches.

❸ For the frill, cut and join 3½in (9cm) wide pieces of satin to make a strip 3¼yd (3m) long. Fold the strip in half lengthwise, with the right side outside. Run a gathering thread ⅝in (1.5cm) from the raw edge. Pull up the gathers to fit around the cushion front. Pin and baste the frill in place, matching up the raw edges. Tuck in the short raw ends to neaten. Machine stitch frill in place.

❹ Lay the satin cushion back piece on top of the front with right sides together, and baste all around. Machine stitch over the first row of stitches, leaving a 10in (25cm) gap along one side for turning. Trim the excess fabric at the

Center point

¼ pattern for cushion

Add seam allowance

Add seam allowance

corners and turn right sides out. Carefully remove all the rows of basting, pulling them out by the knots.

❺ Insert the cushion pad and hand stitch the opening to neaten. You could insert a light-weight zipper here to make removal of the cover easier for cleaning.

NIGHTGOWN CASE

¾yd (70cm) each of pale peach satin, medium-
weight polyester batting, and backing fabric
Matching thread
Tiny matching ribbon bow
Velcro fastener

❶ Following the diagram, cut out satin, batting, and backing fabric for the front and back of the nightgown case. Transfer the quilting patterns and baste the layers together for each piece. Hand stitch all the quilting.

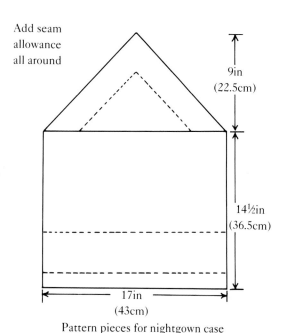

Add seam allowance all around

9in (22.5cm)

14½in (36.5cm)

17in (43cm)

Pattern pieces for nightgown case

❷ Cut out a 31 × 2½in (79 × 6cm) bias strip of satin. Use this to bind the raw edges of the pointed flap of the nightdress case. Make a small pleat at the point so the fabric lies flat.

❸ Place the quilted front piece over the back piece with right sides together and raw edges matching. Machine stitch the sides and lower edge, leaving a ⅝in (1.5cm) seam allowance. Trim away the batting and the backing fabric close to the seam. Fold the satin fabric seam allowance over to cover the raw edges of the seam, and hand stitch to neaten. Remove basting.

❹ Turn the case right sides out. Sew on a Velcro fastener and a tiny bow at the point of the flap to complete.

DRAWSTRING BAG

½yd (50cm) each of pale peach satin, backing fabric,
and medium-weight polyester batting
Matching thread
1yd (1m) of matching silk cord

❶ Mark the border pattern along one long edge of the satin. Following the diagram, cut out the bag to size and baste the layers together as before. Hand quilt along the marked lines.

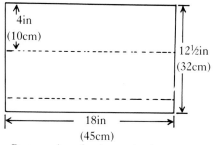

4in (10cm)

12½in (32cm)

18in (45cm)

Pattern piece for drawstring bag

❷ Fold the quilted fabric in half, with right sides together, so that the short sides are level. Machine stitch ⅝in (1.5cm) from the raw edge to make a tube. Neaten the seam as for the night-gown case and turn right side out. Thread a needle with double thread and make a line of gathering stitches close to the lower raw edge. Pull up these stitches tightly and tie the threads securely.

❸ Cut out a 4in (10cm) – diameter circle of satin and another from the backing fabric. Run a gathering thread around the edge of each circle.

22

Pull up the gathers slightly to make the raw edge of the circle fold under to the wrong side. Fasten the threads securely. Press the circles flat and hand stitch the satin circle centrally to the base of the bag on the outside. Stitch the other one to the inside to neaten.

❹ Cut out a strip of satin 18 × 4½in (45 × 11cm) to fit along the top of the bag. With right sides together, stitch the strip along the top of the bag, folding under the short raw ends to neaten. Fold this piece over to the inside to enclose the raw top edge and fold under and hand stitch the other edge to the inside of the bag.

Stitch a channel 3cm (1¼in) away from the fold. Where the short ends overlap, thread the silk cord into the channel to close the bag. Knot the ends of the cord and tease out the ends to form tassels. Remove all the basting stitches to finish.

Actual-size pattern for nightgown case and drawstring bag

Repeat pattern

Crazy Patchwork Throw

Crazy patchwork consists of irregularly shaped patches hand stitched to a backing fabric. No templates or patchwork papers are needed, and there is no necessity for careful measuring or working out of patterns. The whole effect is delightfully rich and random, with the added attraction of decorative embroidery outlining each patch.

Crazy patchwork was a very thrifty type of needlework as leftovers from clothing and furnishings were the ideal fabrics. A mixture of velvets, silk, brocade, heavy satin, woolens, and upholstery cotton is typical. In fact all the fabrics that were not suitable for the more intricate forms of patchwork could be used in this way. It was not usually padded or quilted; the warmth came instead from the use of heavier material and the addition of backing fabric.

This crazy patchwork throw can be made to any size you wish and used as a decorative addition to a plain sofa. A smaller piece would be perfect as a shawl or table cover.

_An assortment of plain and patterned fabrics in
    varied weights and colors
Calico or sheeting for backing
Fabric for edging the patchwork
Matching thread
Stranded embroidery cotton
Crewel needle_

❶ Begin by cutting up some of the fabrics into random shapes. Lay these out on the backing fabric and pin in place temporarily to make a good arrangement of colors, shapes, and sizes. Start near one corner of the backing fabric and sew on the first patch, using matching thread and tiny running stitches, close to the raw edge. Lay the next patch in place, slightly overlapping the first patch and stitch in the same way. Turn under the overlapping edge if necessary.

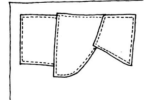

Working crazy patchwork

❷ Fabrics that fray easily will need to have their edges turned under before stitching to the backing. Velvet, however, is too bulky for this, so make sure that all the raw edges on these patches are covered by the surrounding pieces.

❸ Continue in this way until the backing fabric is covered, apart from a border 8cm (3in) wide all around. Using three strands of the embroidery cotton, work a traditional featherstitch or herringbone stitch over the joins of all the patches. This will cover the running stitches and also add extra decoration. Choose a strong color that will pull the whole composition together. Victorian ladies sometimes added more embroidery and even beadwork to plain patches.

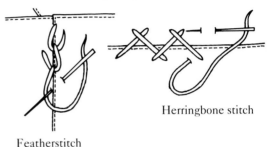

Herringbone stitch

Featherstitch

❹ To complete the throw, you will need to add a border. Choose a fabric from the patchwork, if you have enough, or select a different one that will show off the rich collection of colors and designs. Cut out strips of the border fabric 7in (18cm) wide and 6in (15cm) longer than each side of the backing fabric. With right sides together, pin and baste the border pieces centrally onto the patchwork, so that the raw edges of the patches match up with the raw edges of the border fabric. Where the border pieces meet at the corners, miter the ends neatly and trim away any excess fabric. Machine stitch in place.

❺ Fold half the border over to the back of the throw, turn under the raw edges, and slipstitch neatly to the back. To hide the stitching on the back of the throw and to add extra warmth, you could add another layer of fabric over the back before slipstitching the border in place.

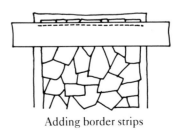

Adding border strips

Patchwork Star

❧

Stars like this were made as pincushions or – because they have sixty diamond-shaped pieces – to commemorate Queen Victoria's 60 years on the throne. Each star is built up of poster board shapes covered in fabric and meticulously stitched together by hand. The points and centers are then further embellished with beads.

Scraps of lawn in at least five different floral patterns
Matching thread
Thin poster board
Glue
Beads, sequins, and ribbon to decorate
Sharp craft knife, cutting board, and ruler

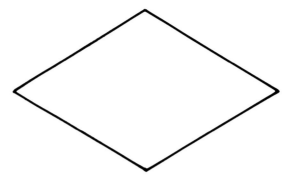

Diamond template

❶ Trace the diamond shape and use it to cut out sixty accurate templates from the thin poster board. Roughly cut out slightly larger diamond-shaped pieces from your fabrics. Lay the fabric right side down on the work surface and place a poster board diamond in the center. Fold the edges of the fabric over the edge of the poster board and glue to the back.

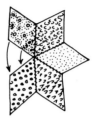

Stitching diamonds into a star

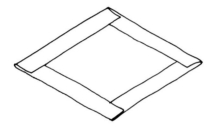

Gluing fabric to poster board diamond

❷ Assemble the covered diamonds in groups of five, each one in a different pattern. Take two of the diamonds and place them together with right sides facing. With tiny overcast stitches, join the diamonds together along one side. Open them out flat and lay another diamond on top of the second diamond. Join these two in the same way, so that the stitching meets at the point. Continue in this way until you have joined all five diamonds into a star. Try to keep the stitching as small as possible, so that it hardly shows on the right side. Stitch a small bead into the center of the star. Repeat with all the other diamonds to make twelve stars.

This patchwork star is made in floral lawn patches trimmed with beads and ribbon bows. Hung well out of reach, it would make a delightful mobile for a baby's nursery.

❸ Now stitch the individual stars together. To do this you have to stitch on the right side. Take the first star and join it to the second, by stitching the sides of two of the diamonds together. Stitch the third star in place, joining it to the first star and then to the second. Join the fourth star to the first and third stars and so on until you have completed half the star. Try to arrange the patchwork so that no two similar patterns are next to each other. Make the other half of the star in the same way.

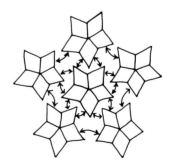

Joining the stars together

❹ Stitch a sequin, large bead, and tiny bead onto each point of the star. Thread ribbon loops through the top and base of the star for hanging and decoration. Then fit the two halves of the star together and stitch them in place to complete.

Flowercraft

Pressed Flowers

Pressing flowers is probably one of the first crafts a child can learn, and it is also something that an accomplished craftsperson can take delight in. How enjoyable to gather a few flowers on a country walk or from a favorite garden, press them between the leaves of a large old book, and then make them into a lovely card or picture to remind you of a special day. You don't need any expensive equipment or great artistic skills to achieve really lovely results.

HOW TO PRESS FLOWERS

A large heavy book or a flower press
Sheets of clean blotting paper

❶ Collect the flowers on a dry day after any dew has dried. Select several of the same type of blooms, together with a few buds and small pieces of foliage. The most successful flowers to press are ones that grow fairly flat on the plant and so do not become too distorted when pressed. Yellow, mauve, and blue flowers keep their colors best, but it is still worth trying pink and red ones, even though they tend to discolor after a while.

❷ Carefully cut the flowers from the stems and leaves and lay them out on a sheet of folded blotting paper. Arrange the blooms on the sheet, leaving space for them to flatten out. Place the foliage and stems on another sheet. Fold the blotting paper over to enclose the plants and put them between the leaves of the book. Pile more books on top to weight it down and then leave for about three weeks to dry out. Check after this time, carefully opening the blotting paper so as not to tear the fragile petals. If the flowers are papery and flat and they come away from the blotting paper easily, then they are ready, but they may need another week or two to dry out before you can use them safely.

SUPPLIES FOR PRESSED FLOWER PROJECTS

Pressed flowers
Poster board or paper
Glue
Tweezers
Watercolor brushes
Ready-made card mounts or pieces of card stock to
  cut yourself
Transparent adhesive film
Finger plate
Frames

GREETING CARDS

❶ For greeting cards, you can use ready-made card mounts and protect the arrangement with transparent adhesive film. Otherwise you can use white or colored card stock and cut and fold the card yourself. When using the ready-made mounts, trace the shape of the mount very lightly with a pencil onto the backing piece.

❷ Open the card out flat and make your arrangement within this area. Pick up the flowers with tweezers and move them about with a dry brush. When you are happy with the design, lift a petal here and there and dab a little glue underneath to hold it in position. Cut out a piece of the transparent film, slightly larger than the area indicated by the pencil line. Very gently rub away the pencil mark and cover the

whole arrangement with the film. Press it down carefully to exclude any air bubbles. Now fold the mount over the flowers to complete.

Press flowers and leaves throughout the year to give a good choice of colors and shapes.

❸ When you are making your own cards, try to cut them out so that they fit standard-sized envelopes. Make the cards in the same way but glue the flowers down more firmly and omit the film. You can make gift tags in the same way and add a loop of ribbon to tie to the parcel. You can also use the designs from existing cards by cutting out the picture, mounting it onto a larger sheet of thin card stock, and decorating the mount with an arrangement of pressed flowers.

31

PICTURES

❶ To make pressed flower pictures, remove the glass from the frame and use it as a guide to cut out a piece of cardboard to fit into your frame. Either work with this card in the frame or draw a light pencil line to indicate the area you can work in.

❷ For the round picture, begin at the outer edge with a circle of delicate foliage. Then glue on a circle of pink larkspur, some plain leaves, and a circle of blue delphinium petals. Finish the center with a dark flower. The whole picture looks like a typical Victorian posy as seen from above. Finally replace the glass in the frame, making sure it is really clean, and then put in your arrangement. Add several pieces of backing card to make sure the flowers are pressed firmly up against the glass and to help hold all the tiny pieces in place. Then use small panel pins to hold everything in the frame securely.

Decorate a plain finger plate with an arrangement of pressed flowers to suit the room.

Pressed flowers, marbled paper, and pretty scraps all go together to make these delightful cards, pictures, and lampshade.

❸ Make the design for the oval frame in the same way as for the cards, massing the flower heads together and adding a few silvery leaves. Cut an oval mount in marbled paper to set off the arrangement. Assemble in the frame as for the round picture.

FINGER PLATE

To make the finger plate, you will need a completely plain, clear plastic or glass finger plate. Trace around it onto a piece of paper and use the paper as a pattern to cut the shape out in transparent adhesive film. Lay the flowers, face down, onto the back of the finger plate. Lift the plate very carefully every now and then, to check your design from the front. When you are happy with it, peel the backing paper off the film and spread the film over the back of the finger plate to secure the flowers to the glass or plastic. Press carefully to remove any air bubbles. You may need to pierce any obstinate bubbles with a pin and push out the air before you secure the finger plate to the door.

LAMPSHADE

For the lampshade I used a selection of small, prettily shaped autumn leaves. These press very successfully and retain their beautiful colors. Use a plain, pale-colored shade so that the colors will show up when the lamp is lit as well as in the daytime. Try out the leaves, holding up one or two at a time to estimate their positions. Then paint a thin layer of glue all over the back of each leaf and press it onto the shade. Work all the way around in this way. You will need to glue these leaves on more securely than the flowers, as they are going onto a curved surface and will suffer more wear and tear. You will find that the shade is very quick to make and looks delightful.

Dried Flowers

In winter time, when fresh flowers were at a premium, the Victorian head gardener was still expected to come up with numerous floral displays to decorate the big house. To add to his pot plants and flowers from the greenhouse, he usually had a good supply of dried garden flowers at hand. These had been picked at the height of the summer and dried in airy garden sheds in the warm weather. Favorite flowers were rosebuds, peonies, lavender, statice, and strawflower. Sometimes they were embellished by being dipped into a solution of alum to make the petals sparkle. Drops of essential oil were even sprinkled on an arrangement to make it smell sweet. These displays were often covered by glass domes to keep off the ever-present dust from coal fires and to preserve them even longer. In fact a few displays are still in existence today, although they do look rather faded.

To dry flowers

Fresh flowers picked just before their prime, such as
peonies, rosebuds, hydrangeas, statice, larkspur,
and lavender
String
Hooks or a clothes airer
Flower wires and a wire cutter
Gutta-percha or florist's wrap
Cone-shaped Styrofoam blocks
White paper posy holders or doilies
Glass domes, old or modern copies

---

❶ Pick your blooms in the summer months at the height of their season. Choose a warm, dry day and select flowers that are not quite in full bloom, as they will continue to develop slightly while they are drying. Experiment with different flowers and you will soon find the perfect moment to pick each type of plant, so that it dries looking its best. You can be a little more flexible regarding the precise moment of picking rosebuds. But try to choose ones in which the color of the petals is quite obvious and the green sepals have opened and drawn back. All sorts of garden roses are suitable, as are the typical pink and red rosebuds you can buy at a florist. In fact I think these are better dried, as they seldom seem to come into bloom successfully when arranged in water. Tiny buds of wild roses also dry very well and are perfect for a miniature posy or as the topmost flowers in a small display.

❷ To supplement your own collection of dried flowers, you can buy already dried ones. Silk flowers with slightly browned edges also look very Victorian.

❸ To dry your own flowers, strip off most or all of the leaves and hang them up in groups of about five, depending on the size of the flower. Large peonies are best hung singly, as the blooms easily get squashed out of shape and

---

Show off your dried flowers for years to come under
beautiful glass domes.

This quick and easy arrangement is set in a pretty creamware basket. The flower stems are simply pushed into a Styrofoam block hidden in the basket.

then dry like that. Tie the stems loosely with string and suspend them near the ceiling of a warm airy room. An old-fashioned clothes line is perfect for this purpose.

❹ Touch is the best way to tell when your flowers are ready. They should feel quite dry and papery and have hard and brittle stems.

❺ Each type of flower will take a different drying time, which will also vary with the atmosphere in your drying room. Leave them until all the flowers for one display are ready and then prepare them for arranging.

❻ It is best to cut the flower stems fairly short, so that they do not snap when you push them into the Styrofoam blocks. If you need extra length for your arrangement, cut a piece of stiff floral wire and push it up inside the hollow stem. If the stem is solid or too narrow for this, lay the wire alongside the stem and then bind it in place with fine wire to hold it securely. Cover this with green or brown gutta-percha or florist's wrap to hide the wire.

GLASS-DOMED ARRANGEMENTS

Mass the flowers close together to form a traditional posy shape.

❶ Using a sharp kitchen knife, cut the cone-shaped Styrofoam block to the required shape so that it fits easily under your dome and allows space for the flowers. Cut out the center of a paper posy holder or doily and slip it over the Styrofoam cone, pulling it down to the base.

Slip the doily over the cone

❷ Start arranging your flowers at the bottom of the cone, working in circles of the same flower type, gradually building up to the point. Generally it is best to have the larger flowers near the base and grade them in size toward the top. Fill in the spaces between big roses or peony flowers with clusters of lavender or sprigs of statice. Choose one perfect flower or bud for the top of the arrangement. Try the glass dome over the flowers and make any adjustments necessary. Cover the base of the dome with pretty fabric, paper, or a doily to finish off.

Needlepoint

Needlepoint

Needlepoint (or canvas work) was at the height of its popularity in the middle of Queen Victoria's reign. Women from the upper and middle classes made many lovely items for their homes, from large carpets and sets of dining chair seats to tiny pincushions and even slippers. The photograph on the previous page shows a selection of original Victorian pieces.

The brilliant colors that the Victorians loved look rather garish to our eyes nowadays, so the designs I have chosen for this chapter are worked in the more subtle, muted shades that we expect when we think of the Victorian style. All the projects are stitched in traditional half cross stitch, continental or tent stitch, or basket weave stitch, which all appear the same from the front and are quick and easy to work. Half cross stitch is the most economical, but it tends to pull the canvas diagonally out of shape.

Continental stitch is also easy to do, but because it makes a longer diagonal on the back of the work it uses more wool. It also distorts the canvas. Basket weave stitch causes the least distortion and is ideal for the larger background areas. You can use a combination of stitching methods to suit the size of area to be worked.

Each project has its own instructions, but these general notes will be especially useful to beginners.

CANVAS

In each project I have suggested the type and size of canvas to use, but you can enlarge or reduce the size of the piece slightly, depending on the gauge of the canvas that is available. I prefer to work on a double-thread canvas, as it is softer to hold while working and also easier when making up the finished piece into the more complex articles. Single-thread canvas is also good and sometimes more easily available.

White canvas is preferable for light-colored pieces, but you can get natural and dark-colored meshes that are ideal if you have a large amount of dark background. When working on larger mesh canvas, it helps to buy canvas as close as possible to the color of the background wool.

YARNS

Always choose good-quality wool tapestry yarns and buy the whole amount needed at one time, as slight color variations sometimes occur.

Use one strand of four-ply tapestry wool or three or four strands of the finer crewel or Persian wool, if preferred. I prefer the tapestry wool, as I find it much easier to thread into the needle.

STITCHING

Cut your wool yarn into manageable lengths. About 30in (75cm) is ideal, as you don't have to rethread the needle too often and the wool does not fray from continually being pulled through the canvas.

Begin by bringing the wool up from the underside of the canvas. Leave about 2in (5cm) of wool at the back and hold this in place while you make the first few stitches over it to stop the stitching from coming undone. Work the stitches, following the diagram for your chosen stitch, and finish off the thread by weaving it behind two or three stitches and then cutting off the end to leave about 2in (5cm) of wool.

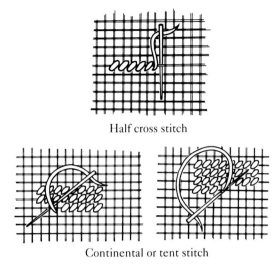

Half cross stitch

Continental or tent stitch

Basket weave stitch

This can be incorporated into the back of the work as you go. You can move to another area of the same color without fastening off the wool, but the next area should be a maximum distance of ¾in (2cm) away. If you try to carry the wool any farther, there will be too many strands crisscrossing the back of the work and the finished result will suffer. Try to keep the stitch tension regular. You should aim for a smooth, even look where the wool is not so tight that the canvas shows through nor so loose that loops form on the front.

WORKING FROM THE CHARTS

Generally, it is best to start stitching in the center of the design and work out toward the edge, finishing with the background. This is the best way to use a charted design to avoid making mistakes in counting the squares. You should always mark the center of the canvas, both vertically and horizontally, with a line of basting to match the center lines on the charts. (Never use pencil because it will discolor the wool.)

Remember that each square on the chart represents one stitch on the needlepoint. You may find this confusing at first, as the lines on the chart look like the threads of the canvas but they should not be read as such. The easiest way to clarify this is to count the squares on the chart and count the threads on the canvas.

STRETCHING

Most finished needlepoint will need stretching to give a good final result. You will need a large blocking board, a carpenter's square and ruler, a plant sprayer, several sheets of clean white blotting paper, and good-quality drawing pins or a staple gun.

Start by spraying the back of your needlepoint with water so that is very damp but not soaking wet. Lay the sheets of blotting paper out on the blocking board and spray them lightly with water. Place the needlepoint face down on the blotting paper and pull it into shape with your hands. You may have to pull quite strongly and then check the accuracy with the carpenter's square and ruler. Pin or staple along one edge, through the canvas only, stretching it as you go. Now pin the opposite edge, pulling it really taut. Pin the other two sides in the same way, starting at the center point on each side and working out toward the corners. Lightly spray the whole surface of the needlepoint and then leave it in a warm place to dry gently over one or two days. Do not be tempted to dry it too fast against a heater or you may damage all your hard work. When it is quite dry and flat, remove the pins or staples and finish it into your finished item. Sometimes you may need to repeat this process if your work is very badly distorted.

Pinning work to board

Floral Footstool

Allover designs and repeating patterns are a most versatile type of needlepoint work. The beauty of these designs is that they can be used in large areas to fit all sorts of projects like dining chair seats, footstools, ottomans, fire screens, and cushions.

This type of design is less demanding than a complex motif such as a floral bouquet, as you soon get used to the pattern and can work it without constant reference to the chart. The skeleton of the design can be stitched first, leaving the rest to be filled in at your leisure.

Furniture of any shape can be accommodated by simply drawing an accurate pattern of your chair seat, curtain tie-back, or box top and transferring this to the canvas with basting stitches. Plan the design so that it falls centrally within the shape and begin stitching from the center, working outward to the basting stitches. Decorative borders worked in the same colors as the allover pattern look very effective as an edging with this sort of project, especially on a rectangular cushion or fire screen.

This rather abstract floral design worked in half cross or tent stitch is typical of the mid-nineteenth century. It comes from the design archives of the Royal School of Needlework and was originally stitched in bright reds and orange with naturalistic bright green leaves. The colors have faded into what we now think of as the typical Victorian look, so to echo this I have chosen muted mauves and violets for the flowers with a bland putty-colored background to set it off.

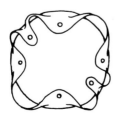

Pinning canvas to round pad

For a circular footstool 11in (28cm) in diameter:

Double-thread tapestry canvas 11 holes to the inch (2.5cm), 4in (10cm) larger than your footstool pad
Tapestry frame or carpet tape
Appleton wool tapestry yarn (or Paternayan equivalent in brackets) as follows:
  984 (454) × 8 skeins, 602 (324) × 4 skeins,
  606 (310) × 4 skeins, 604 (312) × 3 skeins,
  241 (652) × 3 skeins, 645 (662) × 2 skeins,
  243 (642) × 2 skeins, 695 (732) × 1 skein
Size 24 tapestry needle
A staple gun or tacks and a hammer

❶ Start the needlepoint by binding the edge of the canvas with tape, or mounting it on a frame. Mark the center point of the canvas and the outer edge with basting stitches.

❷ Begin stitching center of one flower at the center point of the canvas. Then work outward to the edge of the flower and stitch the bud. Carefully count to the next flower center and work in the same way all over the required area. Then stitch the stems and leaves and lastly fill in the background color.

❸ Stretch the needlepoint as described on page 41. Lay the canvas over the footstool pad and pin in place at the center point. Turn the pad over, pull the canvas around and staple to the back. Staple first at the top and bottom, then at both sides, and then between these points. Pull the canvas taut, making pleats as small as possible. Trim away any excess canvas and screw the padded top onto the base.

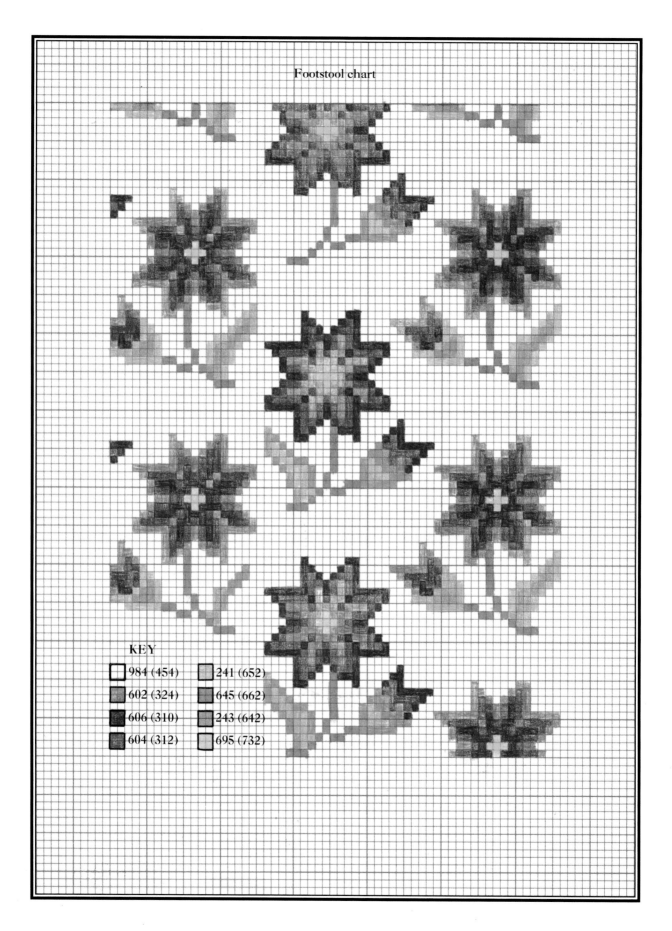

Footstool chart

KEY

☐ 984 (454)	241 (652)
602 (324)	645 (662)
606 (310)	243 (642)
604 (312)	695 (732)

Posy picture chart

KEY

	703 (494)		561 (505)
	405 (610)		921 (202)
	562 (555)		154 (534)
	463 (543)		251 (653)
	464 (542)		544 (692)

	403 (611)
756 (932)	831 (632)
757 (902)	647 (660)
208 (870)	991 (261)
206 (871)	941 (934)
475 (723)	944 (904)

Victorian Posy

❧

This delightful posy was inspired by the Victorian greeting card shown opposite. Shown here mounted as a picture, the design could also be used for a chair seat or cushion.

24 × 20in (60 × 50cm) double-thread tapestry
canvas, 12 holes to 1in (2.5cm)
Appleton's wool tapestry yarn (or Paternayan
equivalent in brackets) as follows:
703 (494) × 3 skeins, 405 (610) × 2 skeins,
1 skein each of 562 (555), 463 (543), 464 (542),
561 (505), 921 (202), 154 (534), 251 (653),
544 (692), 403 (611), 831 (662), 647 (660),
991 (261), 941 (934), 944 (904), 756 (932),
757 (902), 208 (870), 206 (871), 475 (723)
Size 24 tapestry needle
Oval frame with internal measurements 13¾ × 11in
(35 × 28cm)
Tapestry frame or carpet tape
Darning needle and strong linen thread

❶ Start the needlepoint by binding the edge of the canvas with tape or mounting it on a frame. Mark the center of the design vertically and horizontally with basting stitches. The whole design is worked in half cross or tent stitch. (See chart, page 45.)

❷ Begin stitching in the central area, working the large rose in the five different colors. Count out from the marked lines to help you position the flower correctly.

When the first flower is complete, it will be relatively easy to work outward from the edge of these petals in all directions. Stitch whole leaves, buds, and flowers as complete areas.

❸ When you reach the edge of the design, you can begin to stitch rows of the background color. This is a much more restful part of the work, and it is a good idea to stitch the background at night when the light is not so good and you may be relaxing or watching television.

❹ The amount of background will depend on how you are going to use the finished needlepoint. If you want to make a paneled cushion, work out an oval or rectangular border to fit comfortably around the design and work up to this. The outer border can be more needlepoint

worked in different colored wools, or you could make up a velvet or brocade edging, which will speed up the process greatly. The corners should be mitered to make the fabric lie flat, and you could add stitched-on braid to complete the effect.

❺ When you have finished the stitching, stretch the canvas as described on page 41. If you are making the picture, you will need to mount the canvas onto a piece of thick poster board that has been cut slightly undersize to fit loosely into the frame. This will allow for the extra canvas folded around the edge. The stitching can stop about ¼in (5mm) from the edge, as this will be hidden under the frame.

❻ Position the design centrally on the poster board and then turn it over carefully so that the needlepoint is face down. Insert pins into the edge of the poster board to hold the needlepoint in place. Using a darning needle and strong linen thread, lace the canvas around the poster board. Work across the center vertically and horizontally, then diagonally; pull the canvas evenly. Lift and check the front of the work occasionally to make sure the design has not been pulled out of place. Remove the pins as you go.

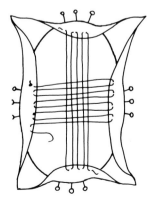

Lacing canvas on oval board

Ring o' Roses Pincushion

The design for this elegant pincushion was taken from a set of antique lace dressing-table mats with the roses embroidered in silk, which translated well into needlepoint.

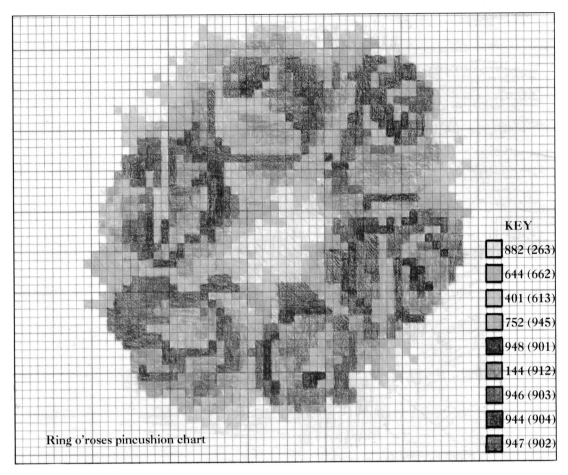

KEY

- 882 (263)
- 644 (662)
- 401 (613)
- 752 (945)
- 948 (901)
- 144 (912)
- 946 (903)
- 944 (904)
- 947 (902)

Ring o'roses pincushion chart

8in (20cm) square of tapestry canvas, 13 holes to
1in (2.5cm)

Appleton wool tapestry yarn (or Paternayan
equivalent in brackets) as follows:
882 (263) × 2 skeins, 1 skein each of 644 (662),
401 (613), 752 (945), 948 (901), 144 (912),
946 (903), 944 (904), 947 (902)

Size 24 tapestry needle

4¼in (11cm) diameter pincushion base or a 5in
(13cm) square of velvet for backing the cushion,
and batting

---

❶ Begin by binding the canvas edge with tape or mounting it on a frame. The design is worked in half cross or continental stitch.

❷ Mark the center of your canvas vertically and horizontally with lines of basting. Count out from the center of the chart and begin by stitching one rose at a time. It is quite a detailed chart with lots of colors so try not to have too many ends of wool looping across, as this makes the back of the work very lumpy.

❸ When you have finished the circle of roses, fill in the foliage and then stitch the background. To gauge the amount of background area you need to work, lay the needlepoint over the padded pincushion base and mark the canvas with a few basting stitches around the edge of the base. Do the same to make a square cushion, making sure that the design is in the center. The ideal finished size for the square pincushion would be about 4½in (11.5cm).

❹ When you have finished the needlepoint, stretch the canvas (see page 41). To make the round pincushion, follow the instructions for finishing the footstool (page 42). For a square pincushion, follow the instructions for the trellis cushion (page 50), then stuff it firmly with batting before sewing up the gap .

Trellis Cushion with Tassels

The allover design on this smart cushion has a more masculine flavor and is slightly more complex than the floral pattern on the previous pages. I have adapted it from an original Victorian pattern that was meant for gentlemen's carpet slippers. Because it is small, the cushion is ideal as a first-time project, or use the design on drop-in dining chair seats. It could be worked in very pretty colors to suit a bedroom or strongly contrasting shades that would go well in a modern sitting room.

For a 14in (35cm) square cushion you will need:

18in (45cm) square of tapestry canvas, 10 holes to 1in (2.5cm)
Appleton wool tapestry yarn (or Paternayan equivalent in brackets) as follows:
984 (454) × 10 skeins
127 (920) × 7 skeins
226 (930) × 6 skeins
224 (931) × 4 skeins
221 (490) × 1 skein
(You will need extra yarn to make the cord and tassels)
Size 24 tapestry needle
14in (35cm) square cushion pad
18in (45cm) square of cotton velvet or upholstery fabric for backing cushion
Tapestry frame or carpet tape

❶ Start by binding the edge of the canvas with tape or mounting it on a frame.

❷ Begin by stitching the dark-colored left side of the diamond shapes. This will help you to accurately plot the position of the stripes in the trellis, which should be worked next. The whole design is worked in half cross or continental stitch. Fill in the remaining three colors of the diamond shapes, and fill in the background last.

❸ Stretch the needlepoint (see page 41) to prepare for finishing into the cushion cover.

❹ Lay the piece of velvet or backing fabric on top of your needlepoint with right sides together. Pin and baste all around along the edge of the needlepoint. Machine stitch, leaving a 12in (30cm) gap in one side for turning. Trim the excess canvas and backing fabric diagonally across at the corners and 1in (2.5cm) away from the seam, all around. Turn right side out and insert the cushion pad. Pin the opening together, folding in the raw edges. Hand stitch to neaten.

❺ To finish the cushion in style, make a 60in (150cm) length of twisted cord using three of the wool colors. You will need 3 strands of each color. Hand stitch this around the cushion, tucking the loose ends into the gap where you inserted the cushion pad. Sew the cord in place firmly, but do not stretch it as you stitch or it will not lie flat. Make four, two-color tassels using 1in (2.5cm) diameter cotton spheres as the base and cutting the tassel strands to about 2.5in (6cm) long. Full instructions for the cord and tassels are on pages 96-99.

Choose rich terra-cotta shades for a subtly warm look, just right among typical Victorian furnishings.

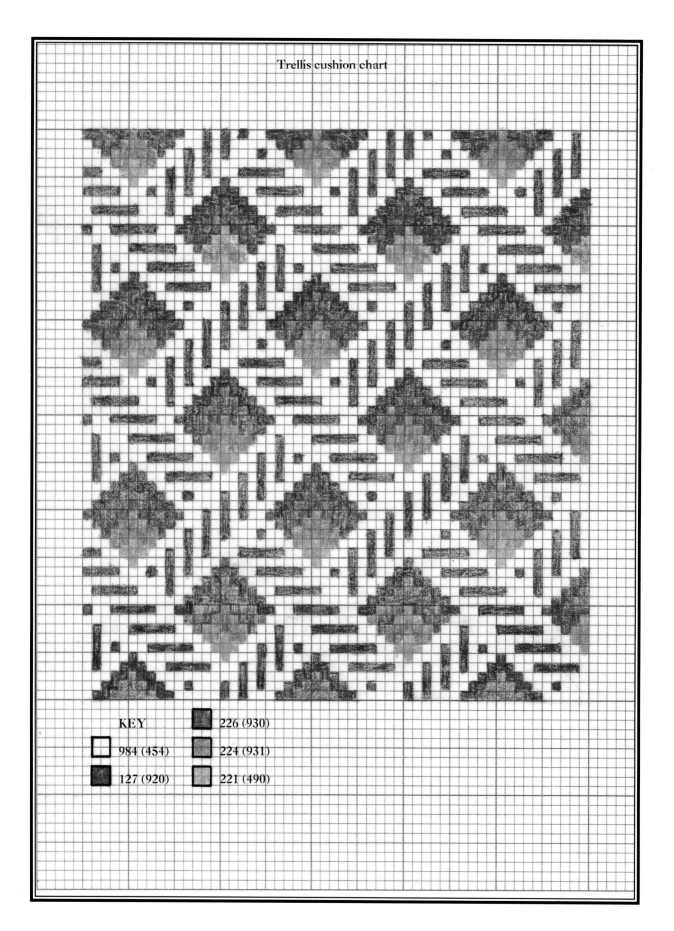

Trellis cushion chart

KEY

984 (454)

127 (920)

226 (930)

224 (931)

221 (490)

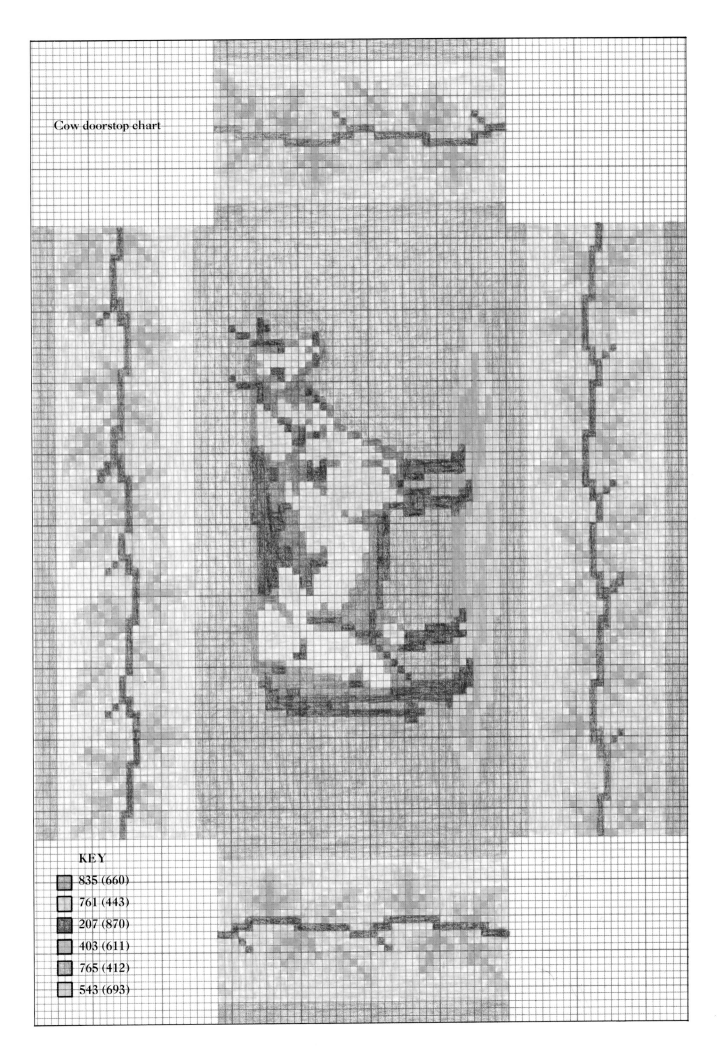

Cow doorstop chart

KEY

835 (660)
761 (443)
207 (870)
403 (611)
765 (412)
543 (693)

Country Cow Doorstop

This needlepoint doorstop is an interesting but not too demanding design for a beginner and ideal to make as a gift. To give the necessary weight to hold a door open, the finished needlepoint is wrapped around a standard house brick and stitched in place.

18 × 15in (50 × 40cm) double-thread tapestry canvas, 10 holes to 1in (2.5cm)

Appleton wool tapestry yarn (or Paternayan equivalent in brackets) as follows:

835 (660) × 5 skeins
761 (443) × 4 skeins
207 (870) × 2 skeins
403 (611) × 2 skeins
765 (412) × 1 skein
543 (693) × 1 skein

Size 24 tapestry needle
Tapestry frame or carpet tape
A standard house brick
Darning needle
Carpet thread
Felt to cover the base
Glue or clear household adhesive

❶ Begin by binding the edges of the canvas with tape or mounting it on a frame. The whole design is worked in half cross or tent stitch.

❷ Mark the five rectangular areas of the chart (see page 53) centrally onto the canvas with basting stitches. This may seem rather time-consuming, but it will save a great deal of counting later on and ensure that the needlepoint will fit the brick accurately.

❸ Stitch the center area of the chart first, working the cow, then the grass, and then the background. Continue with the background color onto the four side panels, then stitch the decorative leafy borders.

❹ Stretch the finished needlepoint (see page 41) and use a carpenter's square and ruler to ensure it is accurate. Working on the reverse of the needlepoint, fold the side panels down and stitch the canvas layers together along the edge of the needlepoint. Use a strong darning needle with the carpet thread and backstitch the seam securely. Make a seam at each corner and then trim away the triangles of canvas close to the stitching.

❺ Slip the needlepoint over the brick with one of the indented sides on the bottom. Fold the remaining canvas neatly onto the base and overcast. If it seems rather lumpy, trim away any excess folds of canvas. Cut the felt to fit the base of the brick and glue it in place to neaten.

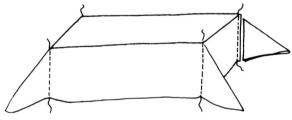

Stitching corners of doorstop

❻ If the surface of the brick seems rather scratchy, first cover it with a layer of muslin or sheeting to protect the back of the canvas.

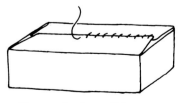

Overcasting base of doorstop

Cross Stitch

Needlecase

The original Victorian pieces shown on the previous page include several samplers, which are most frequently associated with cross stitch. However, small items such as this needlecase were often described in Victorian ladies' magazines as the perfect gift or keepsake. This delightful design is only two or three evenings' work.

Cross stitch is one of the simplest stitches to master. One of the few rules is that the top half of the stitch should always lie in the same direction all over the piece of work. This helps to keep it neat and allows your eye to see past the stitches to the pattern they have created.

It is nearly always worked on an even-weave fabric, which keeps the stitches a uniform size and shape. There is a fabric, called Aida, especially woven for cross stitch; it consists of a grid of tiny woven blocks interspersed with holes. This makes the counting of the pattern very easy, particularly for a beginner. Aida is available in various sizes and colors and is an attractive and easy fabric to use.

The background of a cross-stitch design is usually left unstitched, so that once you have embroidered the design, the piece is ready to be made up into the finished article. Before you finish it, press the embroidery carefully. Lay it face down on a piece of clean cotton fabric over a thick towel. Lay another piece of cotton on top and press gently with a steam iron. This method raises the texture of the stitches.

12 × 7in (30 × 18cm) piece of white Aida even-weave fabric 11-gauge
DMC stranded cotton embroidery floss:
1 skein each of 3770, 761, 310, 3364, 899, 809, 775, 3362, 211, 209
Crewel embroidery needle
9in (23cm) square each of white and green felt
1yd (1m) narrow pink taffeta ribbon
Glue
A piece of stiff white cardboard the same size as the Aida fabric
Pinking shears

❶ Cut the cotton embroidery floss into 20in (50cm) lengths to avoid tangling. Then divide each piece in half and sew with three strands at a time.

❷ Following the chart and the key (page 60), embroider the flower wreath near one end of the fabric. Begin by stitching one whole flower and then work your way around the wreath. If the needlecase is a gift for someone you could embroider their initial in the center. The letter I used is from the sampler, but you may need to adapt the design slightly to fit in some of the larger letters.

❸ When you have finished the embroidery, press it as described. Trace off the inner dotted line for the shape of the needlecase. Cut out two of these shapes in stiff white cardboard.

❹ Lay the embroidery on the work surface right

Cross stitch

side down. Place one card shape on top, so that the cross-stitch design is centered. Hold the fabric in place with pins pushed into the edge of the cardboard. Lay the other card shape above the first one with the straight edges parallel and about ¼in (6mm) apart. Pin as before. When the placing is correct, trim the excess fabric around the curved edges of the cardboard; leave about 1in (2.5cm) of fabric showing all around. Snip into this excess fabric, almost up to the card, then fold the fabric pieces over and glue them to the back of the cardboard shapes.

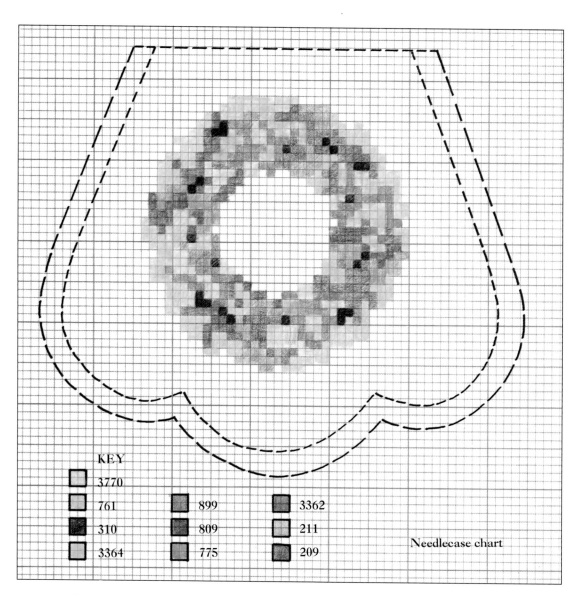

KEY
	3770				
	761		899		3362
	310		809		211
	3364		775		209

Needlecase chart

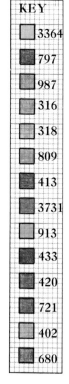

KEY
	3364
	797
	987
	316
	318
	809
	413
	3731
	913
	433
	420
	721
	402
	680

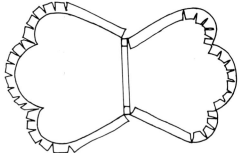

Snipping and folding over edges of needlecase

❻ Trace the outer dotted line from the pattern, fold the green felt square in half, and pin the pattern onto it, so that the straight edge goes along the fold of the felt. Cut the shape with pinking shears. Open the needlecase and spread a line of glue along the inside fold. Lay the green felt inside and close the case. Allow the glue to set.

❺ Spread glue carefully over the whole of the back of the cardboard pieces, then lay the white felt down so that it covers it completely. Press firmly all over and allow the glue to dry. When it is ready, use sharp scissors to trim away the excess felt.

❼ Glue ribbon along the inside fold, leaving a loop on the outside of the needlecase. Tie two tiny bows and glue them to the outside of the case at each side. Tie another bow at the top of the loop and glue the ribbon ends to the back of the bow to make a half rosette.

Sampler

❧

This typical mid-nineteenth century sampler shows a whole alphabet, both upper- and lower-case, and a wonderful library of borders and motifs that can be used on many different decorative items. The stitched area of the finished sampler measures approximately 13¾ × 9½in (35 × 24.5cm).

18in (50cm) of cream-colored Aida even-weave
   fabric 14-gauge
DMC stranded cotton embroidery floss:
   5 skeins each of 3364, 797, 987, 316, 318
   3 skeins each of 809, 413, 3731, 913, 433, 420
   2 skeins each of 721, 402, 680
Crewel embroidery needle
Graph paper
A frame to fit the finished sampler
Thick white cardboard to fit frame
Carpet thread and a large needle

❶ Start by making a line of basting stitches vertically and horizontally across the fabric to mark the center. This will help you to position the design correctly.

❷ Following the chart and key (page 61), work the sampler in cross stitch. Divide the cotton embroidery floss and use three strands at a time. Use thread about 20in (50cm) long to avoid tangling as you sew. Each square on the chart equals one block of threads on the fabric.

❸ Working from the top down, stitch the alphabet and numbers first, then the rows of border patterns and the motifs.

❹ Using the letters and numbers on the chart, draw name and date onto the graph paper to fit into the given space. Fold this pattern in half to find the center and then match this up with the central basting line on the sampler. Stitch the name and date in place.

❺ Stitch the border last, in case you want to make any adjustments to the final shape. Perhaps you may wish to add more names or an actual birthday, rather than just the year you are commemorating.

❻ When the sampler is finished, press the embroidery as described. Place it over the piece of thick cardboard, right side up, and position it centrally, leaving equal space at the top and sides and a little more space at the bottom. Hold it in position with pins pushed into the edge of

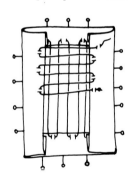

Lacing the back of the sampler

the cardboard. Turn the cardboard over and fold the surplus fabric to the back. Using the carpet thread and a large needle, lace the raw edges together, top to bottom and side to side, making sure that the weave of the fabric remains straight. Remove the pins and insert the sampler into your chosen frame.

Add details such as your grandmother's name and date of birth.

Eyeglass Case

This classical border pattern makes a simple but effective design for an elegant eyeglass case. The edges are piped in a darker color, and the sides are stiffened to protect the glasses.

12in (30cm) piece of 36-count cream linen
DMC stranded cotton embroidery floss:
  1 skein each of 315 and 316
Crewel embroidery needle
Pink lawn for piping
51cm (20in) fine cord for piping
8½ × 6in (22 × 15cm) piece of heavyweight, iron-on
  interfacing
Matching thread

❶ Cut out a 10 × 5in (25 × 12.5cm) piece of linen. Following the chart and key, embroider the cross-stitch design centrally onto the piece of linen. Each square on the chart represents a block of four threads on the fabric.

❷ Cut the cotton embroidery floss into 20in (50cm) lengths to avoid tangling. Then divide each piece in half and sew with three strands at a time.

❸ Stitch the lighter color first to form the main part of the pattern, then stitch the remaining areas in the darker shade. Repeat this on a similar-sized piece of linen for the back of the case. Press both pieces of embroidery when finished.

❹ Trace the rectangle shape from the stitch chart. Use this to cut out two pieces of interfacing. Following the manufacturer's instructions, iron these centrally onto the back of each piece of embroidery.

❺ Using the piping fabric, cut several 1in-wide (2.5cm) bias strips. Join these to make a piece about 20in (51cm) long. Wrap this around the

Covering cord with bias strips

cord with the right side of the fabric outside and baste in place. Cut the length of piping in half and lay it on the right side of both embroidered pieces with the basting line on the piping following the edge of the interfacing. Snip into

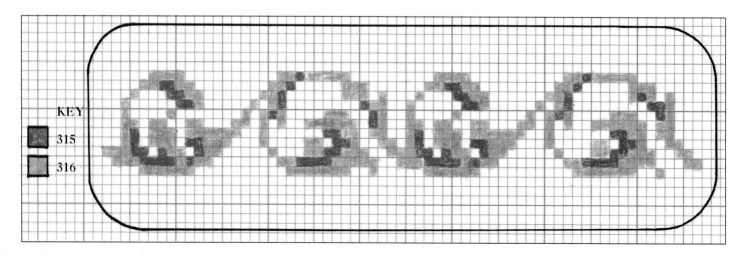

KEY

■ 315

□ 316

This repeating scroll pattern is very versatile and could be used as an attractive border for samplers and cushions.

---

the edge of the piping fabric to help it lie smoothly around the curved corners. Pin and stitch the piping around the edge, tucking in the raw ends neatly where they meet.

❻ Trim the linen even with the raw edge of the piping cord fabric. Use this as a guide to cut out two more pieces of linen to line each embroidered piece. Press under the edges on the lining pieces and hand stitch them in place to enclose all the raw edges.

❼ To make the gusset, cut out two pieces of the linen 8 × 1in (20.5 × 2.5cm). Fold them in half across the width. Tuck in the long raw edges

and press, to make the gusset pieces ½in (13mm) wide. Stitch down each long side. Hand stitch each gusset piece in place to join the front and back pieces of the eyeglass case. Place the gusset fold near the top of the case and tuck the raw ends inside where they meet.

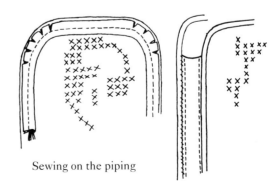

Sewing on the piping

Sewing the gusset
in place

Bookmark

A pretty bookmark is a perfect first project if you are a beginner at cross stitch. It is an attractive gift for men and women and would be quick to make for bazaars and fairs.

12 × 6in (30 × 15cm) piece of green Aida even-weave fabric 14-gauge
DMC stranded cotton embroidery floss:
1 skein each of 413, 402, 721, 420, 3363, 433
8¾ × 1¾in (22.5 × 4.5cm) piece of stiff cardboard
Crewel needle
Sewing needle and green thread
Glue

---

❶ Cut the cotton embroidery floss into 20in (50cm) lengths to avoid tangling. Then divide each piece in half and sew with three strands at a time.

❷ Following the chart and the key, embroider the design centrally onto the fabric. Begin with the green branched part of the design, then stitch the straight gray borders. Next work the stylized floral areas. When you have finished the embroidery, press the back of the fabric as described.

❸ Lay the embroidery down on the work surface wrong side up, and place the card exactly over the embroidered area. Hold the fabric in place, with pins pushed into the edge of the card. Fold the remaining fabric around the card, turning the long raw edge under. Glue in place to the card.

❹ Stitch through the fabric at the ends of the card to neaten. Trim the excess fabric 1in (2.5cm) from the card ends. Using a needle, fray most of the fabric ends to make fringes.

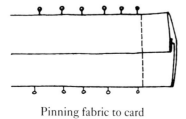

Pinning fabric to card

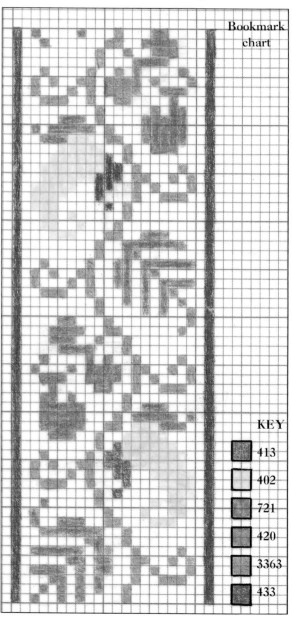

Bookmark chart

KEY

	413
	402
	721
	420
	3363
	433

Experiment with different
fabrics and embroidery cottons to make several
bookmarks in a variety of colors.

Beadwork

Beaded Pendant Earrings

Beads were used by the million in Victorian times to decorate all sorts of needlework, garments, footstools, purses, and fringes as shown in the selection of original Victorian pieces on the previous page. Early in the period, beads were available in a limited range of colors that were only suitable for very simple patterns and backgrounds. The variety of colors was much improved with the importation of beads from Venice and Germany, which were used to create the vibrant-hued patterns, some of which still exist in good condition today. Like many other Victorian crafts, beadwork requires more patience than skill, although using the correct tools and methods is a great help. Beads were often stitched in with Berlin woolwork to highlight certain areas; you can do this with the needlepoint designs in this book if you choose beads that are the same size as the canvas mesh.

These pretty pendant earrings are reminiscent of Victorian style and are still in fashion today. They are easy and quite quick to make, and you can choose a selection of tiny beads to match your outfit perfectly.

Jewelry findings or ear wires
Glass bugle beads
Small round glass beads (seed beads)
Beading needle
Nylon beading thread

BASIC EARRING

❶ Using the nylon thread in a beading needle, begin the earring with the central row of long bugle beads. Thread on two beads and then go back up through the first one and back down through the second, so that they lie next to each other.

❷ Thread on the next bead and go back through the second and up through the third again. Continue in this way until you have joined nine

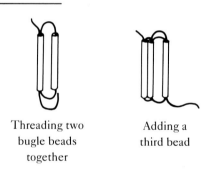

Threading two
bugle beads
together

Adding a
third bead

beads. The thread should come out at the top of the last bead.

❸ Thread on a round bead, go under the first loop of thread on top of the bugle beads and back through the round bead, so that it stands up. Thread on another round bead, go under the next loop of thread and back up through the

Threading on the round beads

You can make all kinds of variations on this earring design using different amounts and colors of beads. Always start with a row containing an uneven number of bugle beads.

same bead. Continue working like this to the end of the row (eight beads).

❹ Turn the earring over and work along the top in the same way. The second row will have seven beads and each subsequent row will have one bead less, gradually coming to a point at the top of the earring with a single bead.

❺ Now thread on six round beads, pass the needle through the loop of the ear wire and back through the top bead. Thread down through the diagonal edge of the earring and through to the bottom of the first bugle bead.

❻ Now make the beaded fringe for the earring.

Thread on seven beads of your choice, then turn and go back up through the second-to-last bead, up through the bugle bead, and down through the next bugle bead. Continue the fringe, making each strand a little longer, until you reach the longest one in the center. Finish by threading up through the sloping edge of the earring and around the earring loop. Tie off the thread neatly and trim the end.

Taking the loop
through the
earring wire

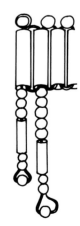

Working the fringe

71

Beaded Bottles

❦

This method of beadwork is known as bead mosaic work. It was very popular in the mid-nineteenth century and was used to make lampshades, napkin rings, and even fancy baskets. It consists of joining rows of beads without the use of any backing material, so that a flat bead fabric is constructed. The beading fits exactly as in these beaded bottles. The same method was used to adorn the handles of parasols, knives, and canes in Victorian times.

A variety of different small, round beads (seed beads)
Beading needle
Nylon beading thread
Bottles or handles to decorate

❶ Using the nylon thread in the beading needle, thread on the first circle of beads so that they fit exactly around the base of the bottle. There should be an even number of beads. Push the needle through the line of beads, to join it into a circle, so that the thread goes around the bottle twice. Fasten it to the beginning of the thread. This makes a secure foundation row. Hold it in place around the base of the bottle.

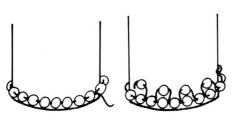

Working the   Threading on
foundation row   a second row
                       of beads

❷ For the next row, thread on one bead at a time. In between each new bead, go down to the first row and thread through every other foundation bead before coming up to thread on a new one. This means that the second and subsequent rows use half the number of beads as the foundation row.

❸ Repeat the beading up the bottle as far as you wish to go. It is advisable to work the first two or three rows in a single color until you master the technique. Later it is easy to work in simple patterns and stripes.

❹ To finish off the top edge, make a decorative border. To do this, start the row as usual with a new bead, but instead of going into the lower row, thread on two more beads. Take the needle back through the second bead and then

Working the top row

thread on a fourth. Now pass the needle through the next-but-one bead on the lower row. Continue in this way all around to form the edging. If the lid is suitable, work beading around it in the same way.

Richly colored beading turns a simple bottle into a thing of beauty, worthy of a place on the most elegant dressing table.

Beaded Lampshade

In Victorian times beaded fringes were a feature of nearly every drawing room or parlor. Lampshades of all descriptions were adorned with them, particularly the attractive tulip-shaped ones featured here.

Small tulip lampshade
Small round beads in red, blue, clear gold, and clear mauve
Larger round beads in clear pale yellow
Beading needle
Nylon beading thread
White cotton tape to bind frame
Braid for edge of lampshade

❶ Carefully remove any braid at the base of the shade. This will need to be replaced once the fringe has been stitched in place. If you wish to use a lampshade frame, you will need to bind the frame and make a simple cover before you start the fringe.

❷ Each string of beads in this fringe is the same length; the scalloped effect comes from the scalloped edge of the frame. If your shade has a straight edge, you can still achieve this scalloped effect by adding extra beads and lengthening and shortening the strands gradually to form the scallops.

❸ Start by threading your beading needle with a length of the nylon thread. Tie a knot in the end and thread on the 40 beads following the

Threading on the
large end bead

pattern. Start from the top and when you reach the end, turn and push the needle back through the large bead and up to the top of the string again. The best way to work with the tiny beads is to tip a few of each color into separate saucers and pick them up with the point of the needle.

❹ Pull both ends of the thread until they are level and snip off the knot. Thread both ends into a sewing needle and firmly overcast the string of beads to the outside edge of the lampshade.

❺ Continue in this way, sewing on each string as soon as it is threaded. Stitch the strings of beads a little way apart, allowing the larger beads at the ends to hang straight. Finish the shade by gluing on a piece of braid to cover all the stitching.

Chart for order of beads

KEY

● Blue
○ Clear mauve
● Red
○ Clear gold
◯ Clear pale yellow

A beaded fringe makes the perfect shade to go with a Victorian wall light, whether antique or reproduction.

Lacy Beaded Covers

The Victorians loved their things to be practical as well as pretty – these enchanting beaded covers are typical of the period. Pitchers and bowls of food were left in the larder or on a tea table, covered to keep out dust and insects. You can still buy these covers, but the ones shown here can be made very easily from scraps of cotton lace with a simple crocheted edging to attach the beads.

Pieces of cotton lace curtains
Glass beads with large holes
No 12 (2.50mm) crochet hook
Crochet cotton

❶ Cut the lace into circles, keeping any large motif in the center. The small cover is 8in

(20cm) in diameter and the large one is 11in (28cm) in diameter.

❷ For the small cover, thread about 40 large blue beads onto the crochet cotton before you begin. Work double crochet into the edge of the lace circle to stop it from fraying.

Then work as follows: 1 sc into 1st ch, * 8 ch, skip 2 ch, 1 sc into next ch *. Repeat from * to * moving one bead into position onto each 8 ch loop as you work, and ending with ss into 1st sc. Fasten off.

❸ For the large cover, thread on about 40 large green beads for the outer edge and about 76 mixed small blue, green, and mauve beads for the first two rows of the fringe. Then work as follows:

1st round: 1 sc into 1st ch * 6 ch, skip 4 ch, 1 sc into next ch *. Repeat from * to *, moving one small bead onto each 6 ch loop as you work. **2nd round:** ss to center of first 6 ch loop, * 8 ch, 1 sc into next loop *. Repeat from * to *, moving the beads into place as before. **3rd round:** ss to center of first 8 ch loop, * 12 ch, 1 sc into next loop *. Repeat from * to *, moving the large green beads into place as before and ending with ss into first sc. Fasten off.

Use these delightful lacy covers for tea in the garden to stop unwanted insects from invading your food.

Papercraft

Paper Lace Pictures and Box

Paper doilies and pierced decorations make charming pictures, cards, and mounts as shown in the selection of Victorian scraps and doilies on the previous page. You can achieve similar results with ready-cut paper mats.

A selection of white paper doilies in different shapes and sizes
Glue
Small sharp scissors
Colored poster board
Suitable pictures cut from greetings cards, magazines, or wrapping paper
Craft knife and cutting board

❶ Start by selecting a favorite picture or motif. Then decide whether the subject would look better with the lace decoration as an under or an over mount. An under mount is best when the picture can be cut out from its background and has an attractive and detailed outline.

Sometimes a complete doily will work well as an under mount with very few additions. More often than not, you will need to trim off certain areas of the doily and add pieces here and there to the edge to make just the right shape. The best way to work is to experiment with lots of different pieces, laying out your design onto a colored background.

❷ When you are happy with the design, spread glue onto the reverse of the doily and lay it in place on the colored poster board. Lay a piece of clean paper on top and press gently to attach the doily all over. Do not press too hard or you will flatten some of the embossing and spoil the design.

❸ Next cut out the picture following the outline, carefully preserving all the detail. Glue the back of the picture and place it centrally onto the paper lace.

❹ For an over mount, lay your chosen picture on a large piece of colored poster board and experiment by cutting the center shapes out of several doilies. Lay them on top of the picture to find the best one, trimming off any pieces that overlap too much. Glue the picture in place first and then the lacy mount. Cut out the card, leaving a margin around the edge.

❺ Another way of using doilies is to carefully cut out small scrolls, flowers, and motifs from different doilies. Glue your print onto white or pale-colored card and then build up an outer frame from the pieces of doily. Work so that the design is symmetrical and the pieces are evenly spaced. This is also an excellent way to decorate the edge of a paper-covered photo frame.

❻ The oval wooden box in the picture has also been decorated with doilies. Edging strips from a big rectangular doily have been glued around the sides, and the top is completely covered with lacy paper from the center of another large doily. When making a box, the lacy paper needs to be glued on much more firmly than for a picture mount. Use glue for this project, spreading it very thoroughly over the back of the paper. A selection of cutout Victorian motifs completes the effect. A thin coat of clear varnish is advisable to protect the surface of your box.

A charming collection of paper lace decorations.

Tartan Ware

❧

The Victorian fascination with tartan patterns developed as a result of Queen Victoria's love affair with Scotland. Soon, souvenirs and all manner of small household and needlework items were made in wood or papier-mâché, then decorated with different tartan designs. To start with, these designs were painstakingly painted onto the surfaces, but later a machine for printing tartan paper was invented. The paper was glued in place and then varnished.

This set of tartan desk accessories (see overleaf) has been made as a modern alternative to the increasingly scarce original Victorian pieces. I have used the same basic method of gluing and varnishing the paper in place, but omitted the black lines that were often used to disguise the joins. Instead of the modern glue-varnish I have used, you could use the technique described on page 106 to give these pieces an antique-look crackle finish.

Good-quality tartan wrapping paper
Clear glue-varnish sealer used in découpage
White glue
Tartan-patterned taffeta ribbon
Brushes
Scissors and craft knife
Wooden box
Wooden letter rack
Cardboard
Tiny wooden frames
Large empty sticky tape reels (cardboard)
Small ball of string
Thick and thin poster board

PHOTO FRAMES

❶ Remove all the backing card and glass from the frame. Using scrap paper, make a template of each side of the frame. Lay the paper over one side of the frame, hold it in place, and carefully cut along both miters with a craft knife.

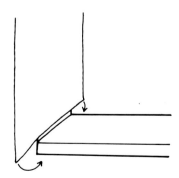

Making template for frame

Tartan ware photo frames.

Fold the edges of the paper around the frame and trim off at the back. Make sure this is accurate. For a rectangular frame, make another template for the longer or shorter side.

❷ Lay these templates onto the back of the tartan paper and draw around them. Cut out and try each piece in position on the frame. Trim if necessary and then spread the back with glue. Press each piece in place, pushing out any air bubbles. Fold the extra paper to the back of the frame to neaten.

❸ When the glue is dry, brush on several coats of sealer, allowing it to dry between coats. Make a tiny bow from the tartan ribbon and paint it with several coats of white glue to stiffen it. When it is dry, glue it in the center of the top of the frame.

LETTER RACK

❶ If the pieces of your letter rack are glued together, work as for the frames, using scrap paper to make templates for each surface. Cut them out accurately in tartan paper and glue them in place, leaving a narrow margin of wood showing around the edge. Varnish or seal as before.

❷ If your letter rack can be taken apart or if it is a kit, you can cover each piece with the tartan paper, trim the paper flush with the edge, and then assemble it. Varnish or seal when complete.

BLOTTER

❶ Cut out a piece of thick poster board 13 × 10in (33 × 25cm) and another piece slightly smaller. Cut out four 3in (7.5cm) wide strips of tartan paper and glue them in place over the edges of the larger piece.

❷ On thin poster board, draw four right-angled triangles with their sides measuring 3¼in (8cm). Cut them out using a craft knife. Cut out tartan paper triangles about ¾in (1.5cm) larger than the poster board triangles. Spread glue onto the back of the paper and center the poster board pieces on top. Fold the excess paper to the back of the poster board on the long side only. Line each triangle up with the corners of the large rectangle, and glue the remaining excess paper on the sides of the triangle to the back of the thick poster board.

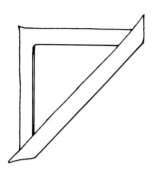

Folding paper over poster board triangle edges

❸ Glue the smaller piece of poster board to the back of the blotter to cover the folded-over edges of the paper. Paint the tartan paper with several coats of sealer. To complete, tuck blotting paper under the corner pieces.

STORAGE BOX

❶ Whatever the size or shape of your chosen box, the method for covering it will be the same. Concentrate on the outside surfaces first, folding the excess paper to the inside, and then neaten the interior of the box.

❷ First cut a piece of paper that will go around the lower half of the box, overlapping slightly at the back and with excess paper at the top and bottom. Glue this in place, snipping the excess paper at the corners so that it will fold over the edges of the box neatly.

❸ Cut an oversized piece of paper for the top of the box lid. Glue it in place, snipping and folding over the excess paper as before. Cut a strip of paper for the sides of the lid. Glue it in place so that the edge is flush with the top of the lid. Fold the lower edge to the inside. Last, neaten the box base with a slightly smaller square of

paper or felt to protect the furniture. Seal the outside of the box and allow it to dry.

❹ Finish the inside of the box by covering thin pieces of card, cut slightly smaller than the sides, with contrasting paper or fabric and gluing them in place.

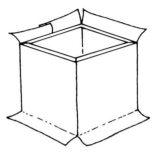

Gluing paper around box

STRING HOLDER

❶ Save two or three large inner rings from sticky tape and glue them on top of each other to make a short tube. Cut two circles of poster board to fit the top and base of the tube. Cover the circles with a larger piece of tartan paper. Make a small hole in the center of one circle for the top of the string holder. Glue this circle on top of the tube, snipping the edge of the surplus paper and gluing it to the sides of the holder.

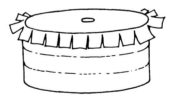

Gluing circle onto tubes

❷ Put the ball of string inside, threading the end of it through the hole. Now glue on the base circle in the same way as the top. Cut a strip of the tartan paper to fit around the sides of the holder and glue it in place. Protect with two or three coats of varnish or sealer.

Turn a simple side table into a writing area with this smart collection of tartan desk accessories.

PENCIL HOLDER AND PENCILS

Tartan pencil holder and string box.

❶ Simply remove the lid from a tin can and glue a strip of tartan paper around the outside. Trim the paper so that you leave the top and bottom edge of the can showing. Varnish or seal and then make a tartan bow as for the frames.

❷ Cover the pencils in the same way, with the tartan paper running diagonally around the pencil. Protect with two or three coats of varnish or sealer.

Quilled Boxes and Pictures

❧

Quilling, or paper filigree, was a popular ladies' pastime in Victorian times. Decorative pictures, tea caddies, and even whole cabinets were covered with these tiny spirals of paper, making intricate patterns and floral representations. Sometimes the paper rolls were colored or even gilded to resemble fine gold filigree work.

Thin white paper
Sharp craft knife
Cutting board
Long metal ruler
Scissors
Quilling tool, cocktail stick, narrow dowel, or a
  knitting needle for rolling the paper strips
Tweezers
Glue and small brush
Silver or gold spray paint
Stiff poster board for mounting
Tiny pillboxes with recessed lids
Round picture frame of about 4¾in (12cm) internal
  diameter to fit the pattern

---

❶ Using the craft knife and cutting board, cut the paper into long thin strips about ⅛in (3mm) wide. These should be accurately cut, so that the surface of the quilling is level when the design is complete.

❷ Roll the paper into different-shaped scrolls. The variation in shape is determined by the length of the paper strips and the method of gluing and pinching the coils before they are arranged into the design. Try experimenting with a few different shapes until you get the feel of it.

❸ Slot the end of the paper strip into the slit in the top of the quilling tool and then wind the paper firmly, keeping it even. If you glue the end in place now and then remove the paper

Closed coil

from the tool, you will have a closed coil that will remain in this shape. These are very useful for filling in areas and making borders. If you remove the paper before gluing, it will unroll slightly and the layers will open out. Glue the end in place at this stage and you have a simple open coil. This is the most usual method for quilling, enabling you to pinch and shape the coil as follows:

TEARDROP
Pinch an open coil at one side, after gluing.

Teardrop

PETAL
Make a teardrop but curl the pinched end.

Petal

EYE
Pinch the coil at both sides simultaneously.

Eye

LEAF
Pinch both sides as for the eye and curl the pinched ends in opposite directions.

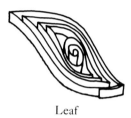

Leaf

HALF-MOON
Press the coil gently around the tool handle and pinch the ends.

Half-moon

TRIANGLE
Fold to make the half-moon but pinch the top as well.

Triangle

RECTANGLE OR SQUARE
Pinch two opposite corners (see *eye* above) then pinch two more to form either a square or a rectangle.

Rectangle or square

❹ When you have mastered all these shapes, make a few of each and start to lay them out to form patterns. To make regular designs you will need to keep the length of the strips constant, so that all the pieces in one motif remain the same size and shape.

PILLBOXES

❶ The tiny pillboxes are probably the best projects to start with, as they are quite simple and quick to complete; and the outer rim of the lid helps to hold the scrolls in place as you design your pattern.

❷ Make up several different shapes and arrange them on the lid to form an attractive design. When you are happy with the design, lift each piece with tweezers and paint a little glue on the base of the coil. Replace it at once and glue the next coil. Continue in this way over the whole area. Sometimes it helps to paint a small amount of glue on the sides of the coils as well, to make them adhere to the ones touching. But be sparing with the glue so that it does not show and spoil the finished effect.

❸ When the glue has dried, you can color the whole box with silver or gold spray paint. Place the open box inside an empty cardboard grocery carton to protect the surrounding area from paint. Spray gently, following the maker's instructions, aiming for several light coatings so that the design does not fill in. Turn the box base and lid around as they dry so that they are evenly covered.

❹ Spray the inside of the box or line it with scraps of paper or fine fabric. Decorate the outside of the box with ribbon and a tiny bow if you wish.

Tiny pillboxes make beautiful little jewel
cases for a single pair of earrings or a special ring.
A white box would be a lovely keepsake for
a bridesmaid's gift.

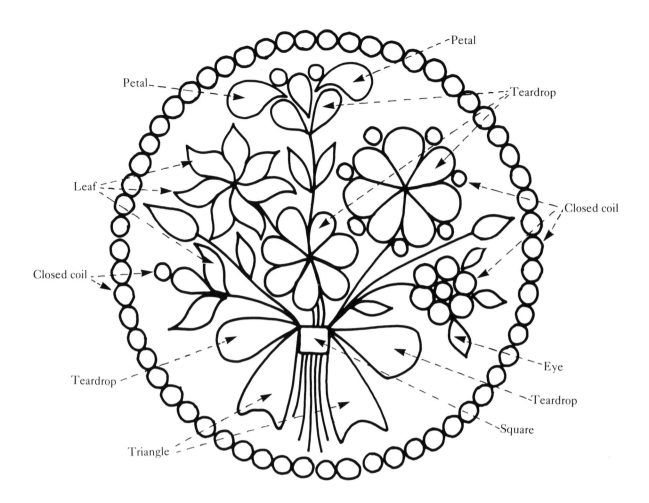

Petal

Petal

Teardrop

Leaf

Closed coil

Closed coil

Eye

Teardrop

Teardrop

Square

Triangle

Pattern for quilled picture

QUILLED PICTURE

❶ Using the glass from the frame as a guide, cut out a circle of white poster board for the base. Place the poster board in the frame and begin by making lots of closed coils using 6in-long (15cm) strips. Glue these to the poster board around the inside edge to make a border.

❷ Now use the full-size pattern as a guide and make the various coils as indicated. The stems are made from folded pieces of the paper strips

curved into shape and trimmed to length. Arrange the pieces and glue them in place to complete the design. You can work with the poser board out of the frame at this stage if it is easier. Assemble the quilling design in the frame with the glass to protect it, if you wish.

With a little more expertise you can make this delicate filigree picture to decorate a small corner.

91

Papier-mâché

Papier-mâché was originally made to imitate the fashionable lacquerwork that was imported from China in the 18th century. The Victorians were very keen on papier-mâché, as it was considerably cheaper and could be made at home by a talented craftsperson. The designs here are reminiscent of the art nouveau penwork designs that were so popular toward the end of the century.

BASIC METHOD

Newspaper, preferably in two different colors
Ruler
Glue
Bristle brush
Petroleum jelly
Small bowl to use as a mold
Cardboard tube from paper towel roll
Gesso or canvas primer
Scissors
Fine grade sandpaper
Clear polyurethane varnish
Gold and black paint
Small watercolor brushes

❶ The basic method for this type of papier-mâché is to laminate strips of newspaper in layers over a mold.

❷ Select the mold you are going to use and spread it liberally with petroleum jelly so that the papier-mâché will come away easily when it is dry. Use either the outside or the inside surface. Tear the newspaper into strips by pulling several layers at a time against a long ruler. Tear these into short pieces. Mix the glue with a little water in an old dish, until it is the consistency of cream. Brush the surface of your mold with some glue. Paste on some paper strips with the brush dipped in glue, so that you keep the surface sticky. Place the strips regularly and make an even layer all over. Make the second layer in the other color of newspaper so that you can check that the mold is completely covered, and then do a third layer.

❸ At this stage it is best to leave the papier-mâché to dry in a warm place for a few hours until the surface is dry to the touch. Repeat this process – work three layers and let them dry – until you reach the desired thickness. You can test the thickness on soft papier-mâché by pushing in a pin as far as it will go and marking the place with your thumbnail as you pull it out. Ten or twelve layers is probably enough.

❹ Now let the papier-mâché dry completely. When it is dry, it will sound hard when you tap it. While it is drying you can gently ease it away from the mold with a blunt knife to help release it later.

Drying times vary, but it may take up to a week for it to get really hard. When it is ready, remove the mold and clean off any petroleum jelly. Trim any rough or uneven edges with scissors and apply the first coat of gesso with a brush. When this has dried, rub it smooth with

Rich black and gold art nouveau designs are painted onto the finished papier-mâché bangles, napkin ring, and bowl.

fine grade sandpaper and apply another coat. For a very fine surface, repeat this process several times.

❺ Once you have reached the required finish, paint the whole piece with one or two coats of black paint. Using a very fine paint brush and the gold paint, lightly indicate the pattern outline using the designs on this page as a guide. If you make a mistake, quickly wipe it off before it dries. When the painting is complete, let it dry and then brush on a coat of varnish to give it a hard protective finish.

DECORATIVE BOWL

This was formed around the outside of a cereal dish. Radiate the strips of paper out from the center, taking care to keep the finish as smooth as possible as you build up the layers. Let the papier-mâché overlap the edge of the bowl; then trim this level just before you remove the mold. Finish as described.

ART NOUVEAU BANGLES

❶ Choose a fairly slim, straight-sided plastic bottle. Grease it with petroleum jelly, then paste 1in (2.5cm) strips of newspaper around it. Paste on the strips so that they are on top of each other, overlapping the ends in a different place on each layer to avoid making lumps. Apply about six layers in this way to make the base for the bangle. You can make several bangles of different widths at the same time on one bottle.

❷ Let the papier-mâché dry hard and then slip the bangles off the bottle. Trim the edges even with the scissors. Now paste on narrower strips of paper going in the opposite direction, until

the bangle is quite thick. You can build up the center of the bangle to achieve a domed effect. Leave until hard and then sand. Apply gesso, paint, and varnish as described.

NAPKIN RING

Cut off a 1in-wide (2.5cm) slice from a paper towel tube. Cover it with glue inside and out and paste on short strips of newspaper, as for the bangle. Finish as before.

Papier mâché designs

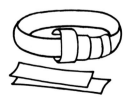

Making bangle with paper strips

Tassels & ❦ Cords ❦

Tassels

Tassels are most satisfying to make in all sorts of different shapes and sizes, and you can make exactly the right tassel for each project. You may find that you enjoy making them so much that you want to take it up as a pastime in itself. A single beautiful tassel looks very handsome adorning a special key for a bureau or jewel box. There are several different methods for making tassels; the two most useful versions are featured here with a few variations. The proportions of any tassel should be approximately one third head and two thirds tail.

BASIC AND STITCHED-HEAD TASSEL

❶ Cut a piece of stiff cardboard about 2in (5cm) wide and a little deeper than the length of the whole tassel. Wind the yarn around the card twenty and forty times, depending on the thickness of your yarn and the size of the required tassel. (If you are making a set of tassels, keep count of the number of times you wind around the card so that all the tassels will be the same.) If you want the tail to include two or more colors, wind the different colors around the card together to disperse the colors evenly.

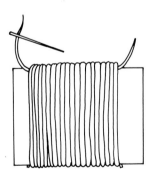

Winding wool around card

❷ Thread a tapestry needle with a long piece of the yarn and slip this under the wound yarn next to the card. Do this several times, then tie the ends to hold all the strands together. You can also insert a twisted cord at this stage for

hanging up the finished tassel. Slip the yarn off the card.

❸ Push the needle down through the top of the tassel and bring it out about a third of the way down. Wind the yarn tightly around the tassel a few times to form the head. Knot securely and feed the ends back into the tassel. (You can stop at this stage for the basic tassel and go straight to step 6 to complete it.)

Tying top of tassel

❹ To enlarge the size of the head, you can pad it with cotton wool or synthetic batting. Tear off small pieces and push them inside the head with a blunt needle. Stuff the head evenly, pulling the yarn to hide the batting.

❺ To complete the head, turn the tassel the other way up and work buttonhole stitch around and around. Start the first row of stitches by going into the strands around the tassel and

Padding tassel head

then work into the previous row, inserting the needle between each stitch. You can decrease the number of stitches as you reach the top by going between every other stitch. (You can decorate the tassel head with lines of stem stitch in contrasting colored yarn as I did for the sewing basket tassel shown on page 18.)

Working buttonhole stitch

❻ Push the needle down through the tassel to finish off. Cut the loops at the base of the tassel so that the ends are even.

Cutting tassel ends

BALL-BASED TASSEL

Use paper or Styrofoam balls to form the smooth tassel heads in this version.

❶ Using the tip of your scissors, dig into the hole in the center of the ball. Find the end and carefully pull out some of the material from the inside to enlarge the hole. The hole should be about half the size of the ball.

Enlarging hole in ball

❷ Thread a large needle with the chosen yarn. Make a loop knot in the end and pass the needle through the hole in the ball. Bring the yarn round and push the needle through the loop to secure. Pull the knot round to the inside of the ball and keep passing the needle through the hole to cover the ball with yarn. Aim for a single, even layer of yarn for a smooth finish. Don't pull the yarn too tightly or you will spoil the shape of the ball. You can add stripes of other colors or even metallic threads for variation.

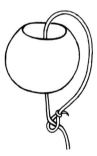

Tying wool to ball

❸ Make the tail by winding yarn around stiff card, as for the basic tassel. Slip a cord through the top of the yarn loops, tie, and then remove from the card. Thread the cord through the hole in the tassel head and pull the tail up into the ball so that the top comes about halfway through.

97

Adding tassel tail

Top of tassel

❺ Cut and trim the tail so that the strands are even. If you are using stranded cotton embroidery floss you can comb the tail with scissor points to fluff out the fibers.

❹ Thread a needle with some of the same yarn and make a few stitches to attach the tail firmly to the head. Use this yarn or metallic thread to work circles of buttonhole stitch to hide the hole in the tassel head if necessary.

This attractive tassel is worked in DMC stranded cotton embroidery floss. The top of the head is decorated with buttonhole stitch, which fills in the hole neatly after the cord has been attached.

Cord

Twisted cord is really easy to make, with the help of one or two other people, depending on how many colors you are using. One minute it is a few strands of colored yarn, and the next you have a beautifully even, twisted cord ready to enhance your best piece of work.

SINGLE-COLORED CORD

❶ To make a narrow one-color cord, you will need another person and a piece of yarn about six times as long as the required length of the finished piece. (3yd/3m of yarn will make 18in/50cm of cord.) Fold the yarn in half and tie a knot in both ends.

❷ Each person holds a knot and twists the yarn in a clockwise direction. When it is tightly wound, hold the middle of the yarn with one hand and bring the two knots together; the strands will immediately twist around each other. Tie the two knots together and smooth down the length of cord until it becomes evenly twisted. Make thicker versions of this by using several lengths of yarn.

MULTICOLORED CORD

❶ To make thicker, multicolored cord, as shown on the needlepoint cushion on page 95, the method is slightly different. For three-colored cord, you will need three people and two or more pieces of yarn three times as long as the required length of the finished piece. (3yd/3m of each strand of yarn will make 1yd/1m of finished cord.)

❷ Hold all the strands of one color together. Fold them in half and knot the free ends together. Repeat this with the other colored yarns. Now give one knot to each person to hold and tie the three folded ends together in the middle. As before, twist in a clockwise direction

until quite tight, then bring the outer knots together while holding the middle knot with the other hand. Tie the ends together and smooth down the cord until it is even.

❸ Before you cut the cord, you must secure it on both sides of the cut, or it will come un-raveled. To do this, wind a piece of yarn tightly around the cord and tie the ends securely. Repeat this process a short distance away and then cut the cord between the ties.

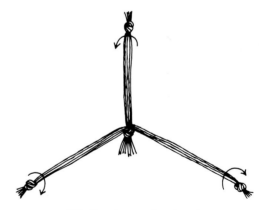

Winding three-colored cord

❹ You can also use this method for finishing off the end of a piece of cord. Wind a piece of yarn around the cord near where you want the end. Cut it and then untwist the cut ends, and trim them into a simple tassel.

Binding cord

Découpage

Découpage

❧

Découpage is the art of cutting out pretty paper scraps and applying them with glue and varnish to many different surfaces to give the effect of a beautifully painted decoration.

This delightful craft was at its height in the mid-eighteenth century with the vogue for eastern design and lacquerwork; then the Victorian ladies took it up again in the next century, with renewed vigor. It was described as an amusing occupation for long evenings and required little artistic skill. It was an easy way of applying sentimental, amusing, or beautiful decoration to a wide variety of items made from metal and wood.

The secret of good découpage work is to make it look as though the design has been painted onto the surface. To achieve this effect, the paper shape needs to be cut out very accurately and with as much detailing on the edge as possible. The paper piece should then be glued in position before you apply many coats of varnish and rub down between coats until the raised edge of the shape is no longer visible to destroy the illusion. To give an antique look to your decoration you can add a crackle finish to imitate the look of old cracked varnish.

CHOOSING PIECES AND DECORATIONS

Start by selecting your item for decoration and then choose the paper scraps to enhance its style and shape. All sorts of wooden and tinware items are ideal for découpage. Old, worn pieces are particularly good, as it is a way of renovating and decorating them at the same time. Tinware pitchers, trays, cachepots, plates, and boxes look lovely, particularly with the addition of a painted gold edging to finish off the design.

Painted bows, stems, and tiny leaves can also help a few cutouts hang together into a good composition. Wooden trays, tables, frames, cupboards, screens, and boxes of all sizes make perfect surfaces for découpage.

You can obtain your paper decorations from many different sources. Good-quality wrapping paper is ideal as it is usually well printed on thin paper. Greeting cards are also good, but you will need to strip off the printed surface and take most of the thick card away. To do this, stick the tip of a sharp craft knife into the edge of the card and peel off layers gradually from the back. Always work with the printed design face down on the work surface pulling back the card rather than the print, which can tear easily.

Printed sheets of motifs are available for this purpose. They usually include several different sizes of the same subject, such as flowers, faces, huntsmen, Christmas motifs, or cherubs. These will need to be cut out more carefully, sometimes adding more detail to the outline to enhance the shape, particularly with hair and flower petals.

It is also tempting to use pictures from magazines but unless the printing and paper are of the highest quality, it is unwise. The printed colors may run when varnished or the paper may become transparent and allow any print on the reverse side to show through. However, if you have found a particularly attractive design it is worth trying out a small piece of the same printing on a spare piece of wood or tin, just in case it works well.

CUTTING OUT THE SCRAPS

To cut out découpage pieces successfully, the most important tool is a pair of small, sharp, pointed scissors that are comfortable to use. Hold the paper loosely in your left hand and cut with your right, turning the paper rather than the scissors, to follow the outline. (Reverse this if you are left-handed.) Start by cutting out lots of pieces – more than you think you will need,

This antique footwarmer, shown with a wooden tray and table top, has a simple arrangement of flowers with a border of tiny painted gold leaves around the sides.

so that you can make a really good composition to fit the required shape. Most large floral designs look especially good when lots of flowers are arranged close together and overlapped to

103

Cutting scraps

form a bouquet. If the paper layers get too thick, you can trim away the underneath areas as you glue the pieces in place.

Lay the scraps out on the chosen surface and design your composition. Now is the time to choose a background color to paint your item, so that it will enhance the découpage. Keep the scraps safely in an envelope and sketch a rough idea of your arrangement on the outside to remind you when you start gluing.

PREPARING THE SURFACE

To prepare tinware you should rub off any old flaking paint and rust with a wire brush. Sand any rough areas and then paint with several coats of red oxide paint, leaving it to dry thoroughly between coats. Sand this lightly with fine abrasive paper and then paint with one or two coats of matte or eggshell paint. Black and dark forest green are probably the most usual colors, but many smaller items look very pretty in pale blues and greens.

When the painted surface is quite dry, sand it very lightly before gluing the paper scraps in position.

To prepare wooden items, remove any old varnish and sand the surface until it is really smooth. If you want the wood grain to remain visible under the découpage design, brush on one coat of varnish at this stage to bring out the color of the wood. If you want a painted surface, paint it now, choosing either a flat color or perhaps a dragged or sponged finish in a slightly darker color. Brush on two or three coats of the base color in matte emulsion or eggshell paint. Sand smooth with very fine sandpaper and then add the dragging or sponging at this stage.

GLUING THE SCRAPS

Now glue the scraps in position using white glue. This is a water-based glue that helps to protect the paper from becoming transparent. It is perfect for wooden surfaces but may cause rust spots on some metal surfaces. Spread the glue thinly and evenly onto the reverse of each scrap and then press into position. Carefully trim away any excess paper if the pieces overlap several times and make the surface lumpy. Gently wipe over the glued pieces with a damp cloth to remove excess glue and smooth out any air bubbles. Allow to dry.

On metal, glue the scraps in place with clear household adhesive and wipe away any surplus immediately with a dry cloth. Paint on stems or borders at this stage using an oil-based metallic paint and a fine watercolor brush.

VARNISHING

The next stage is the varnishing. Use clear gloss varnish, either acrylic or polyurethane. You will need many layers to make a really successful finish, so be patient and allow each coat to dry properly before putting on the next. Begin with two or three coats, leave overnight, and then sand lightly with fine wet and dry sandpaper wrapped around a sanding block. This will mostly remove the varnish over the paper cutouts, so take care that you do not go through to the paper and damage it. Wipe the surface dry and remove all traces of dust, using a cloth moistened with petroleum spirits. Repeat with two or three more coats of varnish, then sand again. The number of times you repeat this process depends on the thickness of your paper decor-ation. Feel the surface with your fingertips to determine when it is smooth enough, but aim for about twelve coats. After the final sanding, apply just one more, very thin, coat of varnish to complete.

Spring flowers and painted gold ribbon have transformed this tiny tin trunk.

104

Now is the time to do the crackle finish technique if you want to give your piece an antique look. You can use a two-stage kit sold specifically for the purpose; in which case, follow the maker's instructions carefully.

You can also achieve the same effect more cheaply by buying separate ingredients. The secret of the technique is to use first an oil-based layer, then a water-based layer that will react and crack evenly without peeling off.

First apply a thin, even coat of good-quality gold size, using a bristle brush. Leave until it is very nearly dry, just slightly sticky. Then test a small area with some of the second coating, which is a water-based solution of gum arabic. Brush on a little, leave for a moment, and if it

---

Old items look even more convincing with the addition of a crackle finish on the final coat of varnish to give them an antique look.

A collection of wooden and tinware items decorated in a variety of styles to complement each piece perfectly.

---

makes a slight hissing sound or cracks open, leave the gold size to dry a while longer.

When the gold size is ready, brush on a generous coating of gum water with a soft brush and leave it to dry for about an hour. During this time, the cracking will take place; you can encourage this with warm air from a hair dryer.

When the surface is dry, you can make the cracks more visible with a little artist's oil paint in raw umber or burnt sienna to imitate the dust and dirt that would have colored an old item. Squeeze a little paint onto a saucer and dip in a cotton cloth wrapped around your fingertip. Spread the paint sparingly over the surface, rubbing it well into the cracks. Wipe off the excess with a clean cloth and leave for a few days before you give it a protective coat of the original clear varnish.

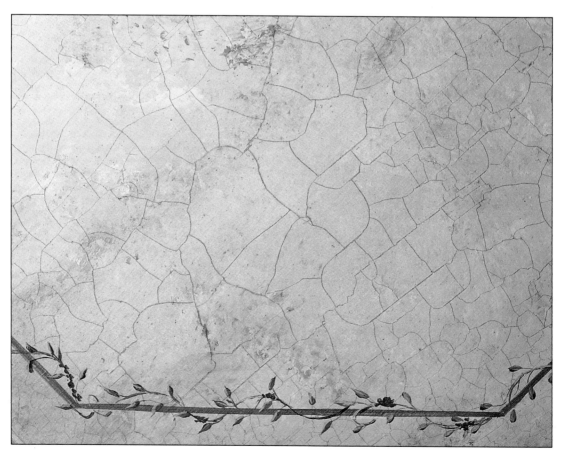

Christmas Baubles

Christmas decorations, as we know them, were virtually invented by the Victorians. The Christmas tree was the centerpiece, beautifully decorated and surrounded by gifts. These antique-look baubles are simple to make from paper balls covered with motifs cut from Victorian-style wrapping paper.

Paper balls of 2in (5cm) diameter
Small sharp scissors
Clear glue-varnish sealer
Bristle brush
Colored cord
Victorian-style wrapping paper or découpage motifs
Sticky tape

❶ Start by cutting out lots of small motifs, similar in color or subject matter. Try all Christmas designs; one type of flower, such as pansies; or children's faces. The maximum size of the pieces should be about 2in (5cm) to cover the balls successfully. To make the paper lie flat on the curved surface of the ball, you will need to make small snips around the edge of the piece. Try to cut along part of the design; e.g., follow the petal shapes toward the center. Test this out on the ball before you start to glue to make sure you have cut far enough.

❷ Push a ball onto an old pencil to hold it and then spread glue over about half the ball. Lay on one paper scrap and then cover it with a thin layer of glue. Put on another scrap, overlapping it slightly on the first one. Continue in this way until the ball is completely covered and no white background shows. Brush with a thin coat of glue and leave to dry, with the pencil standing up in a jar so that the ball does not stick to anything. Make several more balls while the first is drying and then add more layers of glue to act as a varnish.

❸ When the varnish is quite dry, remove the pencil. Cut a 4in (10cm) length of cord and tape the ends together to stop their fraying and to stiffen them. Dip the ends into the glue and push them firmly into the hole in the top of the ball. Add any small scraps around the hole to finish off the ball and then give it a final coat of sealer. Hang it up to dry by the cord loop.

A gorgeous Christmas tree decorated with découpage baubles and real candles. For safety, use electric or battery-operated candle lights.

Lacework

Old Lace Pillows and Cushions

The advent of machine-made lace in the mid-nineteenth century had a widespread effect on the availability of furnishings. Up until that time, only the rich could afford to have the expensive handmade lace to decorate their table and bed linens. But later, yards of the new manufactured lace could be seen adorning all types of household linen, with frills, flounces, and lacy edgings everywhere.

You will need to choose some old lace and embroidery from partly damaged and worn linen and combine it with modern lace to create your pillow covers and pillow shams. Used white cotton sheeting is ideal to mount the lace on, as it is not so startlingly white as new fabric, and the various shades of white from different pieces will blend better. Buy cotton lace edgings in varying widths to go with your old linen.

❶ Carefully cut away lace edgings from cloths and mats and trim off any torn parts. Join the pieces carefully by hand, using French seams to hide the raw edges. Use this to make edgings and frills.

Stitching lace together to form a square

❷ Use corner areas and center pieces from tablecloths to make the central part of your pillow cover. Cut out the motifs, leaving a margin of fabric all around, and then join them into a square with machine-stitched flat seams. Using pinking shears, trim away any raw seam edges that show through close to the stitching. Press the seams open.

❸ Center the joined lace onto a piece of sheeting 3in (8cm) larger all around than your pillow form and baste in place. Baste old or modern lace edgings around the sides (mitering the corners) to cover any raw edges, and then machine stitch. Insert ribbons in slotted lace and add bows as you wish.

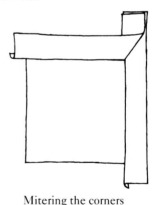

Mitering the corners

❹ Appliqué old lace mats onto sheeting. Baste in place across the middle and along the edge, then zigzag machine-stitch around the center area of motifs and lastly around all edges to hold in place.

❺ To make the pattern piece for the pillow back, draw a square the same size as the front. Fold the square in half and, adding ⅝in (1.5cm) to one side of the square, cut out two pieces of backing fabric. Machine stitch, taking a ⅝in (1.5cm) seam and leaving a gap for inserting the pad. Place the pillow pieces with right

Make a luxurious heap of white lace pillows in all shapes and sizes to dress up your bedroom.

sides together and stitch ⅝in (1.5cm) from all edges.

❻ Turn right side out and press. Mark a line 2in (5cm) away from the edge and work a line of machine satin stitch over it through both layers of fabric. This will form the decorative border around the pillow, which you can edge with lace

if you wish. Lastly, insert the pillow form and add ribbon ties or hand stitch the opening to neaten.

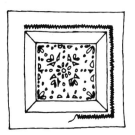

Stitching cushion border

Tape Lace

As the name suggests, this type of lacework is made using special tape. It is loosely woven with a gathering thread down the edge so that you can pull it into various shapes to follow a pattern and then anchor it in place with decorative stitching. Once you have mastered the technique with a small item like a mat or dressing table set, you can go on to make beautiful tablecloths and bedspreads. This type of lace originated in the seventeenth century and was copied extensively in the Victorian era in many countries; missionaries even took patterns to the Far East. Tape lace has many different names and variations, and so its sources are rather difficult to trace.

MAT

⁵/₁₆ in-wide (8mm) white lace tape with a plain edge
White DMC embroidery cotton special 25
Pins
Tracing paper
A black waterproof felt-tipped pen
Stiff muslin
Tapestry and sewing needles

❶ Trace the pattern from the following page onto the tracing paper, using the felt-tipped pen. Lay this over the stiff muslin and baste or tape around the edge to hold the layers in place. Find the gathering thread in one edge of the lace tape and pull it gently to coil the tape. It should lie flat on itself but if it is distorted, cut off this piece and find the correct thread. You will soon get used to doing this correctly. Gently gather up about 1yd (1m) of the tape.

❷ Beginning at the point on the pattern (overleaf) marked with an arrow, start shaping and then pinning the tape in position, following the parallel lines. Pin through all three layers of tape, tracing paper, and muslin. When the tape is pinned in place all the way around, cut the tape, leaving about ⅝in (1.5cm) extra, and fold the raw ends under neatly. Next, pin the inner circle and then the central curved diamond. For the diamond shape you will need to fold the tape at the corners so that the gathering edge stays on the outside edge of the diamond. Start and finish at a corner.

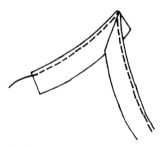

Folding corners on diamond shape

❸ Baste the tapes to the pattern through all the layers, using a contrasting thread so that you can remove it easily later. Follow the outside edges of curves as they tend to stand away from the pattern more than the inner edges. Make small regular stitches to anchor the tape accurately. Remove the pins.

Begin by making this simple lace mat then graduate to the beautiful bedspread, featuring tape lace with whitework embroidery.

❹ Using fine white thread, the same thickness as the thread used to make the tape, lightly stitch the tape layers together where they overlap or cross and at the joins. These stitches should be even and as invisible as possible on the right side. Do not start sewing with a knot, but make two or three tiny backstitches to anchor the thread securely. Do not pull the stitches tightly or the work will not lie flat.

❺ Next is the embroidery stage, where the spaces are filled with various stitches and areas of tape are joined to hold the whole shape together. Using the embroidery cotton and a round-ended tapestry needle, start with the insertion stitch in the scallops on the edge of

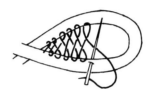

Insertion stitch

the mat. Anchor the thread as before and take a small stitch in one edge of the tape; take another stitch in the opposite edge from right to left and then come back to the first edge. Keep stitches even without pulling the tapes out of shape, making about four complete stitches in each scallop. On every other scallop, make two vertical lines of thread. Take the first thread over and under the herringbone stitches and anchor it at the end, then work back up the same thread going under and over the opposite way and also around the first thread to give a twisted effect.

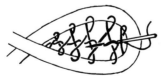

Working the central vein

❻ Next join the circle to the scallops with a knotted insertion stitch. Work as follows from right to left: bring the thread up on the lower edge, go across to the upper edge, and take a

small stitch. Put the needle behind the first stitch and over and under the loose thread. Pull gently to form the knot and take a stitch in the lower edge. Continue in this way all round the circle.

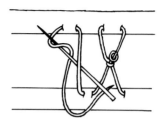

Knotted insertion stitch

❼ Then join the diamond to the circle with a simple lacing stitch that is gathered into three strands with a central thread. Work back and forth across the space to make about fifteen fairly loose vertical stitches. When you reach the end of each area, turn the work around and make a bar across the center. Go down over the first three vertical threads to the back of the work. Then up, behind the threads to gather them together. Put the needle on the other side of the horizontal thread and back under the three threads. Repeat this until you reach the end, and then start on the next area.

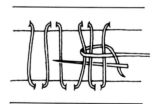

Gathered lacing stitch

❽ Lastly fill the space in the center of the diamond with spiderweb stitches. Start in one corner and run a thread across to the opposite corner. Go down one side making two more threads parallel to the first one. This should bring you out at the third corner. Repeat the process, going across the opposite corner and then back and forth. Keep doing this until you have ten threads crossing each other in the central area. Where four threads cross, make a spider web by working around this point going under and over each thread three or four times.

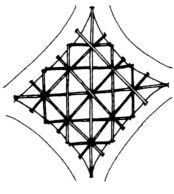

Spiderweb mesh

⑩ If you wish to use this design as the center of a larger mat or tablecloth, lay it on top of fine cotton fabric and baste it carefully in place. Using a small, close-set, machine zigzag stitch, sew all around the outer edge, making sure you catch the edge of the tape securely. Turn over the work and very carefully snip away the fabric from behind the lace.

⑨ When you have finished the embroidery, take out the contrasting basting threads and check to see that everything is joined properly. Press the lace firmly under a damp cloth using a hot iron to flatten and secure the shape. Just press and lift the iron without moving it back and forth.

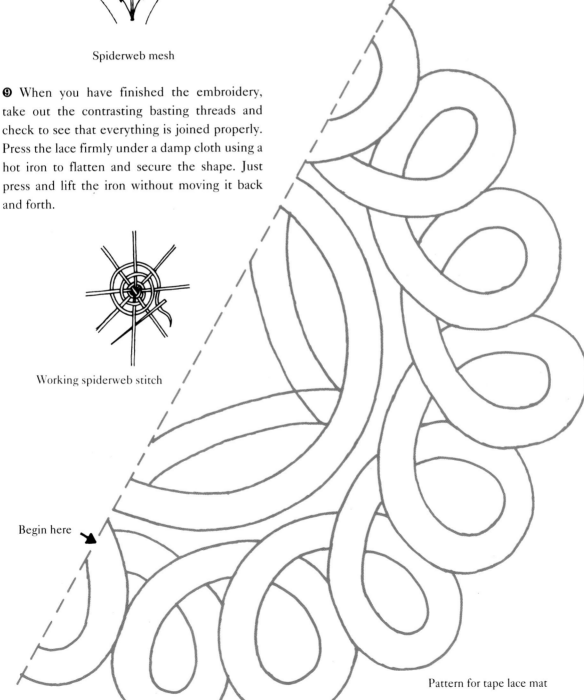

Working spiderweb stitch

Begin here

Pattern for tape lace mat

Shellwork

Shellwork

The Victorians loved the seaside, and collecting seaweed, shells, and pebbles became quite an obsession with many ladies. Large shells were collected as specimens, while smaller shells in a variety of shapes and colors were used to decorate boxes, frames, mirrors, and a myriad of small souvenirs. (For key to shells, see overleaf.)

One secret of making successful shell projects is to choose the shells carefully to fit the space available. It is worthwhile to spend some time sorting shells into sizes before you begin gluing them in position. Even a handful of the same type of shell can vary considerably in size or color. If the patterns and shapes are to remain uniform, it is quite important to use exactly the same shells all over each area. Use clear household adhesives that dry clear and almost invisible. Instead of spreading the whole area with the adhesive it is much better to dab a little glue onto the base of each shell and then press it into place. Put some glue onto the adjoining shells as well, so that the whole arrangement is really secure.

If you are using any other materials with the shells, like pictures, fabric, or braid, attach these to the surface first. Then glue the shells in place, slightly overlapping the edges. When making pictures, work with the backing board in position in the frame, so that you can place the shells close to the frame without leaving a gap.

A modern octagonal sailors' valentine picture in which about ten different kinds of tiny shells are used to create the intricate patterns.

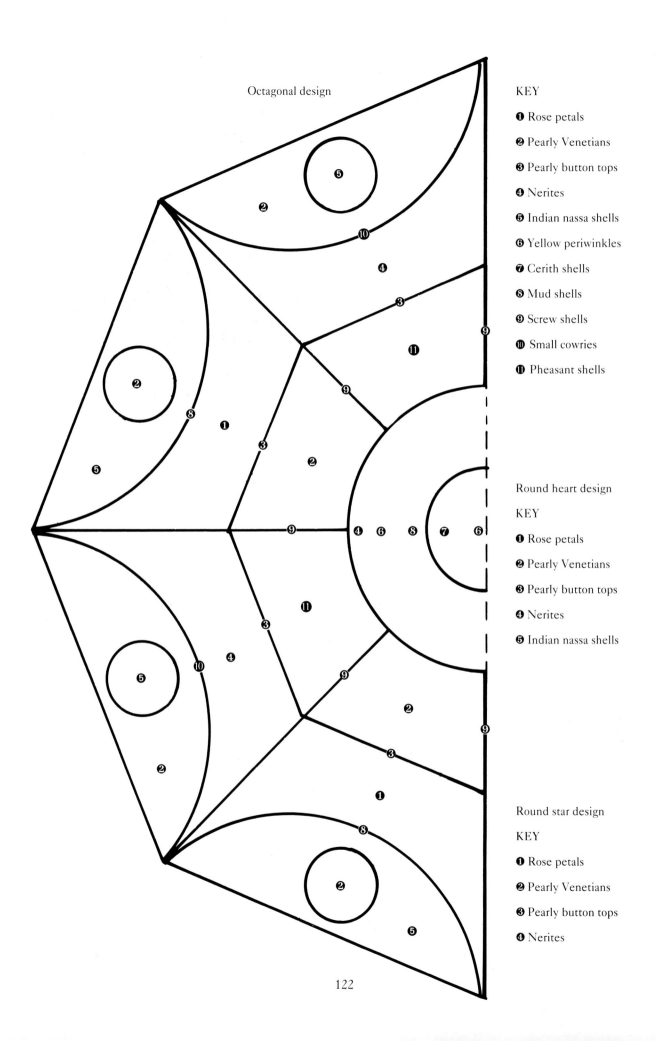

Octagonal design

KEY

❶ Rose petals

❷ Pearly Venetians

❸ Pearly button tops

❹ Nerites

❺ Indian nassa shells

❻ Yellow periwinkles

❼ Cerith shells

❽ Mud shells

❾ Screw shells

❿ Small cowries

⓫ Pheasant shells

Round heart design

KEY

❶ Rose petals

❷ Pearly Venetians

❸ Pearly button tops

❹ Nerites

❺ Indian nassa shells

Round star design

KEY

❶ Rose petals

❷ Pearly Venetians

❸ Pearly button tops

❹ Nerites

Round heart design

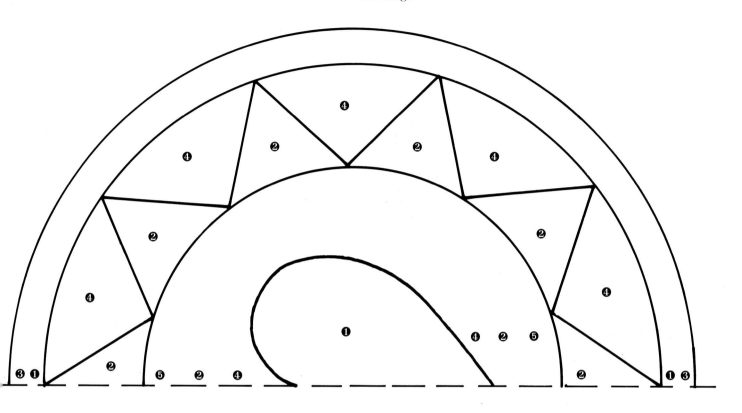

Round star design

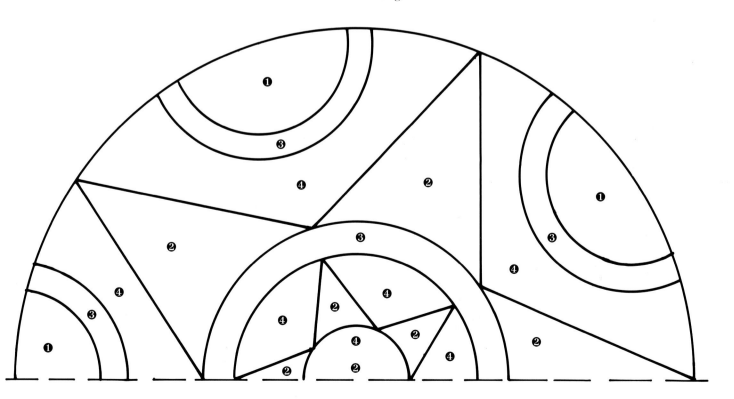

Sailors' Valentines

Sailors' valentines were popular throughout the nineteenth century and were thought to have been made by sailors on long voyages to bring home to their loved ones. Such pictures often depicted a heart shape or a motto, worked in the center of an intricate mosaic of many sorts of small shells. Here are designs and instructions to make your own modern sailors' valentine. There are two round designs and one octagonal (see page 121), though you could use different frames and shells with the following instructions as a guide.

An assortment of at least 10 different types of shells
Glue
Thick white poster board for the backing
3 picture frames: 2 circular wooden frames of
  9.5in (24cm) diameter and an octagonal frame
  14in (36cm) across
Tweezers

---

❶ All three pictures are made in the same way. First cut out a piece of the thick poster board to fit into the frame. Place it in the frame and draw around the inner edge to outline the area to be covered with shells.

❷ Trace the designs (pages 122–23) and draw them onto the poster board in pencil. Arrange the shells on the design, following the patterns. To keep the pattern accurate, it is best to start at the center of the design and work outward. Try out the shells in each area before you glue them in place. Then glue the shells around the outline of each area first, and fill in the center, packing the shells as close together as possible to cover the poster board.

❸ In each area of the design, use only shells of the same color, tone, and type and keep them facing the same way. Alternate areas of light and dark shells to define the pattern. Put the shell-covered poster board into the frame before you reach the outer edge, then glue the last shells onto the poster board when it is in place, making sure they fit snugly inside the frame.

Here I describe each design as it was made, but you may have different frames and other types of shells, so use this only as a guide.

OCTAGONAL DESIGN

Begin at the center with a single yellow periwinkle, then encircle it with brown striped cerith shells. Work outward with circles of mud shells, yellow periwinkles, and nerites.

Next divide the surrounding area equally with eight screw shells and fill in the shapes between them alternately with pearly Venetians and pheasant shells.

Now glue on an octagonal outline and radiating lines of pearly button tops. Form the semicircles around the outer edge alternately with mud shells and small cowries. Fill in every alternate semicircle with pearly Venetians and a circle of tiny pale Indian nassa shells. Fill remaining semicircles with Indian nassa shells and circles of pearly Venetians. Cover remaining areas alternately with rose petals and nerites.

ROUND HEART DESIGN

Begin by gluing on the central heart shape in small rose petal shells, then surround it with

Choose a heart or star design to make your own unusual valentine.

several rows of shells, such as pearly Venetians, nerites, and Indian nassa shells, until you reach the inner circle.

Fill in the points of the star with pearly Venetians. Between the two outer circles, make a border of pearly button tops with a tiny rose petal shell tucked between each one. Fill in the remaining areas with nerites, adding one pearly button top at the center of the outer edge.

ROUND STAR DESIGN

Begin at the center with a large nerite, encircled first with a ring of pearly Venetians, then with a ring of tiny nerites. Fill in the points of the large and small stars with pearly Venetians and fill the ring between them with circles of pearly button tops, rose petals, Indian nassa shells, and similar types. Outline the semicircles with pearly button tops and fill them in with rose petal shells. Cover the remaining areas with nerites and one pink-colored mud shell at the top of each semicircle.

Shell Boxes, Frames, and Mirror

These projects are typical of Victorian souvenirs. The little round box is modern, with the top left as bare wood and the base painted pink then rubbed over with a rough gold topcoat. I have lined the oblong box with some old blue silk ribbon and tiny beads. The outside has a dull gold finish, ideal for the pearly shells. The little frames are very inexpensive, unfinished wood, and covering them with shells is a quick and easy way of making them into lovely gifts. The mirror would be an ideal project for displaying a few larger shells.

RECTANGULAR BOX

A small rectangular wooden box
A selection of pearly Venetians, pearly button tops,
  grey nerites, and button top shells
Sandpaper
Glue
Clear glue-varnish sealer
Gold bronzing powder
FOR THE BOX LINING
Thin poster board
Scraps of silk
Scraps of thin batting
Tiny colored beads
Fine needle and thread

❶ Sandpaper the box until the surface is smooth and free from varnish. Mix up some of the bronzing powder with the sealer and use this to paint the box all over, inside and out. When the box is dry, arrange shells to cover the top of the box, alternating rows of light and dark shells. Keep the shells facing the same way in each row to look uniform. When you are happy with the design, glue them in place.

❷ To line the box, cut out rectangles of poster board to fit easily inside the top, base, and sides of the box. Cut out a piece of batting the same size as each poster board shape and a piece of silk

a little larger. Lightly glue the batting to the poster board, lay the silk on the work surface, and center the poster board on top, with the batting downwards. Bring the fabric around the edges of the poster board and glue to the back. Mark even crisscross lines on the back of each piece of poster board. Use them as a guide to stitch on beads to slightly quilt the surface of the silk. Glue the base piece in place inside the box; then glue the side pieces to complete the lining.

ROUND BOX

A small round wooden box
A small selection of rose petal shells and pearly
  Venetians
Sandpaper
Greeting card
Clear glue-varnish sealer
Glue
Pink gloss paint for the base of the box
Gold bronzing powder
Small brushes

❶ First sandpaper the surface of the box lid to make it smooth and free from varnish. Cut out a

Recreate the mood of the seaside with a group of shell-encrusted frames, a box, and any seaside mementos from the past or present.

Small wooden picture frames
A selection of small shells as for the boxes
Glue

Make the frames in the same way as the rectangular box. You can leave the frames as bare wood or paint them in gold. Use a selection of small shells to completely cover the front of the frames. Start by gluing on the row of shells on the inside edge of the frame, then arrange the corners and the outside edge. Choose rows of shells that contrast well in shape and color and glue them on facing the same direction in each row.

MIRROR

A pine-framed mirror about 12 × 10½in (31 × 27cm)
*   with flat molding about 1½in (4cm) wide*
4 scallop shells for the corners of the frame
A good selection of decorative medium-sized shells
About 100 pearly button top shells
Glue

If possible, work with the mirror out of the frame to avoid marking it with glue. Working on a flat surface, experiment with your selection of shells to decorate the frame. A row of pearly button tops next to the mirror is a good starting point, but lay the corner scallop shells in place before gluing to make sure you leave enough room for them.

Glue the shells in groups at the corners and at the center of each side of the frame. Add a few more smaller shells to link these groups and to finish the frame. Keep the design regular and match up the shells on each side of the frame for a balanced look.

Replace the mirror into the frame and seal in place with poster board and gummed paper tape to protect it.

This modern pine-framed mirror has been given the Victorian look with a carefully chosen selection of shells, some bought and some collected.

small motif from a greeting card or wrapping paper to decorate the center of the box lid. For a curved top like this one, you will need to cut in toward the center of the paper scrap to help it lie flat on the surface of the lid. Glue it in place and then paint two coats of sealer over the paper motif. Allow to dry.

❷ Paint the base of the box in pink or a color that will go well with the picture on the lid. Leave to dry thoroughly. Mix up a little gold bronzing powder with some sealer and brush this roughly over the paint so that some of the color shows through. Allow to dry again and then coat with one more layer of sealer.

❸ Using the glue, stick on a row of medium-sized rose petal shells along the edge of the lid. Next glue on a row of small pearly Venetians and lastly a row of tiny rose petal shells. Push the shells really close together, interlocking the shapes, to make a pretty edge to the picture.

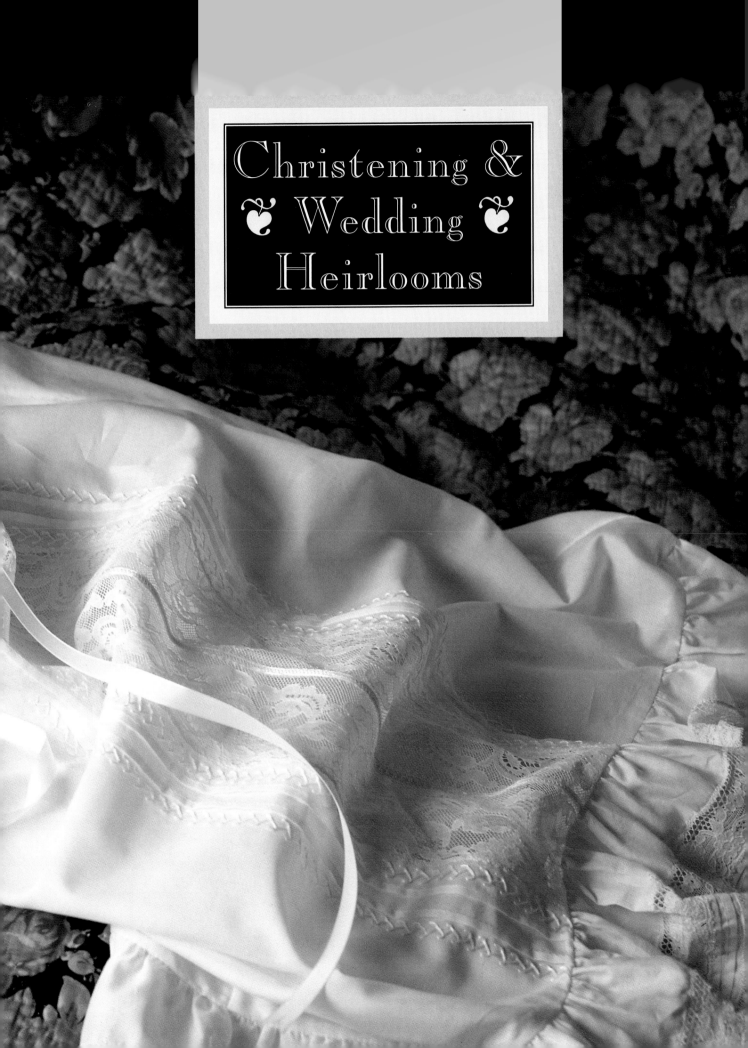

Christening &
❦ Wedding ❦
Heirlooms

Christening Robe

This christening robe is a simple pattern that has been given the traditional look with frills, pin tucking, ribbon, lace appliqué, and hand embroidery. It is quite a labor of love and will last through many generations like the original Victorian heirlooms.

3¼yd (3m) of fine white lawn 45in (115cm) wide

Fine white cotton lace as follows:

  1⅝yd (1.50m) lace × 2¾in (7cm) wide

  3¼yd (3m) lace × 1¼in (3.5cm) wide

  4½yd (4.20m) × ½in (13mm) wide

¼yd (50cm) narrow edging lace

1¾yd (1.60m) narrow white picot-edged satin ribbon

1¾yd (1.60m) narrow white satin ribbon

3 skeins of white DMC stranded cotton embroidery floss

White sewing thread

18in (50cm) narrow elastic

Water-soluble marking pen

Thin tracing paper

Graph paper

Note: Work ½in (13mm) seams throughout unless indicated. Overcast seam edges or use French seams to neaten. Each square on the pattern (overleaf) equals 2cm (¾in).

❶ Using graph paper, draw the christening robe pattern to full size. Copy each line, square by square, for an accurate shape. Trace and cut out the pieces in thin tracing paper. Mark all the details as shown.

❷ Begin by working the pin tucking, appliqué, and embroidery for the bodice and sleeves before you cut out the pattern pieces. Starting with the bodice, cut out a piece of fabric 18 × 7in (46 × 18cm). Fold in half across the width and press the fold. Using the bodice pleating diagram, measure and mark the lines using a ruler

and water-soluble marking pen. Bring the lines together so that the folds are on the right side of the fabric. Baste and stitch these pin tucks in place. Press the pin tucks flat, working away from the center fold. Now stitch on the ribbon and lace as shown in the photograph, using straight stitch for the ribbon and a tiny zigzag stitch along both edges of the lace.

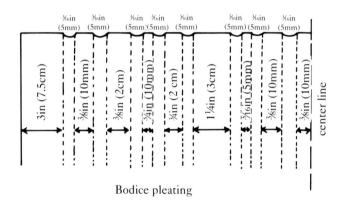

Bodice pleating

❸ Turn the piece of fabric over and very carefully cut away the fabric from behind the rows of lace. Use small sharp embroidery scissors and take care not to cut the stitches or the lace. Last, embroider lines of chain stitch and feather stitch as indicated, using three strands of cotton embroidery floss.

Chain stitch   Feather stitch

❹ Cut out two pieces of fabric 9 × 13in (23 × 33cm) for the sleeves. Fold in half across the width and press. Follow the diagram carefully and sew the pin tucks, ribbon, and lace, as for the bodice.

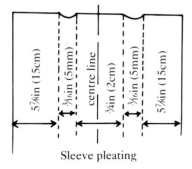

Sleeve pleating

❺ Pin the bodice and sleeve pattern pieces to the decorated fabric and cut out as directed.

Line up the center fold with the marked center line on each piece. Now pin in place and cut out all the other pattern pieces, as directed, also cutting a 5½in × 3¼yd (14cm × 3m) frill piece all along one selvedge.

❻ On the skirt front, stitch on the two strips of lace, overlapping the center line slightly. Stitch on the ribbon with zigzag stitch to cover the center line, and then trim away the fabric from behind. Stitch two pin tucks either side of the lace, then work the four lines of feather stitch in white, as indicated.

❼ With right sides together, pin and baste the shoulder and side seams to join the back and front bodice pieces. Stitch in place.

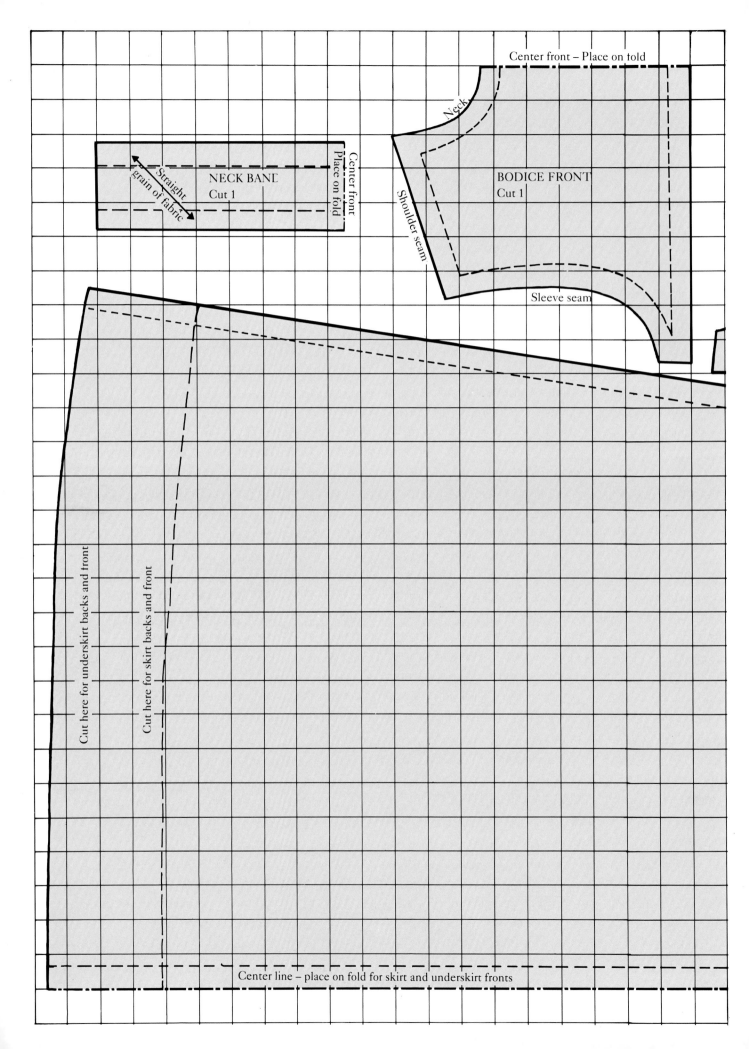

NECK BAND
Cut 1

Straight grain of fabric

Center front Place on fold

BODICE FRONT
Cut 1

Center front – Place on fold

Neck

Shoulder seam

Sleeve seam

Cut here for underskirt backs and front

Cut here for skirt backs and front

Center line – place on fold for skirt and underskirt fronts

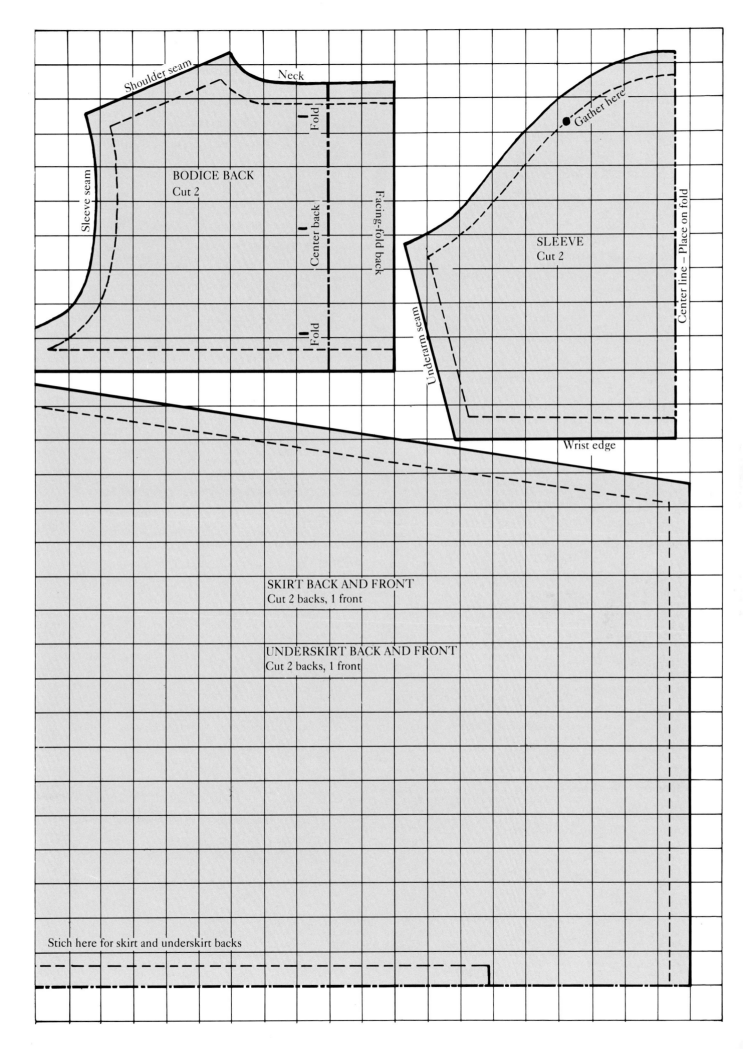

❽ Cut two 1½in-wide (4cm) strips of fabric along the selvedge to go along the wrist edge of each sleeve. Stitch some of the narrow edging lace along each selvedge. Now line up the other edge with the wrist edge of the sleeves, right sides together. Pin, baste, and stitch. Press this seam down toward the lace edging and make another row of stitching through all the layers to form a narrow channel for the elastic. Embroider a row of feather stitch just below the channel. Using a bodkin, thread some of the narrow elastic into each channel. Do not gather the elastic; instead leave the ends free. Pin and baste the underarm seams with right sides together. Stitch these seams, pulling up the elastic so that the wrist measures about 5½in (14cm) around when gathered. Stitch through the elastic to hold it in place, then trim off the ends.

Wrist frill

❾ Run two rows of gathering stitches between the dots and either side of the seam line on the top of each sleeve. Insert the sleeve into the bodice, matching up the raw edges, with right sides together. Line up the dots and the underarm seams. Pull up the gathering threads so that the head of the sleeve fits the top of the armhole. Pin, baste, and stitch the sleeves in place. Remove the gathering and basting threads. Press the facings at the center back of the bodice under and stitch.

❿ With right sides together and raw edges matching, pin, baste, and stitch the neckband to the neck of the bodice. Fold it over to the inside, turn the raw edges under, and slipstitch to neaten. Stitch a piece of the edging lace to the folded edge of the neckband. Embroider a row of chain stitch and a row of feather stitch all around to decorate.

⓫ Pin, baste, and stitch the skirt front to the skirt back pieces at the side seams. Cut and join the skirt frill pieces to make a strip about 3¼yd (3m) long with the selvedge running along one long edge. Stitch some of the ½in (13mm) wide lace to the selvedge of the frill. Make two pin tucks above this, then stitch on the medium-width lace just above. Trim away the fabric from behind the lace. Gather along the raw edge of the frill and pull up the threads evenly to fit the bottom of the skirt. With right sides together and raw edges matching, pin and baste the frill to the skirt. Stitch and then remove the basting and gathering threads.

⓬ With right sides together, pin, baste, and stitch the center back seam on the skirt as far as the dot. Fold under the remaining seam allowance on each side for the opening; stitch to neaten. Gather along the top edge of the skirt and pull up the threads to fit the lower edge of the bodice. With right sides together and raw edges matching, pin and baste the skirt to the bodice.

⓭ Finish the underskirt in the same way, but just stitch one piece of the narrow lace to the lower edge instead of the frill. Baste the gathered underskirt in place to the lower edge of the bodice and then stitch all the layers together. Remove the gathering threads and neaten the seam. Stitch lengths of plain satin ribbon to the center back of the robe as marked and tie to close. Make a bow from the remaining satin ribbon and stitch it to the front of the robe at the waist.

Close-up view of the detailed work on the bodice and sleeves to guide your embroidery and appliqué.

Potpourri Balls

The Victorians were great lovers of sweet-smelling herbs to scent their clothes and linens, and they made all sorts of ingenious and pretty sachets in which to display them. These decorative lacy balls can be filled with dried lavender or potpourri to make pretty hangings for the wardrobe or anywhere in the bedroom. They would make lovely bridesmaids' gifts, or a collection could be for the bride herself.

Circles of fine white cotton lawn
White cotton lace for edgings and frills
  in varying widths
White satin ribbon, picot-edged and plain
Scraps of polyester batting
Matching sewing thread
Potpourri and dried lavender

LARGE BALL

❶ Cut out a circle of fabric of 18in (46cm) diameter. Using a small zigzag stitch, sew a piece of 2½in-wide (6.5cm) cotton lace around the edge. Where the ends of the lace meet, overlap them and turn in the raw edges. Hand stitch to neaten.

❷ Using doubled sewing thread, make a line of gathering stitches 3½in (9cm) from the lace edging. Pull up the gathers slightly to make a bag and insert some batting. Put some potpourri or lavender on top and then fill up the space with more batting to make a ball. Pull up the gathers tightly to close the bag completely and then tie the ends together securely. Roll it in your hands to make a good round shape.

❸ To make a frill, cut a strip of fabric 15 × 2in. (38 × 5cm). Stitch wide lace to one long edge and narrow lace to the other long edge. Run a line of gathering stitches along the middle of the fabric. Pull up the gathers and place the frill

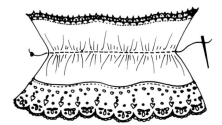

Making a frill for the large potpourri ball

around the neck of the ball with the wider lace at the bottom. Tie the threads securely and hand stitch the raw ends of the frill together. Finish off the ball with a loop and a bow made with picot-edged satin ribbon.

MEDIUM-SIZED BALL

Cut a circle of fabric of 9in (23cm) diameter. Stitch 3in-wide (7.5cm) lace around the edge. Run the gathering just below the lace and gather and fill the ball as before, omitting the frill. Decorate with a double bow of plain and picot-edged satin ribbon.

SMALL BALL

Cut out a circle of fabric 6in (15cm) in diameter. Stitch 2in-wide (5cm) lace around the edge. Gather just below the lace and fill as before, omitting the frill. Finish with a loop of plain ribbon stitched inside the top of the ball and a bow stitched to the front.

Whitewurk Pillowcase and Mat

Whitework embroidery was a favorite way of decorating plain linen and underclothes in Victorian times. It consisted of intricate white embroidery on white linen so the effect was subtle and textured rather than colorful. Probably the most delicate work came from Scotland and was copied in England and Ireland by virtually every needlewoman. The designs varied from simple initials to impressive monograms and all sorts of classical and natural patterns.

PILLOWCASE

The pillowcase I have embroidered is for a baby's crib but you can adapt this corner motif to fit a pillowcase of any size to make a set for yourself or a superb wedding present.

A ready-made pillowcase
Water-soluble marking pen or dressmaker's
  carbon paper
Thin tracing paper
Fine black waterproof felt-tipped pen
White DMC stranded cotton embroidery floss
  (about two skeins for each complete motif)
Fine crewel needle

Trace the full-sized motif. Draw it in a fine black line and trim the tracing paper so that it will fit inside the pillowcase with the motif in one corner near the edge. Lay it on a smooth work surface and draw the design through with the water-soluble marker. Or you can pin the paper pattern and carbon paper to the outside of the pillowcase and then transfer the design by following the lines with a ballpoint pen. Divide the cotton embroidery floss into three strands; begin by following all the double outlines with chain stitch (see page 132). When you have completed this, embroider the single lines with stem stitch and the short dotted lines with a single straight stitch. Complete the design with the circles embroidered in satin stitch

and the dots as French knots. For the word *Baby*, work in satin stitch and a double row of stem stitch.

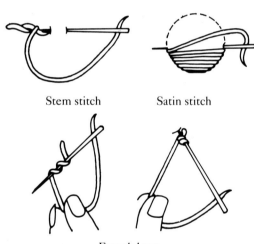

Stem stitch   Satin stitch

French knot

Using a sponge dipped in clean water, dab the embroidered area to remove all traces of the marking pen. Press on the reverse.

DRESSING TABLE MAT

This pretty mat is perfect for a dressing table, or you could use it on a tray or for a placemat. It is a simple naturalistic design with flowers and

Embroidered in whitework, this baby pillowcase would make the perfect christening keepsake.

Pattern for baby pillowcase

¼ pattern for mat

Buttonhole stitch

foliage, all embroidered in chain stitch with a traditional border of buttonhole stitch to neaten the scalloped edge.

White cotton lawn 16in (40cm) square
A large embroidery hoop
Tracing and transfer materials as for the pillowcase
A fine crewel needle
White DMC embroidery cotton special 25
Sharp scissors

Trace the quarter circle design as for the pillowcase and transfer it to the fabric to form a circle. Mount the fabric in the embroidery hoop. Using one strand of the embroidery cotton, follow all the lines with a tiny chain stitch. (See pillowcase.)

Work the scalloped outline in buttonhole stitch and very carefully snip away the excess fabric outside the buttonhole stitching. Try to cut as near as possible to the embroidery without cutting the threads. Press on the reverse side on a well-padded ironing board.

Index

Page numbers in italics indicate illustrations

ÍNDICE

PRÓLOGO

Durante mucho tiempo, los científicos forenses han permanecido en las sombras del sistema de justicia. Si bien, la disciplina proporcionaba una inestimable información a los investigadores, el público general apenas era conocedor del papel básico interpretado por estas personas que se dedican a aplicar la ciencia para investigar un crimen. Para el observador casual, los éxitos de un detective que intenta solucionar un caso utilizando la deducción, los interrogatorios y una atención meticulosa a los detalles son mucho más atractivos que la (no por ello menos esencial) contribución de los científicos que intentan conseguir el mismo objetivo utilizando probetas y un microscopio. Del mismo modo, para aquella parte del público interesada en la ciencia, los descubrimientos de los investigadores en las universidades o en grandes compañías farmacéuticas son más fascinantes (por no decir mejor publicitados) que las innovadoras aplicaciones desarrolladas por los científicos forenses, las cuales utilizan (en su mayor parte) técnicas ya descubiertas. Se puede decir que la misma naturaleza del trabajo nos aísla, pues supone pasarse largas horas de minucioso trabajo en el laboratorio, es decir, el tipo de trabajo que raras veces proporciona la oportunidad de aparecer ante los ojos del público. Dos acontecimientos simultáneos vinieron a cambiar todo eso: el uso de la técnica del ADN en la investigación forense y el juicio de O. J. Simpson.

El uso de la técnica del ADN se considera el avance más significativo en la investigación criminal desde la introducción de la técnica de las huellas dactilares hace unos 100 años, y su llegada ha calado fuerte en la imaginación del público. Al igual que las huellas dactilares, el ADN posee la capacidad de relacionar de forma absoluta a un individuo con la escena de un crimen. No obstante, al contrario que las huellas dactilares, el ADN se encuentra en casi cualquier parte del cuerpo, de modo que todo lo que posea origen biológico y se haya dejado atrás en el escenario de un crimen puede, al menos en teoría, proporcionar un perfil de ADN (lo que generalmente se conoce como «el» ADN) del autor del mismo. El hecho de que esta molécula conserve los «planos» de quiénes somos y cómo somos no hace sino sumarse a su halo de misterio. El resultado es que la gente se ha interesado, no sólo en cómo la técnica del ADN se puede utilizar para resolver crímenes, sino también en el papel que representa la ciencia en general en todo el proceso.

Por primera vez, el público se ha vuelto irresistiblemente curioso respecto al modo en que médicos, ingenieros, químicos, antropólogos y otros científicos suman sus talentos para proporcionar información relativa a la investigación de actos criminales, la identificación de personas desconocidas o la resolución de acontecimientos históricos. Los científicos forenses ya no son «ratas de laboratorio», sino investigadores fiables que utilizan la ciencia en vez de los interrogatorios para averiguar la verdad.

Aproximadamente al mismo tiempo, O. J. Simpson fue juzgado por el asesinato de su ex esposa, Nicole Brown Simpson. La cobertura que los medios de comunicación hicieron del juicio

«*Todo contacto deja un rastro.*»
EDMOND LOCARD
*L'ENQUÊTE CRIMINELLE ET LES METHODES
SCIENTIFIQUES (1920).*

LA ESCENA DEL CRIMEN

INVESTIGACIÓN POLICIAL DE LOS HECHOS

BRIAN INNES

LIBSA

© 2007, Editorial LIBSA
C/ San Rafael, 4
28108 Alcobendas. Madrid
Tel. (34) 91 657 25 80
Fax (34) 91 657 25 83
e-mail: libsa@libsa.es
www.libsa.es

ISBN: 84-662-1368-6
ISBN-13: 978-84-662-1368-6

Derechos exclusivos de edición para todos
los países de habla española.

Traducción: José Miguel Parra

© MMIV, Amber books Ltd

Título original: *Body in Question*

AGRADECIMIENTOS

Cualquier libro de la complejidad de éste cuenta con la participación de numerosas personas expertas en diversos campos. Los editores desean agradecer (sin ningún orden específico) la contribución de los siguientes, sin cuya ayuda el libro todavía sería un caso sin resolver: al fotógrafo Tyler Cancro, cuyo valeroso trabajo con la cámara documentó muy sutilmente una autopsia; la Medical Examiner's Office de la ciudad de Nueva York y a su personal, en especial al patólogo residente Xin Min, al neurólogo residente Hope Wu y a la técnico forense Dorian Acosta, que iniciaron a Tyler en el proceso de una autopsia y le permitieron documentar de forma detallada parte del asombroso trabajo que realiza a diario el personal de la NY ME; al Departamento de Policía de Sacramento, en especial al capitán Joe Valenzuela, de la Police Information Division, que nos ayudó muchísimo al explicarnos el protocolo que se sigue en el escenario de un crimen y nos dio la confianza necesaria como para crear las pruebas para el caso ficticio de «la desconocida»; al Dr. Ronald Singer, director del laboratorio de investigación criminal de la ME Office del condado de Tarant, quien nos ha proporcionado un prólogo maravilloso para el libro, así como los ánimos necesarios que necesitábamos para cerrar el caso; al Dr. Neal Haskell, un consultor en entomología forense, que nos proporcionó las notables fotografías que documentan la desaparición entomológica de un cadáver en la Granja de Cuerpos; y a la Biblioteca Estatal de California, cuyos recursos pusieron amablemente a nuestra disposición.

provocó que trascendiera desorbitadamente y suscitó cierto interés de la gente en informarse sobre el sistema judicial y el proceso forense. Un interés que se conserva en la actualidad. En Estados Unidos una cadena de televisión con mucha audiencia ofrece los principales juicios, y la demanda de libros sobre el crimen, los criminales y el sistema de justicia va en aumento. En el momento de escribir estas líneas los programas más vistos de cualquier cadena de televisión giran en torno a los tribunales o la escena del crimen. Al público ya no le basta con películas que no le dan protagonismo al proceso científico, cada vez quieren saber más sobre el procedimiento criminal.

El interés no se limita a la cultura popular. Los cursos de ciencia forense se han vuelto ubicuos en las universidades y hay algunos High School (institutos de bachillerato) que también los ofrecen. Personalmente, cada semana recibo varios correos electrónicos y llamadas de teléfono de personas, que van desde estudiantes de instituto hasta licenciados universitarios, que me preguntan cómo pueden introducirse en el campo de la ciencia forense. Y lo cierto es que ¡nunca ha habido tanto que aprender! Según la tecnología de los laboratorios se va haciendo más sofisticada, la información que se puede obtener de las pruebas se incrementa exponencialmente, aumentando la demanda de científicos forenses preparados. Hoy día, por ejemplo, los perfiles de ADN se pueden conseguir sin demasiados problemas de un solo pelo encontrado en la escena del crimen; existen bases de datos que hacen posible la búsqueda por ordenador de pruebas biológicas, de huellas dactilares o de armas de fuego en cuestión de minutos, algo que hace unos años hubiera llevado semanas o hubiera sido imposible. La información almacenada en los discos duros de los ordenadores puede ser descifrada incluso después de haber sido borrada. Se trata sólo de algunos ejemplos de la enorme evolución científica que está aconteciendo.

A lo largo de los próximos años, técnicas que hoy día se encuentran en fase de desarrollo serán utilizadas y permitirán predecir las características del autor del crimen, como su sexo y el color de pelo o los ojos basándose en las pruebas biológicas. El uso de ordenadores en el análisis de los datos se incrementará notablemente, al igual que la cantidad de información que los científicos forenses podrán obtener de las pruebas físicas. Al mismo tiempo, las cantidades necesarias para conseguir una muestra viable no dejará de disminuir. En resumen, la «ciencia» de la ciencia forense seguirá haciéndose más sofisticada y precisa.

Es aquí donde encaja *La escena del crimen*. Se trata de un libro de muy fácil lectura, que proporciona una introducción completa y de rápida

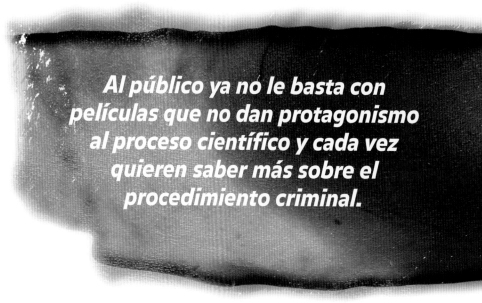

Al público ya no le basta con películas que no dan protagonismo al proceso científico y cada vez quieren saber más sobre el procedimiento criminal.

comprensión al amplio campo de la ciencia forense actual. Utilizando como ejemplos casos reales y ficticios, guía al lector por cada uno de los distintos aspectos de la ciencia forense, proporcionándole una visión general de la historia, la técnica y las aplicaciones de cada especialidad en concreto. Brian Innes utiliza su habilidad como escritor para narrar una historia de misterio, de naturaleza científica, que de seguro cautivará e instruirá a cualquier que sienta curiosidad por la ciencia forense.

Si *La escena del crimen* despierta su interés por la ciencia forense hasta el punto de querer encontrar información más detallada sobre los temas que se tratan en sus páginas o si desea hacer carrera en algún aspecto de esta ciencia, no dude en visitar las páginas web www.forensis-es.org, portal dedicado a la ciecia informática forense y la página de la American Academy of Forensic Science (Academia Norteamericana de Ciencia Forense) www.aafs.org., esta última fundada en 1948. Esta organización internacional cuenta con 6.000 miembros y está formada por los mejores científicos de más de 70 países. La página de la AAFS proporciona información sobre los últimos descubrimientos en el arte de la ciencia forense, sobre las posibilidades de desarrollar una carrera y contiene enlaces a numerosas páginas que el lector puede encontrar útiles.

Edmond Locard, uno de los fundadores de la moderna ciencia forense, dijo que todo contacto deja un rastro. El contacto con *La escena del crimen* deberá dejar en el lector bastante más.

RONALD SINGER,
Presidente de la Academia
Norteamericana de Ciencia Forense.

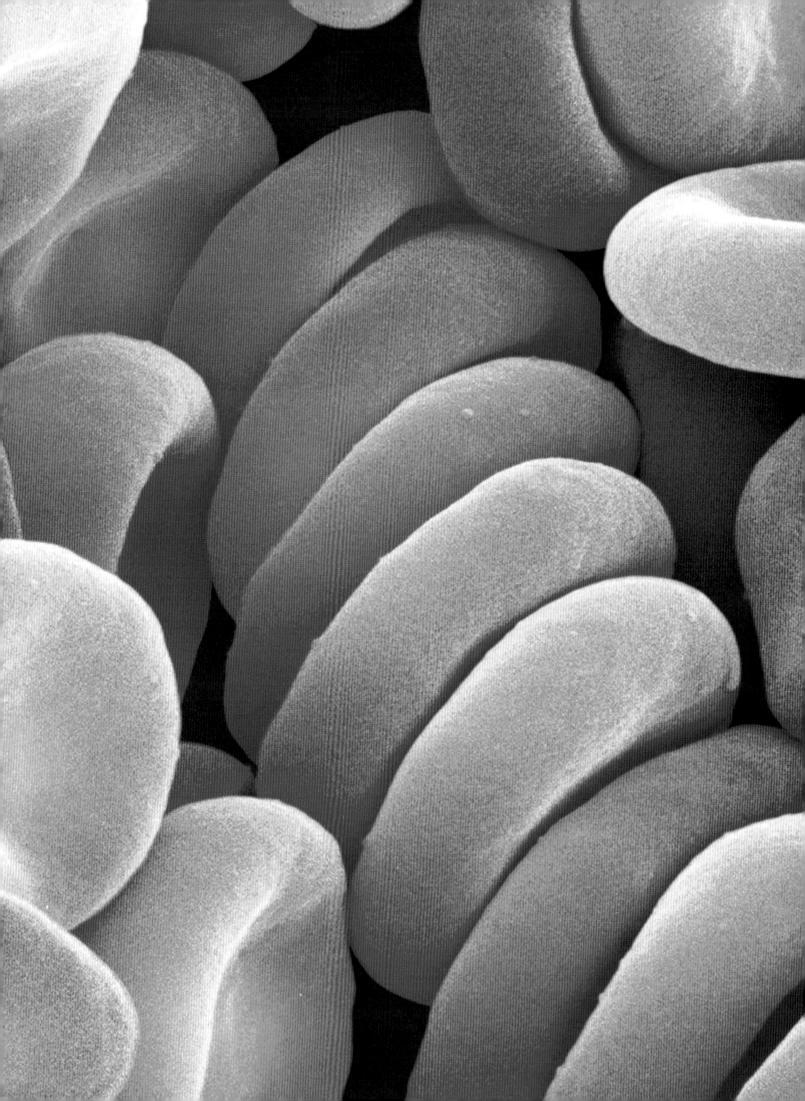

MÁS ALLÁ DE CUALQUIER DUDA RAZONABLE

Sin la aplicación de la ciencia forense en la investigación de un crimen

—sobre todo violento— innumerables criminales de todo el mundo

habrían quedado impunes y

otros tantos misterios habrían

quedado sin resolver. La relación entre

la ciencia y su papel en la investigación,

por no mencionar la acusación, de un

crimen queda sugerida por la palabra forense:

«relacionado con el foro». De hecho, la ley exige que el

experto forense —en el sentido más ampio de la palabra— establezca «más

allá de cualquier duda razonable» los detalles físicos del crimen, con la

esperanza de que esos detalles sean presentados como pruebas de cargo

ante el tribunal.

> *«Los tiempos han cambiado,*
> *Que cuando los sesos estaban fuera,*
> *el hombre moría,*
> *Y entonces era el final; pero ahora*
> *se alzan de nuevo [...].»*
>
> WILLIAM SHAKESPEARE, *MACBETH.*

PÁGINA ANTERIOR ESTA IMAGEN DE UN MICROSCOPIO ELECTRÓNICO MUESTRA GLÓBULOS ROJOS —ERITROCITOS— DE SANGRE HUMANA A 4.850 AUMENTOS. REPRESENTAN UN PAPEL ESENCIAL EN LA IDENTIFICACIÓN DE LOS DISTINTOS GRUPOS SANGUÍNEOS. NO OBSTANTE, DE TODAS LAS CÉLULAS DEL CUERPO, SON LAS ÚNICAS QUE NO CONTIENEN ADN.

A pesar de su importancia actual, la ciencia de la investigación forense apenas tiene dos centurias de antigüedad. A continuación, ofrecemos una (necesariamente) breve descripción de los grandes avances logrados durante los primeros 100 años. En los primeros días de las pruebas forenses, cuando se llevaba a cabo una investigación sobre las circunstancias en las que fue hallada una persona muerta, las pruebas consistían en poco más que los detalles de la causa de la muerte y una estimación de la hora en que se produjo. Por esta razón, la mayor parte de los técnicos forenses eran médicos o cirujanos y el tema es mencionado todavía como jurisprudencia médica. No obstante, en la actualidad hay otros muchos expertos relacionados con las cuestiones forenses: el experto en armas (ya sean de fuego u otras), el experto en huellas dactilares, el analista químico, el hematólogo y el antropólogo forense, por no mencionar más que unos pocos. De hecho, no existe una sola área de la ciencia o la técnica que no haya sido llamada a prestar su ayuda en la investigación de un crimen y su subsiguiente deposición ante el tribunal. En los últimos años también se ha prestado atención a la psicología del criminal, si bien esto se utiliza más bien como ayuda en la investigación que como prueba de peso.

CUESTIÓN DE ACERTAR O NO

El desarrollo de la ciencia forense ha progresado de la mano de la gradual sofisticación de la investigación científica en general. Con anterioridad a la invención de instrumentos capaces de medir fuerzas físicas, como la electricidad, o de la creación de análisis químicos y la síntesis de compuestos químicos puros, por ejemplo, la ciencia

PRUEBAS PERICIALES

LOS PIONEROS CHINOS

Se considera que los chinos realizaron los primeros intentos de aplicar conocimientos prácticos a la investigación de un crimen, como se describe en un libro de mediados del siglo XIII escrito por Sung Tz'u y titulado *Hsi Yuan Lu (El lavado de los errores)*. Si bien, muchas de sus sugerencias son por completo acientíficas, el libro también contenía consejos útiles, como el modo de distinguir a un ahogado (caracterizado por tener agua en los pulmones) de alguien estrangulado (caracterizado por marcas de presión en la garganta y cartílagos dañados en el cuello). Se daban consejos para el estudio de cuerpos descompuestos y se prevenía contra los riesgos de realizar apreciaciones apresuradas sobre lo que parecían heridas. Por encima de todo, el *Hsi Yuan Lu* hacía hincapié en la importancia de encontrar pruebas en la escena del crimen: «Una diferencia de un pelo es una diferencia de mil *li*» advertía (un *li* es una milla china). Un caso descrito en el libro trata de un granjero hallado muerto junto al camino, donde fue acuchillado hasta morir. El cacique local ordenó que todos los campesinos le trajeran sus hoces para examinarlas. «El tiempo era cálido –dice Sung Tz'u– y las moscas se arremolinaron sobre una hoz». «Las hoces de los demás no tienen moscas –dijo el cacique al dueño–. Has matado a un hombre [...] y las moscas se arremolinan». Sung Tz'u escribió: «Las personas allí reunidas estaban sin habla, murmurando de admiración. El asesino golpeó el suelo con la cabeza y confesó».

1558) su *Constitutio Criminales Carolina* (el *Código carolino*), que seguía los pasos de un código similar promulgado por el obispo de Bamberg 26 años antes y que fue aplicado en todo el Sacro Imperio Romano Germánico. El *Código carolino* especificaba que en los casos de heridas, envenenamiento, ahorcamiento, ahogamiento, infanticidio, aborto o sospecha de asesinato, los jueces tenían que contar con consejo médico experto para ayudarlos.

Desgraciadamente, la práctica médica de la época se basaba en la superstición más que en la ciencia. Todavía a mediados del siglo XVII, por ejemplo, en un juicio llevado a cabo en Norwich (Reino unido), el eminente médico Dr. Thomas Browne testificó que el vómito de alfileres y agujas era obra del diablo. Era una época en la cual la investigación práctica estaba realizando grandes avances en las ciencias físicas: se inventaron el microscopio y el telescopio, se discutía la posibilidad de que la luz viajara en ondas, se desarrolló la matemática de la astronomía y sir Isaac Newton no tardó en formular sus teorías sobre la gravitación universal. Pese a todo, durante otros dos siglos la

práctica era en gran medida una cuestión de acertar o no, dedicada mayoritariamente a la observación, pero sin los equipos necesarios para llegar a explicar esas observaciones. En concreto, la investigación de un crimen violento también se veía limitada por el hecho de que la disección de un cuerpo humano (excepto en el caso de criminales ajusticiados) era, en la mayor parte de las circunstancias, algo ilegal.

Durante siglos, en la mayor parte de las investigaciones criminales bastaba con constatar que un cadáver era, en efecto, un cadáver. Si era visible algún tipo de herida, ésta era la causa obvia de la muerte; si el cuerpo aparecía dentro del agua, había muerto ahogado. En cuanto a encontrar al culpable, las autoridades tenían que basarse sobre todo en los motivos y luego en las evidencias circunstanciales: una persona concreta había sido vista cerca de la escena del crimen o se sabía que había amenazado de muerte al difunto o era la única en la vecindad que poseía la fuerza, el arma adecuada o cualquier otro medio para asesinarla. Con frecuencia, las autoridades tenían que recurrir a la tortura para conseguir una confesión.

En 1533 se produjo un importante avance judicial, al publicar el emperador Carlos V (1500-

HECHOS ANATÓMICOS

Según se fueron instituyendo escuelas de anatomía en Reino Unido fue creciendo la demanda de cuerpos humanos, pero no existían medios legales para conseguirlos. Los llamados «resurrectionists» exhumaban de forma clandestina cadáveres enterrados sacándolos de sus tumbas y vendiéndolos a hurtadillas a los profesores de anatomía. El escándalo terminó con la ejecución de William Burke en Edimburgo (Escocia) en 1829 por su participación en este comercio ilegal. Burke y su cómplice, William Hare, en vez de molestarse en excavar en busca de cuerpos, habían asesinado a 16 viajeros solitarios que luego vendieron al Dr. Robert Knox, uno de los principales anatomistas del país. La última de las víctimas fue la primera en ser declarada desaparecida y la policía pudo seguir su rastro hasta el sótano del Dr. Knox. Hare se convirtió en testigo de cargo y de ese modo evitó la ejecución. De resultas del escándalo, en 1832 se promulgó el Anatomy Act, que permitía el uso de los cuerpos no reclamados –así como los de las personas que habían muerto en las «salas de pobres» de los hospitales– a profesores con un permiso especial. En el estado de Massachusetts se había promulgado una ley similar un año antes, un ejemplo que no tardarían en seguir el resto de los estados norteamericanos.

ABAJO EN ESTE GRABADO, EL MÉDICO INGLÉS WILLIAM HARVEY (DE PIE A LA DERECHA) LE DEMUESTRA AL REY CARLOS I (SENTADO A LA IZQUIERDA) SU TEORÍA SOBRE LA CIRCULACIÓN DE LA SANGRE. AL ESTUDIAR LOS ANIMALES QUE LE PROPORCIONABA SU REAL PATRONO, HARVEY DESARROLLÓ UNA ACERTADA TEORÍA DE CÓMO FUNCIONABAN EL CORAZÓN Y EL SISTEMA CIRCULATORIO. PUBLICÓ SUS TEORÍAS EN SU LIBRO *SOBRE EL MOVIMIENTO DEL CORAZÓN Y LA SANGRE EN ANIMALES* (1628).

ciencia médica permaneció muy retrasada con respecto a las ciencias físicas.

A pesar de todo, hubo individuos emprendedores que realizaron descubrimientos vitales. El cirujano francés Ambroise Paré (1510-1590), en gran medida autodidacta, ha sido considerado uno de los tres cirujanos más importantes de todos los tiempos. Tenía un interés especial en las heridas por arma de fuego y trazaba la posición de las balas en el cuerpo de las víctimas y así determinaba la dirección desde la que habían llegado. Su casi contemporáneo, el belga Andreas Witing (1514-1564) –conocido como Vesalio–, logró con sus clases en la Universidad de Padua que esta institución fuera preeminente en el campo de los estudios anatómicos durante más de un siglo.

En 1616, el médico inglés William Harvey, que había pasado cuatro años estudiando en Padua, finalmente consiguió establecer la relación entre los latidos del corazón y la continua circulación de la sangre por todo el cuerpo. Durante los siguientes dos siglos, la mayoría de las universidades de Europa enseñaron anatomía junto a la cirugía o la medicina, pero en Reino unido la disciplina fue adoptada muy lentamente.

No fue hasta 1770 cuando el obstetra escocés William Hunter (1718-1783) creó en Londres –de su propio bolsillo– una escuela y museo de anatomía. Allí enseñaron Hunter y su hermano John (1728-1793), junto al fisiólogo William Wewson (1739-1774). Benjamin Franklin era un visitante asiduo y, posteriormente,

convenció a la viuda e hijos de Hewson para que se trasladaran a Filadelfia, donde varios de sus descendientes se convirtieron en médicos eminentes.

En 1765, dos antiguos pupilos de los Hunter, William Shippen y John Morgan, crearon en Filadelfia una escuela de medicina, donde enseñaban anatomía y cirugía, que terminaría por convertirse en una parte famosa de la Universidad de Pennsylvania.

Poco a poco, aumentó el número de casos en los que médicos y cirujanos podían prestar su ayuda a las autoridades en los casos que investigaban. A finales del siglo XVIII ya se habían publicado dos obras básicas: *Traité de médicine légale et d'hygiene publique (Tratado de medicina legal e higiene pública)* del médico francés T. E. Fodéré, y *El sistema completo de medicina policial*, del especialista alemán Johann Peter Franck.

¿MÁS ALLÁ DE CUALQUIER DUDA RAZONABLE?

El método científico es –o debería ser– riguroso. De forma ideal, supone la postulación de una teoría, seguida por la realización de un experimento diseñado para rebatirla. Si los resultados del experimento –y de los subsiguientes– no consiguen desmentir la teoría, existe una base adecuada (pero aún con reservas) para creer que la teoría es sólida y que por lo tanto es verdad.

Desgraciadamente, hemos de decir que gran parte de la investigación forense se dedica a apoyar la teoría: «Tenemos motivos para creer que esto es la sangre de Juan Nadie y las pruebas que hemos realizado demuestran que así es».

No obstante, para ser justos con las investigaciones forenses actuales, hay que mencionar que cuestiones de tiempo y presupuesto limitan el número de posibles pruebas, que por lo general están lejos de ser exhaustivas. ¿Cual, de entre la amplia variedad de pruebas disponibles, es la que puede establecer de forma definitiva que esa no es la sangre de Juan Nadie?

Por lo tanto, ¿qué quiere decir «más allá de cualquier duda razonable»? En la práctica, la ley acepta que la identidad ha quedado establecida dados una serie de puntos concretos de similitud demostrados mediante pruebas forenses. Pero muchas personas inocentes han sido condenadas como resultado de una investigación y unos análisis llevados a cabo de forma descuidada y destinado, sólo a «demostrar» la culpabilidad (véase el «Proyecto Inocencia» en el capítulo 6).

Desgraciadamente, también hay casos en los cuales se ha demostrado al final que forenses, supuestamente, expertos han confundido o contaminado las muestras con las que habían trabajado o incluso –quizá ante las presiones ejercidas de las autoridades en busca de un culpable– falsificado deliberadamente sus hallazgos. Por consiguiente, siempre puede permanecer un elemento de duda.

INVESTIGACIÓN DEL CASO

DOS CASOS: LA CIENCIA ENTRA EN LOS TRIBUNALES

El primer caso que se utilizó la hoy día conocida prueba de balística tuvo lugar en 1784 en Lancaster (Reino Unido).

Edward Culshaw fue encontrado muerto tras haber sido disparado y al examinar la herida se encontró en ella restos del pequeño taco de papel que había sido introducido en el cañón de la pistola para ayudar a mantener en su sitio la bala y la pólvora. Cuando se desenrolló y limpió el taco, se pudo ver que se trataba de un fragmento de la partitura musical de una balada. El resto de la misma, con un roto que encajaba perfectamente con el fragmento arrancado, fue encontrado en el bolsillo de un hombre llamado John Toms, sospechoso del asesinato. Las pruebas fueron presentadas ante el tribunal y se consideró que eran lo bastante sólidas como para condenar y ejecutar a Toms. Fue uno de los primeros casos en los que se realizó una verdadera investigación científica.

Otro caso inglés pionero tuvo lugar en 1816, en Warwick. Una joven sirvienta fue enviada a realizar un pequeño recado, del cual no regresó. A la mañana siguiente, su cuerpo fue encontrado ahogado en un estanque poco profundo, pero con marcas de haber sufrido un ataque violento. En el barro del borde del estanque había señales de lucha, junto con algunos granos de trigo y paja y la huella de un pantalón de pana con un remiendo del mismo material. Los granos y la paja llevaron a los investigadores a sospechar de un granjero local, que había estado trillando el día anterior. Una de las rodillas de sus pantalones tenía un remiendo que encajaba perfectamente con la huella del barro.

Pese a que intentó demostrar su coartada, fue encontrado culpable.

Casos como éstos son interesantes en la historia de la ciencia forense, pero fueron fruto más de una observación afortunada que de una investigación formal y rigurosa. La aplicación del método científico comenzó realmente en lo que, de hecho, es una de las áreas más difíciles de la investigación: los envenenamientos.

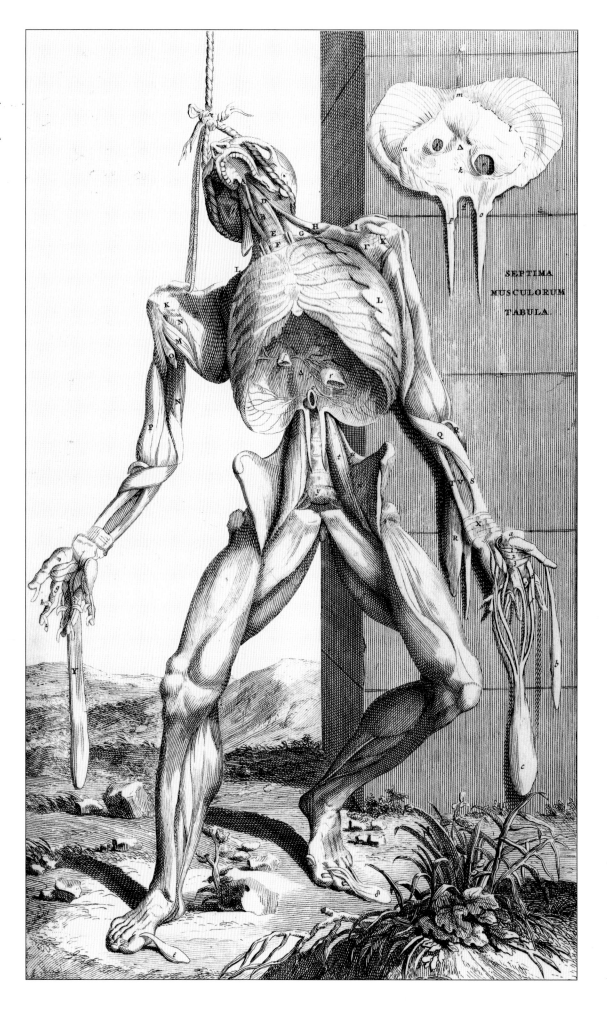

Derecha Las obras de Vesalio, el gran anatomista, se hicieron famosas por sus meticulosos grabados de los cuerpos diseccionados. En este caso se pueden ver abiertos los músculos de los brazos y el tórax, cada uno identificado cuidadosamente mediante una letra.

SEPTIMA
MUSCULORUM
TABULA.

TOXICOLOGÍA

A lo largo de los siglos se ha sospechado, en muchas ocasiones, de que una muerte se había producido por envenenamiento, pero era algo imposible de demostrar. Como dijo Phineas Foote a comienzos del siglo XVII, el veneno es «el arma de los cobardes». Para los antiguos griegos, el *Aconitum napellus* –el acónito–, era conocido como «el veneno de la suegra» y los ciudadanos romanos tenían prohibido cultivarlo en sus jardines. En realidad, el uso del veneno era habitual en Roma y muchos ricos utilizaban catadores, cuyo trabajo era probar todos los platos –en ocasiones presentando después síntomas sospechosos o incluso falleciendo– antes de que sus patronos se los llevaran a la boca.

Se conocen muchos venenos naturales, la mayoría de origen vegetal. Al filósofo griego Sócrates, acusado de «corromper a la juventud ateniense», se le permitió beber extracto de cicuta para morir de forma honorable. Livia, la esposa del emperador romano Augusto, era temida por poseer un cofre lleno de pociones venenosas. En el siglo XV se rumoreaba que los miembros de la familia de los Borgia –sobre todo Lucrecia– habían envenenado a muchos de sus enemigos. No obstante, no existía ningún medio aparente de demostrar la presencia de veneno en un cuerpo muerto.

Más recientemente, el óxido de arsénico –conocido popularmente como arsénico– estuvo a disposición de todos como raticida y contra otras alimañas. Durante cuatro o cinco siglos fue la sustancia más utilizada para asesinar. Su sabor, ligeramente dulce, era prácticamente indetectable cuando se incorporaba a la comida y sus letales efectos se atribuían, por lo general, a una enfermedad gástrica aguda. (De echo, en una fecha tan tardía como 1975, cuando Marie Hilley de Anniston, Alabama, utilizó arsénico para asesinar a sus esposos, la muerte de éstos fue diagnosticada como hepatitis infecciosa.) No fue hasta 1836 cuando se desarrolló una prueba sencilla y segura para detectar arsénico en un cadáver.

La aparición de esta prueba fue el resultado del trabajo de varios químicos a lo largo de un período de 70 años. En 1775, el gran químico suizo

Carl Wilhelm Scheele descubrió que cuando el óxido de arsénico era tratado con ácido nítrico y gránulos de zinc se convertía en un gas venenoso, que fue bautizado como arsénico. Poco después, el químico alemán Johann Metzger demostró que cuando el óxido de arsénico se calentaba con carbón, en una placa fría situada sobre él se condensaba un depósito plateado parecido a un espejo. Se trataba del arsénico. Este procedimiento fue conocido como el test de Metzger.

La primera aplicación forense que se conoce de este descubrimiento tuvo lugar en Berlín en 1810. El Dr. Valentine Rose cogió el contenido del estómago de una supuesta víctima de envenenamiento, desecó el líquido hasta obtener un polvo blanco, lo calentó con carbón y obtuvo el característico espejo. Su técnica demostró ser prueba suficiente contra una empleada doméstica que había envenenado a varios de sus señores. El avance definitivo tuvo lugar varias décadas después. En

1832, se supuso que un anciano granjero inglés, George Bodle, había sido asesinado por su nieto John. Se pidió a James Marsh, un antiguo ayudante del eminente científico Michael Faraday, que intentara demostrar en el juicio que el café del fallecido contenía arsénico. Así lo hizo utilizando el método de Metzger, pero no consiguió convencer al jurado, quien declaró al acusado inocente. Frustrado, Marsh decidió encontrar un sistema para demostrar este tipo de envenenamiento de forma irrefutable. Regresó al descubrimiento original de Scheele y así fue como desarrolló el famoso test de Marsh. Tratando la sustancia sospechosa con ácido sulfúrico y zinc, hacía pasar el arsénico así obtenido por un estrecho tubo de cristal, calentado durante un corto trecho. El espejo de arsénico se formaba más adelante y cualquier gas sin descomponer se quemaba en el final del tubo, formando un segundo espejo en una placa de porcelana. De este modo se podían detectar cantidades de hasta 0,02 mg de arsénico. En 1836, Marsh fue galardonado con la Medalla de Oro de la Society of Arts por esta técnica.

El hombre que utilizó por primera vez de forma forense el test de Marsh fue el español Mateo Orfila (1787-1853). Nacido en Menorca, consiguió una beca para la universidad de Barcelona y luego fue a París a conseguir su licenciatura en medicina. Allí investigó las pruebas utilizadas entonces para detectar determinados venenos y demostró que,

en modo alguno, eran fiables. «Lo que más me chocó –escribiría después– es que si nadie se hubiera dado cuenta [...] la toxicología no existiría todavía.» Orfila publicó su primer *Tratado de toxicología general* en 1813. Sus habilidades no tardaron en ser reconocidas y en 1819 fue nombrado profesor de jurisprudencia médica de la Universidad de París. Llamado a declarar en numerosos casos de asesinato, se preguntó si el arsénico presente en el terreno de los cementerios podía penetrar de algún modo en los cuerpos allí enterrados y de ese modo confundir los hallazgos de un toxicólogo. Basándose en la fiabilidad del test de Marsh demostró que el arsénico no podía penetrar en un ataúd sellado y, mediante numerosos experimentos, probó que era necesario tener mucho cuidado para asegurarse de que el arsénico no contaminaba los reactivos utilizados en los experimentos. Orfila no

ARRIBA EL EMINENTE MÉDICO ESPAÑOL MATEO ORFILA, QUIEN CREÓ LA CIENCIA DE LA TOXICOLOGÍA A COMIENZOS DEL SIGLO XIX. SE LE CONOCE SOBRE TODO POR SUS TRABAJOS SOBRE EL ENVENENAMIENTO CON ARSÉNICO.

INVESTIGACIÓN DEL CASO
MARIE LAFARGE

En diciembre de 1839, Marie Lafarge, de soltera Capelle, de 22 años de edad y recientemente casada con Charles Lafarge, de mediana edad, un herrero en la zona del Limousin francés, envió a su marido un pastel mientras éste se encontraba de negocios en París. Se puso muy enfermo y lo mismo le sucedió cuando regresó a casa. Su esposa lo alimentaba ella misma y el 14 de enero de 1840 murió. Sus familiares tuvieron sospechas y le pidieron al boticario local que comprobara la comida de Charles y éste afirmó que había encontrado arsénico. El juicio por asesinato contra Marie comenzó en septiembre de 1840, pero los expertos del fiscal fueron incapaces de encontrar arsénico en los órganos de Charles Lafarge, si bien los alimentos hallados en su casa contenían «veneno suficiente como para envenenar a diez personas». Se pidió a Mateo Orfila que resolviera el problema. Interrogó detenidamente a los expertos y comprobó los reactivos que habían utilizado. Finalmente, en una habitación cerrada del tribunal, Orfila realizó con éxito el test de Marsh en los restos exhumados de Lafarge, demostrando que los expertos habían echado a perder sus análisis. Al declarar, Orfila dijo: «Demostraré, primero, que hay arsénico en el cuerpo de Lafarge; segundo, que este arsénico no procede ni de los reactivos con los que he trabajado ni de la tierra que rodea el ataúd; también que el arsénico encontrado no es el componente natural que se puede encontrar en cualquier cuerpo humano». Marie Lafarge fue declarada culpable.

IZQUIERDA MARIE LAFARGE, DE 22 AÑOS DE EDAD Y RECIÉN CASADA, ENVENENÓ A SU MARIDO EN 1839. FUE DECLARADA CULPABLE Y CONDENADA A TRABAJOS FORZADOS.

tardó en tener la oportunidad de demostrar sus hallazgos. Fue en el caso de Marie Lafarge (vease página anterior).

La disponibilidad del raticida a base de arsénico y su uso generalizado para asesinar llevó a muchos países a promulgar leyes para controlar su venta; pese a lo cual continuó siendo utilizado en homicidios a lo largo de todo el siglo XIX –sin duda la edad de oro del envenenamiento– y hasta bien entrado el siglo XX.

El desarrollo de la ciencia química tuvo como resultado la aparición de venenos cada vez más puros, tanto extraídos de plantas como sintetizados.

La aconitina (el componente activo de la cicuta), la nicotina, la estricnina (obtenida del árbol *Nux vomica*), el cloroformo, el tártaro emético, todos estos y muchos más fueron sintetizados en laboratorios químicos; pero no tardaron en poder encontrarse en las estanterías de boticas y médicos, siendo utilizados en notorios casos de asesinato por envenenamiento.

El resultado directo fue que nada más crearse nuevos venenos, los analistas químicos tenían que encontrar medios para detectarlos, sobre todo cuando se les pedía que dieran su opinión experta en casos de supuestos homicidios. Por fortuna, en muchos de ellos se habían observado los efectos físicos del veneno. Pese a todo, hubo muchos casos de asesinato donde la muerte fue atribuida a causas naturales, como un fallo cardiaco o una enfermedad gástrica aguda.

El problema persiste en la actualidad, cuando hay más de 100.000 sustancias químicas clasificadas como venenosas. La pregunta que se hacen los toxicólogos es ¿qué buscar?

ARRIBA LA COMÚN, PERO MUY VENENOSA, PLANTA DE LA CICUTA. LOS CIUDADANOS ROMANOS TENÍAN PROHIBIDO CULTIVARLA EN SUS JARDINES.

DERECHA ANTES DE QUE A MEDIADOS DEL SIGLO XIX SE PROMULGARAN LEYES AL RESPECTO, INCLUSO LOS NIÑOS PODÍAN COMPRAR LEGALMENTE ARSÉNICO Y OTROS VENENOS EN UNA BOTICA E INCLUSO EN TIENDAS DE CONFECCIÓN.

En 1876, el médico británico George Lamson se casó con una mujer más joven que él, la Srta. John, quien había heredado junto a sus hermanos una parte de los bienes de sus padres. Lamson no tardó en gastar los bienes de su esposa, tras lo cual vino en fijarse en su tullido hermano de 18 años, Percy. El 3 de diciembre de 1881, visitó al joven en su colegio de Wimbledon, en el sur de Londres, llevándole un pastel ya cortado en porciones. Diez minutos después de que Lamson dejara a Percy, éste se puso muy enfermo y murió esa misma noche.

Lamson fue arrestado y la investigación descubrió que el 24 de noviembre de 1880 había adquirido cicuta. En ese momento no se conocía una prueba sencilla que detectara la droga y sólo se apreciaba su presencia por una sensación de hormigueo conocida como aconicia que produce en la boca. Al declarar en el juicio de Lamson, el Dr. Thomas Stevenson del Guy Hospital informó que había extraído muestras de los órganos del joven difunto: «Puse algunas de esas muestras sobre mi lengua –dijo– y produjeron el efecto de la aconicia. Lamson fue encontrado culpable y confesó poco antes de la ejecución.

El británico Edwin Barlett (de 40 años de edad) llevaba casado 11 con su esposa Adelaide (de 30 años de edad), cuando fue encontrado muerto en la cama el día de Año nuevo de 1866. Durante la autopsia se encontraron grandes cantidades de cloroformo en su estómago, si bien no en la boca ni en la garganta. Adelaida fue acusada de asesinato y durante el juicio se supo que un joven religioso, el reverendo George Dyson –de quien se tenían muchas sospechas, pero ninguna prueba, que era su amante–, había comprado una gran cantidad de cloroformo en las boticas en los días anteriores a la muerte de Edwin Bartlett.

El fiscal fue incapaz de proponer un medio para la administración del veneno. Si hubiera sido ingerido, el cloroformo hubiera dejado ampollas en la boca. ¿Había encontrado Adelaide un medio para introducir un tubo de goma en el estómago de su esposo? Dada la falta de pruebas concluyentes, Adelaide fue absuelta. Tras el juicio se dice que el cirujano sir James Paget comentó. «Ahora que ha sido absuelta debe decirnos, en interés de la ciencia, cómo lo hizo.» Pero Adelaide se guardó el secreto.

ARRIBA EL DR. GEORGE LAMSON, QUIEN EN 1881 ENVENENÓ A SU JOVEN CUÑADO, PERCY JOHN, CON CICUTA. LAMSON HABÍA APRENDIDO LAS DIFICULTADES EXISTENTES PARA DETECTARLA MIENTRAS ESTUDIABA MEDICINA.

IZQUIERDA ADELAIDE BARTLETT, QUE FUE JUZGADA POR EL ASESINATO DE SU ESPOSO EDWIN CON CLOROFORMO EN 1886. LOS EXPERTOS QUE TESTIFICARON FUERON INCAPACES DE ATESTIGUAR CÓMO PUDO HABER ADMINISTRADO EL VENENO Y FUE ABSUELTA.

RESTOS HUMANOS

Según se fue haciendo más sencillo (a mediados del siglo XIX) disponer de cuerpos y esqueletos para investigar, se prestó más atención a lo que se podía aprender de la observación y las medidas. Se tomaron entonces dos direcciones: los anatomistas se dedicaron principalmente a lo que se podía deducir de la apariencia de un cuerpo vivo, como la edad y el sexo, mientras que los antropólogos estaban más interesados en los tipos raciales y en la posibilidad, propuesta por Darwin, de que la humanidad hubiera evolucionado a partir de antepasados parecidos a los monos. Los estudios de los esqueletos permiten que en la actualidad se pueda averiguar con bastante grado de seguridad, tanto el sexo como la edad –y en muchos casos el tipo racial– de un cadáver, sin importar su estado de descomposición. (En el siguiente capítulo trataremos con detalle esta aplicación de la anatomía.) Los estudios antropológicos, junto a otras investigaciones anatómicas condujeron, en su momento, a las teorías forenses de la antropometría. Mientras tanto, una cuestión que ocupó durante siglos a los estudiosos fue si la naturaleza psicológica de una persona –sobre todo su tendencia al crimen– podía deducirse de su apariencia física, o sea, de su fisonomía.

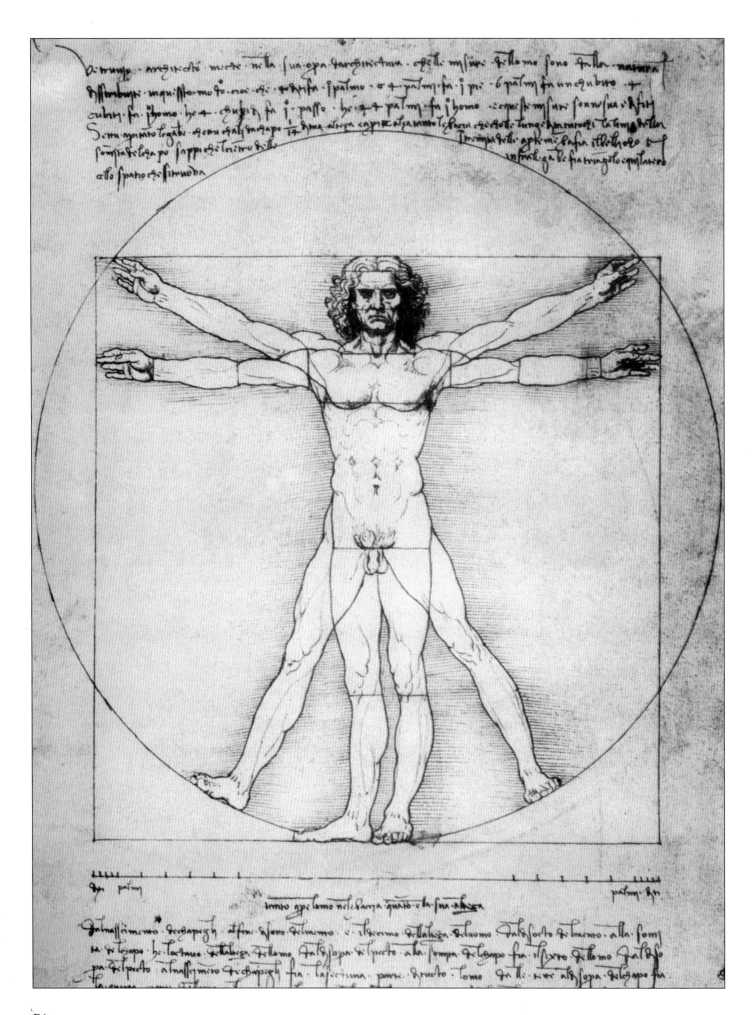

En 1533, el francés Barthélemy Coclés publicó su obra *Physiognomonia*, ilustrada con muchas xilografías para demostrar su teoría de que la naturaleza de las personas puede ser determinada a partir de sus rasgos físicos externos, como la frente, la boca, los ojos, los dientes, la nariz o el pelo. Como escribió uno de sus seguidores, David l'Agneau:

> Aquellos con una frente alta son perezosos e ignorantes, y si son mofletudos y lacios son iracundos, y si además tienen las orejas agujereadas son todavía más iracundos [...]. Los que tienen frentes pequeñas son animados y atolondrados, del mismo modo que lo son quienes las tienen grandes y estrechas. Aquellos que poseen frentes grandes son dóciles y amables y poseen buen sentido; aquellos que las tienen cuadradas y agradables son magnánimos y fuertes [...].

Este concepto, que la apariencia externa de una persona puede revelar cómo trabaja su mente, fue perfectamente expresado por el poeta y dramaturgo William Shakespeare en su obra *Julio César* (acto I, escena II):

> Rodéame de hombres gruesos, de hombres de cara lustrosa, y tales que de noche duerman bien. He allí Casio con su figura extenuada y hambrienta. ¡Piensa demasiado! ¡Semejantes hombres son peligrosos! [...]. Rara vez sonríe, y cuando lo hace, es de manera que parece mofarse de sí mismo y desdeñar su humor, que pudo impulsarle a sonreír a cosa alguna. Tales hombres no sosiegan jamás mientras ven a alguno más grande que ellos, y son, por lo tanto, peligrosísimos.

FRENOLOGÍA

La apariencia externa de una persona sigue siendo una parte esencial del diagnóstico médico, pero de forma muy lenta el pensamiento de los filósofos occidentales comenzó a influir en los médicos, según se fue aceptando que el cerebro humano era el hogar de las emociones tanto como el de las «enfermedades mentales»; una teoría que formuló por primera vez hace más de 2.000 años el griego Hipócrates, el «padre de la medicina». La posibilidad de descubrir la existencia de partes concretas del

Arriba Dos grupos de xilografías de la obra de Coclés *Physiognomonia* (1533) que sirven para describir los ojos y características faciales de «hombres perezosos, insensatos y voraces» y los ojos de «hombres que son pacíficos, leales, de buen temperamento y con un gran intelecto».

Página anterior Las proporciones del cuerpo humano, dibujadas por el gran artista del siglo XV Leonardo da Vinci. Además de en el dibujo, la pintura y la escultura, Da Vinci estaba muy interesado en la anatomía y asistió a disecciones en las que dibujó los órganos internos humanos. A partir de la longitud de un fémur, un anatomista experimentado puede calcular la altura de una persona.

Izquierda El médico austriaco Franz Joseph Gall, fundador de la frenología. Se vio obligado a abandonar Viena ante la violenta oposición de los demás médicos a sus teorías.

Derecha Cabeza de porcelana con las áreas del cráneo que los frenólogos creían representaban los «órganos» del cerebro. Cabezas como ésta todavía se pueden encontrar en las tiendas de antigüedades. Este ejemplar es una creación relativamente moderna, fabricada por la Fowler Company en Reino Unido. Esta empresa fue la principal responsable de la publicación de libros populares de astrología a comienzos del siglo XX.

Abajo El médico italiano Cesare Lombroso. Sus investigaciones le llevaron a proponer que las características externas de una persona podían indicar la probabilidad de que fuera «un criminal».

cerebro humano que determinaban la personalidad de una persona (un área de la investigación neurológica que sólo recientemente ha sido desarrollada de forma científica) fue propuesta por el médico austriaco Franz Joseph Gall (1758-1828). Con el nombre de «frenología», la teoría fue percibida con desconfianza por gran parte de la profesión médica, pero capturó la imaginación popular.

Gall era un médico de moda en Viena que propuso la teoría de que el cerebro estaba formado por 33 «órganos» cuya composición y tamaño podían ser descubiertos palpando los «bultos» del cráneo. Distinguía tres clases de órganos: los que controlaban las características humanas fundamentales, los que gobernaban los «sentimientos» –como la benevolencia o la alegría– y aquellos de naturaleza puramente intelectual –como la apreciación del tamaño o la apreciación de la causa y el efecto. Tal y como lo expresaba en 1817 un fragmento de un poema titulado *La craneada*:

En cada carácter humano hay

órganos y facultades hasta treinta y tres

característicos en su clase y de alcance diferente;

pero naturales, constantes, marcados y permanentes.

En algunas cabezas son grandes, en otras pequeños,

pero todas los poseen, y los poseen todos.

Actúan de diferentes modos, solos y combinados.

de ahí los diferentes tipos de mentalidad.

Los «órganos» que Gall afirmaba haber identificado incluían los del asesinato, el robo y la astucia, así como uno que generó una especial atención: el humano «deseo de procreación». Tanto Gall como su discípulo, J. K. Spurzheim (1776-1832) –quien posteriormente nombraría otros cuatro «órganos»–, fueron obligados a abandonar Austria debido a sus enfrentamientos con la opinión médica general del país, pero sus teorías alcanzaron un gran eco popular en Francia, Reino Unido y Estados Unidos. En Edimburgo, Spurzheim realizó una disección pública de un cerebro humano, señalando la posición de los diferentes «órganos» mientras que en Estados Unidos, los llamados frenólogos prácticos viajaban de feria en feria por todo el país. En las tiendas de antigüedades todavía pueden verse cabezas de porcelana, donde aparecen marcadas las áreas de cada emoción, y en muchas tiendas de «novedades» es posible encontrar reproducciones modernas. Personas que creían seriamente en la frenología continuaron practicando hasta bien entrado el siglo XX –al autor de estas líneas le leyeron los bultos de la cabeza siendo un niño–; pero el siguiente avance significativo en el estudio de las características criminales consistió

en un regreso a los principios de la fisiognomía. Cesare Lombroso (1836-1909) fue un médico italiano que, tras servir en el ejército como cirujano durante la guerra de 1866 contra Austria, fue nombrado profesor de enfermedades mentales en la Universidad de Padua. Preguntándose si existiría alguna diferencia estructural en los cerebros de los que estaban locos, comenzó a diseccionar los de enfermos mentales fallecidos.

Su investigación no condujo a ningún resultado positivo; pero en 1870 escuchó hablar del trabajo del famoso patólogo alemán Rudolf Virchow. Éste informaba que había descubierto rasgos inusuales en los cráneos de algunos criminales, que se parecían a los de los seres humanos prehistóricos e incluso a algunas especies animales.

Lombroso comenzó de inmediato un estudio fisiognómico de los criminales de las cárceles locales y no tardó en poder realizar la autopsia del cuerpo de un forajido ejecutado. En la estructura del cráneo encontró un único rasgo inusual, que decidió se parecía a uno del cráneo de un roedor:

ABAJO UN DIBUJO SATÍRICO DE COMIENZOS DEL SIGLO XIX DE LA, POR ENTONCES EXISTENTE, PASIÓN POR LA FRENOLOGÍA. SE LEEN LOS BULTOS DE LOS ASPIRANTES AL PUESTO DE SIRVIENTES, PARA DETERMINAR SI SON ADECUADOS PARA EL EMPLEO.

PRUEBAS PERICIALES

EL CRIMINAL

Dice Cesare Lombroso de la fisonomía de los tipos criminales:

«En los asesinos encontramos mandíbulas prominentes, pómulos muy separados, pelo espeso y negro, barba escasa y una cara pálida.»

«Los agresores poseen braquicefalia (el cráneo redondo) y manos grandes; las frentes estrechas son raras en ellos.»

«Los violadores poseen manos cortas [...] y frentes estrechas. Predomina el cabello claro, con anormalidades en los órganos genitales y en la nariz.»

«En los salteadores, al igual que en los ladrones, hay anomalías en las medidas del cráneo y un cabello espeso; las barbas ralas son raras.»

«Los incendiarios poseen extremidades largas, cabezas pequeñas y pesan menos de lo normal.»

«Los estafadores se caracterizan por sus grandes mandíbulas y pómulos prominentes; son pesados y tienen caras pálidas e inmóviles.»

«Los carteristas poseen manos largas; son altos, con pelo negro y barbas ralas.»

«Al ver ese cráneo, me pareció ver, de forma repentina, iluminado como una vasta llanura bajo un cielo encendido, el problema de la naturaleza del criminal: una vena atávica que reproduce en su persona los feroces instintos de la humanidad primitiva y de los animales inferiores.» Consideró que se trataba de «una revelación» y prosiguió sus investigaciones con entusiasmo.

En 1876 Lombroso fue nombrado profesor de medicina forense en Turín y ese mismo año publicó los resultados de sus estudios en un libro titulado *L'Uomo delinquente (El delincuente)*. Basándose en sus observaciones dividió sus casos en «criminales ocasionales», que eran conducidos al crimen por las circunstancias, y «criminales natos», que cometían crímenes con regularidad debido a algún defecto hereditario que era evidente en su apariencia física. Estos individuos «atávicos» se distinguían por sus «rasgos» primitivos: brazos largos, vista aguda (como la de las aves de presa), mandíbulas pesadas y orejas de «soplillo». En una obra posterior, *Antropología criminal* (1895), Lombroso sintetizó su estudio de 6.034 criminales vivos.

BERTILLONAGE

El primer libro de Cesare Lombroso sufrió una amplia y amarga crítica por parte de otros expertos forenses, siendo acusado –con considerable justificación– de una simplificación excesiva. Posteriormente modificó su enfoque y, hacia el final de su vida, admitió que el «tipo criminal» no podía distinguirse por medio de sus características físicas.

Mientras tanto habían ido teniendo lugar avances en el campo de la antropometría. En esa época, la estrella de la Sociedad Antropológica de París era el Dr. Louis Adolphe Bertillon, que pasaba su tiempo comparando y clasificando las dimensiones y forma de los cráneos de distintas razas. Al principio, su hijo Alphonse (1853-1914) mostró escaso interés por el trabajo de su padre, pero en 1879 encontró un puesto de auxiliar administrativo en los archivos de la prefectura de policía de París. No tardó en darse cuenta de que uno de los principales problemas a los que se enfrentaba la policía era la identificación definitiva de los criminales conocidos cuando eran detenidos, y entonces recordó que uno de los amigos de su padre, el estadístico belga Ambert Quetelet, había dicho que no había dos personas que tuvieran exactamente la misma combinación de medidas físicas. Bertillon presentó una propuesta a sus superiores y a su debido tiempo –tras insistir durante varios años– se le permitió crear un sistema para medir a todos aquellos que eran arrestados por su relación con un crimen.

Bertillon midió la anchura y longitud de la cabeza y de la oreja derecha, la longitud del codo hasta el dedo corazón, la longitud de los dedos corazón y anular, la longitud del pie izquierdo, la altura total y la del tronco, así como la distancia entre la punta del dedo corazón cuando los brazos estaban extendidos. Todas estas dimensiones se recogían, junto al color de los ojos, en una tarjeta que se guardaba en uno de los 243 archivadores específicos de su gabinete. Bertillon calculó que las probabilidades de que dos individuos compartieran esas 11 dimensiones eran una entre más de cuatro millones.

Bertillon ya había comenzado a incorporar fotografías a sus registros, recortando las fotos de criminales convictos y seleccionando detalles identificativos concretos. Luego creó un procedimiento estándar para realizar retratos de frente y de perfil, que en la actualidad siguen siendo parte de la rutina diaria de la policía. Llevó su interés incluso más allá, tomando fotografías de las escenas de los crímenes, muchas de las cuales todavía se conservan.

IZQUIERDA ALPHONSE BERTILLON, EL CRIMINÓLOGO FRANCÉS QUE ESTABLECIÓ EL USO DE LAS DIMENSIONES FÍSICAS PARA IDENTIFICAR A LOS CRIMINALES REINCIDENTES. SU SISTEMA, EL «BERTILLONAGE», FUE ADOPTADO POR LA POLICÍA DE FRANCIA Y DE OTROS PAÍSES, HASTA QUE FUE REEMPLAZADO POR LA TÉCNICA DE LAS HUELLAS DACTILARES.

INVESTIGACIÓN DEL CASO
DUPONT, ALIAS MARTIN

Entre noviembre de 1882 y febrero de 1883, el joven Alphonse Bertillon consiguió crear un minucioso sistema de tarjetas con 1.600 registros, con referencias cruzadas de las medidas que había tomado de los criminales arrestados. El 20 de febrero de 1883, sólo tres meses después de comenzar, tuvo su primer éxito. Le trajeron un hombre que se hacía llamar «Dupont» y, tras tomar sus medidas físicas, Bertillon comenzó a revisar su archivo. Finalmente, con aire triunfal sacó una tarjeta: «¡Fue usted arrestado el 15 de diciembre del año pasado! –gritó. Por entonces se hacía llamar "Martin".» Las noticias del éxito de Bertillon llegaron a los titulares de los periódicos parisinos. A finales de año había identificado positivamente a unos 50 reincidentes y durante 1884 identificó a más de 300. Lo que no tardó en llamarse «bertillonage» fue rápidamente adoptado por la policía y las autoridades penales de toda Francia.

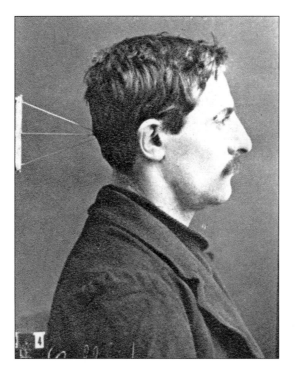

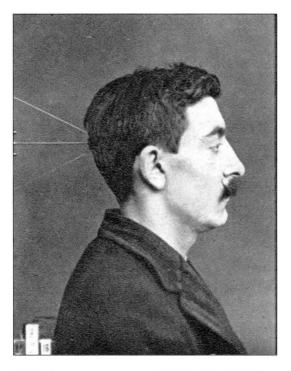

PORTRAIT PARLÉ

Otra de las innovaciones de Alphonse Bertillon fue lo que llamó *portrait parlé* (retrato con palabras). Consistía en una serie de breves fórmulas que describían la forma de los rasgos faciales, como la nariz, los ojos, la boca y la mandíbula, junto a marcas identificadoras como las cicatrices o verrugas prominentes, que añadió a sus registros.

Todavía hoy, sigue siendo la base del retrato robot y otros sistemas de identificación como el Video-Fit y continúa formando parte del entrenamiento de los detectives de muchos países del mundo.

A Bertillon también se le ha concedido ser el primero en adoptar las huellas dactilares. No obstante, si bien las añadía con frecuencia a sus registros, siguió confiando más en su sistema de mediciones y se sabe que en más de una ocasión no supo reconocer la identidad de las impresiones de sus registros.

Con el desarrollo por parte de la policía de otros países de la técnica de las huellas dactilares a principios del siglo XX, tanto en Francia como en otras naciones dejó de interesar el «bertillonage».

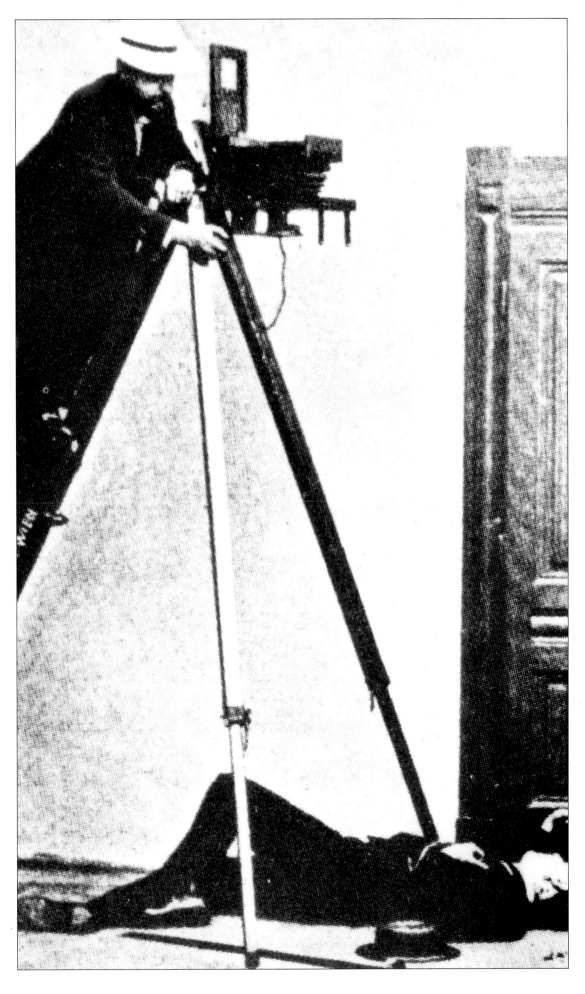

Izquierda El interés de Alphonse Bertillon en la fotografía le llevó a crear técnicas especiales para la investigación del crimen. Su «cámara escalera» le permitía obtener todo tipo de fotografías, como se puede observar en esta imagen, tomando una de todo el cuerpo de una víctima de asesinato tendida en el suelo. Realizó muchas fotografías de escenas del crimen y fue un pionero en este enfoque de la investigación criminal.

IZQUIERDA UNA CLASE PARA
DETECTIVES EN EL CUARTEL
GENERAL DE LA POLICÍA DE
PARÍS. LA PIZARRA DE LA
IZQUIERDA MUESTRA LOS
ELEMENTOS PRINCIPALES DEL
PORTRAIT PARLÉ DE ALPHONSE
BERTILLON; EN EL CENTRO SE
VEN LAS TÍPICAS FOTOGRAFÍAS
DE DETENIDOS, MIENTRAS EL
PROFESOR DE LA DERECHA
DESCRIBE CÓMO IDENTIFICAR
LOS DIFERENTES TIPOS DE
NARIZ.

HUELLAS DACTILARES

La piel de la parte interna de las manos y de las suelas de los pies es, notablemente, distinta de la del resto del cuerpo. Desde la yema de los dedos hasta la muñeca y desde la yema de los dedos hasta el talón es más gruesa y está cubierta por un dibujo de curvas «papilares». Éstas se crean durante el cuarto y el quinto mes de gestación del feto en la matriz, y tras el nacimiento no se producen modificaciones en el dibujo, sólo cambian de tamaño, pues manos y pies crecen y, por lo que se sabe hasta ahora, no hay dos personas –ni siquiera gemelos idénticos– que posean dibujos exactamente iguales.

ABAJO RETRATO DEL ANTROPÓLOGO SIR FRANCIS GALTON, QUE CONTINUÓ LOS TRABAJOS INICIALES DE WILLIAM HERSCHEL RESPECTO A LAS HUELLAS DACTILARES Y PUBLICÓ EL PRIMER ESTUDIO DETALLADO DE LA TÉCNICA.

INVESTIGACIÓN DEL CASO

IDENTIFICAR AL CULPABLE

Debido en gran parte a la casualidad, en 1878, el Dr. Henry Faulds se dio cuenta de que las reservas de alcohol medicinal de su hospital habían menguado con rapidez; estaba claro que alguien lo estaba robando para bebérselo. Fue entonces cuando encontró un vaso de mediciones que había sido utilizado y en el que había la huella de unos dedos sudorosos. Rebuscando en su colección de huellas no tardó en encontrar al culpable... uno de sus propios estudiantes.

Poco después, un ladrón intentó entrar en el hospital trepando un muro encalado, dejando en él la huella de su mano manchada de hollín. La policía acusó a uno de los trabajadores de Faulds, pero pudo demostrarles que la huella era por completo distinta a la del sospechoso. Posteriormente otro hombre fue detenido y confesó, demostrando Faulds que la suya sí era igual a la huella dejada en el muro.

El mérito de haber descubierto que los dibujos de la punta de los dedos y, de hecho, de toda la mano son únicos para cada individuo y pueden ser utilizados para identificar a las personas lo comparten dos británicos que trabajaban en tierras lejanas durante el siglo XIX: el Dr. Henry Faulds (1843-1930), en Japón, y William Herschel (1833-1917), en la India británica.

Durante siglos, las personas analfabetas han utilizado la huella de su pulgar para firmar documentos legales, pero el significado del dibujo en sí mismo pasó desapercibido. La primera observación científica que conocemos sobre su existencia fue realizada por el médico británico Dr. Nathaniel Grew en 1684; en 1788, J. C. A. Mayer publicó un libro ilustrado de anatomía, en el que afirmaba que «la disposición de los pliegues de la piel nunca se repite en dos personas». En 1823, Jan Evangelista Purkyne (1787-1869), profesor de la Universidad de Breslau (Polonia), notó que los dibujos de los dedos podían ser clasificados en varias categorías. Sin embargo, los tres eran científicos académicos, a quienes no interesaban las cuestiones de identificación y no existen pruebas de que Herschel o Faulds escucharan hablar nunca de sus trabajos.

Con sólo 25 años, en julio de 1858, Herschel fue nombrado administrador de una zona rural de Bengala (India). A las pocas semanas decidió comenzar a construir una nueva carretera y negoció un contrato de materiales con un lugareño, Rajyadhar Konai. Con justificada precaución, Herschel decidió «intentar un experimento tomando una huella de su mano [...] para asustar a Konai y quitarle de la cabeza cualquier pensamiento que tuviera de negar posteriormente su firma». Este primer experimento espoleó la curiosidad de Herschel y poco después testificó ante una comisión de investigación sobre abusos en los contratos: «Puedo sugerir una firma de tremenda sencillez, que es casi imposible negar o falsificar. La impresión del dedo de un hombre en un papel no puede ser negada por él [...]»

La comisión ignoró la sugerencia de Herschel, quien, no obstante, deseoso por demostrar su afirmación, comenzó a recoger huellas dactilares y a estudiar en qué se diferenciaban. En 1877 fue nombrado magistrado superior de un distrito cercano a Calcuta, es decir, responsable de los tribunales, la cárcel y el pago de las pensiones del gobierno. Sospechando acertadamente que muchas pensiones eran reclamadas por impostores en nombre de personas que ya estaban muertas, introdujo el uso de la huella de los dedos corazón, anular e índice en los recibos. Luego extendió la práctica a todos los documentos legales de su zona y, por último, dio órdenes de que se tomaran las huellas de todos los criminales convictos, de modo que su identidad fuera incuestionable. Herschel se retiró de la Administración India en 1879 y regresó a Reino unido con su colección de huellas, donde realizó un descubrimiento desconcertante.

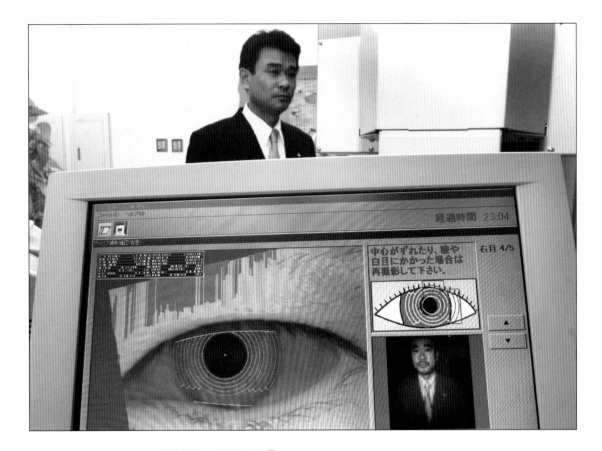

DACTILOGRAFÍA

En diciembre de 1873, Henry Faulds y su flamante esposa viajaron a Japón para crear allí la primera Misión Médica Escocesa. Mientras dirigía su hospital a las afueras de Tokio, el Dr. Faulds comenzó a interesarse en un montículo de desechos prehistóricos cerca de Omari, donde descubrió fragmentos de cerámica antigua con las huellas dactilares de los artesanos que las crearon. Se preguntó si la cerámica contemporánea presentaría marcas similares, y buscando por los mercados locales descubrió que «aparecía con persistencia un dibujo muy concreto de líneas, como si la misma artista hubiera dejado su marca en su trabajo».

Al principio Faulds se interesó en las huellas dactilares como un medio para distinguir tipos ra-

INVESTIGACIÓN DEL CASO
LOS ASESINATOS ROJAS

En 1891, en La Plata (Argentina), Juan Vucetich, ayudante del jefe de policía, creó una Oficina de Identificación y Estadística. Al principio utilizó al sistema antropométrico de Alphonse Bertillon, pero no tardó en leer sobre el trabajo de sir Francis Galton en una revista francesa y se entusiasmó de inmediato con sus posibilidades, comenzando a tomar las huellas dactilares de los criminales detenidos conducidos ante él. Incluso creó su propio y rudimentario sistema de clasificación.

Un año después, en la ciudad costera de Necochea, a unos 320 km de La Plata, Francisca Rojas salió gritando de su casa, llorando: «¡Ha matado a mis hijos!». Los dos chiquillos, un niño de seis años y una niña de cuatro años, aparecieron en la cama con el cráneo destrozado.

Francisca acusó a uno de sus pretendientes rechazados de ser el perpetrador del crimen, pero incluso bajo tortura éste siguió proclamándose inocente. Las investigaciones demostraron que Rojas tenía un amante que odiaba a sus hijos y parecía posible que los hubiera matado para asegurarse su afecto. Ambos hombres tenían coartadas. Llamado desde La Plata, el inspector Eduardo Álvarez registró meticulosamente la casa de Rojas, sin encontrar ninguna prueba incriminatoria. Estaba a punto de irse cuando descubrió la sangrienta huella de un pulgar en una puerta. Recordando el trabajo de su superior, recortó la madera de la puerta y arrestó a Rojas. En la comisaría de Necochea, le demostró a Rojas que la huella de su pulgar encajaba perfectamente con la ensangrentada y ella confesó.

Es el primer uso del que se tenga noticia de una forma modificada del sistema de Galton para la identificación de criminales. Vucetich no tardó en refinar su sistema de clasificación y lo describió en el Segundo Congreso Científico de Sudamérica en 1901. A los pocos años, el sistema de Vucetich había sido adoptado por casi todos los países sudamericanos.

ciales; comenzó entonces a recoger huellas dactilares, pero no de uno o dos dedos, como William Herschel, sino de los diez, tanto de japoneses como de europeos. Escribió a científicos de todo el mundo pidiéndoles ejemplos, mas no recibió casi ninguna respuesta. «Algunos pensaron que era un defensor de la quiromancia», se quejaría posteriormente.

Faulds comenzó entonces a investigar si las huellas dactilares siempre eran iguales. Tanto él como sus estudiantes se afeitaron la piel de los pulpejos de los dedos y comprobaron que, sin excepciones, el dibujo papilar se regeneraba siempre idéntico. Probaron con «piedra pómez, papel de lija, polvo de esmeril, diversos ácidos y sosas, incluso con mosca española» y en todos los casos el dibujo se regeneró intacto. Escribió una carta a la revista científica británica *Nature*, publicada en 1880, en la cual sugería que «las huellas dactilares ensangrentadas o las huellas en arcilla, cristal, etc.» podían ser utilizadas en la «identificación científica de criminales». Llamó a su técnica dactilografía.

La carta generó escaso interés, excepto por una respuesta de William Hershel, recién regresado a Reino unido, quien afirmaba que su propio uso de las huellas dactilares era anterior al de Faulds en Japón.

A pesar de sus muchos intentos por interesar a jefes de policía de todo el mundo, además de mantener una duradera disputa con Hershel, Faulds no recibió reconocimiento por sus descubrimientos hasta mucho después de su muerte: falleció transcurrido medio siglo, pobre y amargado, cerca de Birmingham (Reino unido). Por el contrario, Herschel se ganó el apoyo del brillante médico y antropólogo británico sir Francis Galton.

Mientras realizaba, como otros muchos, investigaciones sobre los tipos raciales, Galton montó un laboratorio antropométrico en la Exposición Internacional de la Salud en South Kensington en 1884, donde se podían medir el peso, la altura, la longitud de las extremidades, la potencia de arrastre, la fuerza del golpe, la agudeza auditiva y el color de los visitantes. Este laboratorio, trasladado a otras instalaciones al clausurarse la exposición, permaneció abierto durante unos ocho años.

En 1888, Galton visitó a Alphonse Bertillon en París y quedó impresionado por su técnica; pero al regresar a Reino unido tuvo conocimiento de la correspondencia intercambiada entre Faulds y Herschel en *Nature* y perdió interés en el «bertillonage». (De hecho, es posible que fuera Galton quien convenciera a Alphonse Bertillon para que incorporara las huellas dactilares a sus registros.) Galton escribió a Herschel, quien le envió sus escritos. A partir de entonces a los visitantes del laboratorio se les pedía que dejaran sus huellas dactilares y, tras leer el trabajo de Jan Evangelista Purkyne, Galton se puso manos a la obra para intentar encontrar un sistema para clasificarlas. No era sencillo, pues los dibujos contenían docenas de variables, pero terminó por darse cuenta de que todas las muestras de su creciente colección contenían una pequeña zona triangular donde las curvas corrían juntas. La llamó delta y distinguió cuatro tipos de huellas, aquellas sin delta, con la delta a la derecha, con la delta a la izquierda y con varias deltas. De modo que un grupo de huellas de los diez dedos podía ser dividida en más de 6.000 tipos. Galton publicó sus resultados en un libro, *Finger Prints (Huellas dactilares)* en 1892.

Mientras tanto, en la India británica la innovación de Hershel de tomar las huellas dactilares fue abandonada lentamente. Cuando en 1873 el joven Edward Henry (1850-1931) fue nombrado juez ayudante en el antiguo distrito de Herschel, debió de entrar en contacto con el sistema. Al ser nombrado inspector general de la policía de Bengala en 1890, al principio Henry se basó en los registros antropométricos, convirtiéndolos en un elemento habitual de la práctica policial, pero luego añadió una huella del pulgar izquierdo a los registros. En 1893 leyó el libro de Galton y en 1894, mientras estaba de permiso en Reino unido, lo visitó para consultar con él.

De regreso a la India, Henry informó al gobierno de Bengala: «La sustitución de las medidas

En agosto de 1897, Hriday Nah Ghosh, gerente de una tetería con jardín al norte de Bengala, fue encontrado muerto en su cuarto con la garganta seccionada. Su caja fuerte y su portafolios habían sido desvalijados y habían desaparecido varios centenares de rupias. Las sospechas recayeron en varias personas, pero sobre todo en Kangali Charan, antiguo cocinero de la casa, que con anterioridad había sido condenado a seis meses de cárcel por robar en la misma caja.

Entre los papeles del portafolios, la policía encontró un almanaque con dos huellas ensangrentadas en la tapa. Como la oficina de Henry había tomado las huellas dactilares de Charan en el momento de su anterior condena, no tardó en encontrarse una coincidencia.

A pesar de que Charan se había trasladado varios centenares de millas, fue encontrado y llevado a Calcuta, donde de nuevo se le tomaron las huellas. Las tres huellas coincidentes fueron presentadas ante el tribunal en su juicio por asesinato y robo.

El juez y sus dos asesores estuvieron de acuerdo «sin ninguna duda» en que el cocinero había estado en la habitación de Gosh y en que «la presunción de que había cometido el robo era evidente».

No obstante, decidieron que no habría sido seguro condenar a Charan de asesinato, pues no había testigos del crimen. Kangali Charan fue sentenciado a dos años de trabajos forzados por robo.

---

por las huellas del dedo, caso de que puede crearse para ellas un sistema satisfactorio de clasificación, proporcionaría unos resultados todavía mejores a los que estamos consiguiendo». Afirmaba: «Los accesorios, un trozo de estaño y tinta de imprimir, son baratos y se pueden conseguir en cualquier parte; las huellas son firmas particulares, libres de errores de observación o transcripción; cualquier persona con una inteligencia normal puede aprender a tomarlas con un poco de práctica tras unos pocos minutos de instrucción».

Con la ayuda de dos de sus funcionarios indios, Henry pudo demostrar en 1897 que había desarrollado un sistema práctico de clasificación de las huellas de los diez dedos. Su clasificación difería de la de Galton y Juan Vucetich. Henry identificó cinco tipos de dibujo muy característicos: arcos, A; arcos «de tienda», T; curvas radiales: curvas inclinadas hacia el radio en la parte exterior del cuerpo, R; curvas cúbito: curvas inclinadas hacia el cúbito interno, U, y espirales, W. A los cuales añadió una subdivisión por deltas. Henry escribió: «Las deltas se pueden formar ya sea por a) la bifurcación de una cresta sencilla o b) por la divergencia abrupta de dos crestas que hasta entonces habían marchado codo con codo». Luego contó el número de crestas entre el punto central del delta o el siguiente arco, curva o espiral.

Un comité que se reunió en la oficina de Henry el 29 de marzo de 1897 escribió: «Somos de la opinión de que el método de identificación de criminales habituales mediante el sistema de las huellas dactilares [...] puede ser adoptado con seguridad como mejor [...]» y los signatarios añadieron sus huellas dactilares al informe. Al cabo de unos meses, el gobierno de Bengala había creado la primera

1

2

3

4

5

6

7

8

Izquierda Tanto William Herschel como Henry Faulds reconocieron la importancia de la naturaleza única de las huellas dactilares humanas, pero ninguno fue capaz de desarrollar un método adecuado de identificación sistemática. Fue sir Francis Galton el primero en señalar que había tipos específicos de dibujo en las huellas. Éstas son las principales variedades de dibujo según se describen y clasifican las huellas dactilares, un total de ocho tipos generales:
1. Arco sencillo
2. Arco de tienda
3. Lazo sencillo
4. Lazo con bolsa central
5. Lazo doble
6. Lazo con bolsa lateral
7. Espiral sencilla
8. Accidental

INVESTIGACIÓN DEL CASO
LOS HERMANOS STRATTON

El 27 de junio de 1902, un ladrón entró en una casa del sur de Londres y robó unas bolas de billar. El oficial al cargo de la investigación descubrió unas sucias huellas dactilares en el alféizar recién pintado de una ventana e informó al Departamento de Huellas Dactilares. El detective sargento Charles Collins fotografió la más clara, la marca de un pulgar izquierdo, y comenzó a buscar entre sus registros criminales. Finalmente apareció la huella de Harry Jackson, un trabajador de 41 años, que fue arrestado.

Ahora llegaba la parte difícil, conseguir que la prueba fuera aceptada por el tribunal. A pesar de que se trataba de un caso menor, se escogió un fiscal experimentado, Richard Muir. Pasó horas con Collins, aprendiendo el nuevo sistema y al comenzar su exposición le explicó detalladamente al jurado el éxito que había tenido en la India. Entonces el propio Collins hizo una demostración de cómo se identificaban las huellas dactilares y presentó sus fotografías. El jurado se quedó impresionado, ni siquiera la defensa discutió las huellas como prueba. Jackson fue declarado culpable.

De este modo, quedó establecida la idoneidad de las huellas dactilares como prueba en los tribunales británicos. Menos de tres años después, fueron aceptadas en un juicio por asesinato. El 27 de marzo de 1905, Thomas Farrow, gerente de una tienda de pintura en Deptford, en el sur de Londres, fue encontrado muerto a golpes; su mujer fue atacada de forma similar y murió cuatro días después.

Habían desvalijado una caja con dinero bajo la cama y en la cubeta interior se encontró la huella de un pulgar derecho. La investigación condujo a dos ladronzuelos locales, Alfred y Albert Stratton. La huella era de Alfred. De nuevo Richar Muir se encargó de la acusación y Collins –ahora detective inspector– presentó sus detallados gráficos y fotografías. (Resulta interesante que Henry Faulds formara parte del equipo de la defensa, pero el abogado de Stratton no lo llamó a declarar.)

En su resumen al jurado, el juez sugirió que no considerara únicamente la huella dactilar; no obstante, a pesar de su recomendación, se consideró culpables a los hermanos Stratton.

oficina nacional de huellas dactilares del mundo para utilizar el sistema de Henry.

En Reino Unido se había creado en 1893 un comité presidido por Charles Troup para ver modos en que se podían identificar a los criminales. Tras escuchar las pruebas de Galton, recomendaron una forma modificada de «bertillonage», combinada con concordancia de huellas dactilares. También dijeron que habrían recomendado sólo las huellas dactilares como el método más seguro para identificar a los reincidentes si hubiera existido un medio práctico de clasificación. En 1900, cuando este sistema combinado no estaba funcionando tan bien como se esperaba, se nombró un segundo comité. Se llamó a Henry desde la India y trajo consigo las galeradas de un libro que había escrito, *Classification and Uses of Fingerprints (Clasificación y usos de las huellas*

dactilares). El comité quedó convenientemente impresionado y fue nombrado comisionado asistente de la policía metropolitana, encargado del Departamento de Investigación Criminal (CID).

Henry se puso de inmediato manos a la obra para organizar el Departamento de Huellas Dactilares, reclutando a tres oficiales con experiencia anterior en antropometría. Uno de ellos era el detective sargento Charles Collins. Éste se había interesado en la fotografía y se dio cuenta de que ésta podía utilizarse para recoger huellas dactilares en la escena del crimen. No tardó en tener su primer éxito (véase a la izquierda).

LAS HUELLAS DACTILARES EN ESTADOS UNIDOS

El sistema de Henry de análisis de las huellas dactilares llegó rápidamente a muchos cuerpos de policía del mundo. En Estados Unidos el interés en la huella del pulgar como sistema de identificación no llegó muy lejos, debido a la ausencia de un sistema de clasificación. La carta de Faulds a *Nature* en 1880 fue debatida brevemente en el Congreso Médico Internacional de 1881 y, posiblemente, inspiró el relato de Mark Twain «La huella de un pulgar y lo que fue de ella» en *Vivir en el Misisipí* (1883). Ese mismo año, un detective de California, Henry Morse, sugirió que se debería registrar la huella del pulgar de los trabajadores chinos inmigrantes. Su propuesta fue ignorada, pero Franklin Lawton, superintendente de la casa de la moneda de San Francisco, se interesó lo bastante en la cuestión como para pedirle al conocido fotógrafo de paisajes Isaiah W. Taber que comenzara a fotografiar pulgares. No obstante, en 1888 la cuestión dejó de considerarse relevante, pues el Congreso prohibió la entrada de más trabajadores chinos.

Entonces, en 1904 el detective sargento John Ferrier de la División de Huellas Dactilares de la policía británica fue enviado junto a otros oficiales para vigilar el Pabellón Real Británico en la Exposición Mundial de San Luis. Mientras estuvo allí ofreció varias demostraciones prácticas del sistema de Henry. En su libro *Crooks and Crime (Pillos y crimen)*, Ferrier recuerda:

«En Nueva York fui presentado a un oficial de policía de alta graduación [...] quien con sorna señaló: "Scotland Yard no nos gana en nada, estamos por delante que la vieja y adormilada Reino Unido". Me enteré de que se embarcaría hacia Reino unido la semana siguiente y le convencí para que me dejara tomarle dos juegos de sus huellas dactilares. Me quedé con uno de ellos y el otro lo marqué y lo envié a Scotland Yard [...]. Cosa de un mes después

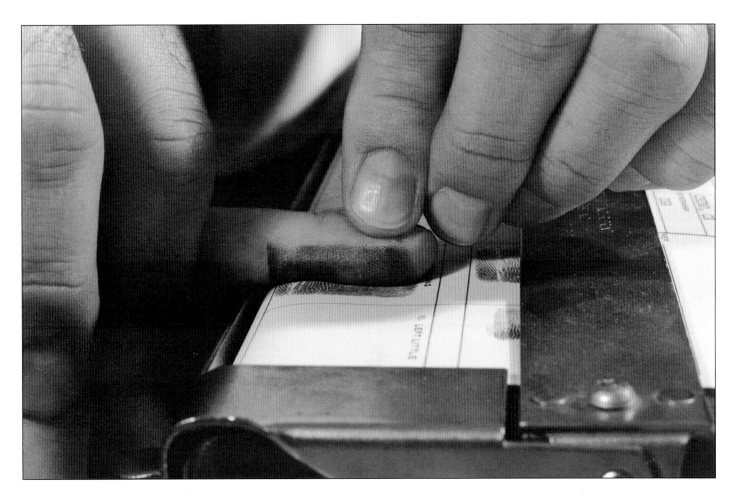

el oficial norteamericano llamo a Scotland Yard y se negó a identificarse, limitándose a sacar la tarjeta con sus huellas dactilares y decir: "Aquí están mis huellas dactilares; dígame quién soy". Para su sorpresa, en dos minutos tuvo en sus manos los dos juegos de huellas. Se quedó tan impresionado que a su regreso a Estados Unidos no tardó en convencer a otros escépticos y crear un departamento de huellas dactilares en Nueva York.»

Por esas mismas fechas, el Departamento de Justicia de Estados Unidos destinó una cantidad –«que no excediera de los 60 dólares»– para crear un sistema de identificación de huellas dactilares en la prisión de Leavenworth, Kansas. Sing Sing y otras cárceles de Nueva York siguieron su ejemplo en 1905 y la policía de San Luis adoptó la técnica el año siguiente.

El Ejército, la Marina y el Cuerpo de Marines comenzaron a tomar las huellas dactilares tanto de los oficiales como de la tropa, y no tardó en ser evidente que estos registros independientes podían coordinarse. El Departamento de Justicia aceptó la tarea, pero dejó el trabajo de catalogación a los presos de Leavenworth, no tardando en descubrirse que los internos que se utilizaban para la tarea en ocasiones alteraban los registros en su propio beneficio. No fue hasta 1924, al ser nombrado J. Edgard Hoover director del Federal Bureau of Investigation (FBI), cuando comenzó la clasificación de los registros, por entonces ya más de 800.000.

INVESTIGACIÓN DEL CASO
THOMAS JENNINGS

La aceptabilidad de las huellas dactilares como prueba se legisló en Estados Unidos en 1911. En la noche del 19 de septiembre de 1910, Clarence Hillier se encontró con un intruso en las escaleras de su casa de Chicago. Luchó con él y ambos cayeron hasta el pie de las escaleras, donde Hillier recibió dos disparos, muriendo en cuestión de segundos. Poco después, cuatro oficiales de policía pararon a un hombre llamado Thomas Jennigs y descubrieron que llevaba un revólver cargado en el bolsillo y, al no convencerles sus explicaciones, lo detuvieron de inmediato. Por entonces todavía no sabían que se había cometido un asesinato en las cercanías. Cuando se examinó la casa de Hillier se encontraron cuatro huellas dactilares en una reja recién pintada. No tardaron en ser identificadas como de Jennings y, en su juicio por asesinato, cuatro expertos coincidieron en considerar sólida la identificación. Jennings apeló al Tribunal Supremo de Illinois basándose en que las huellas dactilares eran inadmisibles como prueba, pero su apelación fue rechazada y su sentencia a muerte confirmada.

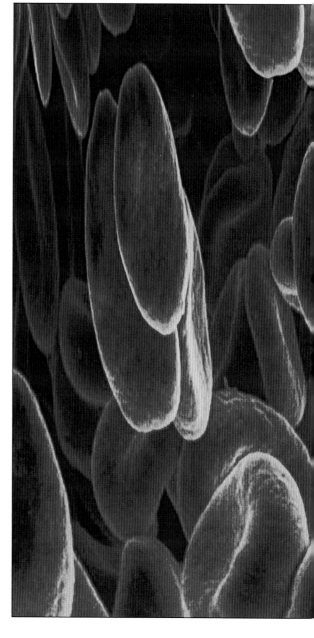

GRUPOS SANGUÍNEOS

Las transfusiones de sangre cuentan con una historia muy larga, que comienza en la década de 1650, cuando el joven Christopher Wren (quien más tarde se convertiría en el famoso arquitecto de la Catedral de san Pablo de Londres) inventó una burda aguja hipodérmica consistente en un delgado y afilado cañón de pluma unido a una vejiga. En 1668, se ordenó al Dr. Jean Denys de Montpellier (Francia) que cesara en sus experimentos cuando murió uno de los pacientes a los que había estado tratando con sangre de oveja. En Reino unido, en torno a 1814, el Dr. James Blundell realizó una transfusión de sangre de un perro a otro al que se la había extraído anteriormente, pero cuando utilizó sangre de oveja el perro no tardó en morir. Cuatro años después intentó una transfusión de sangre humana: algunos de sus pacientes se recuperaron, pero otros murieron. Era evidente que en algunas sangres había algo que las hacía incompatibles con otras.

La primera clave se descubrió en 1875, cuando el fisiólogo alemán Leonard Landois tomó los glóbulos rojos de un animal y las mezcló con el suero –el líquido claro de la sangre– de otras especies. Los glóbulos rojos se unieron («aglutinaron»): era obvio qué había sucedido en las transfusiones fracasadas.

En 1900, un profesor asistente del Instituto de Patología y Anatomía de Viena (Austria), Karl Landsteiner (1868-1943), descubrió que había diferentes tipos de sangre humana y que mezclar dos tipos distintos hacía que se aglutinaran. Al principio iden-

tificó tres tipos, que llamó A, B y C (posteriormente llamado 0). Poco después, uno de los colegas de Landsteiner descubrió un cuarto tipo, que no se aglutinaba ni con A ni con B y que fue llamado AB.

Los glóbulos blancos transportan sustancias –llamadas antígenos– que ayudan a producir anticuerpos para luchar contra las infecciones. En pocas palabras, se puede decir que la aglutinación se produce como resultado del encuentro de dos antígenos incompatibles. La clasificación de la sangre de Landsteiner en 1909 en cuatro grupos principales fue la siguiente:

A: presente el antígeno A y ausente el antígeno B.
B: presente el antígeno B y ausente el antígeno A.
0: ausentes ambos antígenos.
AB: presentes ambos antígenos.

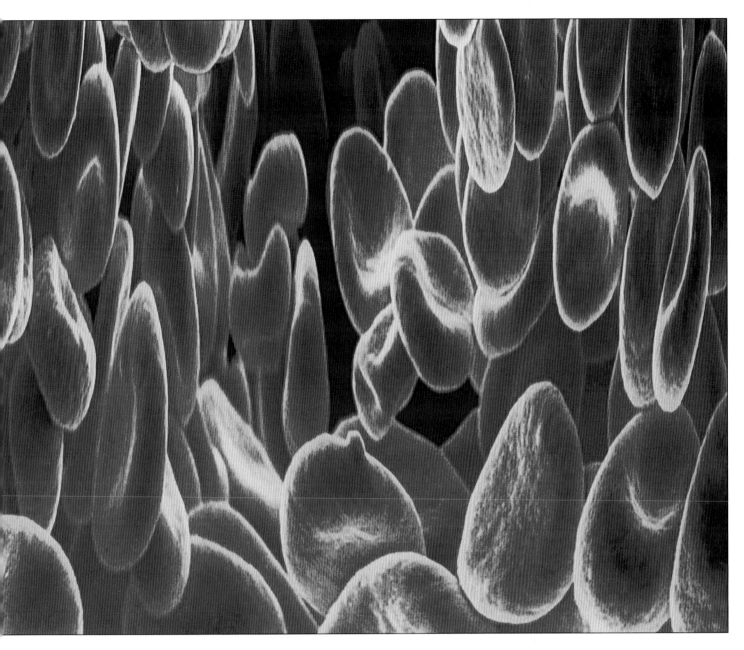

Esto significa que, en una transfusión de sangre, una persona A puede recibir sangre A o 0, una persona B puede recibir sangre B o 0 y una persona AB puede recibir cualquier de los tres tipos, pero una persona 0 sólo puede recibir sangre 0. Las proporciones de cada grupo varían notablemente de una población a otra. En Reino Unido, por ejemplo, son aproximadamente los siguientes: el grupo A un 42%, el B un 8%, el 0 un 47% y el AB un 3%. En Estados Unidos son: el grupo A un 39%, el B un 13%, el 0 un 43% y el AB un 5%.

Al reconocer que se trataba de características hereditarias procedentes de los padres de cada persona, fue el primero en sugerir que los análisis de sangre para conocer el grupo sanguíneo podían ser importantes en las cuestiones de paternidad. No pudo prever, sin embargo, la gran relevancia de su sistema para la investigación criminal. En 1901, el biólogo alemán Paul Uhlenhuth (1875-1957) diseñó un test para distinguir la

sangre humana de la de otros animales y, al mismo tiempo, identificar la especie del animal. Su contemporáneo, el fisiólogo belga Jules Bordet (1870-1961), que trabajaba en el Instituto Pasteur de París, descubrió que si a un animal de laboratorio se le inyectaba leche o clara de huevo desarrollaba un anticuerpo específico contra ella y que si luego su sangre se mezclaba con leche o clara de huevo se producía un precipitado turbio, llamado precipitina.

Paul Uhlenhuth descubrió que podía perfectamente conseguir el mismo efecto inyectando a un conejo, por ejemplo, sangre de pollo y luego separando el suero de la sangre del conejo y añadiendo una gota de sangre de conejo, lo que producía precipitina.

El mecanismo era similar al aglutinamiento de los glóbulos rojos y no tardó en poder producir sueros específicos para una amplia variedad de animales. A los pocos meses, Uhlemhuth pudo utilizar

ARRIBA ESTA IMAGEN DE MICROSCOPIO ELECTRÓNICO (SEM), DE RESOLUCIÓN MEJORADA POR ORDENADOR, MUESTRA LA HEMOGLOBINA, EL PIGMENTO DE LOS CORPÚSCULOS DE LOS GLÓBULOS ROJOS. LLEVA OXÍGENO DESDE LOS PULMONES Y LO TRANSPORTA POR MEDIO DE LAS ARTERIAS Y CAPILARES A TODOS LOS RINCONES DEL CUERPO. CUANDO LA SANGRE CARECE DE OXÍGENO SE PRODUCE LA ASFIXIA.

LUDWIG TESSNOW

El 2 de julio de 1901 se encontraron en un bosque de la isla de Rügen, en la costa báltica de Alemania, los cuerpos destripados y desmembrados de dos jóvenes hermanos. Las sospechas recayeron en un carpintero ambulante, en cuyas botas y ropa se encontraron manchas negras. Proclamó su inocencia, afirmando que las manchas eran de un tinte para madera, pero el magistrado encargado del caso se acordó de una noticia en el periódico que hablaba de un caso similar. A varios kilómetros, en Osnabrück, dos chicas jóvenes habían resultado asesinadas del mismo modo y entre los que fueron interrogados al respecto

se encontraba... Ludwig Tessnow. Tres semanas antes del asesinato de Rügen, un granjero encontró siete de sus ovejas descuartizadas, habiendo podido ver cómo un hombre se alejaba corriendo de su prado. Ahora lo identificó como Tessnow. Hacía poco que se había publicado un informe sobre el trabajo de Uhlenhuth y el magistrado ordenó que las ropas de Tessnow le fueran enviadas para analizarlas. Un mes después, Uhlenhuth informó de que algunas de las manchas eran de sangre de oveja, pero que otras eran humanas. Tessnow, a quien se le reconoció como el carpintero loco, fue declarado culpable.

su test en un caso de asesinato, en el que se encontró culpable a Ludwig Tessnow.

Los grupos básicos de Landsteiner siguen siendo vitales a la hora de tomar la decisión de qué sangre utilizar en una transfusión, pero desde entonces se han descubierto otros muchos factores específicos en la sangre y son precisos a la hora de identificar la fuente de una mancha de sangre en una investigación criminal. Landsteiner recibió el premio Nobel en 1930, al igual que Jules Bordet lo recibiera en 1919.

BALÍSTICA

En 1835, Henry Goddard, miembro de los Bow Street Runners (los precursores de la primera fuerza de policía de Reino unido) investigaba lo que parecía ser un robo en una casa de Southampton Hamshire. El mayordomo de la casa afirmaba que, al despertarse y encontrarse al ladrón en su cuarto, éste le disparó. Goddard extrajo la bala del cabe-

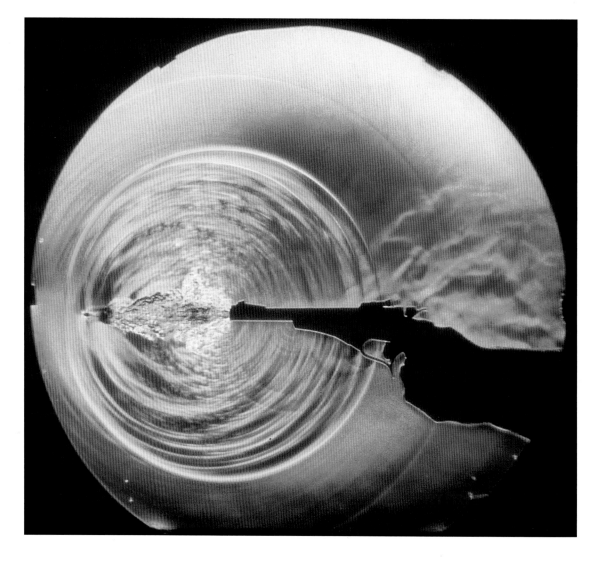

DERECHA LA CARGA PROPULSORA EXPULSA LA BALA POR LA BOCA DE UNA PISTOLA A MÁS DE 500 M/S. LA FOTOGRAFÍA MUESTRA DE FORMA DRAMÁTICA LA HONDA DE CHOQUE GENERADA POR EL VUELO DE LA BALA CUANDO SALE GIRANDO DEL CAÑON; TAMBIÉN REVELA CÓMO LAS PARTÍCULAS DEL PROPELENTE SALEN DISPARADAS HACIA ATRÁS PARA CAER EN LA MANO DE QUIEN DISPARA.

cero de la cama del mayordomo y la comparó con las balas de su pistola particular. Todas demostraron tener el mismo defecto: un pequeño bulto producido por una imperfección en el molde en que habían sido fundidas. Probablemente se trate del primer caso en que «el culpable fue el mayordomo», quien confesó que había preparado el «robo». También es un momento importante en el estudio de lo que se ha dado en conocer como balística.

En 1869, un caso de asesinato en Francia fue investigado de un modo bastante diferente –y significativamente científico–. Los analistas determinaron el punto de fusión, los distintos componentes del metal y el peso de una bala extraída del cráneo de la víctima, además de establecer la exacta similitud que presentaba con otras balas encontradas en posesión del sospechoso. Sin embargo, los expertos en balística encontraron un sistema más sencillo –y exacto– de identificar no sólo la bala, sino también el arma desde donde había sido disparada.

Desde comienzo, del siglo XIX, la mayor parte de los cañones de las armas –con excepción de las de cañón liso– estaban estriados. Una hendidura espiral, hacia la izquierda o la derecha, era realizada con una herramienta en el interior del cañón para hacer que la bala girara sobre sí misma y conseguir con ello una mayor precisión en el tiro. Las zonas sin cortar existentes entre las hendiduras se llaman campos. Las balas se fabrican ligeramente más anchas que el calibre del cañón para asegurarse de que encajan en él a la perfección, de modo que los campos producen estrías visibles en toda la bala.

Cada fabricante tiene su propio sistema para grabar el interior del cañón y cada uno de ellos es característico. El examen de las marcas de una bala puede determinar con rapidez quién fabricó el arma. Además, como las armas son grabadas una detrás de otra por la misma máquina, ésta va perdiendo su filo e incluso puede llegar a estropearse. Estas imperfecciones originan unos arañazos –conocidos como estrías– en la bala, paralelos a las hendiduras causadas por los campos, lo que conduce a la identificación de un arma concreta.

La primera aplicación práctica de estas observaciones en un caso de asesinato tuvo lugar en 1889 a cargo de Alexandre Lacassagne, profesor de medicina forense en la Universidad de Lyon (Francia). En una bala recuperada del cuerpo de la víctima encontró siete hendiduras que coincidían con el estriado del cañón de una pistola encontrada en posesión de un sospechoso. Siguiendo este enfoque para la identificación de las armas de fuego, en 1900 el Dr. A. Llewellyn Hall publicó en Norteamérica su libro *The Missile and the Weapon (El proyectil y el arma)*, que se convertiría en una obra de referencia.

Este era el estado de la ciencia forense a comienzos del siglo XX. Desde entonces, los elementos descritos anteriormente han sufrido una verdadera revolución en su desarrollo, y la aplicación de los descubrimientos científicos modernos y la rápida evolución de la era de la tecnología de la información han proporcionado una milagrosa selección de sofisticadas herramientas al alcance de la mano del moderno policía científico. Todas estas técnicas y herramientas –el equipo de análisis disponible para los toxicólogos y los expertos en rastros, la creciente precisión de la antropología forense, los refinamientos en la detección e identificación de huellas dactilares, así como los instrumentos utilizados en los estudios balísticos– serán descritas con detalle en los siguientes capítulos, junto a avances todavía más recientes e importantes (por ejemplo, el ADN y la entomología forense).

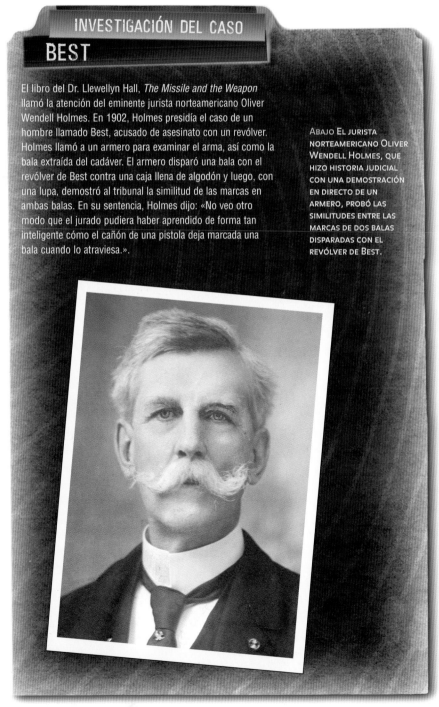

INVESTIGACIÓN DEL CASO
BEST

El libro del Dr. Llewellyn Hall, *The Missile and the Weapon* llamó la atención del eminente jurista norteamericano Oliver Wendell Holmes. En 1902, Holmes presidía el caso de un hombre llamado Best, acusado de asesinato con un revólver. Holmes llamó a un armero para examinar el arma, así como la bala extraída del cadáver. El armero disparó una bala con el revólver de Best contra una caja llena de algodón y luego, con una lupa, demostró al tribunal la similitud de las marcas en ambas balas. En su sentencia, Holmes dijo: «No veo otro modo que el jurado pudiera haber aprendido de forma tan inteligente cómo el cañón de una pistola deja marcada una bala cuando lo atraviesa.».

ABAJO EL JURISTA NORTEAMERICANO OLIVER WENDELL HOLMES, QUE HIZO HISTORIA JUDICIAL CON UNA DEMOSTRACIÓN EN DIRECTO DE UN ARMERO, PROBÓ LAS SIMILITUDES ENTRE LAS MARCAS DE DOS BALAS DISPARADAS CON EL REVÓLVER DE BEST.

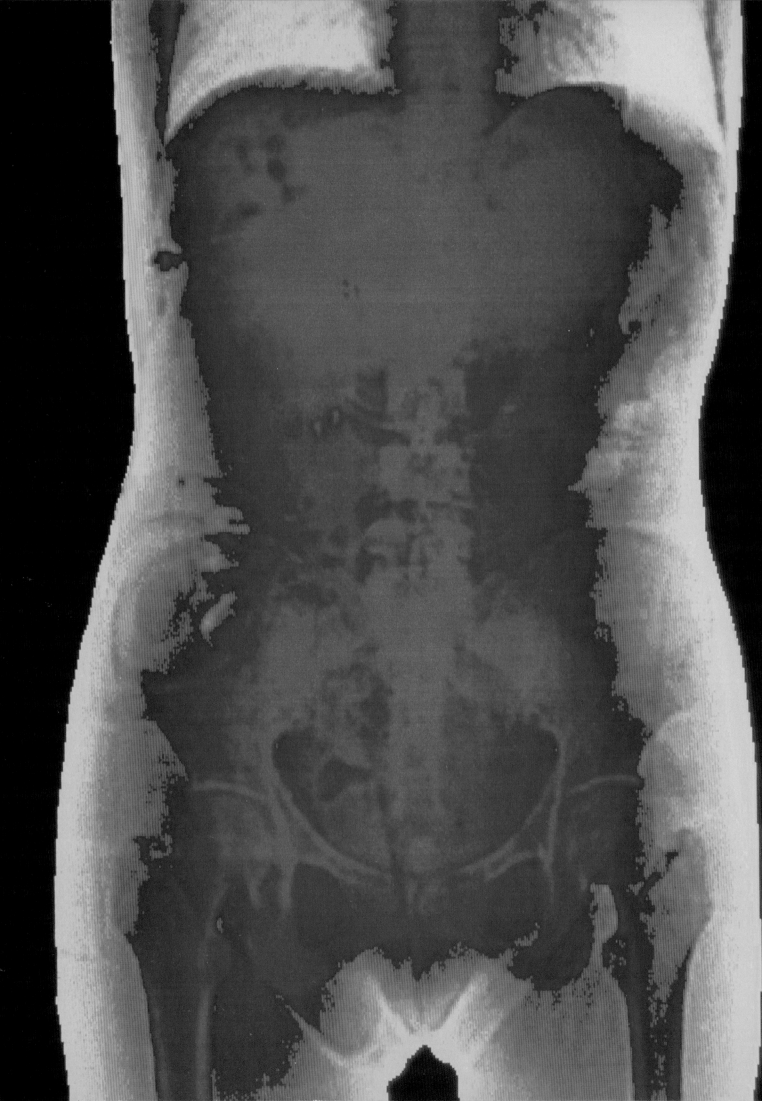

¿QUIÉN ERA EL DESCONOCIDO?

Se acaban de encontrar los restos de lo que una vez fue un ser humano vivo. Evidentemente, el hallazgo se puede producir en cualquier parte: el cuerpo puede estar en algún lugar de la casa del difunto, quizás en la cama, en un trastero exterior, en un aparador, bajo el suelo o incluso en el ático. También puede tratarse de la casa de otra persona cualquiera. A lo mejor fue descubierto en un edificio público, como un hotel, una tienda, un club social, una casa abandonada o un almacén. El cadáver puede estar al aire libre: tendido en el suelo, escondido bajo tierra o parcialmente oculto en un fallido intento de enterramiento o, incluso, dentro de una bolsa de basura. El lugar donde el cuerpo es descubierto, casi siempre, proporciona pistas sobre la causa de la muerte.

> *«Hay un cadáver en el caso, con una cara tristemente abotargada el forense sospecha que hay algo extraño.»*
>
> REV. RICHARD BARHAM,
> *Un lego de san Gergulhus.*

PÁGINA ANTERIOR UNA RADIOGRAFÍA COLOREADA DEL TORSO Y ABDOMEN DE UNA MUJER QUE NOS REVELA LA CARACTERÍSTICA ESTRUCTURA DE LA PELVIS. ES MÁS ANCHA Y PLANA QUE LA DE UN HOMBRE Y LA CAVIDAD —POR LA CUAL NACE EL NIÑO— TAMBIÉN ES NOTABLEMENTE MÁS GRANDE.

El cuerpo puede estar recién muerto, en uno de los diferentes pasos de la descomposición, momificado o esqueletizado. Puede estar completo o desmembrado; si está al aire libre, algunos trozos pueden haber quedado desperdigados debido a los animales carroñeros. La probable causa de la muerte puede ser patente de inmediato –heridas de fuego u otra arma o algún tipo de nudo alrededor del cuello–, pero la persona también puede parecer ahogada o carbonizada o fallecida como resultado de una explosión. El cuerpo puede estar desnudo o vestido; se puede encontrar o no ropa y objetos personales, ya sea en el cuerpo o cerca. Todos estos detalles señalarán la dirección que tomará la investigación que comenzará al poco y proporcionarán valiosísimas pruebas a los muchos expertos que combinarán sus esfuerzos para resolver la cuestión de qué le pasó a la víctima.

EL CORONER

Cada una de estas circunstancias puede generar varias preguntas. ¿Quién era la persona? ¿Cuándo tuvo lugar el suceso? ¿Se trata de un suicidio, un asesinato o un homicidio? Y en este caso ¿quiénes fueron (o es) la persona responsable de la muerte? Se trata de preguntas que debe plantearse, y si es posible responderlas, la oficina del coroner.

El coroner debe encargarse de averiguar la identidad de la persona fallecida y dar su opinión sobre la causa de la muerte. La oficina del coroner data de antiguo, apareció por primera vez en la Reino Unido del siglo XII. Su nombre original era *crowner* o *coronator,* de donde procede la expresión moderna coroner, y reflejaba que éste representaba el poder del rey dentro de la jurisdicción local y, por lo tanto, podía dictaminar en todas las cuestiones de propiedad, lo que en el caso de una muerte sospechosa poseía una gran importancia.

Lentamente –según el poder supremo del rey iba siendo delegado en representantes escogidos–, los poderes de la corona fueron quedando más restringidos y durante el siglo XVII, cuando el sistema legal británico fue traspasado a Norteamérica, la oficina del coroner se convirtió en algo similar a lo que es actualmente. Se dice que William Penn fue el primer coroner nombrado en las colonias británicas.

En Escocia, las obligaciones del coroner las realiza un funcionario judicial, el *Procurator Fiscal.* En Canadá, los coroner han de ser nombrados mediante una Orden del Consejo. En otros países europeos el sistema es diferente. Las muertes sospechosas se notifican a la policía o al fiscal; en muchos países las autopsias han de ser autorizadas por el magistrado a cargo de la investigación. En el caso de España es el juez de instrucción quien se encarga de coordinar la investigación y quien debe autorizar la autopsia.

Durante mucho tiempo, el oficio de coroner en Estados Unidos ha sido un cargo electo en cada condado. Como era un nombramiento político, el coroner no tenía necesariamente que poseer ninguna experiencia médica ni legal: a menudo era el encargado de las pompas fúnebres, pero también podía ser el hermano del alcalde o cualquier otro que deseara introducirse en la política del estado. Todavía en la década de 1960, en un condado rural del sur de California, el carnicero actuaba a tiempo parcial como coroner. El estado de Massachussetts fue el primero en abolir el cargo de coroner, en 1877, y reemplazarlo por el de examinador médico. Al contrario que los coroner, los examinadores médicos tienen que tener formación en medicina, si bien no necesariamente en patología.

El sistema de los coroner demostró ser campo fácil para los abusos. Por ejemplo, a comienzos del siglo XX, en la ciudad de Nueva York el coroner cobraba 11,50 dólares por examinar un cadáver y declararlo muerto; 10 dólares si declaraba que un suicidio era una muerte natural y a cambio de 50 dólares declaraba que un homicidio era una muerte natural. Para terminar con estas prácticas corruptas, en 1918 el alcalde John Purroy Mitchell

MUERTE SÚBITA

Cuando alguien muere de forma –aparentemente– natural, todo lo que la ley exige es un certificado de defunción realizado por un médico en ejercicio. No obstante, existen muchos casos en los que esto no es suficiente. Por ejemplo, el difunto puede no haber estado controlado por un médico recientemente, las circunstancias en las que se produjo el deceso son sospechosas o, al ser llamada la policía a la escena del suceso, pide ayuda a un médico independiente porque existe una mínima duda sobre si la muerte fue natural o no. En cualquiera de los casos, el coroner ha de ser informado y puede solicitar la realización de una autopsia. En caso necesario, puede retrasar el enterramiento o la cremación del cadáver «a la espera de nuevas investigaciones».

En cualquier caso de muerte repentina, accidental o violenta –o una sospecha de suicidio– hay que realizar una investigación. El coroner requerirá la opinión de médicos expertos, así como las pruebas que los expertos forenses encuentren relativas a las circunstancias en las que se descubrió el cuerpo y las de la autopsia del cadáver. La investigación puede quedar en suspenso, incluso de forma indefinida, si hay la más mínima sospecha sobre las causas de la muerte, sobre todo si la policía anuncia que se ha detenido a un sospechoso al que se está interrogando o si se ha emitido una orden de detención.

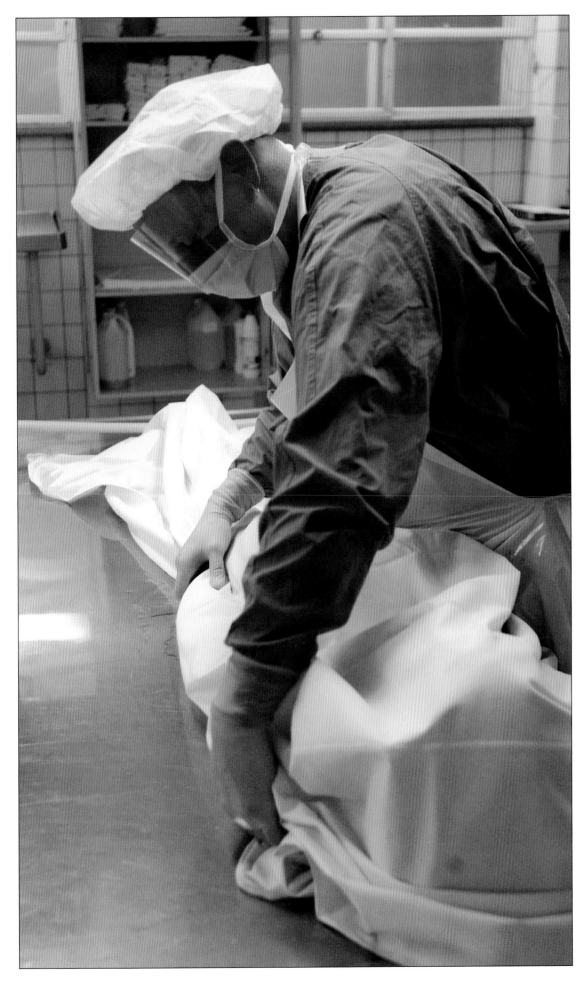

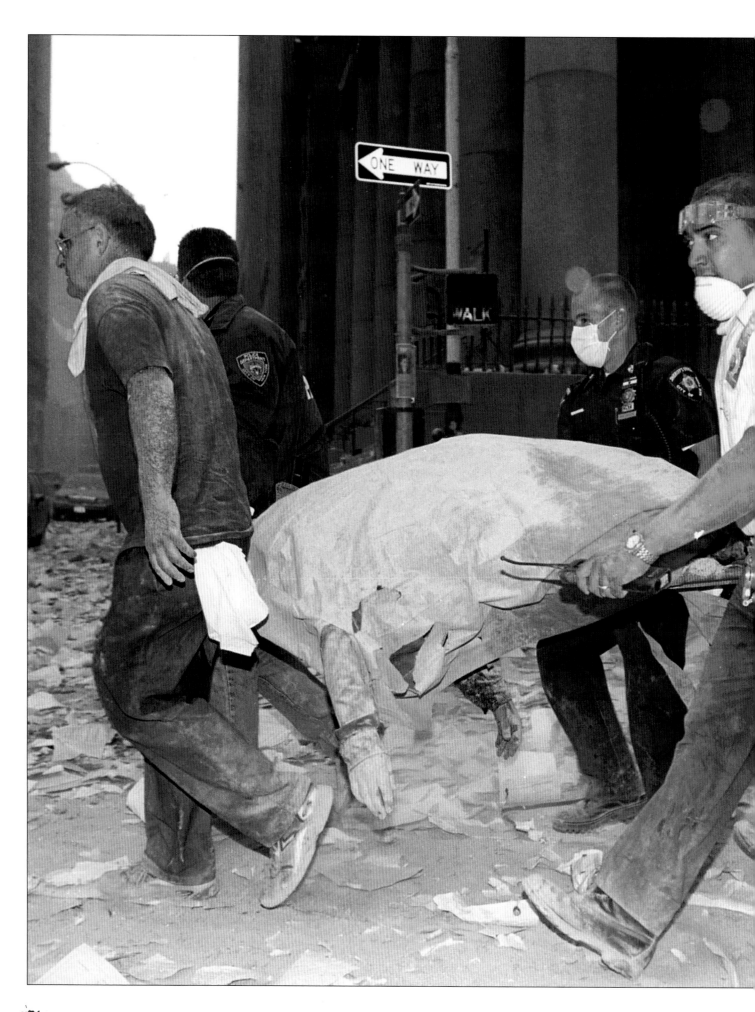

reemplazó el cargo de coroner por el de examinador médico, que sólo podía ocupar alguien que no sólo fuera médico, sino patólogo con experiencia en autopsias. Poco a poco otras ciudades siguieron su ejemplo.

En la actualidad, en Estados Unidos todavía continúan funcionando los dos sistemas: las zonas más densamente pobladas utilizan examinadores médicos, pero algunos estados, o sus condados, continúan teniendo coroner. Existen asociaciones de coroner en California, el estado de Washington y en Ohio.

IDENTIFICACIÓN

La primera y principal cuestión que debe responderse respecto a una persona «encontrada muerta» es la de su identidad.

Si el cadáver es descubierto poco después del fallecimiento, la identificación es relativamente sencilla. En la mayor parte de las ocasiones el cuerpo se encuentra en el interior del domicilio o en las cercanías. Los vecinos pueden haber expresado su preocupación por no haber visto al difunto en varios días o sus familiares pueden haberlo declarado una persona desaparecida. En estos casos, con ver el cuerpo –por lo general basta con la cara– es suficiente. En ocasiones, sobre todo si la cara se ha vuelto irreconocible, quizá sea necesario identificar algún tipo de peculiaridad física (una deformidad, un tatuaje, un lunar o una verruga). Los objetos personales en el cuerpo o cerca de él (en especial los documentos de identidad, pero también facturas, bolsos, ropas o joyas) pueden ayudar a identificar al fallecido. Las fotografías familiares –más que las fotos de carnet o estudio– también pueden suponer una ayuda.

Evidentemente, los problemas comienzan cuando la persona no es identificada de inmediato. Quizá se deba a que la persona no vivía en el barrio o porque sus rasgos han sido deformados, ya sea por el proceso de descomposición, por el agua, el fuego o la violencia. Si el cuerpo está desmembrado, como resultado de un ataque homicida o un desastre como un accidente de avión –en especial tras la destrucción de las Torres Gemelas (el World Trade Center) el 11 de septiembre del 2001–, los investigadores deben enfrentarse a la abrumadora tarea de tener que identificar las diferentes partes. Por último, si el cuerpo ha quedado reducido al esqueleto, sólo un experto anatomista podrá proporcionar pistas para establecer su identidad.

Los forenses modernos utilizan varios enfoques diferentes para intentar averiguar la identidad de un cadáver desconocido. Son los siguientes, sin un orden específico:

• El aspecto externo del cuerpo.
• Las características/coloración de la piel.

IZQUIERDA MIEMBROS DE LOS EQUIPOS DE RESCATE TRANSPORTAN UN CADÁVER PROCEDENTE DE LOS ESCOMBROS DE LAS TORRES GEMELAS, EL 11 DE SEPTIEMBRE DEL 2001. A LA HORA DE IDENTIFICAR A LAS VÍCTIMAS –MUCHAS DE LAS CUALES QUEDARON DESMEMBRADAS TRAS LA EXPLOSIÓN O QUEMADAS TRAS EL INCENDIO– LA POSIBILIDAD DE UTILIZAR EL ADN TUVO UN VALOR INCALCULABLE.

EL EXAMEN INICIAL

Al realizar una autopsia, el forense lo primero que hace es describir las condiciones externas del cadáver para determinar su posible aspecto cuando vivió. No obstante, esto puede ser difícil cuando se encuentra en un avanzado estado de descomposición o ha sido recuperado del agua o de un incendio, una explosión o un desastre importante. El cuerpo se pesa y se mide su altura aproximada, pues tras la muerte se producen cambios en la misma. Se observa el estado general de nutrición y, si es posible, se calcula su

edad aproximada. Si queda, se toma nota del color y tipo de cabello, incluido el vello corporal, facial y púbico. El color de los ojos posee importancia especial.

Se realizan moldes de las mandíbulas del difunto, así como se menciona cualquier particularidad dental visible. Antes de que comience el examen interno del cuerpo se anotan cualquier defecto de la piel, antiguas heridas, tatuajes, *piercings* o rastros de trabajos manuales, como durezas en las manos.

- Las huellas dactilares.
- Las características dentales.
- Rastros de enfermedades o de intervenciones quirúrgicas.
- La estructura ósea y del cráneo.
- El grupo sanguíneo.
- El análisis del ADN.
- La reconstrucción facial del cráneo.

Todos estos métodos presuponen, evidentemente, la existencia de datos independientes en algún lugar que pueden ser comparados con los hallados por los investigadores.

PIEL Y PELO

Es posible considerar que el color de la piel de una persona recién fallecida es un simple indicio de su tipo racial, sin embargo, no es tan sencillo. Por ejemplo, lo más probable es que la cara de un cadáver, que ha pasado varios días en el agua antes de flotar hacia la superficie, esté hinchada y oscurecida por el comienzo de la descomposición, hasta el punto de resultar irreconocible, incluso para sus familiares cercanos.

Por otra parte, existen ciertas diferencias en los tamaños proporcionales de los huesos –descritas más adelante– que pueden ser indicativos de la raza. Del mismo modo, a menos que haya sido destruido por el fuego o medios químicos, el pelo puede durar más que ninguna otra cosa salvo el esqueleto y los dientes, y un examen de su estructura puede proporcionar algunas pruebas positivas sobre la raza y el sexo del cadáver en cuestión.

El pelo humano se distingue con facilidad del pelo animal, excepto del de algunas especies de monos. El pelo crece a partir de folículos en la piel y consta de tres partes: el bulbo o raíz, el cañón y la punta. Utilizando un microscopio de pocos au-

mentos su sección también se aprecia dividida en tres partes: la cubierta exterior (la cutícula), formada por escamas superpuestas que apuntan hacia la punta; el córtex, que contiene los gránulos de pigmento que le dan al pelo su color natural, y la médula central, donde las células pueden ser «continuas» o «interrumpidas». La mayor parte de los seres humanos poseen una médula interrumpida e incluso carecen de ella por completo; sus vellos son sólo un tubo vacío, sobre todo en el cuero cabelludo femenino. Las razas mongoloides –las del norte y este de Asia, los malasios, los inuit y algunos indios norteamericanos– suelen tener médula continua.

Según en qué parte del cuerpo humano crezca, el pelo posee características diferentes, divisibles en los siguientes seis tipos:

Cuero cabelludo: por lo general de sección redonda, que como resultado de los peinados tiene los extremos cortados o abiertos.
Cejas y pestañas: también de sección circular, pero con las puntas afiladas.
Barba y bigote: un cabello más rígido y rizado que el del cuero cabelludo, por lo general, de sección triangular.
Axilar: de sección ovalada.
Vello corporal: de sección ovalada o triangular y, por lo general, rizado.
Vello púbico: elástico y de sección ovalada o triangular. El vello púbico femenino tiende a ser más corto y grueso que el masculino.

Como es evidente, existen excepciones a esta clasificación, complicada por los cada vez más habituales matrimonios interraciales. Mientras los tipos caucásicos poseen un pelo que es en su mayor

IZQUIERDA IMAGEN DE MICROSCOPIO ELECTRÓNICO AMPLIADA 50 VECES DE UNAS PESTAÑAS, DONDE SE PUEDE APRECIAR CLARAMENTE SU CARACTERÍSTICA SECCIÓN CIRCULAR. LOS PELOS ENCONTRADOS EN LA ESCENA DE UN CRIMEN PROPORCIONAN IMPORTANTES PRUEBAS FORENSES.

parte de sección ovalada o redonda, el pelo afro-caribeño tiende a ser casi plano u ovalado. Los caucásicos poseen una mayor variedad de color de pelo, que además suele ser liso o rizado, con finos gránulos de pigmento distribuidos de forma equitativa por el córtex. El pelo africano suele ser enroscado, con un pigmento denso distribuido de forma desigual, mientras que los tipos mongoloides poseen un pelo negro liso.

Durante la vida, el pelo del cuero cabelludo crece a una media de 2,5 mm por semana y la barba humana con una velocidad considerablemente mayor, mientras que la del vello corporal es considerablemente menor. El crecimiento se detiene con la muerte, a pesar de la creencia popular de lo contrario. Este crecimiento aparente post mórtem se debe a que la piel, sobre todo la de la cara, se encoje.

LA MODERNA IDENTIFICACIÓN DE LAS HUELLAS DACTILARES

La mejora más importante incorporada a la clasificación de Edward Henry fue realizada por el Detective Inspector Jefe Harry Battley en New Scotland Yard en 1927. Para entonces había miles de tarjetas con huellas dactilares y la tarea de buscar entre ellas era desalentadora.

Enfrentado a escenas del crimen donde sólo se encontraba una huella dactilar, Battley creó una clasificación que identificaba cada huella de forma independiente. Diseñó una lupa de foco fijo en cuya base de cristal había grabados siete círculos concéntricos con radios que iban desde los 3 mm hasta los 15 mm, cada uno de ellos identificados con letras desde la A a la G. Al situar la lupa sobre lo que parecía ser el centro de la huella (el «núcleo»), resultaba sencillo clasificar el delta según el círculo en el que se encontrara.

Se crearon diez colecciones separadas, una por cada dedo. Seguidamente, cada una se subdividía en nueve tipos: arco, arco de tienda, lazo radial, lazo de cúbito, espiral, lazo doble, lazo con bolsa lateral (con una pequeña espiral en un lado), compuesta y accidental (parecida al lazo doble, pero con uno de ellos englobando una pequeña bolsa). Dentro de estos tipos, cada huella se guardaba atendiendo a la clasificación de su delta.

Este sistema de clasificación de huella única es la base del moderno sistema de análisis de huellas dactilares. No tardó en demostrar su eficacia. Entre 1923 y 1925 New Scottland Yard sólo realizó 70 crímenes por las huellas dactilares. Desde 1928 hasta 1929, el nuevo sistema permitió realizar 360 identificaciones.

Hasta hace poco, la comparación de huellas dactilares dentro de una base de datos formada por millones de huellas era un proceso largo y tedioso, exacerbado por su número cada vez mayor. No obstante, en la actualidad todos esos registros de huellas están siendo transferidos a ordenadores, que pueden buscar y comparar en una base de datos formada por millares de ellas en cuestión de segundos. La toma de huellas también es más efectiva y rápida al utilizarse escáneres, que leen cada dedo y almacenan la información como datos digitales que se guardan directamente en la base de datos.

ABAJO AL INTRODUCIRSE LAS HUELLAS DIGITALES EN EL ORDENADOR, LAS COMPARACIONES SE REALIZAN CON RAPIDEZ. EN ESTE PROGRAMA UTILIZADO POR LA POLICÍA FRANCESA, EL ORDENADOR HA IDENTIFICADO EL SUFICIENTE NÚMERO DE «PUNTOS DE SIMILITUD» ENTRE DOS HUELLAS Y HA REGISTRADO LA IDENTIFICACIÓN COMO «POSITIVA».

HUELLAS DIGITALES

Ya casi ha pasado un siglo desde el momento en que la policía y el sistema legal coincidieron en admitir que no había dos personas que compartieran huellas dactilares idénticas. Una afirmación que hasta el momento no se ha demostrado falsa, a pesar de un ligero momento de pánico entre la policía de todo el mundo cuando en 1927 un fisiólogo inglés escribió un artículo sobre los gemelos idénticos. Afirmaba que ciertos elementos de sus huellas dactilares parecían ser «imágenes simétricas» de las del otro. Un periódico nacional sacó en primera plana el titular: «Gemelos extraordinarios: huellas dactilares idénticas». El resultado fue que New Scottland Yar (el adjetivo «nuevo» fue incorporado a partir de la construcción de una nueva sede en 1890) recibió un aluvión de cartas en busca de seguridad en la identificación; una seguridad que desgraciadamente no podían ofrecer. La revista médica británica *The Lancet* confirmó que el artículo del fisiólogo no afirmaba que las huella de

Izquierda El detective superintendente jefe Frederick Cherill, que se unió al departamento de huellas dactilares de New Scottland Yard en 1920 y se convirtió en ayudante de Harry Battley en 1927, ascendió con rapidez y fue el principal experto de Londres en huellas dactilares, interesándose sobre todo en las huellas de las palmas de las manos.

Izquierda En esta fotografía de la década de 1940, agentes del Federal Bureau of Investigation (FBI) reciben instrucción sobre los principios de la identificación de huellas dactilares.

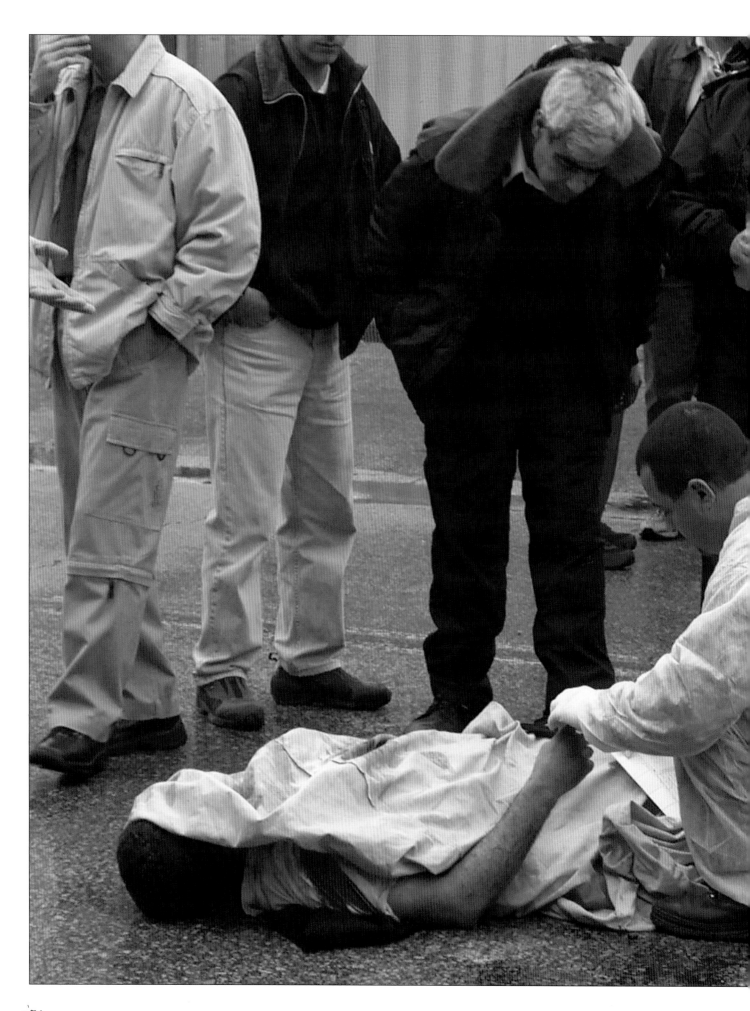

IZQUIERDA POLICÍAS ISRAELÍES
TOMANDO HUELLAS
DACTILARES IN SITU DE UN
PALESTINO MUERTO EN ENERO
DE 2002. FUE TIROTEADO POR
LAS FUERZAS DE SEGURIDAD
DESPUÉS DE ATROPELLAR A UN
POLICÍA CERCA DE TEL AVIV,
TRAS SALTARSE UN BLOQUEO
MILITAR ENTRE ISRAEL Y LOS
TERRITORIOS OCCIDENTALES.

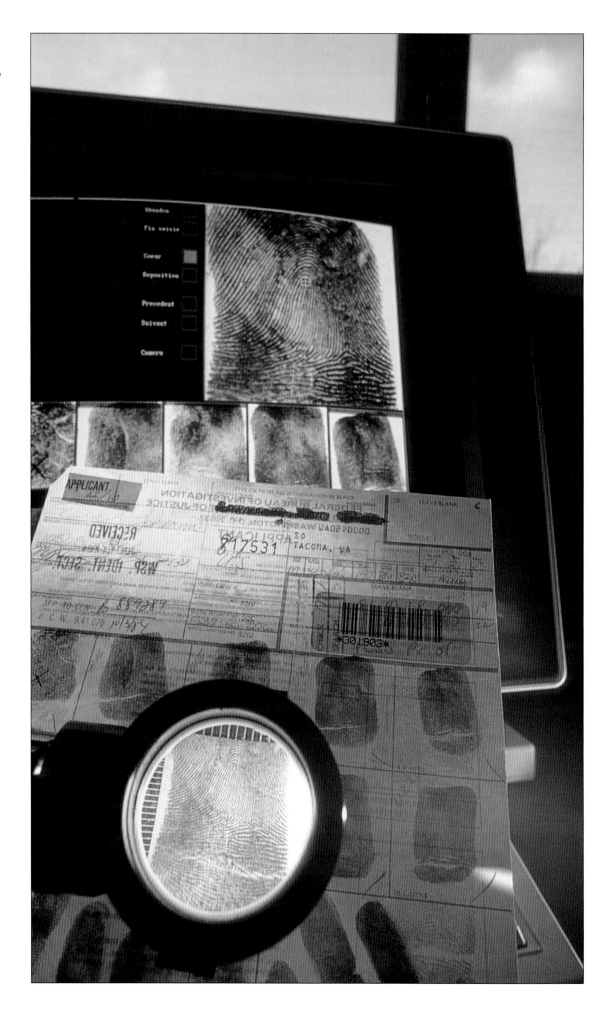

DERECHA LOS REGISTROS
EXISTENTES DE HUELLAS
DACTILARES HAN DE SER
TRANSFERIDOS UNO POR UNO
DIGITALIZÁNDOLOS. NO
OBSTANTE, UNA VEZ LAS
HUELLAS DENTRO DE LA BASE
DE DATOS, EL ORDENADOR
PUEDE REALIZAR UNA
COMPARACIÓN POSITIVA EN
CUESTIÓN DE SEGUNDOS.

los gemelos fueran idénticas, y el miedo pasó pronto. Cuando se examina el cuerpo de una persona desconocida, una de las primeras cosas que hay que hacer es tomar un juego completo de huellas dactilares. También se toman con frecuencia las huellas de las palmas de las manos y de las plantas de los pies, considerando que pueden ser comparadas con algunas encontradas en el edificio (en el cuarto de baño, por ejemplo) que se considera es el domicilio del difunto. Muchas agencias oficiales y organizaciones militares, sobre todo en Estados Unidos, requieren la toma de huellas dactilares, además de otras características identificables, de todo su personal. También existen, evidentemente, los archivos policiales –en Norteamérica además cuentan con el del FBI–, que deberían contener las huellas de todos aquellos encontrados culpables de un crimen (y en ocasiones y de forma ilegal, las de otras muchas personas) durante los últimos 100 años.

En principio, tomar las huellas de un cadáver es un proceso muy similar al que se realiza en vida. No obstante, hay veces en que surgen problemas y han de resolverse con mucho ingenio. En 1938 se encontró en la costa de Cornwall (Reino Unido), el cuerpo en descomposición y sin piernas de una mujer, al que la acción de la arena y los guijarros de la playa habían desgastado por completo las huellas dactilares. El superintendente jefe de New Scottland Yard, que por entonces era el principal experto británico en huellas dactilares, consiguió sacar la piel de las manos –igual que uno haría con un par de guantes de piel– para dejar al descubierto, invertidas, las huellas del interior.

Una vez que se obtienen, las huellas han de ser comparadas con cualquier otra hallada en otros lugares y también con las de los archivos oficiales. Al mismo tiempo, las huellas dactilares pertenecientes a otras personas que no sean del difunto halladas en el escenario de una muerte sospechosa han de ser tratadas con la mayor de las precauciones –existen muchas razones por las que unas huellas pueden encontrarse en un lugar concreto–. Teóricamente, habrían de tomarse las huellas de todos aquellos que hayan tenido acceso a la escena del crimen, para así poder eliminarlos de la investigación.

Los investigadores han de llevar siempre guantes de látex para no contaminar las pruebas; si bien es frecuente que los primeros en llegar a la escena del crimen –los policías y los médicos de las ambulancias– estén tan preocupados por la posibilidad de que la víctima siga con vida que pueden no tomar todas las precauciones.

Una vez comprobado que la víctima está muerta, todos deben abandonar la escena del crimen y ésta debe quedar aislada. En teoría cualquier investigación ha de ser pospuesta hasta la llegada del patólogo de la policía y del equipo de investigación.

CARACTERÍSTICAS DENTALES

Los dientes pueden sobrevivir mucho más tiempo que los huesos del esqueleto e, incluso, sobrevivir a acontecimientos destructivos como un fuego intenso. Pueden proporcionar indicios sobre la edad del cadáver, y en manos de un odontólogo los moldes tomados pueden resultar ser importantes medios de identificación. Es probable que también se hagan radiografías de las mandíbulas de la víctima para averiguar el estado de evolución de sus dientes, si se ha realizado algún trabajo dental y el desgaste sufrido debido a la edad.

En personas jóvenes, la edad puede averiguarse en poco tiempo. En niños e infantes, el grado desarrollo de la dentición de leche o la definitiva puede proporcionar una estimación bastante exacta, a pesar de las variaciones posibles. Las radiografías mostrarán qué dientes siguen desarrollándose. El tercer molar, «la muela del juicio», por lo general, no emerge hasta los 20 años.

En las personas mayores, todos los dientes han salido y es posible calcular aproximadamente la edad atendiendo a su grado de desgaste, el grosor de la capa de esmalte, etc., del mismo modo que

Abajo Una imagen informatizada de un grupo completo de dientes permanentes en la mandíbula inferior. Los tres molares son los más grandes de cada lado. El tercer molar (la muela del juicio) es el último en emerger y en ocasiones ni siquiera lo hace.

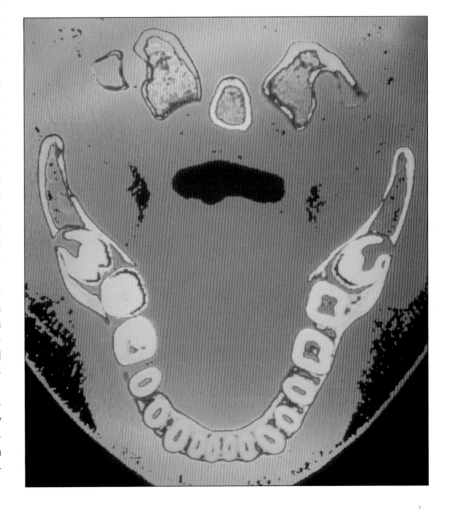

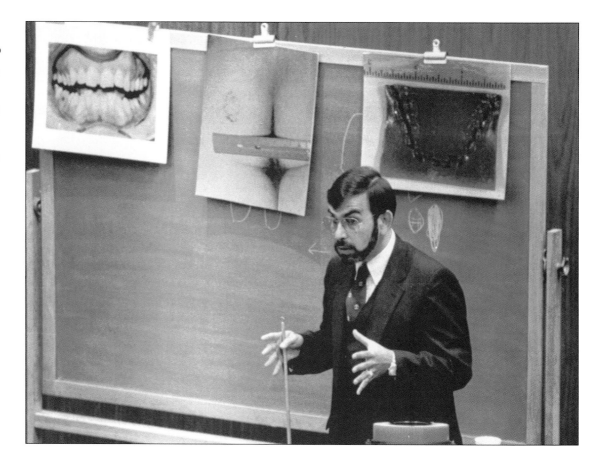

puede hacerse con animales como los caballos y demás. En la década de 1950, el profesor sueco Gosta Gustafson creó un sistema de seis puntos para recoger estos cambios visibles.

El profesor Gustafson hizo hincapié en que su clasificación sólo debía ser utilizada por odontólogos experimentados y, en cualquier caso, sólo proporciona una edad aproximada. El experto califica cada estadio de cambio en una escala del uno al cuatro. En un estudio controlado del sistema, un caso fue calculado en 1,5, lo que significaría una edad entre 14 y 22 años, la edad actual eran 18. En otro caso, los cambios fueron calculados en 12, lo que suponía una edad aproximada entre los 66 y los 76 años; la edad actual era 68.

INVESTIGACIÓN DEL CASO
EL INCENDIO DEL NORONIC

En la noche del 7 de septiembre de 1949, se declaró un fuego en el Noronic, amarrado en el muelle de Toronto. Cuando finalmente se pudo controlar, 118 pasajeros habían muerto. Los registros dentales fueron el único medio que pudo identificar a 20 personas, fueron el elemento principal de identificación de otras 20 más y ofrecieron claves para identificar a otras 19 víctimas.

En otro incendio en 1959 en un hotel cercano a Voss (Noruega) se quemaron 24 personas, de ellas seis fueron identificadas sólo mediante los registros dentales, radiografías incluidas, y otras nueve por sus dientes y los objetos personales encontrados junto a los cuerpos.

Otros puntos importantes son la coloración de los dientes, su separación, su tamaño, los que faltan y el tipo de mordisco, que es normal cuando la mandíbula superior sobresale ligeramente de la inferior. El odontólogo también apreciará otras peculiaridades, como dientes torcidos o separados o marcas debidas a los hábitos o trabajo de la víctima. Por ejemplo, un fumador de pipa es probable que tenga los dientes manchados y desgastados o que un sastre tenga una pequeña hendidura entre dos dientes opuestos debido a su costumbre de cortar los hilos con ellos. El profesor Gustafson llegó a afirmar que era capaz de distinguir a un músico que soplara un instrumento de metal de otro que tocara otro de madera sólo por el efecto que se apreciaba en sus dientes. Cuando es evidente que la víctima utilizaba dentadura postiza, total o parcial, la parte que falta puede encontrarse en su domicilio o en el de sus familiares. Si encaja, la identidad está casi demostrada.

La mayor parte de la población de los países desarrollados va al dentista, el cual conserva un archivo de los trabajos (extracciones, puentes, empastes, etc.) realizados en el paciente, así como menciones a las deformidades o peculiaridades de los dientes de los mismos. También puede guardar radiografías de los dientes. Se ha calculado que en todo el mundo hay unos 200 sistemas diferentes para recoger estos datos, pero todos son un sistema relativamente sencillo y fiable de identificación. En caso de un desastre de masas puede ser muy importante.

SANGRE

El análisis del tipo sanguíneo de una persona puede reducir el proceso de identificación considerablemente. Esta técnica puede ser de gran importancia cuando la sangre encontrada en la escena de un crimen violento no es de la víctima y sí del atacante. Al principio, como se describe en el capítulo 1, sólo se conocían cuatro tipos sanguíneos, pero estudios más recientes han identificado hasta 20 componentes distintos.

En 1927, Karl Landsteiner, que había emigrado a Estados Unidos, descubrió dos grupos sanguíneos secundarios, llamados Mn y P. Entre 1939 y 1940 realizó otro descubrimiento importante: en cerca del 85% de los casos, los glóbulos rojos se aglutinaban por el suero de conejos de laboratorio tratados con la sangre de macacos *rhesus*. El años siguientes, el antiguo compañero de Landsteiner, el inmunólogo norteamericano Philip Levine (1900-1987) demostró que era la causa de la enfermedad hemolítica del recién nacido, originada por la incompatibilidad entre la sangre Rh- de la madre, que destruía la sangre Rh+ del feto.

En 1949, dos científicos británicos descubrieron que era posible distinguir entre células corporales masculinas y femeninas, sobre todo los glóbulos blancos. El núcleo de los glóbulos blancos contiene un cuerpo –llamado cuerpo Barr– que tiene forma de mancha negra y que no aparece en las células masculinas. Investigaciones posteriores han encontrado una amplia gama de proteínas y enzimas en la sangre, todas las cuales pueden detectarse de forma específica.

Cuando se realiza una identificación es necesario, evidentemente, conocer la proporción de esas sustancias en una población dada. Por ejemplo, si la sangre de tipo B se da en un 13% de la población, la proteína haptoglobina en el 49% de éste y la enzima adenilata en el 7 por ciento, las probabilidades de que una persona posea estos tres tipos de sangre es de $13 \times 49 \times 7 = 4.459$ en un millón, es decir, entre 4 y 5 por cada millar.

El desarrollo de los análisis de ADN está superando poco a poco a los análisis sanguíneos, si bien éstos siguen siendo una importante técnica de confirmación. En la identificación de las víctimas –cuyos cuerpos estaban desintegrados casi por completo– del hundimiento de las Torres Gemelas de Nueva York el 11 de septiembre del 2001, el ADN demostró ser el único medio utilizado en la mayoría de los casos.

El 2 de octubre del 2001, el National Institute of Justice organizó en Nueva York una reunión «de importantes expertos en genética». Estaban presentes representantes de los cinco laboratorios que llevarían a cabo los análisis de ADN y pocos días después se creó un Grupo de Filiación y Análisis de Datos (KADAP). Entre los miembros del grupo se encontraba el Dr. Charles Brenner, que fue básico a la hora de desarrollar un programa informático adecuado.

Los primeros dos éxitos fueron los de unos gemelos idénticos, pero tras una treintena más de identificaciones el programa dejó de responder, necesitaba más datos sobre las relaciones familiares y más víctimas. Entonces, mientras el grupo estaba debatiendo, el 12 de noviembre se estrelló en Queens un avión de la American Airlines. El estudio de los datos de las víctimas –la mayoría de las cuales estuvieron identificadas a las pocas semanas– hizo posible mejorar el programa e identificar la mayoría de los fragmentos corporales de las Torres Gemelas.

El 30 de mayo del 2002 terminó oficialmente la excavación del emplazamiento de las Torres Gemelas. El 18 de junio del 2003 el forense jefe de Nueva York anunció la identificación de la víctima 1.500. Dijo que su objetivo era alcanzar las 2.000, pero que eso dependía del desarrollo de la técnica del ADN. Muchas víctimas no se identificarán jamás porque el fuego y la explosión destruyeron por completo su ADN.

ABAJO INVESTIGADORES, CON TRAJES Y MÁSCARAS PROTECTORES, DELANTE DE UNA CINTA TRANSPORTADORA CON LOS RESTOS ENCONTRADOS TRAS EL HUNDIMIENTO DE LAS TORRES GEMELAS, EN EL EDIFICIO DE MUERTES RECIENTES DE LANDFILL, NUEVA YORK, EL 14 DE ENERO DEL 2002. ALLÍ SE LLEVARON TODOS LOS RESTOS DEL DESASTRE NEOYORQUINO Y LOS ESPECIALISTAS BUSCARON RESTOS DE VÍCTIMAS HUMANAS. ÉSTOS ERAN SEPARADOS DE MODO QUE PUDIERAN SER INVESTIGADOS, POR MEDIO DE UN LABORIOSO PROCESO QUE IMPLICÓ EL USO DEL ADN, REGISTROS DENTALES Y VARIAS TÉCNICAS FORENSES.

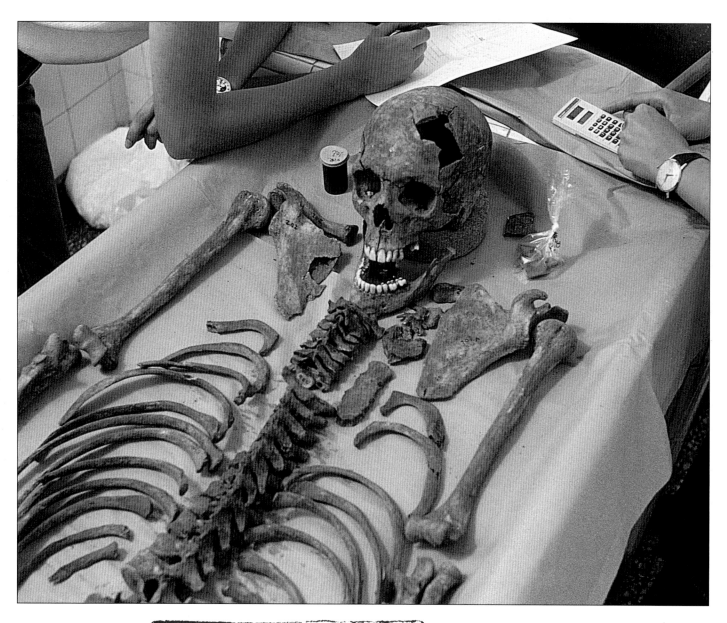

CRÁNEOS Y HUESOS

Arriba al igual que en Chile y otros muchos países sudamericanos, durante la dictadura militar en Argentina entre 1976 y 1983 hubo una gran cantidad de «desaparecidos». En esta fotografía, científicos forenses de Buenos Aires estudian el esqueleto de una víctima sin identificar de una ejecución violenta, como demuestra el orificio del cráneo.

En el depósito de cadáveres, el forense o patólogo puede enfrentarse a varias alternativas: el cadáver puede ser reciente, encontrarse en diversos grados de putrefacción o esqueletizado. El cuerpo comienza a descomponerse en el momento en que sobreviene la muerte; a los pocos días los rasgos faciales se vuelven irreconocibles, los tejidos se licuan gradualmente y son devorados por insectos, hasta que finalmente no queda más que un grupo de huesos.

Los problemas se incrementan cuando los huesos han terminado dispersados, ya sea a causa de los animales carroñeros o desmembrados por un asesino psicópata. En caso de una explosión o un accidente de avión hay que recurrir al antropólogo forense, cuya tarea es distinguir las diferentes partes del cuerpo. Durante la identificación, los indicadores más importantes del sexo de la víctima son la pelvis y el cráneo. La pelvis femenina, diseñada para permitir el parto de los recién nacidos, es más ancha y plana que la de los hombres. La cavidad pélvica –la cual atraviesa el recién nacido– es notablemente mayor, los patólogos dicen que la femenina tiene las dimensiones que separan el pulgar y el índice, mientras que la masculina es aproximadamente la distancia entre el dedo índice y el corazón. También hay pequeñas diferencias de tamaño y forma en otros huesos pélvicos y marcas en la pelvis femenina que indican que ya ha dado a luz.

Las características diferenciadoras, por lo general, comienzan a desarrollarse a partir de los 14 años de edad, por lo que determinar el sexo de una persona de corta edad es difícil. No obstante, existen diferencias características entre el cráneo de un adulto de sexo masculino y otro de sexo femenino. En el caso femenino, la órbita (la cuenca del ojo) es redondeada y en el masculino es rectangular. La cavidad nasal de una mujer tiene más bien forma de pera, mientras que la de un hombre es más grande y estrecha, con forma de lágrima. La

LA FAMILIA ROMANOV

Tras la revolución rusa de 1917, el zar Nicolás II fue obligado a abdicar, y él y su familia, junto a su médico y algunos sirvientes, 11 personas en total, terminaron encarcelados en una casa de Yekaterimburgo, Siberia. En la noche del 16 de julio de 1918, todos fueron ejecutados por un pelotón de fusilamiento, si bien persistió el rumor de que la gran duquesa Anastasia, su hija, había conseguido escapar y una mujer, Anna Anderson, afirmó durante toda su vida ser ella.

Seis meses después, el investigador Nicholasa Sokolov anunció que había identificado pruebas del presunto lugar donde fueron enterrados los cuerpos, el pozo de una mina desierta, pero sus conclusiones fueron que habían sido empapados en ácido sulfúrico y luego bañados con gasolina y quemados.

Ésta fue la historia aceptada durante 70 años, hasta que en abril de 1989 un director de cine ruso anunció que había descubierto cráneos en un lugar alejado 5 km del identificado por Sokolov. En julio de 1991, el presidente Boris Yeltsin autorizó la excavación del lugar. Se encontraron más de un millar de fragmentos de hueso, que permitieron reconstruir los esqueletos de cuatro hombres y cinco mujeres. Utilizando superposiciones fotográficas, los científicos rusos identificaron los cráneos y su conclusión fue que faltaban los del zarevich Alexei y los de la gran duquesa María. Coincidía con el relato de los hechos realizado por el jefe del pelotón, Yakov Yurovsky, de que había quemado dos de los cuerpos. No obstante, hubo un considerable debate respecto a los hallazgos. Un equipo norteamericano invitado a la investigación y dirigido por William Maples, de la Universidad de Florida, examinó los huesos y dientes y sugirió que uno de los cuerpos que faltaba era el de Anastasia.

En septiembre de 1992, el experto ruso en ADN, Pavel Ivanov, llevó los huesos a Reino Unido, donde comenzó a trabajar en ellos junto a Peter Gill, del Servicio de Ciencia Forense británico. Sus análisis confirmaron que cinco de los cuerpos estaban, sin duda, relacionados y que tres eran hermanas. La zarina Alejandra fue identificada comparándola con una muestra proporcionada por su sobrino nieto, el duque de Edimburgo. La identificación del zar demostró ser mucho más complicada. Finalmente se consiguió permiso para abrir la tumba de su hermano, el gran duque Georgij, muerto en 1899, e Ivanov fue capaz de demostrar que encajaban a la perfección. Al mismo tiempo, los análisis de Anna Anderson demostraron la falsedad de su afirmación.

ARRIBA LA FAMILIA ROMANOV. EN EL SENTIDO DE LAS AGUJAS DEL RELOJ DESDE LA IZQUIERDA: LA GRAN DUQUESA MARÍA, EL ZAR NICOLÁS II, LAS GRANDES DUQUESAS OLGA, TATIANA Y ANASTASIA; LA ESPOSA DEL ZAR, LA ZARINA ALEJANDRA, Y EL JOVEN ZAREVICH (PRÍNCIPE) ALEXEI.

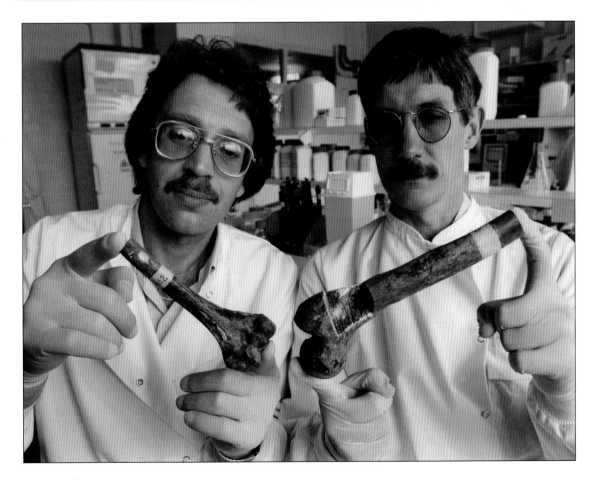

IZQUIERDA EL DR. PAVEL IVANOV Y EL DR. PETER GILL SUJETAN UN FÉMUR Y UN HÚMERO QUE POSTERIORMENTE SE DEMOSTRÓ PERTENECIÓ A LA ZARINA ALEJANDRA ROMANOV. LOS HUESOS FUERON ETIQUETADOS PARA QUE NO HUBIERA EQUÍVOCO POSIBLE SOBRE SU ORIGEN.

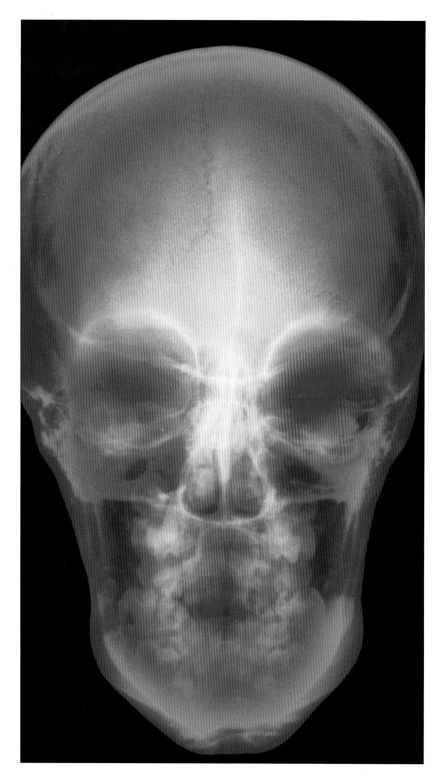

Cuando se trata de juzgar la edad de un cuerpo, el cráneo puede proporcionar las claves más consistentes, pero con unos pocos huesos también se puede conseguir una estimación. En un recién nacido, los extremos de los huesos largos de brazos y piernas están unidos a las extremidades mediante cartílagos (epífisis). Ambos se van fundiendo lentamente. El proceso continúa hasta los 30 años de edad aproximadamente y puede ser detectado mediante radiografías o visualmente, proporcionando los diferentes grados de fusión una estimación de la edad con una exactitud de dos o tres años. Pasados los 30, en la estructura del hueso se producen cambios y enfermedades como la artritis, que proporcionan estimaciones con variaciones de hasta diez años.

El cráneo puede indicar de forma similar los cambios en el desarrollo que ocurren con la edad. El cráneo de un recién nacido es flexible, para facilitar el parto, y está formado por una serie de piezas señaladas por «suturas», que se van uniendo en etapas. La sutura frontal es la primera en cerrarse y esto sucede bastante pronto. Otras suturas, por lo general, comienzan a cerrarse entre los 20 y los 30 años, pero algunas siguen abiertas o cerradas parcialmente hasta los 60 años. La última sutura no se cierra por completo hasta la edad de setenta o más.

En resumen: las estimaciones de edad basadas exclusivamente en el cráneo y los huesos son razonablemente exactas –con dos o tres años de error– hasta los veintitantos, pero a partir de entonces se vuelven cada vez más imprecisas.

La estatura mínima del cuerpo –la cual disminuye unos 2,5 cm tras la muerte– se calcula disponiendo los huesos en una tabla osteométrica, que permite realizar mediciones más exactas que la cinta métrica y los calibres. Incluso en el caso de que no se disponga del esqueleto completo, los cálculos pueden realizarse a partir, únicamente, de los huesos largos. Las normas para este tipo de cálculo fueron propuestas por primera vez por el patólogo francés Rollet en 1888 y sus principios han cambiado poco. La longitud del húmero de un adulto (el hueso del brazo situado entre el hombro y el codo) se sabe que es el 20% de la estatura total, la del fémur es el 22% y la de la columna vertebral el 35%.

Evidentemente, estos cálculos se basan en la asunción de que la mayor parte de los cuerpos poseen unas proporciones bastante constantes; los enanos y las personas inusualmente altas –por no mencionar a los niños– es probable que se desvíen notablemente de la norma. También se ha observado que, mientras la mayoría de las personas alcanzan su estatura máxima en torno a los 18 años, los blancos norteamericanos no terminan de crecer hasta los 23 años.

La estatura normal y las proporciones relativas de las extremidades también pueden variar

ARRIBA UNA RADIOGRAFÍA COLOREADA DE UN CRÁNEO HUMANO. BAJO LAS ÓRBITAS (LAS CUENCAS DE LOS OJOS) SE PUEDEN VER LOS SENOS NASALES. SE HA DEMOSTRADO QUE LA FORMACIÓN DE ESTOS ESPACIOS DENTRO DEL CRÁNEO ES CASI TAN CARACTERÍSTICA DE UNA PERSONA COMO SUS HUELLAS DACTILARES Y HA RESULTADO VITAL PARA LA IDENTIFICACIÓN DEL CUERPO EN VARIOS CASOS.

mandíbula de las mujeres es redondeada y más angular la de los hombres, así como más grande y pesada en líneas generales. Además, la frente femenina no se inclina tanto hacia atrás como la masculina y suele carecer de un arco ciliar pronunciado, como sucede en los hombres.

Si bien, los huesos masculinos –sobre todo los de brazos y piernas– tienden a ser por lo general más pesados que los de las mujeres, se trata de una distinción que sólo se puede hacer en comparación con las características sexuales de la pelvis y el cráneo, más indicativas.

UN CADÁVER DESCONOCIDO

En noviembre de 1889, Alexandre Lacassagne, catedrático de medicina forense de la Universidad de Lyon (véase el capítulo 1), tuvo un éxito importante. Se descubrió un cuerpo desnudo dentro de un saco en la ribera de un río situado a 15 km de Lyon. Estaba muy descompuesto, pero se trataba de un hombre, aparentemente de pelo negro, que había sido estrangulado. Otra clave fue el descubrimiento de los restos de una caja, que olía mucho a carne podrida y que originalmente podría haber estado dentro del saco. Una etiqueta demostraba que había sido enviada desde París a Lyon cuatro meses antes, el 27 de julio. En esa fecha se había denunciado a la policía de París la desaparición de un hombre de 49 años llamado Gouffé. Como era un mujeriego, ése pudo haber sido el motivo de su muerte. No obstante, su cuñado fue llamado a Lyon, donde no pudo identificar el cadáver porque Gouffé tenía el pelo castaño. Por lo tanto, el cuerpo fue enterrado como «desconocido».

Sólo un año después, unos de los oficiales investigadores lavó una muestra del cabello y apareció su color verdadero. El cadáver fue exhumado y Lacassagne estudió el esqueleto. Descubrió que la víctima había caminado cojeando –como Gouffé– y sus dientes le indicaron que tenía unos 50 años.

Por último, el pelo del cadáver fue comparado al microscopio con los pelos de su peine y demostraron ser idénticos. Habiendo identificado el cuerpo «desconocido», no se tardó mucho en identificar a su asesino, juzgarlo y ejecutarlo en la guillotina.

enormemente según los tipos raciales. No obstante, no se trata de una distinción muy fiable y el cráneo y la pelvis son unas guías mejores, si bien no por mucho.

De forma inesperada, hay veces que cuando se están excavando los escombros de un edificio o una autopista aparecen huesos. En estos casos es importante realizar un cálculo aproximado de la edad, pues pueden ser restos de una muerte no natural. Se sabe de casos en que la esqueletización se ha producido en tres o cuatro semanas. No obstante, en condiciones normales, un cuerpo no quedará completamente reducido a huesos en menos de dos años y es posible que entonces todavía queden adheridos a los huesos cartílagos y otros tejidos.

ABAJO EN EL DEPÓSITO DE CADÁVERES SE CONSERVAN LOS CUERPOS, TANTO CONOCIDOS COMO DESCONOCIDOS, EN UNA SERIE DE CAJONES REFRIGERADOS. LOS DE LA FOTO SON LOS CUERPOS DE ALGUNAS DE LAS VÍCTIMAS SIN RECLAMAR PRODUCIDAS POR LA MORTAL OLA DE CALOR SUFRIDA POR FRANCIA EN AGOSTO DEL 2003.

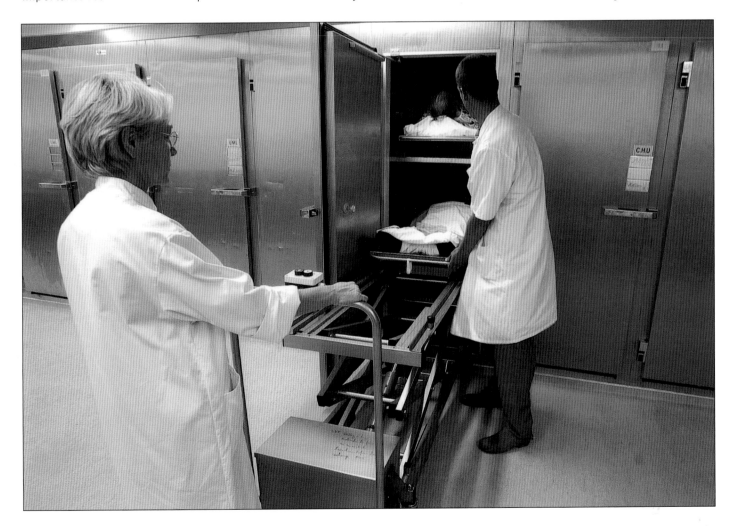

DERECHA El cuerpo de una víctima de un antiguo rito sacrificial chino, de siglos de antigüedad. Si bien, en condiciones normales, el esqueleto se habría fragmentado al cabo de 40 o 50 años, en arena seca pueden conservarse durante miles de años. Huesos como éstos pueden fecharse con cierta seguridad midiendo la decadencia radiactiva de su C-14. No obstante, los esqueletos con más de 50 años de antigüedad no poseen demasiado interés para los investigadores forenses, aunque presenten marcas de un ataque criminal, pues es poco probable que el atacante siga vivo. Por otra parte, los arqueólogos han exhumado los esqueletos de más de una figura histórica y demostrado con éxito las causas de su muerte utilizando las últimas técnicas forenses.

Los huesos resultan pesados y grasientos al tacto durante varios años, pero después de 40 o 50 su superficie se seca, se vuelve quebradiza y comienzan a romperse. Es una generalización, porque se han encontrado cuerpos en buenas condiciones enterrados en arena seca durante 3.000 años; en cambio, un ambiente ácido puede disolver los huesos en sólo 20 años.

Si los huesos tienen más de 50 años, poseen escaso interés forense, puesto que existen pocas esperanzas de encontrar al autor del crimen. Hay varias técnicas para datar los huesos. La más conocida es la del carbono 14 (C-H), que sólo interesa a los arqueólogos, pues la descomposición del C-14 es relativamente escasa durante los primeros 100 años.

La mayor parte de los análisis químicos de huesos antiguos poseen poco interés forense, excepto para detectar los pigmentos de la sangre y las reacciones de antígenos, que se pueden conservar durante los primeros cinco años, aproximadamente. Mucho más importante es el posible descubrimiento de artefactos junto a los restos, que son un indicio seguro de la época en que el cuerpo fue enterrado.

EL DESASTRE DE O'HARE

Uno de los más importantes forenses a la hora de aplicar métodos de identificación relativamente nuevos es el Dr. Clyde Snow. Estuvo varios años en el Civil Aeronautical Institute de la U.S. Federal Aviation Autorithy (FAA) (Aviación Civil Norteamericana), donde estudió los cuerpos de personas implicadas en accidentes de avión. Dice que prefiere llamar a su especialidad osteobiografía: «Existe una pequeña, pero muy útil biografía de cada individuo en el esqueleto, si sabes cómo leerla». Esta «biografía» puede incluir pruebas de antiguas lesiones, oficios extraños y, en el caso de las mujeres, sutiles signos de su historia sexual.

En 1979 Snow dimitió de la FAA para concentrarse en las investigaciones forenses. Fue consultado en muchas investigaciones internacionales, incluido el examen de los restos exhumados del experimentador en campos de concentración nazis, el Dr. Mengele en Brasil, la identificación de

ABAJO EL DESTROZADO FUSELAJE DEL VUELO 191 DE AMERICAN AIRLINES, ESTRELLADO EN EL AEROPUERTO INTERNACIONAL O'HARE DE CHICAGO EL 25 DE MAYO DE 1979. LOS CUERPOS DE LOS 271 PASAJEROS QUE VIAJABAN A BORDO QUEDARON FRAGMENTADOS Y ELLO SUPUSO UN GRAN PROBLEMA DE IDENTIFICACIÓN PARA LOS INVESTIGADORES.

desaparecidos en Argentina, Bolivia y Guatemala y la excavación de fosas comunes en la antigua Yugoslavia. No obstante, uno de los casos más interesantes de su carrera fue la identificación de las víctimas del accidente de avión producido en el aeropuerto internacional O'Hare de Chicago, en 1979.

En la veraniega mañana del 25 de mayo de 1979, el vuelo 191 de la American Airlines, con 271 personas a bordo, despegó desde Chicago en su vuelo diario hacia Los Ángeles. A sólo 200 pies de altura (61 m), el motor izquierdo y parte del borde anterior del ala de ese mismo lado se desprendieron, pero el avión siguió subiendo hasta los 325 pies (99 m), girando lentamente hacia la derecha antes de estrellarse contra el suelo y estallar en una masa de llamas. Todos los que viajaban en él y dos personas en tierra murieron de forma instantánea. La explosión esparció sus cuerpos fragmentados y el fuego consumió los vestidos y documentos que podrían haber proporcionado pistas para su identificación. Uno de los bomberos que llegó al lugar del accidente dijo: «No vimos ni un solo cuerpo intacto [...] sólo troncos, manos, brazos, cabezas y trozos de piernas; pero no podíamos decir si eran masculinas o femeninas, si de adultos o de niños, porque todos estaban carbonizados».

El forense del condado de Cook, Robert Stein, organizó un depósito de cadáveres en uno de los inmensos hangares internacionales del aeropuerto O'Hare y reunió un equipo de más de 100 expertos investigadores, que llegaron de todos los puntos del país. Entre los primeros en llegar estuvo Lowell Levine, consultor odontólogo de la oficina del forense de Nueva York, que estaba de vacaciones en Florida cuando escuchó las noticias y se puso en marcha de inmediato hacia Chicago. Era esencial identificar a las víctimas, entre otras cosas para arreglar sus herencias y cobrar los seguros. Unos 20 dentistas trabajaron en los 273 destrozados cuerpos y fueron de los primeros en

conseguir identificaciones seguras. A los pocos días los exámenes patológicos, huellas dactilares y joyas personales habían identificado a otros pasajeros y miembros de la tripulación, pero todavía quedaban 50 sin identificar. Fue entonces cuando Levine sugirió que se llamara a Stein y Clyde Snow.

Snow llegó convencido de que sólo estaría, como le habían dicho, unos pocos días; en realidad se quedó cinco semanas. No tardó en desechar los huesos de pájaros y animales reunidos junto a los humanos durante la prospección de los huesos. Seguidamente le pidió ayuda al radiólogo John Fitzpatrick, que fue capaz de realizar algunas identificaciones más. Al realizar los informes de sus hallazgos, los investigadores tenían que utilizar «millares y millares de pequeños pedazos de papel» y Snow sugirió que un ordenador podría facilitarles mucho la tarea[3]. Con la ayuda de un programador de la American Airlines, se introdujo en la base de datos todo lo que se sabía sobre las víctimas todavía sin identificar, incluidos datos antropológicos y de todo tipo.

Trabajando por turnos con Fitzpatrick, en esas cinco semanas Snow consiguió identificar otras 20 víctimas más, pero las restantes 29 nunca fueron identificadas por completo.

RECONSTRUCCIÓN FACIAL

Es innegable que una de las técnicas más dramáticas para identificar a una persona muerta es su reconstrucción facial a partir del cráneo. Se trata de algo relativamente nuevo en la investigación forense moderna, pero con una larga historia, pues en 1895 el anatomista suizo Wilhelm His compró un cráneo que se suponía era el de Johan Sebastian Bach y sobre él esculpió un rostro que fue conside-

INVESTIGACIÓN DEL CASO
EL PRIMER ÉXITO CRIMINAL DE GERASIMOV

En 1939, Mikhail Gerasimov realizó su primera investigación criminal. En un bosque cerca de Leningrado (en la actualidad San Petersburgo) se encontraron unos huesos desperdigados que al principio se consideró eran los de alguien muerto y devorado por los lobos. No obstante, cuando Gerasimov estaba estudiando el cráneo, encontró marcas que sugerían que la víctima había sido atacada con una hachuela. Huesos sin terminar de formar, suturas craneales sin cerrar, la ausencia de muelas del juicio y la ligera abrasión de las otras piezas dentales le indicaron que la víctima tenía 12 o 13 años de edad. El arco ciliar y la relativamente amplia mandíbula sugerían que se trataba de un niño. A esto había que sumarle unos pocos cabellos rubios adheridos todavía al cuero cabelludo, cortado

unos pocos días antes de la muerte. Mientras lentamente iba modelando la cabeza, Gerasimov se encontró con una nariz respingona, un labio superior grueso y orejas ligeramente salientes. Para completar la imagen le añadió cabello corto rubicundo. Mientras este trabajo avanzaba, la policía buscó entre los informes de personas desaparecidas. Encontraron el de un chico cuyos padres creían que se había marchado de casa unos seis meses antes. Las fotografías de la cabeza reconstruida fueron mezcladas con otras 30, con chicos de rasgos parecidos y se le enseñaron al padre, que identificó a su hijo de inmediato. Investigaciones posteriores permitieron reconstruir los movimientos que el chico realizó, posibilitando la detención de su asesino.

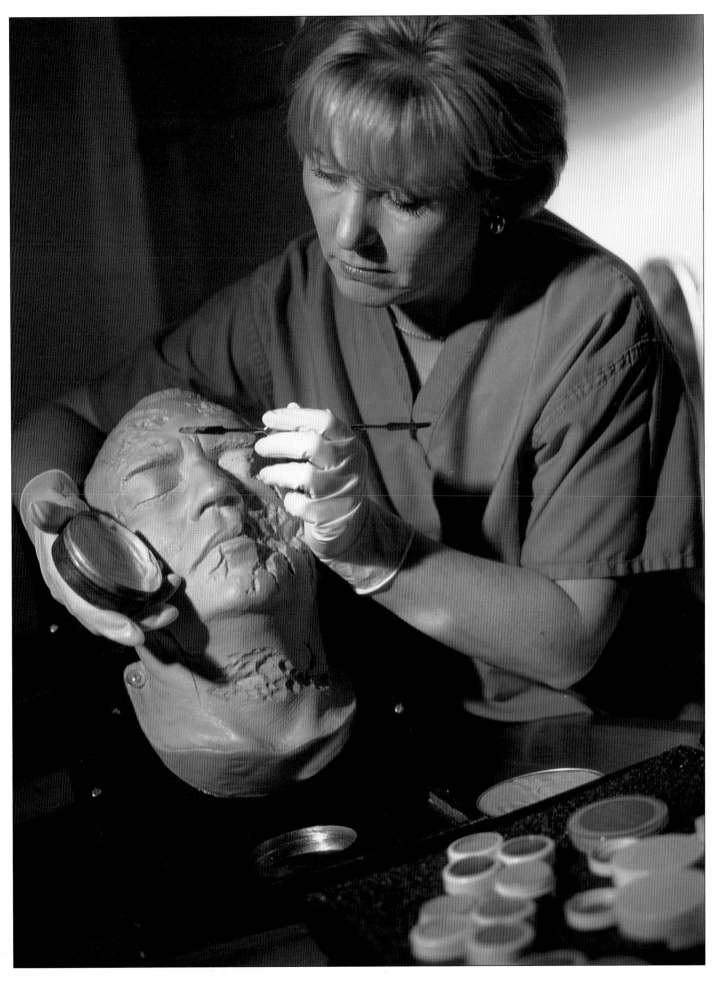

Derecha Un retrato casi contemporáneo del zar ruso Iván IV el Terrible. Era conocido por su mal temperamento y su crueldad.

rado como con un parecido aceptable (si bien contó con un par de supuestos retratos del compositor para ayudarle). En 1916 se descubrió un esqueleto sin identificar en un sótano de Brooklyn (Nueva York). Un anatomista de la policía montó el cráneo sobre un periódico enrollado que hacía las veces de cuello y le colocó unos ojos de cristal castaños, luego lo recubrió con plastilina color carne, que fue finalmente retocada por un escultor. Los italianos del vecindario los identificaron de inmediato como Domenico la Rosa, que había desaparecido un año o dos antes.

En 1927, con sólo 27 años, Mikhail Gerasimov (1907-1970) se encargó del departamento de arqueología del museo de Irkutsk (Rusia). Incluso antes de su nombramiento, Gerasimov se había pasado dos años midiendo y diseccionando cabezas de cadáveres, estudiando el grosor de las diferentes partes del cráneo y cómo éste se veía afectado por la estructura de los músculos. Con estos resultados en mano, comenzó a experimentar con arcilla de escultor sobre los antiguos cráneos a su cargo. Como escribió más tarde:

«La esencia del programa era que no sólo había que conseguir información sobre el grosor de las partes blandas, sino también de los rasgos morfológicos del cráneo que pudieran servir como clave

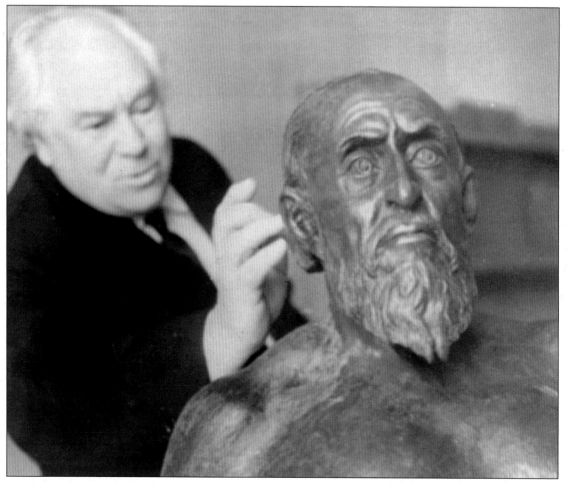

Derecha Mihail Gerasimov dando los últimos toques, en 1953, a la reconstrucción de los rasgos faciales de Iván el Terrible. Destacó sobre todo «la boca, con sus comisuras hacia abajo y su expresión de disgusto».

LA PEQUEÑA NADIE

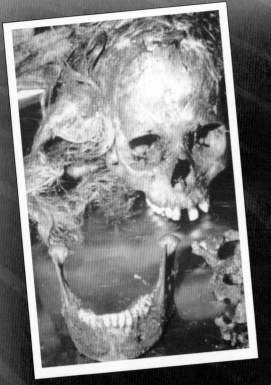

ARRIBA EL CRÁNEO DE «LA PEQUEÑA NADIE» TAL CUAL FUE DESCUBIERTO EN 1989 POR UNOS ALBAÑILES EN CARDIFF, SUR DE GALES.

ARRIBA LA RECONSTRUCCIÓN COMPLETA, CON EL PELO TAMBIÉN RECONSTRUIDO CON ARCILLA. LA CARA NO TARDÓ EN SER RECONOCIDA POR UN ASISTENTE SOCIAL COMO LA DE KAREN PRICE.

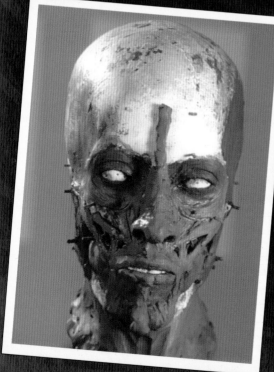

ARRIBA LOS PRIMEROS PASOS DE LA RECONSTRUCCIÓN FACIAL DEL CRÁNEO. LOS PRINCIPALES MÚSCULOS HAN SIDO MODELADOS CON ARCILLA.

En 1989, unos albañiles que trabajaban en Cardiff, al sur de Gales, descubrieron un esqueleto dentro de bolsas de plástico atadas firmemente en el interior de una alfombra enrollada. Los exámenes de patólogos, odontólogos y un entomólogo forense demostraron que los restos eran de una chica joven de unos 15 años que había sido enterrada entre 1981 y 1984. Sin embargo, no había pistas sobre la identidad de la víctima y los frustrados policías la bautizaron «La pequeña nadie» (Little Miss Nobody).

Se pidió ayuda a Richard Neave, quien se pasó dos días realizando la reconstrucción facial, creando la cabeza de una chica joven de una sorprendente viveza. Se realizaron fotografías, que fueron distribuidas a la prensa y la televisión. A los dos días un asistente social informó que se parecía a un antiguo caso, llamada Karen Price. Se encontraron sus registros dentales y los odontólogos confirmaron la identificación. Como prueba final se extrajo ADN de los huesos de la víctima y se comparó con el de los padres de Karen.

La triste historia de Karen no tardó en completarse. Tras escaparse de casa se dedicó a la prostitución y en una pelea producida por su negativa a posar para unas fotografías pornográficas, su chulo y el portero de un bar local la mataron. Fueron declarados culpables de asesinato en febrero de 1991.

DERECHA EN UNA FOTOGRAFÍA
TOMADA HACIA EL FINAL DE SU
CARRERA, EL PROFESOR JOHN
GLAISTER TRABAJA EN SU
DESPACHO DE LA UNIVERSIDAD
DE GLASGOW (ESCOCIA). EN
SU LIBRO MEDICAL
JURISPRUDENCE AND
TOXICOLOGY (JURISPRUDENCIA
MÉDICA Y TOXICOLOGÍA),
DESCRIBE CON DETALLE CÓMO
FUERON RECONSTRUIDOS LOS
HUESOS DESMEMBRADOS
DESCUBIERTOS CERCA DE
MOFFAT (ESCOCIA) HASTA
OBTENER LOS CUERPOS DE DOS
MUJERES. ENTONCES SÓLO
QUEDÓ AVERIGUAR SU
IDENTIDAD.

para la reconstrucción de las distintas partes de la cara-nariz, boca, ojos y demás.»

En 1935, los experimentos de Gerasimov dieron fruto. Demostró que podía realizar reconstrucciones faciales de personas desconocidas para él, que demostraron ser muy parecidas cuando se las comparaba con fotografías. El éxito de su trabajo fue reconocido y en 1950 fue nombrado para el Laboratorio de Reconstrucciones Plásticas, recién creado por la Academia de Ciencias de la URSS.

En abril de 1953, Gerasmimov formó parte de una comisión especial, a la cual el Ministerio de Cultura soviético había dado permiso para abrir el sarcófago de Iván IV el Terrible en el Kremlin (Moscú). Cuando vieron el cuerpo, todavía vestido con un hábito de monje, el cráneo todavía conservaba algunos mechones de las cejas y la barba. Los huesos largos de Iván mostraban síntomas claros de una terrible artritis y la mayoría de sus dientes definitivos sólo le habían salido a partir de los cincuenta años; una experiencia muy dolorosa que explicaba sus irracionales ataques de rabia y la crueldad que le mereció el sobrenombre de «el Terrible».

Todos los pasos dados por Gerasimov mientras reconstruía la cara del zar fueron filmados y fotografiados. Escribió:

El retrato más revelador es la cara sin pelo de ningún tipo. Parecía no esconder nada: la forma de la baja frente, la peculiaridades de la zona supraorbital [el borde encima de los ojos], el tamaño y el contorno de las órbitas simétricas, que condicionan la forma externa concreta de los ojos. La boca, con sus comisuras hacia abajo y expresión de disgusto, estaba determinada por la forma de la dentición. La cara era dura, autoritaria, indudablemente inteligente, pero cruel y desagradable, con una nariz caída y mejillas desgarbadas.

Pasados 400 años, los rusos conocieron al fin qué aspecto tenía su infame zar. El trabajo de Gerasimov se volvió conocido en todo el mundo y su ejemplo fue seguido por otros. En la actualidad, uno de los más importantes practicantes de esta especialidad es Richard Neave, de la Facultad de Medicina de la Universidad de Manchester (Reino Unido). Gran parte del trabajo de Neave ha estado dedicado a los restos arqueológicos, como describe en su libro *Making Faces* (1997), que escribió junto a John Prag; pero también ha participado en investigaciones criminales. Si bien el método de reconstrucción de Neave es sencillo en principio, requiere un experto conocimiento anatómico. Lo primero es realizar moldes del cráneo en un plásti-

co fuerte pero flexible, tanto de su aspecto cuando es recibido (para conservar y guardar cualquier tejido adherido) como tras haber sido limpiado. Seguidamente las cuencas de los ojos se rellenan con bolas de poliestireno y en la superficie se horadan pequeños agujeros en los puntos anatómicos importantes, donde se insertan taquitos de madera que representan el supuesto grosor de la carne en esos puntos. Los músculos y la carne que los rodea se representan con arcilla de modelar, hasta cubrir los taquitos. Las mejillas y la frente se redondean y la delgada carne del cuero cabelludo se aplica en tiras delgadas. Dar forma a las orejas y la nariz es un proceso complicado que requiere de toda la experiencia del escultor. Se añade pelo artificial a las cejas y, por último, una peluca o más pelo artificial completa la reconstrucción.

Un método más reciente utiliza los ordenadores. El cráneo es colocado sobre una plataforma giratoria y escaneado por un láser mientras rota. Esto proporciona información tridimensional del tamaño y la forma exactos del cráneo, que pasa al ordenador. Éste compara la información con una base de datos formada con las dimensiones del cráneo y el grosor de los tejidos de personas vivas y luego produce una reconstrucción digital. Cuando se sospecha que un cráneo o una cabeza cortada pueden pertenecer a una persona desaparecida y se dispone de una fotografía de ésta, se puede utilizar una técnica muy distinta. Consiste en superponer la fotografía sobre otra a la misma escala del cráneo –o una radiografía del cráneo– y fue inventada por el profesor John Brash, de la Universidad de Edimburgo (Escocia), en 1936.

Entre el 29 de septiembre y el 4 de noviembre de 1935 en las aguas de un riachuelo cerca de Moffat (Escocia) aparecieron, envueltos en periódicos y trozos de ropa, los restos desmembrados de un cuerpo. Entre ellos había dos cabezas y las extremidades de dos cuerpos. Los cadáveres habían sido expertamente desmembrados y el asesino se había tomado la molestia de deshacerse de las partes que podían permitir una identificación. Uno de los cuerpos carecía de los ojos y el otro de los ojos, la nariz, la punta de la lengua, los labios y varios dientes. Casi todas las puntas de los dedos habían sido cortadas y las manos mutiladas, pero quedaba una de ellas, de la que se pudo obtener una vaga huella dactilar.

Meticulosamente, el profesor John Brass, de la Universidad de Edimburgo, trabajando junto al profesor John Glaister, del Departamento de Medicina Forense de la Universidad de Glasgow, trabajaron con los restos hasta que finalmente pudieron reconstruir los cuerpos de dos mujeres. Aunque muy descompuestos, fue relativamente sencillo determinar una fecha aproximada para el momento en que fueron arrojados al arroyo: un trozo de periódico, el Sunday Graphgic, estaba fechado el 15 de septiembre y algunos fragmentos de los cuerpos habían sido arrastrados corriente abajo por una crecida el 19 de septiembre. El periódico demostró pertenecer a una edición especial que sólo fue distribuida en la zona de Lancaster y Morecambe, en Lancashire (Reino Unido), por lo cual fue hacia allí donde la policía dirigió sus pesquisas en busca de personas desaparecidas en esas fechas concretas.

Una de las personas desaparecidas era Mary Jane Rogerson, sirvienta en la casa de Lancaster del Dr. Buck Ruxton, nacido en la India. Había denunciado su desaparición y la de su esposa Isabella, pero sus cambiantes explicaciones sobre las circunstancias de su desaparición generaron sospechas. El 12 de octubre fue formalmente acusado del asesinato de la sirvienta; las alfombras de la casa estaban manchadas con sangre, había restos de grasa y tejidos humanos en los desagües y algunos de los fragmentos de ropa utilizados para envolver parte de los cuerpos fueron identificados por la madre de Mary Jane Rogerson. La cuestión quedó cerrada cuando las huellas dactilares halladas en la mano fueron identificadas como las de Rogerson.

Pero aún quedaba una cuestión por resolver: ¿el otro cuerpo pertenecía a Isabella Ruxton? El profesor Brash obtuvo una fotografía de la esposa desaparecida y fotografió el cráneo desconocido desde el mismo ángulo y a la misma escala. Cuando superpuso ambas fotografías encajaron perfectamente. Buck Ruxton fue declarado culpable de los dos asesinatos.

Con la cada vez más amplia serie de técnicas de investigación, los forenses son cada vez más capaces de averiguar la identidad de una persona muerta. Todavía hay problemas que solucionar, evidentemente. Cualesquiera que sean los datos obtenidos del cadáver, sigue siendo esencial obtener datos de confirmación procedentes de otras fuentes, como el supuesto domicilio de la víctima, su dentista, su médico o los miembros de su entorno inmediato. Muchos casos quedan sin resolver, sobre todo cuando la reconstrucción facial es la única pista para identificar al difunto y nadie –ni siquiera los miembros de su familia– pueden o acceden a reconocerlo.

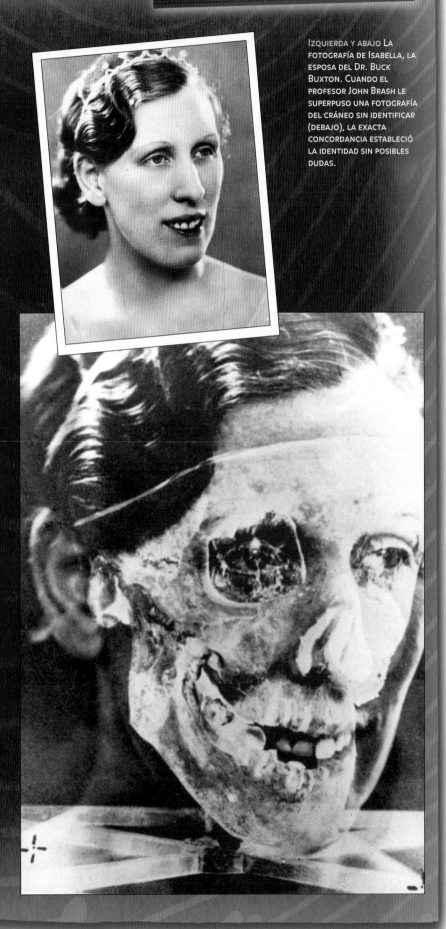

IZQUIERDA Y ABAJO LA FOTOGRAFÍA DE ISABELLA, LA ESPOSA DEL DR. BUCK BUXTON. CUANDO EL PROFESOR JOHN BRASH LE SUPERPUSO UNA FOTOGRAFÍA DEL CRÁNEO SIN IDENTIFICAR (DEBAJO), LA EXACTA CONCORDANCIA ESTABLECIÓ LA IDENTIDAD SIN POSIBLES DUDAS.

EL CASO DE LA DESCONOCIDA

Lo que sigue es pura ficción, pero es un ejemplo típico de las meticulosas investigaciones que han de llevarse a cabo para establecer la identidad de un cuerpo desconocido y para encontrar las pistas que conduzcan al arresto del asesino de la víctima.

PARTE 1

UN DESCUBRIMIENTO HORRIPILANTE

A finales de la tarde del 20 de octubre del 2001, dos chiquillos estaban explorando en un bosque cercano a la autopista de Santa Mónica, al sudeste de Los Ángeles (California). De repente, quedaron horrorizados al descubrir medio enterrados lo que parecían los huesos de una pierna humana. Estuvieron tentados a cogerlos, pero decidieron no hacerlo; en vez de eso corrieron a sus casas, no lejos de allí, donde uno de los padres de los chicos telefoneó de inmediato a la oficina del sheriff. Brendan O'Malley, ayudante del sheriff, no tardó en aparecer con su coche patrulla y los dos chicos le condujeron al lugar donde habían realizado su descubrimiento. La luz menguaba por momentos y O'Malley tuvo que alumbrar con su linterna: «También me parecen huesos humanos», murmuró. Con una cinta de plástico donde se podía leer «Policía, no cruzar» delimitó un perímetro de 50 yardas (45,7 m) en torno al lugar del hallazgo. Como llevaban allí mucho tiempo y era poco probable que fueran movidos durante la noche, se dejó la investigación para la mañana siguiente.

Con las primeras luces, un pequeño equipo –el cual no tardó en ser conocido como «los chicos del esqueleto»– comenzó a reunirse en las estribaciones del bosque, estacionando sus coches junto a la sucia carretera. Además del sheriff Aral Verdian y sus dos ayudantes –O'Malley y José Rodríguez– el equipo estaba compuesto por John Burton, oficial investigador; el Dr. Alvin Hackenbacker, ayudante del forense, y un fotógrafo.

El perímetro noroeste de la escena del crimen. Parece mentira que un lugar tan agradable pueda esconder un secreto tan oscuro.

POLICE LINE DO NOT CROSS   POLICE L

Seguido por Burton y el fotógrafo en fila india, Hackenbacker se agachó para cruzar la cinta y dirigió al grupo hacia el centro de la zona delimitada. Mientras caminaba, Burton miraba atentamente a izquierda y derecha. Después de que el fotógrafo tomara imágenes desde diversos ángulos, el Dr. Hackenbacker sacó un par de guantes de látex y cogió uno de los huesos. «Definitivamente es un fémur humano –dijo– y aquí está la tibia. Se aprecian marcas de dientes en ambas, posiblemente de coyote o de otros animales que se alimentan de carne. Pero, ¿dónde está el resto del cuerpo?». Miró a Burton: «Vas a necesitar un equipo completo de búsqueda».

A las 10 a.m., la sucia carretera junto al límite del bosque estaba repleta de vehículos; un equipo de búsqueda formado por ayudantes del sheriff y civiles reunidos apresuradamente se apelotonaban alrededor de John Burton; mientras, unos cuantos curiosos del vecindario se iban juntando en segundo plano. Burton tenía una tablilla sujetapapeles marcada con pequeños cuadrados, sobre los cuales un círculo representaba el área delimitada por el policía. «Por ahora –le dijo al equipo– no tenemos un crimen, sólo buscamos un cuerpo sin identificar. No obstante, quiero que lo tratéis como si fuera la escena de un delito... ¿quién sabe lo que podríamos descubrir?» Se dirigieron en torno al perímetro marcado por la cinta y, lentamente, con los guantes de látex puestos y con cuidado, comenzaron a trabajar hacia el centro.

Sólo habían transcurrido unos minutos cuando se escuchó un grito de Rodríguez en un extremo del círculo: «¡Aquí está!».

«¡Qué nadie se mueva de donde está!» gritó Burton y, rodeando la cinta, llegó donde Rodríguez había comenzado a buscar, moviéndose con precaución hacia el ayudante del sheriff, situado junto a un árbol agitando los brazos emocionado. A sus pies sobresalía de la tierra otro hueso de una pierna, junto a lo que parecía ser la esquina de una alfombra.

«Demonios –dijo Burton– parece que tenemos aquí un enterramiento y un posible homicidio» y señaló el punto en su tablilla. «¡Continuad buscando! –gritó al equipo. ¡Estáis buscando sobre todo huesos, pero aseguraros de que no os dejáis ninguna otra posible pista!»

Una hora después habían reunido una pequeña colección de huesos, cada uno de los cuales se guardó en una bolsa para pruebas, marcada con las coordenadas de la cuadrícula de Burton, que correspondían al lugar exacto en que habían sido encontrados. A cierta distancia del enterramiento también había aparecido una cartera de cuero, repleta de hierbajos. Mientras se guardaba y etiquetaba, Burton se fijó en que estaba desgastada por la intemperie y que los escarabajos la habían mordisqueado. Con cuidado anotó el lugar del hallazgo en su mapa de la escena del crimen.

Mientras tanto, más expertos fueron requeridos por radio: la oficial de investigación de escenarios del crimen del condado, Tamara Gregory; la ayudante del forense, Dra. Jane Kurosawa; un fotógrafo con cámara de vídeo; y un anatomista del hospital local, Ivan Vrba, que fue el último en llegar.

CIRCUNSTANCIAS SOSPECHOSAS

Es posible que un cadáver haya muerto de forma natural. Puede

tratarse de un cuerpo encontrado en la cama de un hotel o de

una casa de huéspedes, por

ejemplo, y si no hay signos

aparentes de violencia o

envenenamiento, la tarea del

forense o patólogo consistirá sólo en

establecer la causa de la muerte (véase el

Capítulo 5). No obstante, las circunstancias

aparentes de la escena o el detallado estudio del cadáver en la

autopsia pueden revelar algo sospechoso que sugiera que la muerte

ha sido provocada. Los hallazgos del forense llevarán de inmediato a

una investigación sobre un posible suicidio o un homicidio.

> «*La sospecha siempre alcanza la mente culpable; El ladrón teme que cada arbusto esconda un oficial.*»
>
> WILLIAM SHAKESPEARE,
> *ENRIQUE V*, PARTE 3.

PÁGINA ANTERIOR LA METICULOSA RECOGIDA DE LA MÁS DIMINUTA DE LAS PRUEBAS EN LA ESCENA DEL CRIMEN ES VITAL EN CUANTO EXISTE LA MÁS MÍNIMA SOSPECHA DE QUE SE PUEDA HABER COMETIDO UN CRIMEN. EN ESTE CASO, UN MIEMBRO DE LA POLICÍA CIENTÍFICA OBTIENE UNA DELGADA FIBRA DE LA PUERTA DE UN COCHE IMPLICADO EN UN ACCIDENTE. PUEDEN PERTENECER A LA ROPA DE LA PERSONA SUPUESTAMENTE GOLPEADA POR EL COCHE.

Cuando se encuentra un cadáver al aire libre, puede ser de una persona que ha sufrido un colapso y muerto de forma natural, haber muerto de hipotermia debido al frío o haberse suicidado. Por otra parte, también puede haber sufrido un ataque homicida –en cuyo caso los signos del mismo serán evidentes– o puede haber sido asesinado en cualquier otro lugar y luego depositado donde apareció. Los casos de ahogamiento o en los que parece tratarse de un suicida que saltó desde una altura se tratan con mucho cuidado: ¿Se cayó o fue empujado? Los cuerpos encontrados tras una explosión o un fuego plantean cuestiones semejantes: ¿Se trata de un accidente o el fuego/explosión fueron provocados por una tercera persona? ¿La víctima estaba muerta o viva cuando tuvo lugar el acontecimiento? Todas estas preguntas se plantean mientras se examinan el cuerpo y el lugar donde apareció.

EN LA ESCENA DEL CRIMEN

Cualesquiera que sean las circunstancias en las que se descubre un cuerpo, siempre hay que tener en cuenta la posibilidad de que el trabajo del forense descubra que se trata de una muerte no natural. Lo ideal es que la policía llegara siempre la primera a la escena del crimen y sellara el acceso a la misma. Un médico debería examinar el cadáver con las menores manipulaciones posibles, simplemente, para confirmar la muerte. Debe tomar notas cuidadosas de la apariencia y postura del cuerpo, pero no debe moverlo hasta que se hayan tomado fotografías tanto del cadáver como de sus alrededores.

ABAJO UNOS DETECTIVES EXAMINANDO EL CUERPO DE LA VÍCTIMA DE UN HOMICIDIO EN HOUSTON (TEJAS) EN OCTUBRE DE 1996. COMO SE VE, NO LLEVAN NI GUANTES, NI MONOS DE TRABAJO, NI FUNDAS PARA LOS ZAPATOS. LAS PRIMERAS PERSONAS EN LLEGAR A LA ESCENA DE UN CRIMEN CASI NUNCA TOMAN ESTAS PRECAUCIONES, CON EL CONSIGUIENTE PELIGRO DE QUE APORTEN MATERIAL «EXTRAÑO» Y CONFUNDAN LA SUBSIGUIENTE INVESTIGACIÓN FORENSE.

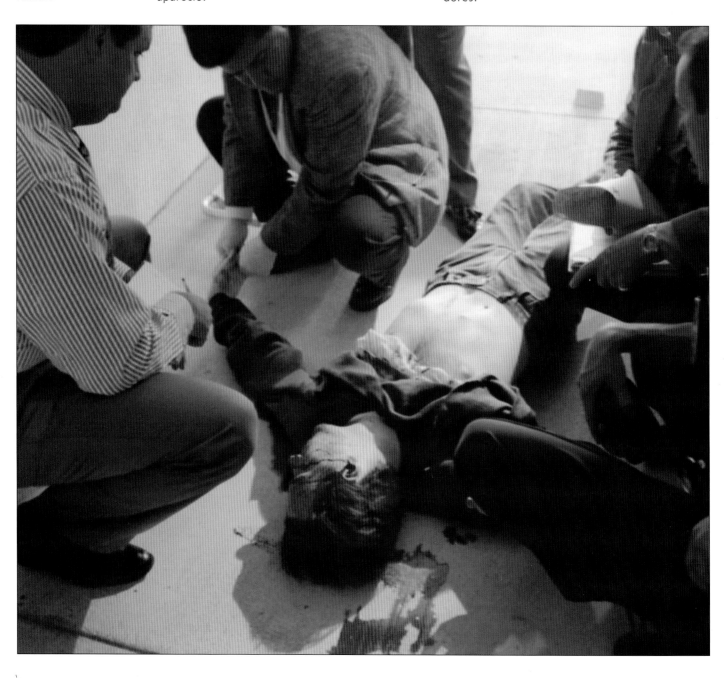

EL DR. EDMOND LOCARD

El Dr. Edmond Locart estudió medicina y derecho en la Universidad de Lyon (Francia) y terminó por convertirse en el ayudante del profesor Alexandre Lacassagne, uno de los pioneros de la criminología. Permaneció en el cargo hasta 1910, cuando creó su propio laboratorio de investigación criminal. Lentamente, la policía francesa reconoció el valor de su trabajo y Locard les ayudó a resolver con éxito muchos casos. Uno de sus descubrimientos era que el número de pequeños poros que se encuentra junto a las crestas papilares de las puntas de los dedos es tan característico como las propias huellas dactilares –han sido descritos como «huellas dactilares de las huellas dactilares». Locard continuó sus investigaciones durante gran parte de su larga vida y entre los 54 y los 62 años publicó un monumental trabajo en siete volúmenes titulado *Tratado de criminología*.

Admirador desde su niñez de las historia de Sherlock Holmes escritas por sir Arthur Conan Doyle, le encantaba que le conocieran como el Sherlock Holmes francés. Una de las más extrañas anécdotas sobre sus experiencias tiene que ver con una visita que realizó Conan Doyle a la colección de casos criminales de Locard. El autor británico se detuvo delante de una fotografía y exclamó: «¡Pero si es Jules, mi antiguo chófer!» Se trataba de una foto de Jules Bonnot, el conocido terrorista y jefe de *La bande à*

Bonnot, quien por una extraña coincidencia había comenzado su vida criminal tras dejar el empleo con sir Arthur y que había utilizado coches robados para recorrer Francia cometiendo robos y asesinatos.

ABAJO UNO DE LOS PRIMEROS EN SENTAR LAS BASES FORMALES DE LA INVESTIGACIÓN FORENSE FUE EL CIENTÍFICO FRANCÉS DR. EDMOND LOCARD. AQUÍ LE VEMOS EXAMINANDO UN REVÓLVER DE SU COLECCIÓN DE ARMAS RELACIONADAS CON CRÍMENES.

Después de que el muerto haya sido trasladado al depósito de cadáveres, el escenario de la muerte debe permanecer sellado hasta que se conozcan los resultados de la autopsia. Si existe la más mínima prueba de que se trata de un homicidio, debe comenzar de inmediato un cuidadoso estudio de la escena del crimen, de modo que se puede recoger cualquier material que pueda deteriorarse con rapidez. Por encima de todo, hay que tomar precauciones estrictas para no contaminar el escenario del crimen con materiales «ajenos», llegados por la falta de atención prestada por aquellos que alcanzaron primero la escena del crimen.

El Dr. Edmond Locart (1877-1966) expresó los puntos básicos de una investigación criminal en una breve frase que es el principio rector de todos los investigadores: «Todo contacto deja un rastro». Es decir, que todo criminal, sin darse cuenta, deja siempre algo de sí mismo en la escena del crimen y al mismo tiempo también se lo lleva. Encontrar pistas en la escena del crimen o en el sospechoso y sus pertenencias es de capital importancia para resolver un crimen.

El policía científico –Crime Scene Investigator (CSI) en los Estados Unidos y Scene of Crime Officer (SOCO) en Reino Unido– comienza dibujando

ARRIBA MIEMBROS DE LA
POLICÍA CIENTÍFICA –LA
MAYORÍA LLEVANDO LOS
PRECEPTIVOS GUANTES–
EXAMINAN EL ESCENARIO DE
UN HOMICIDIO DELANTE DE
UNA TIENDA DE
ULTRAMARINOS EN SYRACUSE,
UTAH. EL FOTÓGRAFO SE
CENTRA EN LAS MANCHAS DE
SANGRE DEL MURO, QUE
PUEDEN OFRECER PISTAS
SOBRE LA DIRECCIÓN Y EL TIPO
DE ARMA UTILIZADA EN EL
ATAQUE.

una cuadrícula, en la cual señala el lugar donde es hallado cada objeto. Comienza señalando las pruebas más evidentes: materiales utilizados para esconder el cuerpo, un arma abandonada, salpicaduras y charcos de sangre o, en campo abierto, marcas de neumáticos, señales en los árboles causadas por un golpe con el coche, huellas de pisadas o ropa abandonada. Luego comienza una búsqueda más meticulosa realizada por su equipo de ayudantes, que buscan señales de lucha, casquillos de bala, balas perdidas, fibras, cabellos, polvo sospechoso y fragmentos de todo tipo; en realidad buscan «todo lo que no debería estar ahí». Si el cuerpo ha estado expuesto al aire durante varios días o en una tumba poco profunda, es posible que haya gusanos y otros insectos, o restos de una infestación reciente, que serán investigados después por un entomólogo forense.

Si la escena del crimen está a cubierto, el equipo buscará signos de puertas forzadas, así como muebles volcados u objetos rotos. A menudo, un asesino o asaltante violento intentará «colocar» el escenario del crimen como un intento de robo y ello saldrá a la

luz cuando los hechos se pongan en claro. En interiores, las manchas de sangre son mucho más sencillas de ver que en los árboles o el suelo. Cada etapa que cambie el aspecto general de la escena, como la llevada del cuerpo al depósito de cadáveres, debe ser fotografiada, junto a las pruebas descubiertas in situ; también se suele grabar en vídeo.

DERECHA EL TÍPICO MALETÍN
QUE UN POLICÍA CIENTÍFICO
LLEVA AL ESCENARIO DE UN
CRIMEN. INCLUYE VARIOS
ESCALPELOS FINOS Y OTROS
INSTRUMENTOS SIMILARES
PARA RECOGER PRUEBAS
DIMINUTAS, TIJERAS, LUPA Y
PULVERIZADORES PARA
DETECTAR LAS HUELLAS
DACTILARES.

Cada pista física es recogida, ya sea con guantes de látex o con pinzas, y colocada dentro de una bolsa o caja de plástico individual, etiquetada con la fecha, el lugar y las iniciales del oficial que la recoge. Se trata de algo esencial: todas las pruebas deben estar registradas mientras pasan de mano en mano en el proceso de la investigación, o el defensor podrá alegar que la «cadena de custodia» ha sido rota. Después de fotografiar las huellas de pisadas o neumáticos, siempre que sea posible se realizan moldes de las mismas.

Si bien las huellas dactilares pueden conservarse durante mucho tiempo, el experto debe buscarlas cuanto antes. También es vital que se tomen las huellas de todos aquellos que han tenido acceso a la escena del crimen, pues algunos pueden no haber llevado puestos guantes de látex y hay que eliminar sus huellas de la investigación. Si las huellas encontradas no son identificadas de este modo, puede que sean entonces pruebas esenciales para conducir al perpetrador del crimen. También se han de tomar las huellas de las palmas de las manos, pues es probable que se encuentren en la escena del crimen, a menudo en superficies como puertas y vallas, y también han de ser eliminadas o identificadas.

LA INVESTIGACIÓN DE LAS HUELLAS DACTILARES

Los primeros éxitos en la identificación de huellas dactilares se produjeron con aquellas que eran visibles: en sudor, sangre u otros medios o impresas en superficies plásticas como pintura o cera, todas las cuales podían ser fotografiadas. No obstante, no tardó en descubrirse que era posible hallar huellas dactilares «latentes» en la mayor parte de las superficies lisas.

Las huellas latentes se forman con los restos de sudor formado en la punta de los dedos o transferido a ellas desde la cara u otra parte del cuerpo. Están formadas en un 99% por agua; el resto es una compleja mezcla de varias sustancias que no sólo varían en cada persona, sino de hora en hora para una misma persona. Incluso cuando se ha evaporado todo el agua, este 1% restante permanece durante mucho tiempo. Dependiendo de diversos factores, la huella puede ser permanente: se han encontrado huellas latentes en objetos sacados de tumbas antiguas.

La búsqueda de huellas latentes depende de que sean «reveladas» para hacerlas visibles. El método básico no ha cambiado mucho desde que fue creado. El experto en huellas dactilares espolvorea con un polvo fino todas las superficies que pue-

den contener huellas. Para ello utiliza un pincel o pulverizador. Las huellas sobre cristal, plata o superficies oscuras se espolvorean con un polvo de color gris claro; las de superficies coloreadas o no absorbentes con polvo negro. También se utilizan polvos fluorescentes; iluminadas con luz ultravioleta, las huellas latentes se ven con claridad.

Un instrumento más reciente es el Magna-Brush™, que utiliza polvos magnéticos: las diminutas partículas se adhieren a las curvas de la huella y el exceso de polvo es eliminado de las zonas circundantes por el magneto que contiene el cuerpo de pincel. No existe acuerdo, sin embargo, no hay duda de que el sistema es efectivo sobre superficies ferrosas. Otro método utiliza el disulfito de molibdeno, un producto químico utilizado como ingrediente en lubricantes. Las finas partículas en suspensión en una solución detergente se adhieren a la grasa de la huella; este procedimiento «hú-

ARRIBA UN PINCEL MAGNÉTICO, UTILIZADO PARA REVELAR HUELLAS DACTILARES EN SUPERFICIES QUE NO SON ADECUADAS PARA EL TRADICIONAL ESPOLVOREADO. DADO QUE EL PINCEL CARECE DE PELOS QUE PUEDAN DIFUMINAR LA HUELLA, ESTA TÉCNICA CONSIGUE MEJORES RESULTADOS EN SUPERFICIES COMO EL PLÁSTICO. EL MAGNA-BRUSH™ ORIGINAL FUE DESARROLLADO POR EL CIENTÍFICO FORENSE NORTEAMERICANO DR. HERB MACDONNELL.

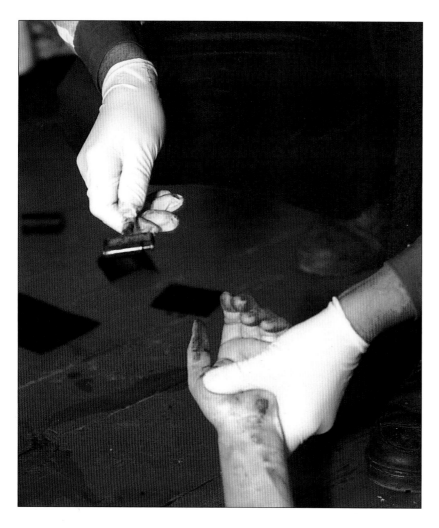

huellas en superficies curvas, como los pomos de las puertas, pueden ser transferidas del mismo modo, utilizando una cinta flexible especial.

La huellas sobre materiales semiporosos como cartón o madera han de ser reveladas de otra forma. Durante años la técnica estándar era utilizar nitrato de plata, que reacciona con la sal del sudor, o vapor de yodo, que revela la grasa. En la actualidad el método habitual es pulverizar el material con una solución de ninhidrina. Se sabía que la ninhidrina reaccionaría con los aminoácidos cuando, en 1954, el investigador sueco Svante Odén demostró que revelaría con éxito los aminoácidos del sudor. La superficie pulverizada se seca después en un horno a 80 ºC durante varios minutos y las huellas latentes aparecen de color rosa-púrpura.

Las huellas latentes en la piel humana –especialmente importantes en casos de violación– sólo se conservan durante unas dos horas. No obstante, pueden conseguirse utilizando un papel especial muy satinado, Kromecote, que luego es espolvoreado del modo habitual. Después se puede intentar espolvorear la propia piel, para lo que el Magna-Brush™ es el método más efectivo. También se ha desarrollado una técnica especial de iluminación con rayos X, pero que todavía está en pruebas.

La búsqueda de huellas puede ser un proceso largo, pues debe examinarse toda la escena del crimen. No obstante, dos descubrimientos recientes han simplificado considerablemente la tarea del experto en huellas dactilares. Uno de estos descubrimientos se realizó por casualidad, y es que las huellas expuestas a los vapores del superglue (cianocrilato) aparecen de color blanco sobre superficies oscuras. Luego pueden ser espolvoreadas, transferidas o fotografiadas. Esta técnica es especialmente útil cuando se examinan espacios cerrados, como un armario o el interior de un coche. El segundo descubrimiento, también accidental, fue

ARRIBA PARA PODER ELIMINAR LAS HUELLAS DE UNA VÍCTIMA DE CUALESQUIERA OTRAS EN LA ESCENA DE UN CRIMEN, HAY QUE TOMÁRSELAS ENTINTANDO LOS DEDOS Y LUEGO IMPRIMIÉNDOLAS EN UNA CARTULINA. EN LOS CASOS DE VÍCTIMAS DESCONOCIDAS, ESTE PROCEDIMIENTO TAMBIÉN PUEDE SER DE MUCHA UTILIDAD A LA HORA DE REALIZAR UNA IDENTIFICACIÓN, SOBRE TODO SI LAS HUELLAS PUEDEN SER COMPARADAS CON OTRAS ENCONTRADAS EN EL SUPUESTO DOMICILIO DE LA VÍCTIMA O EN LOS ARCHIVOS POLICIALES.

medo» puede ser utilizado con éxito, por ejemplo, en armas de fuego mojadas.

Cuando se descubrieron las huellas latentes, al principio eran fotografiadas; en la actualidad, por lo general son transferidas a un trozo de cinta adhesiva, que luego puede ser montada sobre un plástico transparente o una tarjeta del color adecuado, lista para ser analizada e identificada. Las

INVESTIGACIÓN DEL CASO
VALERIAN TRIFA

En 1975, el Departamento de Justicia de Estados Unidos emitió una orden de deportación contra Valerian Trifa (derecha), un antiguo arzobispo de la iglesia ortodoxa rumana. Se alegó que al entrar en Estados Unidos ocultó que había pertenecido a la Guardia de Hierro, el partido pronazi rumano durante la década de 1940. Trifa lo negó, pero en 1982 el gobierno de la Alemania Occidental descubrió, en los archivos estatales, una postal que Trifa había escrito a un alto cargo nazi. Como resulta natural, los alemanes se negaron a dejar que el FBI utilizara cualquier técnica de detección de huellas dactilares que alterara este importante documento histórico. No obstante, su examen con un rayo láser reveló la huella del pulgar de Trifa y éste fue deportado en 1984.

realizado por investigadores de un laboratorio ca-
nadiense, que se dieron cuenta de que un rayo láser
podía revelar huellas dactilares latentes. Una luz
láser controlada, al contrario que los polvos o los
productos químicos, no afecta al objeto que conserva las huellas y –de forma inesperada– parece
ser más efectiva con las huellas antiguas.

El método habitual de tomar huellas, ya sea de
una persona viva o muerta, apenas ha variado desde
que Edward Henry introdujo su sistema. Sobre una
tarjeta estándar de registro, se recogen dos grupos
de huellas. Tras entintar cada dedo con un rodillo o
un tampón, el primer grupo de huellas se imprime
haciendo rodar el dedo sobre la tarjeta, de modo
que queden recogidas las curvas del dedo en toda
su extensión. El segundo grupo son huellas planas,
tomadas sin hacer rodar el dedo. Se trata de una precaución, sobre todo para asegurarse de que las huellas se obtengan en el orden debido, pues algunos
sospechosos han puesto los dedos en orden indebi-
do o la misma mano dos veces, con la intención de di-
ficultar la subsiguiente identificación.

Los dedos de un cadáver no se ruedan sobre la
tarjeta, debido al peligro de emborronarlos, de

modo que cada huella se toma por separado haciendo rodar contra ellos una delgada tarjeta, que
luego se pega en la tarjeta de registro. Tomarle las
huellas a un cadáver no representa ninguna dificultad una vez desaparecido el rigor mortis. No
obstante, mientras está rígido, es probable que
los dedos estén cerrados formando un puño. Si
bien se recomienda a menudo que se deben cortar los tendones de la mano para estirar los dedos,
esto sólo es necesario para poder doblar la muñeca contra el antebrazo, haciendo que los dedos se
estiren solos.

Este método estándar se está reemplazado
lentamente por el uso de equipos de escaneo, que
introducen la información digitalizada directamente en el ordenador, donde puede ser comparada con los millones de registros de la base de datos y se puede encontrar una coincidencia –si es
que existe– en tan sólo diez minutos.

Cada vez se están recogiendo más palmas de las
manos, si bien menos que las de dedos. Un caso notable tuvo lugar en Londres en 1955. El cuerpo de
la Sra. Elizabeth Currell fue encontrado en un campo
de golf al norte de la ciudad; había sido golpeada

ARRIBA OFICIALES DE LA
POLICÍA BRITÁNICA
TRABAJANDO MIENTRAS
INVESTIGAN UNA VENTANA
MEDIO ABIERTA EN UN CASO
DE ALLANAMIENTO DE
MORADA. LA POLICÍA ESTÁ
ESPOLVOREANDO EN BUSCA DE
POSIBLES HUELLAS
DACTILARES, MIENTRAS QUE EL
POLICÍA FOTOGRAFÍA LAS QUE
YA SE HAN ENCONTRADO.

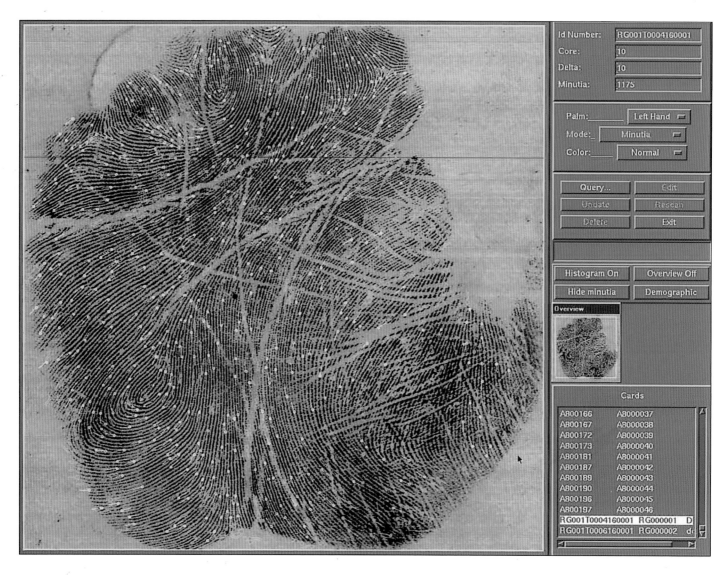

The following text and UI elements appear within the image:

Id Number: RG001T0004160001
Core: 10
Delta: 10
Minutia: 1175

Palm: Left Hand
Mode: Minutia
Color: Normal

Query... Edit
Update Rescan
Delete Exit

Histogram On | Overview Off
Hide minutia | Demographic

Overview

Cards

A800166	A8000037
A800167	A8000038
A800172	A8000039
A800173	A8000040
A800181	A8000041
A800187	A8000042
A800189	A8000043
A800190	A8000044
A800196	A8000045
A800197	A8000046
RG001T0004160001	RG000001	D
RG001T0006160001	RG000002	dd

ARRIBA LAS HUELLAS DE DEDOS Y PALMAS PUEDEN SER ESCANEADAS Y DIGITALIZADAS PARA SER ANALIZADAS CON RAPIDEZ EN EL ORDENADOR. EN ESTA HUELLA DE LA PALMA DE LA MANO IZQUIERDA DE UN VARÓN SE HAN IDENTIFICADO LAS POSICIONES DEL NÚCLEO Y SU DELTA.

PÁGINA SIGUIENTE UTILIZANDO UNA LUZ ULTRAVIOLETA PARA PRODUCIR FLUORESCENCIA, UN INVESTIGADOR DEL FBI ESTUDIA UNA TAPA METÁLICA EN LA QUE SE HA REVELADO UNA HUELLA DACTILAR UTILIZANDO LOS VAPORES DEL SUPERGLUE, A LOS QUE SE LE HA AÑADIDO UN TINTE.

hasta morir con la bandera que señalaba el hoyo del *green* del 17, donde la policía encontró una huella parcial ensangrentada de la palma de una mano. Por entonces, los archivos de New Scottland Yard contenían unas 6.000 de estas huellas, pero –como se esperaba– no se pudo encontrar ninguna coincidencia. La policía decidió entonces que lo único que cabía hacer era una operación masiva de toma de palmas de la mano de todos los hombres que trabajaban o vivían en la vecindad.

Durante más de dos meses, equipos de la policía pasaron casa por casa para recoger cerca de 9.000 huellas palmares. Los encargados de encontrar una coincidencia trabajaron a razón de una semana sí y otra no para reducir la fatiga y la posibilidad de que se les escapara algo. Finalmente, la huella 4.605 fue identificada; había sido tomada varias semanas antes y pertenecía a Michael Queripel, de 18 años. Al principio Queripel insistió en que se había encontrado el cuerpo de la Sra. Currel durante un paseo por el campo de golf, pero terminó confesando. Evitó la pena de muerte (por entonces todavía la condena por asesinato en Reino Unido) por un capricho del destino, sólo tenía 17 años en el momento de cometer el asesinato.

HUELLAS DE GUANTES

Muchos criminales, sabiendo lo fácilmente que pueden delatarlos sus huellas dactilares llevan guantes cuando cometen un crimen, lo que a menudo es una precaución inútil. En lo que es un caso típico, un ladrón llevaba puesto un par de guantes de látex mientras penetraba en una oficina de correos de Manchester (Reino Unido). Al salir se los quitó y los tiró. Dándole la vuelta a los guantes, la policía fue capaz de conseguir un perfecto grupo de huellas de la cara interna de los mismos. En otra ocasión, un ladrón se llevó un par de guantes nuevos a la escena del crimen y luego tiró la banda de papel que los protegía de fábrica, donde la policía encontró un buen juego de huellas. Casos como éstos son más bien cuestión de suerte que de método científico. No obstante, durante la década de 1960, Gerald Lambourne, posteriormente director de la rama de huellas dactilares de New Scottland Yard, comenzó a estudiar la identificación de las huellas en los guantes. Tal y como dice en su libro *The Fingerprint History (La historia de las huellas dactilares,* 1984:

El 19 de diciembre de 1987, se descubrieron los restos de un esqueleto de una mujer en los cimientos de un edificio residencial en Los Ángeles. El examen de los huesos determinó que había muerto de varias puñaladas. La parte superior del cuerpo había sido enterrada en hormigón fresco, que había terminado dejando una huella clara de su cabeza y torso. Utilizando el molde de la cabeza, el artista de la división de investigación científica del LAPD fue capaz de realizar un dibujo de la víctima. Tras ser mostrado en la televisión, un televidente entregó a la policía un foto que se le parecía bastante, por lo que la desconocida fue identificada temporalmente como Adrienne Piraino.

Los brazos de la víctima estaban cruzados sobre el cuerpo y habían dejado cavidades visibles en el hormigón. Éste era de una textura bastante lisa y parecía posible obtener de él huellas viables. Miembros de la división de huellas latentes de la policía rellenaron los huecos de las manos con silicona y obtuvieron detalle suficiente de los dibujos de las palmas y las manos. Piraino había solicitado un trabajo donde se le tomaron las huellas y gracias a ellas fue posible identificarla. Los moldes también revelaron cortes y cuchilladas en las manos y dedos, producidos por los intentos de la víctima de defenderse de su atacante.

El hormigón en el que la víctima había sido enterrada también contenía trozos de tela y restos de otras pruebas. La más importante de todas ellas fueron los restos arrugados y medio descompuestos de un paquete de cigarrillos. Miembros de la unidad de análisis comparativo reunieron pacientemente los pedazos y descubrieron el nombre del fabricante Liggett & Meyers. Poco a poco, fueron capaces de determinar el estilo, color y apariencia general del paquete. Un representante de Liggett & Meyers les informó que los fragmentos pertenecían a un paquete blando de «L&M largo», que había sido introducido como prueba de mercado en su región oeste: California, Arizona, Nuevo Méjico, Colorado, Nevada, Idaho, Montana, Wyoming, Dakota del Norte, Dakota del Sur, Washington, Oregón y Utah.

El producto fue lanzado en marzo de 1974 y retirado en marzo de 1975, cuando se modificó el diseño del paquete. Los límites de la investigación se redujeron todavía más cuando se encontró que las dimensiones del sello de los impuestos pegado por el vendedor local se correspondían con los utilizados en California.

El haber podido delimitar un año concreto y la localización del sello de los impuestos llevó a los investigadores a sospechar de una persona que había tenido acceso al edificio durante ese período. Otras pruebas ayudaron a cerrar el caso.

DERECHA EL EQUIPO MODERNO PARA LA DETECCIÓN DE HUELLAS DACTILARES CADA VEZ ES MÁS SOFISTICADO, COMO SE PUEDE VER EN ESTA FOTOGRAFÍA DEL SANDIA NATIONAL LABORATORIES EN ALBUQUERQUE (NUEVO MÉXICO). EL INVESTIGADOR LLEVA EN LA MANO DERECHA UNA LÁMPARA CON LA QUE ILUMINA UN JUEGO DE HUELLAS EN UN CRISTAL SITUADO FRENTE A ÉL, GRACIAS AL CUAL PRODUCEN FLUORESCENCIA. ESTOS CRISTALES ESPECIALES «PARPADEAN» CON RAPIDEZ, SINCRONIZÁNDOSE A MENUDO CON LOS DESTELLOS DE LA LÁMPARA, LO QUE PERMITE DETECTAR LAS HUELLAS SIN TARDANZA.

Un guante no tarda en quedar impregnado de grasa y suciedad. Incluso al ponerlo o quitarlo queda depositada en él una capa de sudor. Por consiguiente, cuando entra en contacto con una superficie dura y lisa, una capa de esta grasa se [...] deposita de un modo muy parecido a cómo un dedo sin protección deja una huella dactilar [...]. Cada guante puede ser individualizado de muchas formas: el material del que está hecho, cosido a mano, anudado, moldeado, su repujado, sus perforaciones, las grietas y contornos que se forman al ser utilizado con regularidad, los daños causados por el tiempo.

Después de más de diez años de investigaciones, Lambourne fue capaz de demostrar ante un tribunal que la huella de un guante podía ser identificada. En enero de 1971, un hombre fue arrestado como sospechoso de haber penetrado en varios locales de Pimlico (Londres), en uno de los cuales se había encontrado una huella en una ventana recién rota.

Lambourne examinó la huella: «Comprobé que se trataba de un guante de la mano izquierda. La textura de la huella indicaba que se trataba de un guante con acabado de gamuza, la superficie del cual había quedado dañada.» El sospechoso estaba en posesión de un par de guantes de piel de oveja con acabado de gamuza, y la superficie dañada del guante izquierdo coincidía exactamente con la huella. Si bien, el acusado se declaró inocente en el juicio, se permitió a Lambourne que explicara al tribunal sus hallazgos, creando así jurisprudencia.

Se puede pensar que los guantes de goma de cocina, fabricados por centenares de miles siguiendo un mismo proceso, no contienen singularidades, pero Lambourne consiguió la colaboración de un fabricante y estudió una muestra amplia. Como demostró:

Estos guantes se fabrican del revés sobre moldes de cerámica, donde se encuentra el relieve. El molde se introduce en un tanque con látex, que se adhiere al mismo [...]. Una desigual adhesión del látex puede mutilar lo que debería ser un dibujo regular. También se pueden formar pequeñas burbujas o un fragmento de látex de un guante anterior que puede contaminar una parte del dibujo. Todos estos factores pueden ser detectados en la huella de un guante. El usuario de los mismos no será consciente de ellos, pues sólo son visibles con una lupa.

El resultado de los hallazgos de Lambourne es utilizado por la policía y las instituciones forenses de todo el mundo.

ABAJO HUELLAS DACTILARES CLARAS REVELADAS EN UN GUANTE DE NEOPRENO MEDIANTE ESPOLVOREADO MAGNÉTICO. MUCHOS LADRONES LLEVAN GUANTES DURANTE SUS ROBOS Y ALLANAMIENTOS DE MORADA, PERO LUEGO LOS TIRAN EN LA ESCENA DEL CRIMEN SIN DARSE CUENTA DE QUE CONTIENEN PRUEBAS INCRIMINATORIAS CONTRA ELLOS.

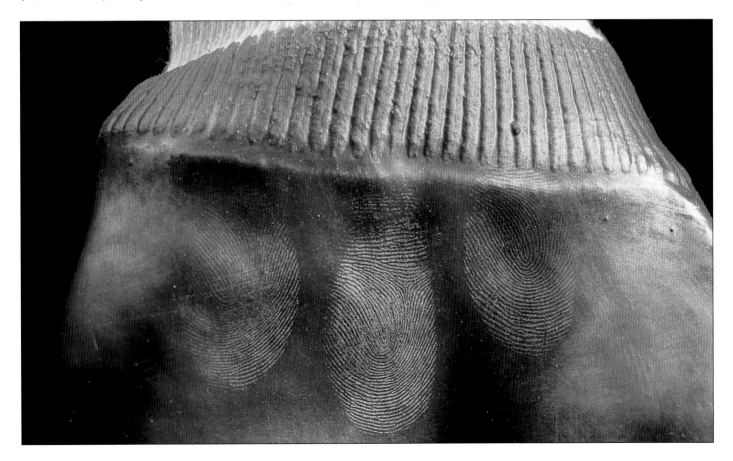

PÁGINA SIGUIENTE UN
POLICÍA CIENTÍFICO UTILIZA
UNA LUPA PARA EXAMINAR
UNA BOTA EN BUSCA DE
PRUEBAS. CUALQUIER
SUCIEDAD O SUSTANCIA
ENCONTRADA EN LA BOTA
PUEDE SER COMPARADA CON
LAS ENCONTRADAS EN LA
ESCENA DEL CRIMEN O EN EL
DOMICILIO DEL
SOSPECHOSO.

HUELLAS, DE PIES Y NEUMÁTICOS

Las huellas de unos pies desnudos son tan individuales como las de las manos y pueden ayudar a la identificación de un cadáver, pero no suelen encontrarse en la escena del crimen, al menos en el mundo desarrollado. No obstante, hay casos en los que un ladrón se ha quitado los zapatos y los calcetines, para utilizar éstos como guantes y no dejar huellas dactilares, dejando claras marcas de sus pies, listas para ser identificadas.

Por otra parte, en el escenario de un crimen las huellas de zapatos y botas son algo habitual y a su debido tiempo pueden ser identificadas con el calzado del sospechoso. Si están registradas en barro, arena u otro material similar (la nieve presenta dificultades técnicas evidentes, pero se pueden vencer) se toma un molde en yeso o silicona. Las huellas visibles en un suelo polvoriento se fotografían. En ocasiones los ladrones le pegan una patada a una puerta, dejando en ella una huella clara, sobre todo si llevan suela de goma.

El trabajo del policía científico se ve complicado, a menudo, por el hecho de que cada persona que visita el escenario del crimen puede dejar sus huellas, cada una de las cuales ha de ser

DERECHA LOS CRIMINALES NO
SUELEN DEJAR HUELLAS DE SUS
PIES DESNUDOS EN LA ESCENA
DEL CRIMEN. NO OBSTANTE, EN
ESTE HOMICIDIO OCURRIDO EN
EL SUDESTE DE ASIA RESULTA
EVIDENTE QUE EL ASESINO IBA
DESCALZO Y HA DEJADO
HUELLAS CLARAS DE SUS PIES,
QUE PUEDEN AYUDAR A
IDENTIFICARLO. LAS OTRAS
GOTAS DE SANGRE ES
PROBABLE QUE PROCEDAN DEL
ARMA UTILIZADA EN EL
ATAQUE.

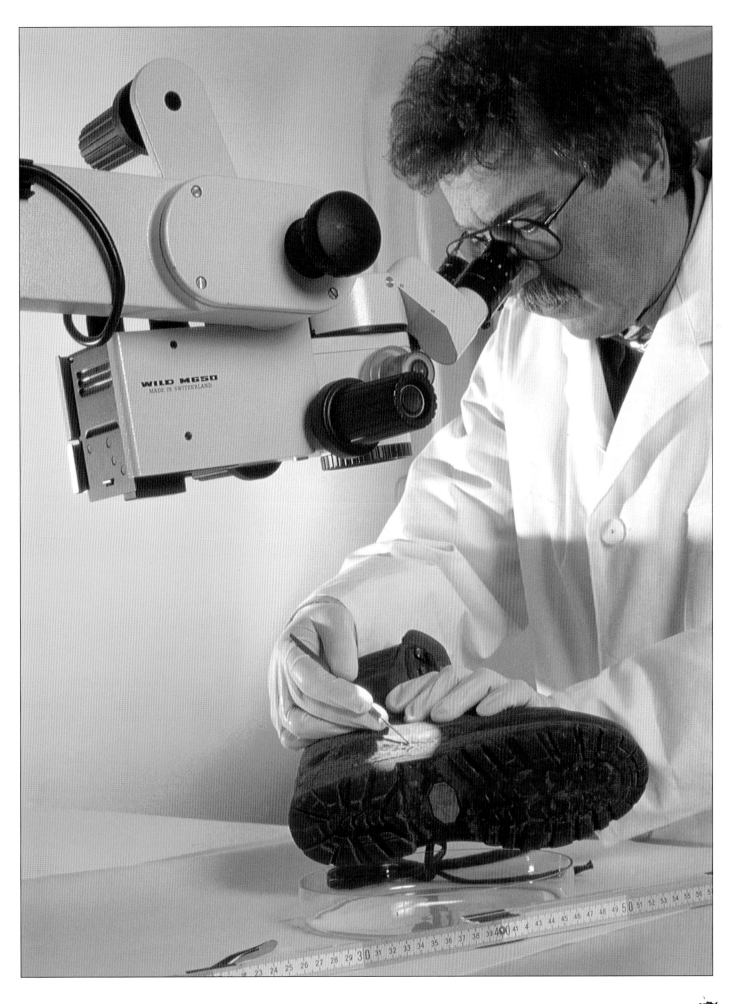

identificada y descartada. Luego viene la tarea de examinar con detalle una huella sin identificar para averiguar el fabricante (lo cual puede ser muy sencillo en el caso de las zapatillas de deporte) y señales específicas de uso y desgaste. En algunos casos, la naturaleza de las huellas puede proporcionar datos sobre el modo de andar del criminal, así como las deformidades o enfermedades que sufre.

Las huellas de neumáticos pueden adoptar diversas formas. Pueden ser huellas directas en tierra, arena, arcilla, barro, nieve u otro material presente en la escena del crimen, en cuyo caso se realizan moldes. También pueden ser huellas trasferidas de un charco de sangre, aceite o pintura, o barro, y entonces serán fotografiadas.

En el caso de atropello y huida o de accidentes de tráfico, las huellas pueden aparecer como claros arañazos en el cuerpo de la víctima. Las huellas dejadas en la escena de un crimen por un vehículo sólo serán lo bastante claras si éste no se ha movido en línea recta; de otro modo, las huellas de las ruedas posteriores se superpondrán a las de las huellas delanteras.

Si el neumático ha dejado huellas transferidas en una sustancia gruesa como el barro, en ocasiones es posible calcular la profundidad del dibujo, pero son pruebas difíciles de conservar. No obstante, las impresiones de un molde pueden ofrecer una imagen clara, no sólo de la pisada, sino también del grado de desgaste y –caso de que se conserven huellas de ambos neumáticos– de los posibles desequilibrios en la carga del vehículo. También se puede detectar una suspensión defectuosa, así como las oscilaciones de unas ruedas mal equilibradas.

El dibujo es el principal factor a la hora de identificar un neumático. Cada fabricante posee los suyos propios, además de diferencias para coches, motos, camiones y bicicletas. El policía científico puede recurrir a su archivo para identificar con rapidez la marca y el tipo de neumático. En ocasiones es posible, incluso, ir más allá y limitarlo a un determinado tipo de vehículo.

ARRIBA UN EMPLEADO DEL INSTITUT DE RECHERCHE CRIMINELLE COMPARA EL MOLDE DE YESO DE UNA HUELLA HALLADA EN EL ESCENARIO DE UN CRIMEN CON LA INFORMACIÓN PROPORCIONADA POR EL FABRICANTE. ESTO PUEDE CONDUCIR NO SÓLO A LA IDENTIFICACIÓN DEL MODELO DE COCHE IMPLICADO, SINO TAMBIÉN A UNA SERIE LIMITADA PROPORCIONADA A UN DETERMINADO GRUPO DE PUESTOS DE VENTA.

INVESTIGACIÓN DEL CASO
UN CHANCLO INUSUAL

A comienzos de 1945 tuvieron lugar en Nueva York varios casos de robos con fractura. En los dos primeros casos, el ladrón dejó huellas dactilares, para las cuales no se encontró una coincidencia. En 1946, la policía encontró la huella de un chanclo en el patio de una casa asaltada y realizó un molde. En agosto de 1947, se encontró la huella de unas zapatillas de deporte y pocos días después otra idéntica, junto con unas huellas dactilares que coincidían con las de 1945.

Después del robo de una gasolinera en noviembre de 1945, un ciudadano le dio a la policía el número de una matrícula de un coche que había estado aparcado cerca. Se identificó al dueño y confesó su participación en el robo, además de acusar a su tío. Un registro en casa de éste encontró unos chanclos y unas zapatillas de deporte cuyas suelas coincidían perfectamente con las encontradas en los robos anteriores. Ambos terminaron por confesar más de 50 robos en el vecindario.

SANGRE Y OTROS FLUIDOS BIOLÓGICOS

Los restos de sangre en la escena del crimen se consideran por lo general una prueba segura de la presencia de violencia, aunque no se descubra de inmediato el cuerpo de la víctima. No obstante, la sangre puede ser del agresor, cortado accidentalmente con un cuchillo, un cristal roto o cualquier otro objeto cortante o durante una pelea. Como resulta evidente, es esencial identificar la sangre, en caso de que pueda proporcionar una pista para encontrar al culpable.

Sobre todo en interiores, la sangre puede ser evidente en forma de charcos, grandes manchas secas o salpicaduras. También puede haber signos de que el atacante haya lavado toda la sangre visible. En este caso, la búsqueda de manchas debe dirigirse a las zonas no visibles, como interiores de armarios, picaportes, telas y tapizados. Lavabos y desagües, donde es posible que el atacante haya vaciado los cubos, pueden contener restos. Si el suelo de una habitación ha sido fregado, todavía es posible encontrar sangre entre los baldosines o en grietas, o bajo los bordes de una tarima.

La primera pregunta a la que hay que responder in situ es: ¿Se trata de sangre? Cuando sólo hay presentes manchas diminutas, o si el perpetrador ha limpiado el escenario del crimen, existen varios tests químicos que detectan la sangre de mamífero, si bien la confirmación de que es sangre huma-

INVESTIGACIÓN DEL CASO
VIJAY COOPEN

El cuerpo de Jini Coopen fue descubierto en un patio de Brixton, en el sur de Londres, el 31 de marzo de 1990. Había sido estrangulada, pero en la escena del crimen no había restos de lucha, por lo que parecía probable que hubiera sido asesinada en otro lugar y depositada allí. Por lo tanto, las huellas de neumáticos visibles en las cercanías tenían una importancia capital.

Los investigadores comprobaron que se trataba de un vehículo con neumáticos Dunlop en la rueda delantera izquierda y un Goodyear en la derecha delantera. Las sospechas recayeron en el marido de la víctima, Vijay Coopen, cuyo Volvo tenía tres neumáticos Dunlop y uno Goodyear, recién comprado el 30 de marzo. El estudio de las ruedas demostró que coincidían con las huellas del patio, pero se consideró que no se trataba de pruebas suficientes como para ir a juicio. Por lo tanto, la policía decidió estudiar la remesa de neumáticos Goodyear de donde había salido el de Coopen.

El fabricante informó de que sólo se utilizaban 12 moldes para ese tipo y tamaño particular de neumático, de los cuales sólo dos podían haber producido las huellas dejadas. La mayor parte de los neumáticos habían sido exportados a Holanda y sólo unos cuantos llegaron a los talleres británicos. Las posibilidades de que otro Volvo con un neumático Dunlop en la rueda delantera izquierda y uno Goodyear nuevo en la derecha hubiera estado en el sur de Londres en la noche en cuestión se consideró extremadamente improbable. El caso se cerró cuando el hijo pequeño de Cooper le dijo a la policía que su padre había estado fuera de casa en las horas críticas.

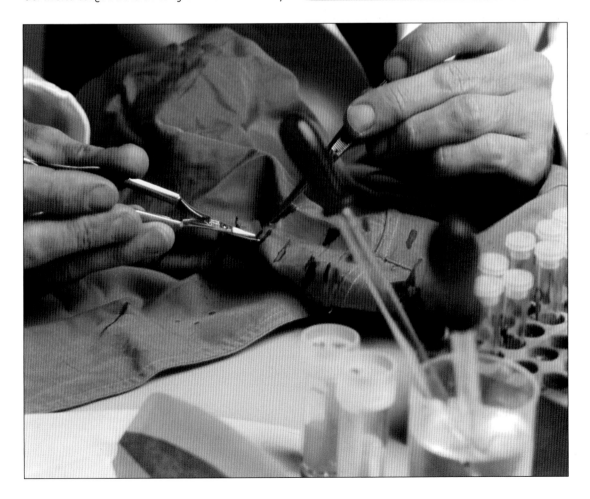

IZQUIERDA UTILIZANDO UNAS TIJERAS Y UNAS PINZAS, UN POLICÍA CIENTÍFICO TOMA MUESTRAS DE HILO DE UNA PRENDA DE ROPA MANCHADA DE SANGRE. TAMBIÉN SE TOMAN MUESTRAS PARA SER ANALIZADAS EN EL LABORATORIO DE HEMATOLOGÍA.

na habrá de esperar hasta el análisis serológico del laboratorio.

Las muestras de sangre de los grupos AB0 y los relacionados deben ser tomadas y preservadas lo antes posible, pues la sangre comienza a deteriorarse al poco tiempo. Barry A. J. Fisher, director del Scientific Services Bureau del departamento del sheriff del condado de Los Ángeles subraya este hecho: «Es una certeza que manchas de sangre húmeda almacenadas en contenedores herméticos como bolsas de plástico serán inútiles como pruebas a los pocos días». Muchos sistemas legales requieren que las pruebas estén disponibles para que la defensa las haga estudiar de forma independiente; si las muestras de sangre se deterioran hasta el punto de no poder ser identificado su grupo sanguíneo, incluso en caso de una identificación positiva por parte de la policía, pueden no ser aceptadas ante un tribunal.

La sangre aún fresca es la mejor para analizar. Si hay charcos, el procedimiento recomendado es tomar 2 ml con una pipeta desechable y colocarla en un tubo de ensayo con la misma cantidad de suero salino. Incluso si el investigador o el policía científico que lo acompaña lleva el equipo adecuado a la escena del crimen, la muestra debe estar en el laboratorio antes de 24 horas. Un método alternativo es tomar una muestra con un material absorbente, como papel de filtro, un trozo de algodón o un pedazo de tela del mismo material. La muestra se coloca entonces en un tubo de ensayo, que debe dejarse sin tapa para que se seque lentamente al aire sin deteriorarse.

Sin embargo, la mayor parte de la sangre que se encuentra en los escenarios de crímenes ya está seca. Una mancha relativamente fresca tendrá color rojo amarronado y es posible que tenga la superficie brillante, al contrario que las manchas de óxido, tabaco, café, etc., que a menudo se confunden con las de sangre. El color y el brillo, no obstante, dependerán del material sobre el que se encuentre y del tiempo transcurrido. En ocasiones puede rasparse con una cuchilla y depositarse en un papel. Las manchas y salpicaduras pueden recogerse con pedacitos de papel secante, que luego son depositadas en contenedores sin tapa. Para poder comparar en el laboratorio, hay que tomar muestras de control de las zonas no manchadas de sangre.

Los objetos con sangre que puedan ser sacados de la escena del crimen son enviados tal cual al laboratorio. También hay que tomar todas las precauciones a la hora de envolverlos, y cosas como la ropa manchada de sangre debe dejarse secar antes de envolverla con papel o meterla en una bolsa de este mismo material. Si las moquetas o alfombras han quedado empapadas de sangre, por lo general basta con cortar un pedazo representativo. Cada objeto, evidentemente, ha de ser numerado y etiquetado.

INVESTIGACIÓN DEL CASO
LESLIE HARLEY

En la década de 1970, una anciana viuda de Oregón, Ellen Anderson, fue golpeada fuertemente en la cabeza. Afortunadamente pudo sobrevivir y testificar en el juicio. Acusó a Leslie Harley, una joven que ayudaba a la viuda con las tareas del hogar, realizaba sus recados y le hacía compañía sin cobrar. Cuando Harley supo que no quedaba muy bien librada en el testamento de la Sra. Anderson, cogió un atizador de la chimenea del comedor y la golpeó; después, sin dejar de golpearla, persiguió a la viuda por el salón y escaleras arriba hasta el dormitorio. Se encontraron manchas de sangre en todos estos lugares, incluido el techo del dormitorio.

La defensa afirmaba que la Sra. Anderson se había caído y golpeado la cabeza con la chimenea. Harley dijo que entonces había ayudado a la Sra. Anderson a llegar al dormitorio y que se había ofrecido a llamar a un médico de una lista que había junto a la cama. Insistió en que las manchas del techo se produjeron cada vez que la viuda negaba con la cabeza cuando le sugería el nombre de un médico. El fiscal llamó al Dr. Herbert MacDonnell se dio cuenta de que las manchas del techo no

podían haberse producido al negar la Sra. Anderson con la cabeza, aunque lo hubiera hecho con suficiente fuerza como para que las gotas alcanzaran esa altura, pues entonces las manchas estarían entrecruzadas. «Las gotas del techo –dijo– nacen de la zona justo encima de la almohada, siendo sus ángulos de impacto en el techo más agudos, cuanto más alejados de la almohada. El cambio en el impacto angular es evidente por el incremento de la relación longitud-anchura de las manchas de sangre que están más alejadas de su convergencia sobre la almohada.»

Para aclarar estas afirmaciones al jurado, MacDonnell decidió proporcionarle un ejemplo práctico filmado. Encontró una joven enfermera de pelo largo que accedió a hacer de víctima y empapó su cabello en sangre fresca de cerdo. No importó lo fuerte que la enfermera agitara la cabeza, ninguna gota llegó al techo. Entonces, en la misma película, MacDonnell mojó un corto palo de escoba en sangre y goleó repetidamente una almohada sobre una mesa, lo que produjo en el techo manchas muy similares a las encontradas en el dormitorio de la viuda. Leslie Harley fue declarada culpable.

Al aire libre, la búsqueda de pruebas, incluida la sangre, es más difícil. Los charcos de sangre pueden haber sido absorbidos por el barro y hay que excavar para encontrarlos. Puede haber salpicaduras en los árboles o bajo tierra, que hay que encontrar, pues puede que pertenezcan al asaltante. En todos estos casos, hay que analizar la sangre de la ropa de la víctima, para poder diferenciarla de las demás pruebas encontradas en la escena del crimen.

MANCHAS DE SANGRE

Las manchas de sangre en la escena del crimen pueden proporcionar, a menudo, pruebas de lo que ocurrió durante el transcurso del mismo. La primera clasificación formal de los restos de sangre fue realizada hace unos 70 años por el patólogo escocés profesor John Glaister. Éste definió seis tipos básicos: gotas, salpicaduras, chorros, charcos, trazos y restregones.

Las gotas aparecen en superficies horizontales y tienen forma circular, pero se modifican dependiendo de la altura de la caída. Desde una distancia de hasta 50 cm son casi redondas, desde más altura comienzan a extenderse en torno a los bordes y las gotas pequeñas individuales pueden extenderse todavía más.

Las salpicaduras las produce la sangre que vuela por el aire hasta chocar en ángulo con una superficie. Es lo más probable que suceda cuando una víctima es golpeada más de una vez por un arma

móvil, pero también puede deberse al pelo largo de la víctima, sacudido mientras está empapado de sangre. La mancha de sangre tiene forma de signo de exclamación y la dirección de su alargamiento indica el modo en que voló por el aire.

Los chorros son el resultado del continuo latir del corazón mientras la víctima sigue con vida. Si un vaso sanguíneo importante resulta seccionado, su chorro a presión puede alcanzar una distancia considerable, incluso hasta llegar a las paredes y el techo de una habitación, empapando a menudo la ropa del asaltante.

Los charcos se forman en torno a una víctima que sangra en abundancia. Puede haber más de uno, lo que indica que intentó moverse o fue movida de un lugar a otro.

Los trazos revelan que un cuerpo sangrante fue trasladado. Si el cuerpo fue arrastrado, el trazo será un restregón; sin embargo, si fue cargado, habrá un rastro de gotas.

Estas sencillas diferencias, basadas en la observación directa, han sido la base de la interpretación de los escenarios de crímenes, pero desde hace pocos años se han llevado a cabo estudios prácticos en laboratorios forenses. En concreto, las marcas de salpicaduras.

Poco después de abandonar su origen, las gotas de sangre adoptan una forma esférica debido a la tensión superficial del líquido. Cuando chocan contra una superficie, los rastros que dejan dependen no sólo de la naturaleza de la superficie –de si es lisa o rugosa–, sino también de su velocidad, así como de la dirección en que se están moviendo. A baja velocidad, menos de 2 metros por segundo, se produce una salpicadura de más de 3 mm de diámetro. A velocidad media, entre 2

PÁGINA SIGUIENTE MÉDICOS ATENDIENDO A UNA VÍCTIMA HERIDA EN UN TIROTEO EN UNA CALLE DE PARÍS EN 1994. LA POLICÍA CIENTÍFICA EXAMINARÁ LAS MARCAS DE SANGRE SOBRE EL SUELO PARA DETERMINAR EL ARMA UTILIZADA Y LA POSICIÓN PROBABLE DEL TIRADOR.

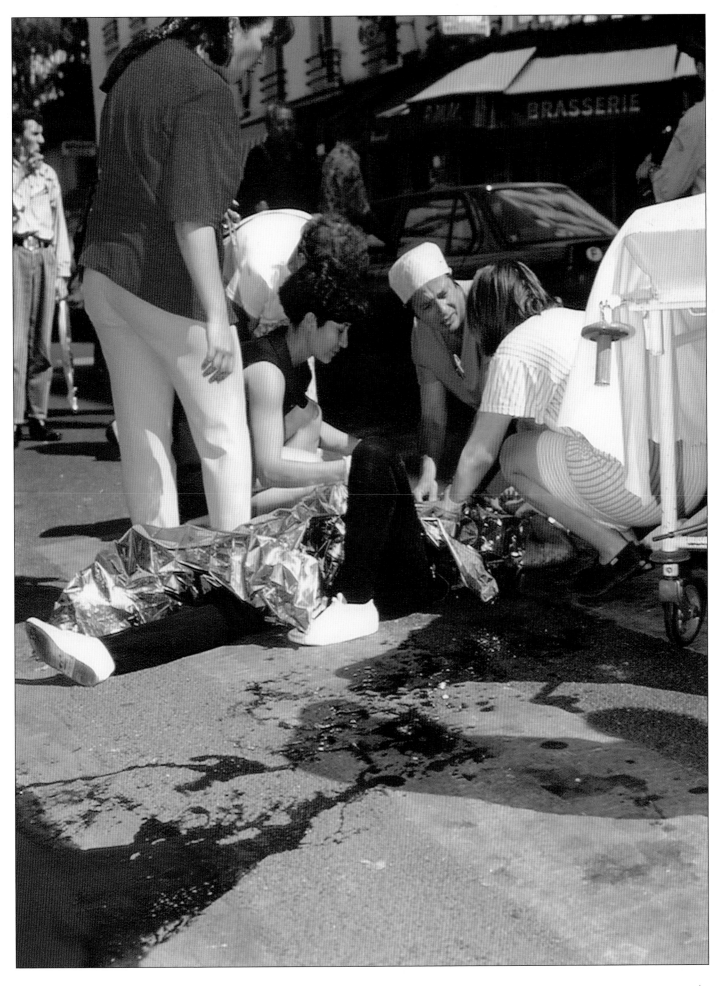

y 8 m/seg, como cuando se golpea o apuñala, se forman por lo general manchas de no mucho más de 1 mm. Las explosiones debidas a disparos –sobre todo en la cabeza– y accidentes mecánicos importantes producen una nube de sangre que viaja a gran velocidad, con diámetros inferiores a 1 mm.

En caso de golpes con un instrumento romo, como observó Glaister, la sangre también saldría despedida del arma. Las gotas serían más pequeñas que las de baja velocidad, pues cuanto mayor es la fuerza, menor el tamaño. Y dado que la sangre es lanzada, deja rastros rectilíneos o ligera-

mente curvos de tamaño uniforme. Dependiendo el ángulo con el que chocan contra una superficie, las gotas tendrán forma de «signo de exclamación» como describió Glaister, si bien en ocasiones una gota más pequeña se desprenderá para aterrizar por delante de la gota principal, formando un «renacuajo». Utilizando fotografías de diferentes rastros de sangre, un programa de ordenador puede indicar tanto el punto desde el que se originaron los rastros como su altura desde el suelo.

Uno de los científicos forenses más destacados de Norteamérica, el Dr. Herbert MacDonnell

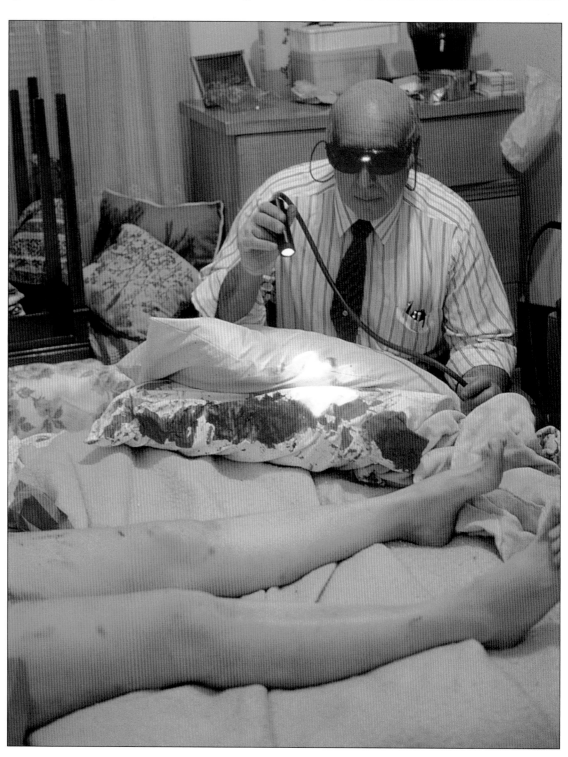

DERECHA UN POLICÍA CIENTÍFICO TRABAJA EN LA ESCENA DE UNA VIOLACIÓN CON HOMICIDIO EN NUEVA YORK. LAS MANCHAS DE SANGRE SON EVIDENTES, PERO ESTÁ UTILIZANDO UNA LUZ LÁSER EN BUSCA DE RESTOS DE SEMEN, QUE BRILLARÁN TRAS HABER SIDO PULVERIZADOS CON UNA SUSTANCIA QUÍMICA. PUEDEN SER ANALIZADOS PARA DETERMINAR EL TIPO DE SANGRE DEL VIOLADOR.

(el inventor del Magna-Brush™ para las huellas dactilares) creó el Instituto para el estudio criminalístico de las manchas de sangre, en Corning (Nueva York). De forma regular reúne grupos de policías y mediante ejemplos prácticos les demuestra los diferentes tipos de manchas de sangre que pueden encontrarse y cómo se producen.

Otros fluidos corporales que pueden encontrarse en la escena del crimen son la saliva, el sudor, el semen y la orina. (En ciertos casos de asesinos psicopáticos también pueden encontrarse heces.) En 1925 se produjo un importante descubrimiento respecto a los tipos de sangre AB0: cerca del 80% de las personas son «secretoras», es decir, que sus fluidos corporales contienen las mismas sustancias aglutinantes que su sangre. Sobre todo en casos de violación y también en algunos asesinatos psicopáticos, la determinación del grupo sanguíneo del perpetrador puede ser de gran importancia. Además de restos sobre el cuerpo de la víctima –saliva en un mordisco, por ejemplo–, una colilla de cigarro o un pañuelo pueden contener suficiente saliva o sudor como para averiguar el grupo sanguíneo. Por otra parte, el ADN es el más importante de los identificadores.

AVERIGUAR EL ORIGEN DE LAS PRUEBAS

El caso de Adrienne Piraino (véase la página 79) es un ejemplo perfecto de la importancia de averiguar el origen de las pruebas, por lo que la policía científica debe buscar hasta la menor de las partículas: suelo extraño y restos de plantas; pedazos de cristal y pintura procedentes de un golpe con un coche; pedazos de papel, cartón y tela; pelos y fibras de todo tipo. Del mismo modo, en caso de un fuego o una explosión, el bombero buscará en el escenario del mismo restos de los materiales que puedan haber sido utilizados como aceleradores del proceso.

En terreno abierto, la búsqueda de pruebas es larga y pesada; a cubierto, el investigador puede utilizar un pequeño aspirador de mano para recuperar polvo y otras pruebas, que subsiguientemente pueden ser examinadas con detalle.

Las pruebas no pueden considerarse como tales hasta que no se han identificado y explicado satisfactoriamente su relación con el crimen. Los laboratorios forenses mantienen bases de datos actualizadas constantemente de las características físicas y procesos de fabricación de pintura, cristal, papel, telas y otros materiales, junto con mues-

INVESTIGACIÓN DEL CASO
ACCIDENTE CON FUGA

Sobre las tres de la madrugada del 22 de febrero de 1987, una chica cruzaba una calle bien iluminada de la ciudad de Tottenham, al nordeste de Londres, cuando un coche a toda velocidad la atropelló, lanzándola contra el parabrisas y luego contra el suelo. Al llegar al final de la calle el coche giró bruscamente y dejó a la chica muerta tirada en el suelo.

Dos horas después llegó un experimentado investigador de accidentes de coche y recuperó fragmentos de cristal, un pedazo de plástico negro roto que parecía proceder de una luz antiniebla y una esquirla de pintura de color verde claro metalizado. Los testigos fueron incapaces de dar el número de la matrícula, aunque dos de ellos dijeron que se trataba de un Volkswagen Golf, otro dijo que se trataba de un Ford Fiesta.

En el laboratorio de la policía metropolitana, el Dr. Brian Gibbins comenzó a montar los fragmentos del cristal; había bastantes como para determinar que se trataba de un faro de coche, además de ser visibles los códigos del fabricante. Tras consultar la base de datos, supo que había sido fabricado por Carello para un Fiat Uno, vendidos en el Reino Unido desde 1983. El plástico negro llevaba las letras «oni» y un concesionario Fiat lo identificó como parte de un espejo exterior fabricado por Vitaloni, parte del equipamiento estándar del Fiat Uno.

Tanto la chaqueta como los vaqueros de la víctima estaban cubiertos con partículas de cristal. Los de los pantalones tenían exactamente el mismo índice de refracción que el cristal del faro, mientras que los de la chaqueta tenían un tinte verdoso y era evidente que procedían de un parabrisas roto.

Al examinar la esquirla de pintura, Gibbins descubrió que el color externo era uno que Fiat llamaba aguamarina, verde metalizado claro. Su superficie estaba en excelentes condiciones, lo que sugería que no hacía mucho que se había aplicado, pero una búsqueda entre los informes de Fiat robados no reveló nada de utilidad.

No obstante, la investigación quedó reducida al nordeste de Londres y sus suburbios y los nombres y direcciones de los 99 poseedores de Fiat Uno aguamarina fueron entregadas a la policía. Una llamada al domicilio de Robert Henry Dale estableció que su coche estaba siendo reparado en un taller mecánico cercano. Sólo 12 días después del accidente fatal, Gibbins pudo examinar el coche de Dale, encontró que el faro delantero izquierdo era nuevo, al igual que el parabrisas. Faltaba el retrovisor exterior izquierdo y en una caja dentro del coche había un recambio nuevo. Otra caja contenía el faro roto, que encajaban exactamente junto con los siete trozos de cristal recogidos en la carretera.

tras para ser utilizadas en las comparaciones. En Estados Unidos, por ejemplo, el Archivo Nacional de Pintura de Automóviles contiene muestras de varios miles de acabados de pintura. La mayoría de los casos implican fragmentos de pintura de coche. Durante la fabricación, por lo general, se suelen aplicar ocho o más manos de pintura, que analizadas al microscopio, a menudo, pueden revelar las diferentes capas en los extremos de la esquirla de pintura. El color y tipo de capa, con frecuencia, permite identificar un modelo particular de coche e incluso el período de tiempo durante el cual fue pintado, así como el vendedor al que fue entregado.

La investigación de las pequeñas piezas de cristal encontradas en el escenario de un crimen seguirá uno o ambos de estos procedimientos: 1) identificación del tipo de cristal, si procede del faro en un accidente con fuga; 2) reconstrucción de los fragmentos, como por ejemplo una ventana (rota durante un robo con fractura o un tiroteo), con restos que pueden ser encontrados en la ropa de un sospechoso.

El primer paso a la hora de identificar un cristal consiste en averiguar su índice de refracción, es decir, el grado en que el cristal desviara una rayo de luz que lo atraviese. El vacío tiene un índice de refracción de 1 y la mayor parte del cristal entre 1,5 y 1,7. Esta característica del cristal puede medirse en un fragmento no más grueso que un cabello. Se coloca sobre el portaobjetos de un microscopio dotado de un elemento especial para calentar y luego es cubierto con una gota de aceite de silicona (pertenece a un grupo de líquidos relacionados con el queroseno conocido como fluidos Cargill). La observación visual suele ser suficiente, pero a pesar de ello el microscopio suele estar dotado de una cámara de vídeo conectada a una pantalla de ordenador, donde la imagen aparece de mayor tamaño y los datos pueden ser almacenos para posteriores estudios.

El índice de refracción de cualquiera de los líquidos Cargill, a temperatura ambiente, es considerablemente mayor que el de cualquier tipo conocido de cristal, pero disminuye con rapidez y según una fórmula conocida, cuando aumenta la temperatura. Al principio el fragmento de cristal aparece como un halo, conocido como la línea Becke. En un momento crítico, cuando el índice de refracción del cristal es igual al del líquido, la línea Becke desaparece.

Otra característica determinable del cristal es su densidad física, o sea, el peso en gramos de un centímetro cúbico. Por lo tanto, el cristal no es necesario pesarlo; si no flota ni se hunde dentro de un líquido con una densidad determinada, sino que permanece suspendido en él, su densidad es la misma que la del líquido.

El cristal también puede ser identificado mediante la espectrografía, pero para la investigación supone un problema, puesto que la partícula se destruye en el proceso. El cristal se quema utilizando un arco de carbón o un rayo láser y cada elemento del cristal emite una luz de una longitud de onda determinada que se suma a la de la llama. El análisis de cada una de esas longitudes de onda independientes identifica los elementos presentes. Si bien es una técnica destructiva, es muy útil para el análisis de los cristales coloreados.

INVESTIGACIÓN DEL CASO
STEPHEN BRADLEY

El 7 de julio de 1960, el niño de ocho años Graeme Thorne fue secuestrado mientras iba camino del colegio en un suburbio de Sydney (Australia). Poco después, un hombre con un marcado acento extranjero llamó a sus padres y les pidió un rescate de 25.000 dólares australianos (17.000 dólares norteamericanos) si querían que su hijo regresara sano y salvo. Aunque la policía encontró algunas de las pertenencias del chico repartidas por varios puntos de la ciudad, no hubo más acontecimientos hasta que su cuerpo fue encontrado el 16 de agosto a unos 16 km de su casa.

Graeme había sido asfixiado y golpeado hasta morir y su cuerpo estaba envuelto en una alfombra a la que le faltaba una borla. Sus ropas contenían restos de un material crujiente y rosa, mientras que en sus zapatos y calcetines habían comenzado a aparecer hongos. El examen de los pelos encontrados en la alfombra demostró que pertenecían a varias personas diferentes y a un perro, que el Dr. Cameron Cramp de la oficina médica estatal afirmó podía tratarse de un pequinés. Un botánico, el profesor Neville White, calculó que los hongos (de cuatro especies diferentes) llevaban creciendo unas cinco semanas, lo que suponía que Graeme había muerto al poco de su secuestro. La sustancia rosa demostró ser un tipo de mortero para las fachadas de las casas.

Varias hojas, ramitas y semillas fueron identificadas y una de las semillas era de un rara especie de ciprés que no crecía en la zona donde se encontró el cuerpo. La policía realizó una llamada pidiendo ayuda a todos los que conocieran una casa pintada de rosa cerca de la cual hubiera ese tipo de árbol. Un cartero les comunicó que conocía una casa de esas características.

La casa estaba desierta. Su antiguo ocupante, Stephen Bradley –un inmigrante húngaro cuyo nombre real era Istvan Baranyay– la había abandonado junto con su familia el día del secuestro y se encontraba a bordo de un transatlántico camino de Reino Unido; los vecinos confirmaron que la familia poseía un pequinés. Un apartamento cercano les había servido de residencia temporal. En él la policía encontró un carrete de fotos que, al ser revelado, mostró imágenes de Bradley y su familia en un *picnic*, sentados en la alfombra en la que había sido envuelto el cadáver de Graeme. También se descubrió la borla que faltaba.

Las investigaciones de la policía demostraron que Bradley había vendido su coche poco antes de que partiera el barco; el vehículo fue encontrado y en el maletero aparecieron más fragmentos rosas que encajaban con los de la casa y el cuerpo de Graeme.

Sabiendo que el barco haría escala en Colombo, Sri Lanka, allí se enviaron varios detectives que arrestaron a Bradley después de que atracara el barco. Fue declarado culpable y sentenciado a cadena perpetua. El caso es un ejemplo perfecto de la afirmación de Locard de que cada contacto deja un rastro.

Recientemente se ha utilizado la activación de neutrones –la cual no destruye la muestra– en el análisis no sólo de cristal, sino de pequeños fragmentos de metal, pintura, fibras y otros materiales. El bombardeo de neutrones hace que los elementos individuales de la muestra se vuelvan radioactivos y emitan rayos gamma, cada uno de los cuales posee un nivel característico de energía, que puede ser medido. En un fragmento no mayor que un punto (.) se pueden identificar hasta 70 elementos diferentes.

La identificación de pequeños trozos de cristal puede ser muy importante para establecer si el sospechoso estuvo en la escena del crimen. Cuando un criminal rompe un cristal de una puerta o ventana, hasta el 30% de los fragmentos vuelan no en la dirección del golpe, sino hacia él, alojándose muchos de ellos en sus ropas. Lo mismo sucede si es una bala la que rompe el cristal. Partículas diminutas pueden volar hasta 5,5 m en dirección a la persona que disparó. Ni siquiera la limpieza en seco puede hacer desaparecer los fragmentos más

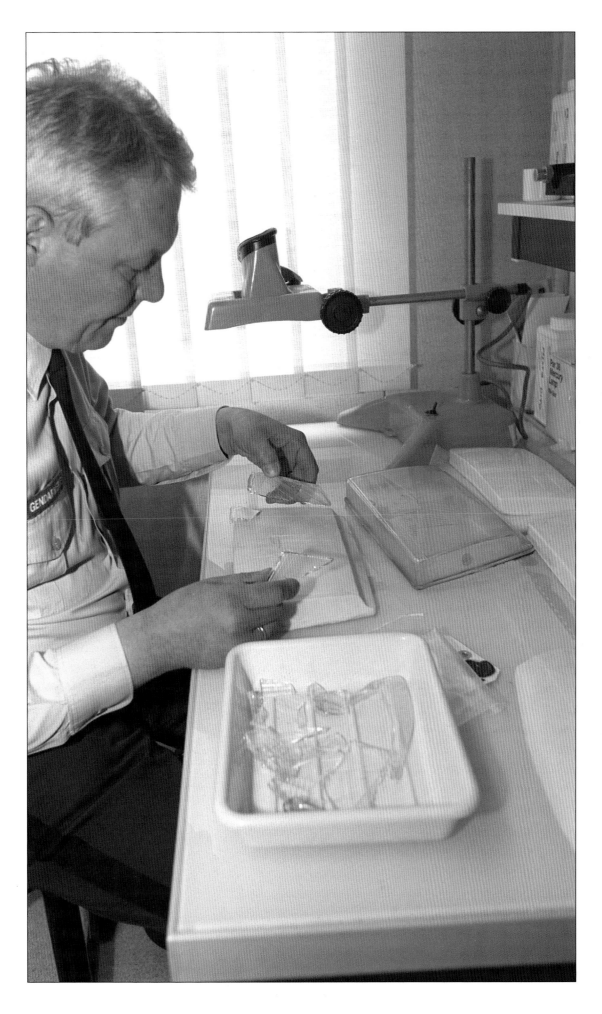

IZQUIERDA UN POLICÍA
FRANCÉS ENCAJA
METICULOSAMENTE LOS
FRAGMENTOS DE CRISTAL DE
UN ACCIDENTE DE COCHE. SI
PROCEDEN DE UN FARO, AL
TERMINAR DE MONTARLOS SE
PODRÁ LEER EL NOMBRE DEL
FABRICANTE, LO QUE
CONDUCIRÁ A LA
IDENTIFICACIÓN DEL MODELO
DEL VEHÍCULO IMPLICADO.

pequeños, que sí pueden ser detectados por la policía científica.

En casos de accidentes con fuga, es probable encontrar partes de los faros rotos. Hay que reunirlos y reconstruirlos con cuidado, para que su forma proporcione el modelo de coche. Si bien parece sólido, el cristal es en realidad un líquido superenfriado, mantenido entre dos capas de «piel» muy tensas. Cuando los fragmentos de cristal se examinan al microscopio se pueden ver fracturas concoidales en el lado contrario a donde se produjo la fuerza de ruptura. Esto puede ser de gran importancia a la hora de reconstruir los pedazos.

PÁGINA SIGUIENTE UN POLICÍA CIENTÍFICO EXAMINA LOS RESTOS DE UN FUEGO DECLARADO EN UN APARTAMENTO. SI BIEN CARBONIZADOS, LOS CADÁVERES NUNCA SE CONSUMEN DEL TODO EN FUEGOS DE ESTE TIPO, POR LO CUAL ES POSIBLE DETERMINAR SI LA VÍCTIMA ESTABA O NO MUERTA ANTES DEL INCENDIO. EL INVESTIGADOR TOMARÁ MUESTRAS DE TODOS LOS MATERIALES DE LOS ALREDEDORES, SOBRE TODO PARA AVERIGUAR SI EL INCENDIO FUE FORTUITO O INTENCIONADO, HABIÉNDOSE UTILIZADO COMBUSTIBLES.

ABAJO EL RESULTADO DE UN ATAQUE TERRORISTA CON BOMBAS EN EL CLUB SARI DE PLAYA KUTA, EN LA ISLA INDONESIA DE BALI, EN OCTUBRE DEL 2002. LA EXPLOSIÓN ORIGINÓ UN INTENSO FUEGO QUE NO TARDÓ EN EXTENDERSE AL CLUB VECINO. UNAS 180 PERSONAS, MUCHAS DE ELLAS AUSTRALIANOS, RESULTARON MUERTAS Y 274 HERIDAS.

FUEGO Y EXPLOSIONES

Investigar incendios y explosiones, hayan o no ocurrido muertes, es ligeramente distinto que hacerlo en un escenario de un crimen normal, porque gran parte de las pruebas pueden haber quedado destruidas. Se necesitan expertos en la materia, sobre todo para determinar si el acontecimiento fue accidental o criminal.

Existen tres posibles motivos para prenderle fuego deliberadamente la propiedad de otra persona –o la nuestra–: fraude al seguro, venganza u ocultación de un crimen. Cuando en la escena se encuentra un cuerpo también hay que considerar la posibilidad de un suicidio.

Lo más importante para el equipo que estudia un incendio es asegurar el área, confirmando que el edificio –por lo general un chalé, un apartamento, una oficina o una fábrica– no vaya a derrumbarse. Desgraciadamente, esto puede suponer la desaparición u ocultación de pruebas importantes. Una vez que el lugar del incendio es relativamente seguro, el siguiente paso es descubrir el punto de origen del fuego. Las llamas se desplazan desde el punto donde se originaron, por lo general, hacia arriba y el inicio de un fuego se encuentra habitualmente, en el punto más bajo del mismo. Por otra parte, los suelos de madera tienden a quemarse según un patrón ajedrezado, cuyos cuadrados tienden a ser más pequeños cuanto más cercanos al punto de origen. Igual de importante es determinar si hubo más de un punto de origen, un indicio seguro de que se trata de un incendio intencionado.

Hay que limpiar los escombros en torno al punto de origen en busca de cualquier resto de una bomba incendiaria. Una fuerte presencia de escombros y ceniza puede revelar si se apiló material inflamable –como papel y cartón– antes de comenzar el fuego.

Es posible que se hayan utilizado sustancias combustibles –gasolina, queroseno u otros líquidos inflamables– para comenzar el fuego. Los restos de estos líquidos pueden haber quedado impregnados en la madera carbonizada o haberse introducido en grietas del suelo, donde pueden haber quedado sin consumirse debido a la ausencia de oxígeno. A menudo, el incendiario deja un rastro del líquido inflamable, o incluso de papel o tela, para darse a sí mismo tiempo de escapar antes de que el fuego coja fuerza.

ampollas características, que pueden ser analizadas en el laboratorio en busca de una reacción de proteínas. Las quemaduras producidas tras la muerte suelen ser duras y de color amarillo, con unas pocas ampollas, cuyo líquido no produce reacción de proteínas.

El fuego puede ser consecuencia de una explosión o la explosión consecuencia del fuego; también se dan muchos casos en los que la explosión es resultado de un accidente o un acto criminal y no va acompañada de un fuego. Cualesquiera que sean las circunstancias, el resultado es que los escombros pueden quedar esparcidos por una zona muy amplia, y con ellos pruebas esenciales.

Al igual que en el caso de los incendios, lo primero que hay que hacer (después de haber asegurado el lugar) es determinar cuál ha sido el punto de la explosión, observando el modo en que ha viajado la onda expansiva. Objetos pesados como tuberías, rejas, marcos de ventana e incluso clavos o tornillos serán arrojados lejos del origen de la explosión. Las hojas de metal (puertas, electrodomésticos, cajas) quedarán dobladas hacia el interior. En los laboratorios de estudios de las explosiones se pueden probar objetos similares para determinar cuánta presión se necesita para producir un daño determinado, proporcionando indicios sobre el tipo y la cantidad de explosivo empleado.

Las explosiones pueden originarse por el encendido accidental de un escape de gas o de un líquido inflamable. No obstante, en casos criminales, la explosión necesita algún tipo de detonador de algún tipo y la búsqueda de sus fragmentos (cables, tapas arrugadas, temporizadores) es de gran importancia. Todos los laboratorios de criminalística poseen una colección de productos comerciales, por lo que con frecuencia es posible averiguar el fabricante e incluso la fuente del explosivo y el detonador. Las ropas de cualquier cadáver o de las personas heridas, también deben ser examinadas en busca de fragmentos y residuos químicos del explosivo.

Casi todos los explosivos dejan algún residuo sólido, de modo que hay que buscar en toda la zona de escombros y frotar cualquier superficie sospechosa con disolvente para obtener minúsculas cantidades para analizar. También se pueden utilizar los detectores portátiles para hallar restos de sustancias vaporizadas. Cuando se detienen sospechosos, sus manos, ropas y objetos personales se examinan de forma similar. Las manos son particularmente importantes, pues aunque lleven guantes cuando manejan el explosivo, es probable que hayan penetrado restos en la piel.

En una explosión muy destructiva, es muy probable que los cuerpos de las víctimas estén desmembrados. Reunir los restos e identificar cada víctima individualmente requiere las habilidades de un antropólogo forense.

Si se ha utilizado gasolina o queroseno, un investigador experimentado podrá detectar el olor residual, algo que no es posible hacer si el líquido inflamable es alcohol u otro líquido inodoro, como disolventes de pintura. En cualquier caso, es preferible utilizar un instrumento portátil. Desarrollado como detector de gases inflamables en fábricas, este instrumento es capaz de detectar residuos volátiles en cantidades tan mínimas como diez partes por millón. Otros instrumentos se utilizan para tomar muestras de aire, que luego pueden ser analizadas en un laboratorio de criminalística utilizando un cromatógrafo de gases.

Cuando se localiza un cuerpo, suele aparecer con los puños cerrados y los brazos piernas levantadas. El intenso calor hace que los músculos se contraigan, produciendo lo que se conoce como la postura pugilística. No obstante, ni siquiera un fuego continuo y severo es capaz de consumir un cuerpo, a pesar de la intención del asesino de ocultar todos los restos de su crimen. En un crematorio, por ejemplo, el horno alcanza una temperatura de 1.500 °C –mucho mayor que un fuego normal– e incluso así la reducción del cuerpo a cenizas requiere de dos a tres horas.

También es posible descubrir si las heridas del cadáver fueron producidas antes o como resultado del incendio, a pesar de que el cuerpo esté muy quemado. Cuando una persona viva se quema, los glóbulos blancos (leucocitos) se dirigen hacia la herida; allí producen una inflamación –hiperemia– y

EL DESASTRE DE LOCKERBIE

El 21 de diciembre de 1988, el vuelo 103A de la PanAm, un 747 de camino hacia Nueva York, explotó en vuelo sobre la ciudad de Lockerbie, en Escocia. Gran parte de los escombros cayó sobre la ciudad: un motor creó un cráter de 4,5 m de profundidad en medio de una calle, un ala destruyó

dos casas y arrojó unas 1.500 t de tierra y roca, mientras que los depósitos de combustible, todavía con 91.000 l de gasolina, estallaron en una inmensa bola de fuego. Los vientos de altura soplaban a 115 nudos (unos 200 km/h) y los restos más pequeños quedaron esparcidos sobre una superficie de unos 1.200 km cuadrados en el sur de Escocia. Las 259 personas que viajaban en el avión perecieron, así como 11 habitantes de Lockerbie; otros cinco resultaron heridos. Al igual que el desastre del aeropuerto O'Hare, los investigadores se vieron enfrentados a la desalentadora tarea de

ARRIBA PARTE DE LOS RESTOS QUE CAYERON SOBRE LA CIUDAD DE LOCKERBIE EL 21 DE DICIEMBRE DE 1988. CADA FRAGMENTO TUVO QUE SER RECOGIDO POR LOS INVESTIGADORES SOBRE UNA ZONA INMENSA DE ESCOCIA. ALGUNOS FRAGMENTOS FUERON EMPUJADOS POR UN FUERTE VIENTO DEL OESTE Y APARECIERON A 70 KM DEL LUGAR DEL DESASTRE.

identificar a los muertos; otra cuestión igual de importante era la causa de la explosión. Unos cuatro millones de fragmentos fueron recuperados lentamente y luego llevados al polvorín central del ejército, situado a 12 km de Lockerbie. Al ser reconstruido el avión con ellos, se descubrió que la explosión había tenido lugar en la zona de carga delantera, en la parte inferior izquierda del fuselaje. Se observó también que dos contenedores que estaban juntos, uno de metal y otro de fibra de vidrio fueron los más dañados por la explosión, que había ocurrido en el contenedor de metal. Atrapada en esta piel de metal, un investigador de accidentes encontró una diminuta pieza de un circuito integrado; finalmente fue identificado como parte de un radiocasete Toshiba modelo 8016, que

conductor, aterrado, la metió en el coche, donde murió al poco. Debió haber mucha sangre. Si alguna vez encontráis el coche partes del interior estarán muy manchadas»

—Si es que lo encontramos alguna vez –gruñó Verdian– ¿cuánto tiempo calculas que lleva enterrado el cuerpo?

—Todavía vamos a tener que esperar un poco –dijo Tamara Gregoro– los restos de insectos nos pueden decir algo al respecto. Tengo contacto con un entomólogo de La Jolla y ya veremos qué nos dice.

—Aunque no menos de un año –añadió Kurosawa.

Kurosawa y Vrba decidieron dejar para el día siguiente el estudio detallado de los restos, pero no tenían muchas esperanzas de que les fuera a revelar nada más.

—Debemos realizar moldes de los dientes, aunque no es que nos vayan a ayudar mucho –dijo Vrba– hasta que no tengamos algo que nos permita realizar una identificación provisional.

Por el momento era mucho lo que dependía de lo que revelara el laboratorio de criminalística.

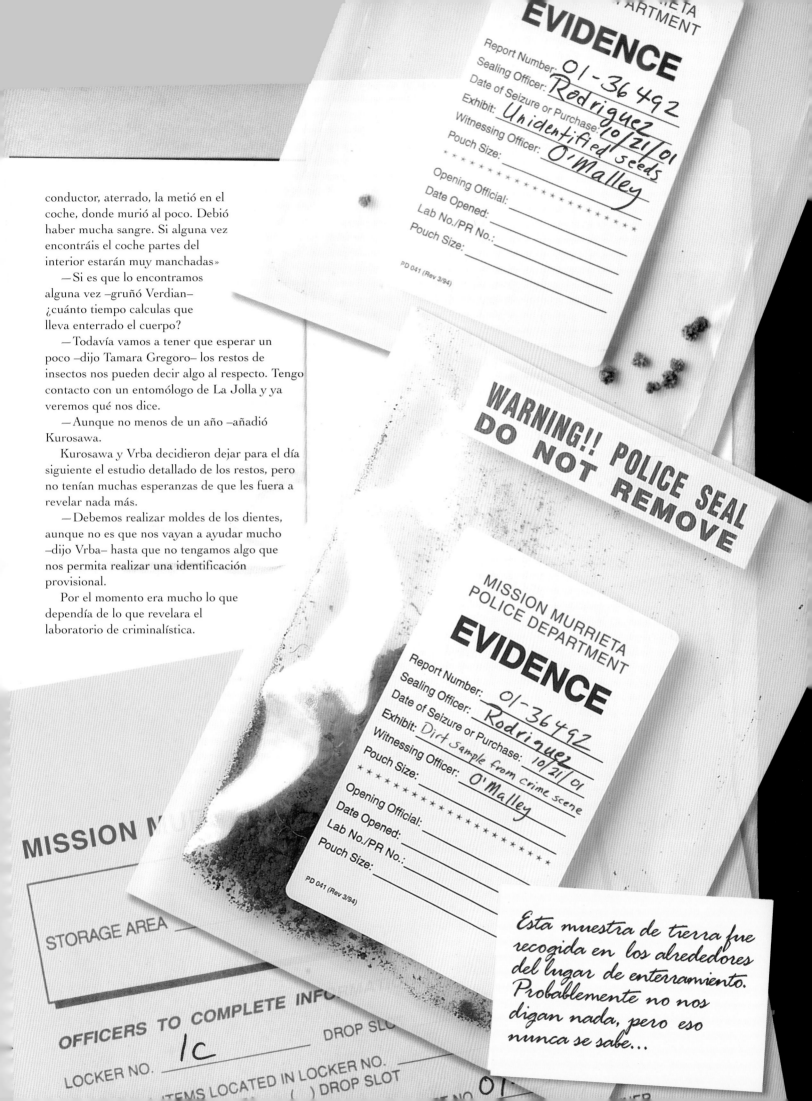

MISSION MURRIETA POLICE DEPARTMENT

EVIDENCE

Report Number: 01-36492
Sealing Officer: Rodriguez
Date of Seizure or Purchase: 10/21/01
Exhibit: Unidentified seeds
Witnessing Officer: O'Malley
* * * * * * * * * *
Opening Official:
Date Opened:
Lab No./PR No.:
Pouch Size:

PD 041 (Rev 3/94)

WARNING!! POLICE SEAL
DO NOT REMOVE

MISSION MURRIETA POLICE DEPARTMENT

EVIDENCE

Report Number: 01-36492
Sealing Officer: Rodriguez
Date of Seizure or Purchase: 10/21/01
Exhibit: Dirt sample from crime scene
Witnessing Officer: O'Malley
Pouch Size:
* * * * * * *
Opening Official:
Date Opened:
Lab No./PR No.:
* * * * * * *
Pouch Size:

PD 041 (Rev 3/94)

MISSION M

STORAGE AREA

OFFICERS TO COMPLETE INFO

LOCKER NO. 1c

DROP SLO

ITEMS LOCATED IN LOCKER NO.
( ) DROP SLOT

Esta muestra de tierra fue recogida en los alrededores del lugar de enterramiento. Probablemente no nos digan nada, pero eso nunca se sabe...

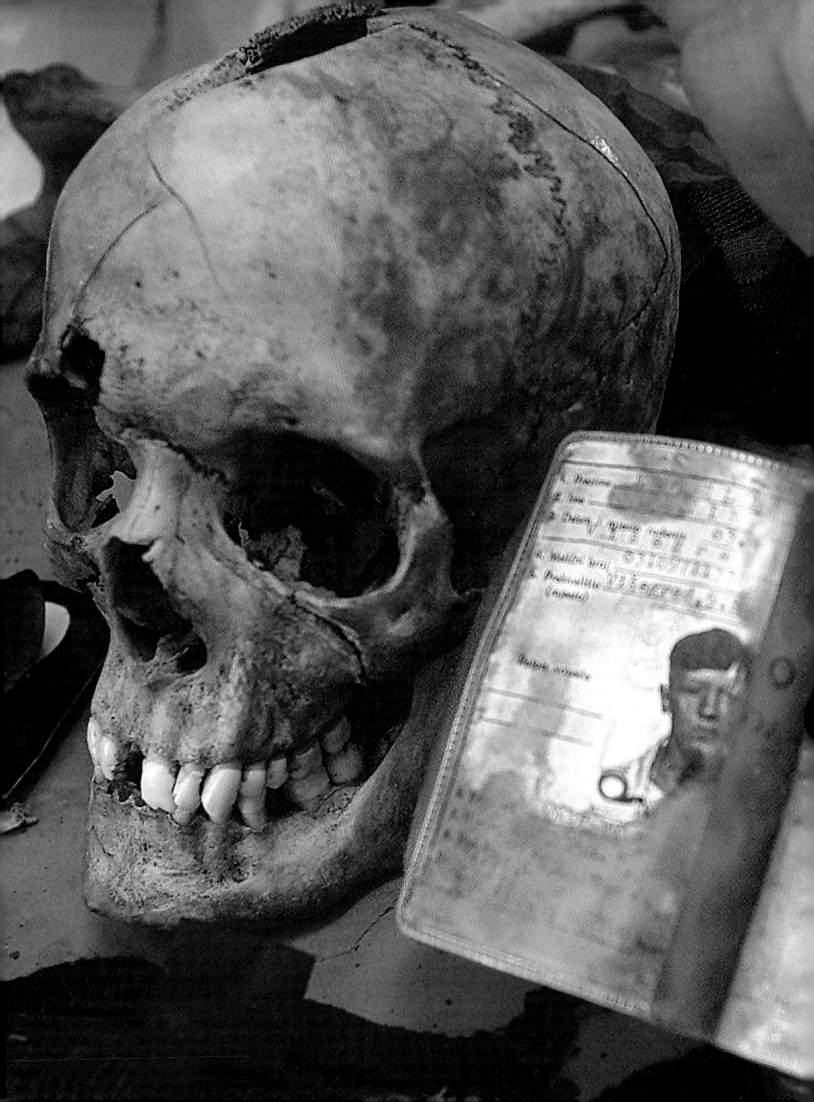

4

EL MOMENTO DE LA MUERTE

Calcular el momento en que la persona murió es de una importancia

capital, incluso si no se trata de un crimen. En el caso de un cuerpo sin

identificar, la probable fecha

de la muerte es muy posible que sea de

gran ayuda a la hora de identificarla.

Esto tendrá una gran relevancia, si

después se puede relacionar con lo que

digan los testigos sobre los movimientos de la víctima

desconocida. Además, también puede haber cuestiones de herencia,

caso de que otro heredero hubiera muerto aproximadamente al mismo tiempo

–con minutos u horas de diferencia–, así como problemas de pago de los

seguros de vida. Cuando se trata de un homicidio, establecer la secuencia

temporal es vital para eliminar a posibles sospechosos de la investigación.

> «Habrá tiempo para asesinar
> y crear, y tiempo para todas
> las obras y los días [...].»
>
> T. S. ELIOT,
> *La canción de amor de J. Alfred Prufock.*

PÁGINA ANTERIOR CON FRECUENCIA, LOS OBJETOS PERSONALES ENCONTRADOS JUNTO AL CADÁVER PUEDEN PROPORCIONAR LA IDENTIDAD DE LA VÍCTIMA. ESTE PERMISO DE CONDUCIR FUE ENCONTRADO EN JULIO DEL 2001 EN UNA FOSA COMÚN DE VÍCTIMAS DE LA GUERRA CIVIL BOSNIA. SÓLO UN ESTUDIO ANTROPOLÓGICO CONFIRMARÁ QUE EL CRÁNEO ES EL DEL DUEÑO DEL PERMISO DE CONDUCIR.

LA TEMPERATURA DEL CUERPO

El cadáver puede ser reciente; puede haber permanecido al aire libre durante varios días; puede estar enterrado total o parcialmente; puede estar en un avanzado estado de descomposición; es posible que esté momificado o incluso que haya quedado reducido a un mero esqueleto. Para determinar cuánto tiempo ha transcurrido desde que tuvo lugar la muerte se han propuesto muchas técnicas. La mayoría son aproximadas, pero otras han demostrado ser tremendamente efectivas.

Todos los amantes de las películas clásicas de crímenes están familiarizados con la técnica de estimación de la hora de la muerte de un cadáver reciente: el forense toma la temperatura del cuerpo y dice con seguridad: «La muerte tuvo lugar entre las 6.30 y las 8 de la tarde de ayer. Podré dar una hora más precisa tras realizar la autopsia». Desgraciadamente, a pesar de cerca de dos siglos de investigación, la escena es pura ficción. Es imposible determinar el momento de la muerte con exactitud. Como dijo con frecuencia el eminente patólogo británico Francis Camps: «El único modo de saber la hora de la muerte es estar allí cuando sucede». Muy de vez en cuando,

Derecha En determinadas condiciones, un cadáver puede que no se descomponga. En situaciones de extrema sequedad, por ejemplo, los tejidos no se pudrirán y el cuerpo se momificará. Las bajas temperaturas también pueden provocar esa momificación. Este cuerpo de un cazador prehistórico, que aparentemente se cayó en una grieta de un glaciar hace varios miles de años, fue descubierto en 1990 en el Tirol italiano. El estado físico del cuerpo momificado impide, evidentemente, determinar el momento de la muerte; sólo los objetos que lo acompañan pueden ofrecer pistas.

es posible –si bien sucede más a menudo en las películas que en la vida real– ofrecer una hora casi exacta de la muerte, por ejemplo, si un reloj se ha parado al golpearlo una bala o si se ha roto el reloj de pulsera de la víctima.

Es cierto que tras su muerte el cuerpo pierde gradualmente su temperatura natural de 37 °C, pero las circunstancias pueden variar radicalmente esa velocidad. En regiones templadas, un cuerpo de tamaño medio vestido pierde unos 1,8 °C durante las primeras seis u ocho horas, pero después el nivel de enfriamiento decrece de forma regular. Los cuerpos desnudos se enfrían con mucha más rapidez, mientras que los cuerpos gordos lo hacen con menos velocidad. Los niños, cuya superficie epidérmica es mayor en relación a su masa corporal que la de los adultos, por lo general, pierden calor con mayor rapidez. El ritmo de pérdida de calor corporal también está relacionado con la temperatura ambiente: en los trópicos o cerca de un fuego los cadáveres pueden calentarse tras morir.

Otros muchos factores complican las cosas. Si la persona muere de hipotermia, por ejemplo, su temperatura en el momento de la muerte estará por debajo de los 37 °C. Alguien que fallece por una hemorragia cerebral o por sepsis tras un aborto o incluso por asfixia, es probable que tenga una temperatura mayor que la normal. Una violenta actividad física –quizá debida a su enfrentamiento con el criminal– también puede aumentar la temperatura del cuerpo antes de la muerte. La posición en la que descansa el cadáver, la deshidratación, un edema, ropas mojadas, corrientes de aire o la humedad, todos son factores que pueden afectar el ritmo de disminución de la temperatura.

Finalmente, también la actividad de las bacterias, que comienzan el proceso de la descomposición casi inmediatamente después de producirse la muerte, o montones de gusanos alimentándose de los restos, pueden generar calor. En el pasado era obligatorio que el forense tomara la temperatura del cadáver in situ, mediante un termómetro introducido en el ano.

No obstante, no es una práctica que se recomiende en la actualidad, pues puede interferir

con otras pruebas forenses –sobre todo en los casos de violación– y es mejor dejar la medición de la temperatura del cadáver para la mesa de autopsias. No obstante, el policía encargado de la investigación tomará la temperatura de la habitación en el momento del hallazgo del cuerpo, como ayuda para el patólogo.

En la actualidad, el método preferido para calcularla es el de dos investigadores alemanes, Claus Henssge y Burkhard Madea, que han desarrollado un programa de ordenador con una complicada tabla de variables en las que entran la temperatura rectal, la ambiental y el peso del cuerpo, además de modificaciones según la ropa, la humedad y las corrientes de agua o aire.

No obstante, la mayor exactitud que puede conseguirse con este método ofrece una variación temporal de algo más de cinco horas. Es indicativo en el 95% de los casos, el otro 5% cae fuera de esos límites.

Los patólogos franceses prefieren tomar la temperatura en el canal auditivo; pero, si bien permite una mayor exactitud, no siempre permite tomar en cuenta todas las variables descritas más arriba. Enfocando el problema desde un punto de vista diferente, algunos investigadores, sobre todo los alemanes, han examinado el modo en que es posible hacer que se contraigan mediante corrientes eléctricas durante varias horas después de la muerte. El iris del ojo también se contrae o dilata utilizando diversas drogas, pero todas estas reacciones se ven

ARRIBA EXPERTOS FORENSES DEL INSTITUT DE RECHERCHE CRIMINELLE (INSTITUTO DE INVESTIGACIÓN CRIMINAL) DE PARÍS EXAMINAN UN CADÁVER HALLADO EN UNA ZONA BOSCOSA. EL CUERPO HA DE SER FOTOGRAFIADO IN SITU ANTES DE QUE NADIE LO TOQUE Y SEA TRANSPORTADO AL DEPÓSITO DE CADÁVERES PARA SER INVESTIGADO.

IZQUIERDA EL DR. FRANCIS CAMP, CATEDRÁTICO DE MEDICINA FORENSE DE LA UNIVERSIDAD DE LONDRES, ESTUVO ENTRE LOS PRINCIPALES PATÓLOGOS CRIMINALES DE REINO UNIDO ENTRE 1940 Y 1970. CON FRECUENCIA DISCREPABA CON OTROS PATÓLOGOS –SOBRE TODO CON SIR BERNARD SPILSBURY– SOBRE EL MOMENTO ESTIMADO DE LA MUERTE.

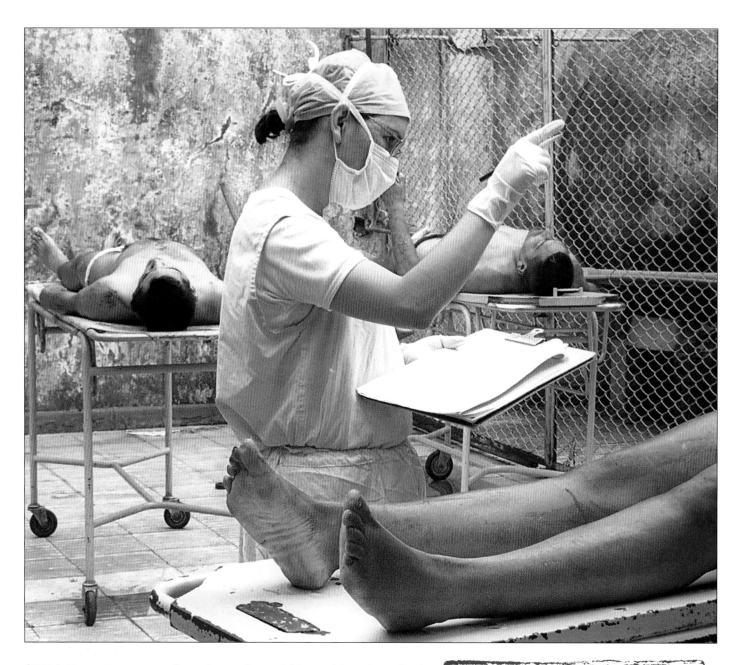

afectadas por las variables ambientales y climáticas.

Al realizarse la autopsia se han de tomar muestras de varios fluidos corporales, incluidos la sangre, la orina y el líquido cerebroespinal. Un estudio bioquímico de los cambios en el líquido cerebroespinal podría proporcionar un cálculo más exacto del tiempo transcurrido desde la muerte; pero, al igual que la temperatura corporal, éstos se encuentran sometidos a muchas variantes externas.

Otra técnica experimental se basa en el aparente incremento de las concentraciones de potasio en el humor vítreo del ojo, que aumenta de forma bastante constante a lo largo de cuatro o cinco días.

No obstante, dado que el contenido inicial de potasio del ojo de una persona sólo puede ser averiguado de forma aproximada, este método es tan poco fiable como los demás.

EL RÍGOR MORTIS

Entre una y cuatro horas después de la muerte, los músculos faciales de un cuerpo comienzan a volverse rígidos debido a varios cambios químicos, cosa que en las extremidades tarda entre cuatro y seis horas. Unas 12 horas después todo el cuerpo está rígido y luego se va relajando gradualmente mientras va comenzando la descomposición. No obstante, como siempre sucede, la aparición y progreso de esta condición (el rígor mortis) depende de la temperatura. De hecho, los cuerpos de dos personas asesinadas a la vez en el mismo entorno pueden mostrar diferencias importantes en su nivel de rigor mortis.

La electrocución puede provocar una rápida aparición del rigor mortis y también se da el espasmo cadavérico. Si bien muchos patólogos cre-

¿Está muerta?

Una de las responsabilidades de un médico es certificar la muerte. La historia de la medicina cuenta con muchos casos en los que alguien declarado cadáver ha dado signos de vida en el depósito de cadáveres o incluso sobre la mesa de autopsias. Además, el envenenamiento (por lo general por una sobredosis de droga) o la electrocución pueden producir una «animación suspendida», durante la cual no se pueden apreciar ni el pulso ni la respiración. Incluso la actividad eléctrica del cerebro puede ser indetectable, aunque la víctima puede ser reanimada en una unidad de cuidados intensivos.

Un caso importante fue el de una mujer de 23 años que fue encontrada, aparentemente muerta, en una playa cercana a Liverpool (Reino Unido) en octubre de 1969. Tras examinarla durante un cuarto de hora, un médico local la declaró muerta y su diagnóstico fue confirmado por el patólogo de la policía, que llegó poco después. El cuerpo fue trasladado al depósito de cadáveres y justo cuando la autopsia estaba a punto de comenzar, por fortuna, alguien notó un movimiento del párpado derecho, donde comenzó a formarse una lágrima. La mujer fue trasladada de inmediato a una unidad de cuidados intensivos, donde permaneció en estado crítico durante varias horas. Cuando su estado mejoró, fue trasladada a un hospital psiquiátrico, pues se supo que había tomado una sobredosis de barbitúricos. Una semana después abandonó el hospital por propia voluntad, pues nada podía haber sido peor que su encuentro con la muerte.

Dado que los criterios habituales –ausencia de respiración, pulso cardiaco y actividad cerebral– no son fiables, en los últimos años la profesión médica ha intentado alcanzar una definición legal de muerte. En la actualidad se acepta que es la condición conocida como «muerte cerebral»: el paciente es incapaz de respirar sin un ventilador, no hay respuestas reflejas del cerebro o la médula espinal y un electroencefalograma no puede detectar actividad eléctrica en el cerebro, todo ello durante un período de 24 horas.

ABAJO EL CUERPO DE IRENE RICHARDSON, UNA DE LAS VÍCTIMAS DE PETER SUTCLIFFE, EL «DESTRIPADOR DE YORKSHIRE», ASESINADA EN FEBRERO DE 1977. LA POLICÍA ACORDONÓ LA ESCENA DEL CRIMEN Y SE COLOCARON PALÉS SOBRE LA HIERBA PARA QUE LAS HUELLAS DEL EQUIPO INVESTIGADOR NO SE CONFUNDIERAN CON NINGUNA DEJADA POR EL ASESINO Y NO PISOTEAR NINGUNA PISTA. EL CUERPO DE RICHARDSON FUE ENCONTRADO POR LA MAÑANA TEMPRANO Y FUE POSIBLE CALCULAR LA HORA DE LA MUERTE CON UNA HORA O DOS DE EXACTITUD.

ARRIBA LA MANO DE UN CUERPO EMBALSAMADO. ESTA TÉCNICA DE PRESERVAR CUERPOS MUERTOS SE ORIGINÓ EN EL ANTIGUO EGIPTO, PERO FUE LLEVADA A ESTADOS UNIDOS DURANTE LA GUERRA CIVIL. SE INYECTAN VARIOS LITROS DE UN FLUIDO CONSERVANTE CON FORMALDEÍDO A TRAVÉS DE UNA ARTERIA, AL MISMO TIEMPO QUE SE VACÍA LA SANGRE POR UNA VENA ABIERTA.

en que los informes de este tipo de rigor mortis son meros mitos, se ha dicho que en circunstancias de extrema emoción o violencia, el rigor mortis completo puede aparecer inmediatamente después de la muerte. Entre las historias que se cuentan sobre ello está la de un soldado muerto durante la batalla de Balaclava, en Crimea, en 1854, que permaneció montado rígido sobre su caballo. También se dice que durante la batalla del Sedan, en la guerra franco-prusiana de 1870, el cuerpo de un soldado decapitado por un proyectil permaneció de pie sujetando con firmeza su copa de vino.

HIPÓSTASIS

Cuando el corazón deja de latir en el momento de la muerte, la circulación de la sangre se detiene y la gravedad hace que lentamente se vaya depositando, a través de los conductos sanguíneos, en las partes más bajas del cuerpo. Es lo que se conoce como hipóstasis, o lividez post mórtem. Los glóbulos rojos son los primeros en depositarse, formando manchas morado-azuladas visibles entre una y tres horas después de la muerte. La manchas van creciendo gradualmente hasta convertirse en zonas morado-rojizas entre seis y ocho horas después de la muerte. No obstante, estás velocidades no son fiables, pues en la gente anciana anémica, por ejemplo, la hipóstasis no se produce. Las manchas rojas no se formarán allí donde el cuerpo presiona contra una superficie dura, que impide que se acumule la sangre. Si el cuerpo está tendido boca arriba, por ejemplo, las manchas se encontrarán sólo en la parte posterior del cuello, parte de la espalda y los muslos. En un cuerpo ahorcado, la hipóstasis aparecerá en manos y piernas.

Si bien el estado de hipóstasis no se puede utilizar para calcular con exactitud el momento de la muerte, ni siquiera a las pocas horas, en ocasiones puede proporcionar indicios de si el cuerpo ha sido movido horas después del fallecimiento, caso de que la hipóstasis no se encuentre en las zonas más bajas.

INVESTIGACIÓN DEL CASO
PATATAS CON CEBOLLA

El 22 de octubre de 1993 se encontró en su domicilio de Steambot Springs (Colorado), el cuerpo de Gerry Boggs, dueño de una ferretería. Había sido atontado con una descarga eléctrica, golpeado con una pala y recibido varios disparos en el pecho. Las sospechas recayeron en su ex mujer, Jill, una antigua modelo. Ahora estaba casada con un hombre llamado Carrol. Se trataba de su noveno matrimonio y su tercer marido también había muerto en condiciones sospechosas. Con Boggs había tenido una serie de fuertes peleas.

Los forenses del condado recuperaron medio litro de jugos gásticos del estómago de Boggs, que describieron con la consistencia de fideos. Boggs fue visto con vida por última vez a la hora del almuerzo del 21 de octubre y sus empleados informaron de que nunca comía, pero que desayunaba en una cafetería cercana, donde siempre pedía huevos, tostadas y patatas. Jill Coit, pues ese era su nombre ahora, no tenía coartada para la tarde del 21 de octubre, pero había testigos

que podían corroborar que pasó la noche con un novio a 257 km de distancia, en Thornton. Su abogado afirmó que la presencia de fideos en el estómago de Boggs demostraba que había cenado.

Se solicitó al profesor David Norris, de la Escuela de Medicina de la Universidad de Colorado que examinara los «fideos». No tardó en identificar los característicos restos de células de patatas y cebolla y así lo anunció con seguridad.

Había un problema. Los cocineros de la cafetería afirmaban que nunca le añadían cebolla a sus patatas. De modo que uno de los detectives de la policía de Steamboat Springs visitó la cafetería y pidió un desayuno idéntico al que comía habitualmente Boggs, descubriendo así, que todo lo que cocinaban en la parrilla quedaba contaminado con... fragmentos de cebolla. Destruida su coartada, Jill Coit fue declarada culpable y condenada a cadena perpetua sin posibilidad de libertad condicional.

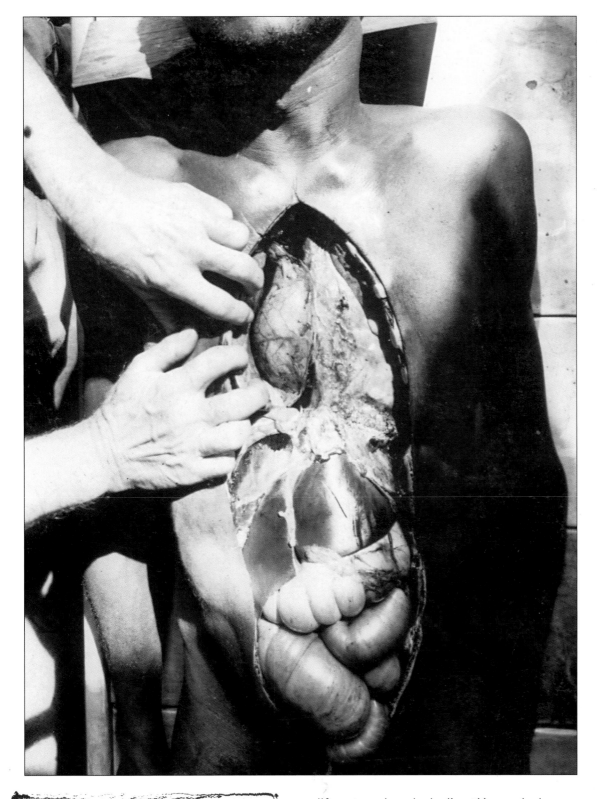

Izquierda Una de las
primeras operaciones
realizadas después de abrir
el cadáver en una
autopsia, es sacar el
estómago intacto. Si bien
su contenido se digiere con
bastante rapidez, se
conocen varios casos en el
que se ha encontrado
relativamente intacto. No
obstante, cualesquiera
que sean las condiciones
del contenido del
estómago, si se puede
determinar el momento de
la última comida de la
víctima, es evidente que
murió con posterioridad a
esa hora.

EL CONTENIDO DEL ESTÓMAGO

Se ha sugerido que la comida encontrada en el estómago de un cadáver, así como el estado de la digestión pueden proporcionar una estimación del tiempo de la muerte con una diferencia de dos o tres horas. No obstante, cada persona es diferente y el grado de digestión puede depender no sólo de sus características personales, sino también de la naturaleza de la comida ingerida. Además, varias circunstancias físicas y emocionales pueden afectar e incluso detener la digestión.

Si el contenido del estómago puede ser identificado como un alimento concreto y la comida puede situarse en el tiempo, se puede determinar que la muerte ocurrió en un momento posterior, pero esto es todo.

Página siguiente Tras una
autopsia completa, un
forense reconstruye el
cuerpo de un hombre joven
muerto de un disparo en
las calles de Washington
D. C., en el depósito de
cadáveres del Hospital
General en marzo de 1996.

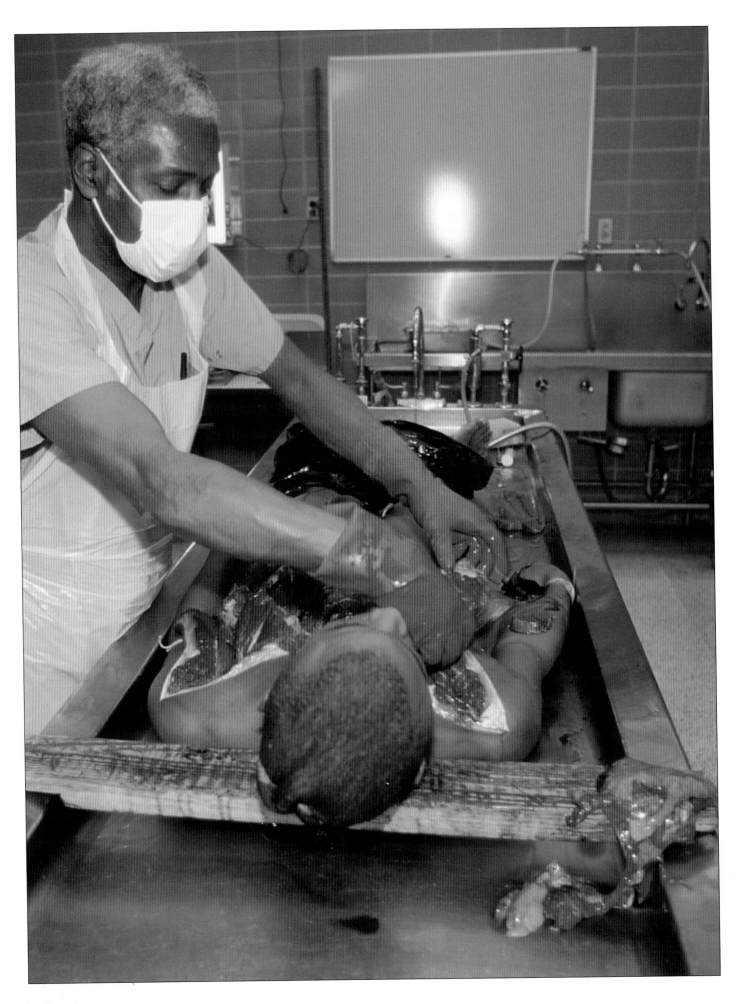

Un famoso caso, ocurrido en Escocia en 1913, en el cual el contenido del estómago fue una prueba irrefutable al proporcionar la hora aproximada de la muerte.

Una tarde del verano de ese año, dos hombres observaron un fardo oscuro flotando en las aguas de una cantera inundada en West Lothian; al arrastrarla hacia la orilla comprobaron horrorizados que, en realidad, se trataba de dos cuerpos pequeños atados con una cuerda.

El examen de Sydney (posteriormente sir Sydney) Smith no tardó en establecer que se trataba de los cuerpos de dos chicos de cuatro y siete años. Los restos de sus ropas eran parecidos, lo que sugería que eran hermanos; en una de las camisas se encontró una marca de lavandería de una casa de beneficencia de Dysart (Fife).

Dado que ambos habían sido introducidos en el agua poco después de su muerte, su grasa corporal se había transformado en adipocira (véase debajo). Esto había inhibido la descomposición y dejado sus estómagos intactos, con su contenido casi sin digerir. Smith informó: «En cada estómago había varias onzas de vegetales sin digerir –guisantes enteros, cebada, patatas, nabos y puerros; de hecho, el contenido del tradicional *broth* (caldo) escocés».

A partir del desarrollo de la adipocira, Smith calculó que los chicos habían estado en el agua entre 18 meses y dos años, es decir, que habían tomado su última comida en el otoño de 1911.

Dos chicos de edades parecidas y que habían pasado algún tiempo en la casa de beneficencia de Dysart desaparecieron en noviembre de 1911. Su padre, un trabajador llamado Patrick Higgins, le dijo por esas fechas a un conocido: «Los chicos están bien, van de camino al Canadá.»

La policía encontró a una mujer de la zona que recordó haber dado a dos chicos jóvenes *broth* una noche de noviembre de 1911. Era confirmación suficiente de los hallazgos de Smith. Patrick Higgins no tardó en ser arrestado por el asesinato de sus hijos. fue declarado culpable y colgado tras ser juzgado en Edimburgo.

IZQUIERDA SIR SYDNEY SMITH, EL RENOMBRADO PATÓLOGO ESCOCÉS. ALGUNOS DE SUS TRABAJOS MÁS IMPORTANTES TUVIERON LUGAR EN EL CAMPO DE LA BALÍSTICA.

ADIPOCIRA

La formación de adipocira –un material gris y ceroso parecido al jabón, producido por la acción química sobre la grasa del cuerpo–, por lo general, tiene lugar si el cuerpo ha permanecido sumergido en agua durante mucho tiempo o enterrado en un lugar húmedo. Generalmente, esta transformación implica que la muerte tuvo lugar varios meses antes, pero puede que tenga lugar con mayor velocidad si la temperatura del cuerpo permanece alta. El calor producido por una infestación de gusanos, por ejemplo, se sabe que puede hacer subir la temperatura hasta los 26 °C y, en estas circunstancias –o con aumentos de temperatura similares– la formación de adipocira puede tener lugar en sólo tres semanas.

Por todo lo que se ha comentado antes, es evidente que resulta prácticamente imposible afirmar cuándo ha tenido lugar la muerte. En el mejor de los casos, si el cadáver es reciente, la estimación se puede limitar a una variación de cinco horas. No obstante, en muchos casos de homicidio, como el mencionado en la página 114, esta estimación también puede demostrar ser suficiente como para destruir o apoyar la coartada de uno o varios sospechosos.

Pese a todo, existe un área de investigación relacionada que en los últimos años ha conseguido resultados impresionantes y en ocasiones puede señalar con precisión la hora de la muerte, con una diferencia de una hora o dos y sin duda con exactitud de días. De hecho, la entomología forense ha permitido arrojar dudas sobre las coartadas de varios casos de asesinato o establecer la inocencia del sospechoso.

ABAJO LA FORMACIÓN DE ADIPOCIRA COMO RESULTADO DE UNA REACCIÓN QUÍMICA EN LA GRASA CORPORAL –SOBRE TODO EN ENTORNOS HÚMEDOS– CONSERVA MUCHOS DE LOS RASGOS DEL CUERPO. PUEDE INCLUSO DETENER LA ACTIVIDAD DE LAS BACTERIAS QUE CAUSA LA DESCOMPOSICIÓN DE LOS ÓRGANOS INTERNOS, DEJANDO INTACTO EL CONTENIDO DEL ESTÓMAGO, POR EJEMPLO.

ENTOMOLOGÍA FORENSE

Muy poco después de producirse la muerte, y en ocasiones incluso antes de que el corazón haya dejado de latir, las moscas comienzan a llegar, atraídas por los primeros olores de la descomposición. Las siguen oleadas de otros insectos –escarabajos, avispas parasitarias, ácaros e incluso mariposas– a intervalos precisos según sus gustos particulares. Estas infestaciones sucesivas siguen una escala temporal en cierto modo predecible, que proporciona un indicio relativamente preciso del instante de la muerte. En los primeros momentos de la descomposición se puede determinar el día e incluso el momento del día en que sucedió; tras varios años todavía es posible calcular cuánto tiempo ha pasado el cuerpo oculto.

La primera vez que se tiene constancia del uso de este conocimiento en una investigación forense fue en 1850. Mientras arreglaba el hogar de una chimenea en una casa de Arbois (Francia), un obrero descubrió el cuerpo momificado de un niño. Afortunadamente, el médico enviado al escenario del crimen, el Dr. Marcel Bergeret, también era un naturalista aficionado. Fue capaz de determinar que el cadáver pertenecía a un feto abortado o nacido de forma prematura; pero la cuestión más importante era el tiempo que llevaba en la chimenea. Durante los tres años anteriores habían habitado la casa cuatro grupos de personas y era necesario determinar quién alquilaba la casa en el momento del suceso.

El Dr. Bergeret se fijó en los diferentes restos de insectos visibles en el cuerpo. Como él mismo escribió:

> Los huevos de las larvas encontradas en el cadáver en marzo de 1850 deben de haber sido depositados allí a mediados [del verano] de 1849. [...] Además de las muchas larvas vivas, había presentes muchas pupas que debían proceder de huevos depositados anteriormente, es decir, en 1848 [...]. La mosca que nace de las pupas es la *Sarcophaga carnaria* [una mosca de la carne] que deja sus huevos antes de que la carne se seque. Las larvas eran de mariposas de la luz, que atacan los cuerpos cuando ya están muertos [...] En conclusión, en el cuerpo se encontraron dos generaciones de insectos, lo que representa un post mórtem de dos años: en la carne fresca, la mosca de la carne depositó sus huevos en 1848; en el cadáver seco, las polillas dejaron sus huevos en 1849.

Las pruebas del Dr. Bergeret fueron suficientes para convencer a los magistrados franceses para que emitieran una orden de detención de la pareja que tenía alquilada la casa en 1848. Desgraciadamente, su razonamiento era incorrecto. Los insectos que examinó no poseen un ciclo de vida de un año, como él asumió; con tiempo veraniego cálido (algo que acertadamente observó), pueden madurar en cuestión de días o semanas. No obstante, sigue siendo un ejemplo clásico de lo que se ha llegado a conocer como entomología forense.

PRUEBAS PERICIALES

ARSÉNICO

En el cabello y en las uñas de un cadáver se pueden encontrar depósitos de arsénico, sobre todo si se trata de un caso de envenenamiento crónico. Según crecen, los depósitos se trasladan hacia el extremo del pelo o de las uñas a un ritmo regular. Para determinar este ritmo, el Dr. Alan Curry, un toxicólogo que en ese momento era director del Laboratorio Forense del Home Office en Alderston (Reino Unido), durante la década de 1980 realizó un experimento controlado... sobre sí mismo. Comprobó que una única dosis de arsénico necesita 103 días para alcanzar la punta de su pulgar. Con estos datos es posible calcular aproximadamente el momento en que se administró el veneno y, si se encuentran diferentes depósitos a intervalos distintos, es un signo de diversos envenenamientos y, por lo tanto, de un probable homicidio.

DERECHA EL DR. ALAN CURRY, UN TOXICÓLOGO BRITÁNICO, ESTUVO IMPLICADO EN NUMEROSOS CASOS FAMOSOS DE ASESINATO. UNO ESPECIALMENTE NOTABLE FUE EL CASO DE KENNETH BARLOW, QUE ASESINÓ A SU ESPOSA CON INYECCIONES DE INSULINA. LA PRUEBA DE SU CULPABILIDAD FUE ENCONTRADA EN EL LABORATORIO DEL DR. CURRY.

LA FAUNA DE LOS CADÁVERES

No existen datos de que el trabajo pionero del Dr. Bergeret fuera continuado por nadie durante más de 25 años. Entonces, en 1878, el cuerpo semimomificado de un neonato encontrado en un des-

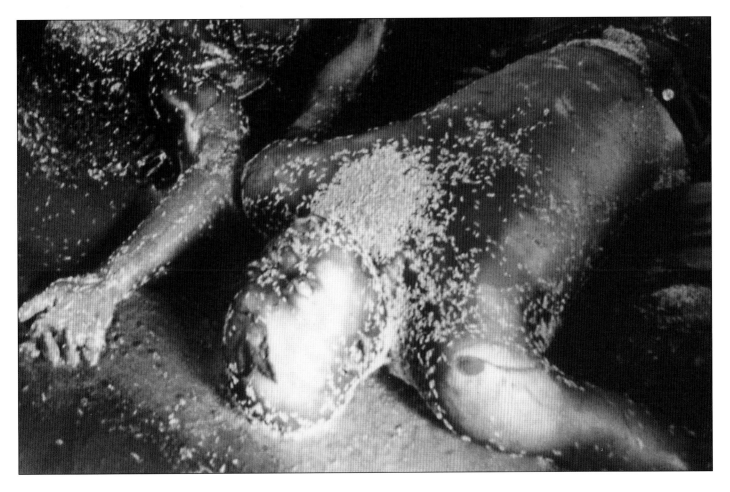

campado de París fue llevado al patólogo forense Paul-Camille Brouardel. Acordándose de inmediato del caso de Arbois, se dio cuenta de los enjambres de ácaros presentes dentro de un polvo marrón que recubría el cadáver y consultó con Jean-Pierre Mégnin, un respetado investigador entomólogo del Museo de Historia Natural de París.

En el depósito de cadáveres de la ciudad, Mégnin identificó de inmediato el polvo como carcasas y excremento de los escarabajos que se habían alimentado de los restos resecos. Mégnin sólo fue capaz de proporcionar una fecha aproximada de la muerte –entre seis meses y un año–, pero el caso le fascinó. Se convirtió en un visitante habitual del depósito de cadáveres y en 1894 publicó *La faune des cadavres (La fauna de los cadáveres)*, un detallado estudio de los insectos que infestan los cuerpos sin vida. Mégnin escribió:

> Nos hemos visto sorprendidos por el hecho de ser los primeros en observar que los insectos de los cadáveres, los trabajadores de la muerte, sólo se sientan a la mesa de forma sucesiva y siempre en el mismo orden.

Observó que los primeros en llegar, las moscardas, podían ser datados el día del fallecimiento e incluso dentro de un estrecho margen de horas y, en algunos casos, minutos de haber tenido lugar el deceso.

Estas moscas depositan huevos en heridas, ojos, labios y orificios como la boca y la vagina a las pocas horas o, dependiendo de las condiciones atmosféricas del día en cuestión, a los pocos momentos de la muerte. Entre ocho y 14 horas después, según al temperatura ambiente, los huevos se abren y aparecen los primeros gusanos diminutos. El primer estadio de desarrollo dura entre ocho y 14 horas más, tras las cuales mudan la piel. El segundo estadio dura entre dos y tres días. En el tercer estadio los gusanos poseen un color crema-blanco y se alimentan vorazmente durante unos seis días. Como el naturalista suevo Linneo escribió en 1767: «La progenie de tres moscas puede consumir el cadáver de un caballo más rápido que un león». Como los gusanos se sienten especialmente atraídos por las heridas, es posible que sus mordiscos en esas áreas hagan que las heridas sólo sean aparentes durante la autopsia o incluso que desaparezcan por completo.

Cuando han terminado de alimentarse, los gusanos, por lo general, migran a una corta distancia del cadáver, enterrándose en el terreno y convirtiéndose en capullos durante unos 12 días antes de emerger como moscas. Por lo tanto, en una investigación de asesinato en campo abierto es importante excavar el suelo a cierta distancia del cuer-

ARRIBA LOS CUERPOS DE CIVILES DESCUBIERTOS TRAS LA MASACRE DE FREETOWN, EN SIERRA LEONA, YACEN EN EL SUELO TRAS LOS VIOLENTOS COMBATES HABIDOS ENTRE GRUPOS RIVALES EN 1998. GUSANOS DE MOSCARDA INFESTAN Y SE ALIMENTAN DE UN CADÁVER A LAS POCAS HORAS DE SU MUERTE. CADA MOSCA DEJA MILLARES DE HUEVOS, SOBRE TODO EN LOS ORIFICIOS DEL CUERPO, COMO LA BOCA O LOS OJOS, Y EN MUCHAS HERIDAS ABIERTAS. EL CRECIMIENTO DE LOS GUSANOS SE PRODUCE EN TRES ESTADIOS ENTRE DIEZ Y 12 DÍAS DESPUÉS DE DEJAR EL CUERPO PARA CONVERTIRSE EN PUPAS. TRAS ELLOS VIENEN MÁS INFESTACIONES DE INSECTOS.

po; si el crimen es a cubierto, es importante buscar debajo de todas las alfombras o muebles sin patas que haya en la habitación, pues como las moscas prefieren la carne fresca, es poco probable que regresen al cadáver.

Mientras tanto al segundo o tercer día, según avanza la descomposición, llega la mosca doméstica. Por lo general, no depositan sus huevos en los cadáveres, prefieren sitios como el abono, pero se alimentarán con ansia de la carne descompuesta. Luego vienen los escarabajos, que se alimentan tanto de la carne podrida como de los propios gusanos, mientras que las avispas parasitarias dejan sus huevos en las pupas. Posteriormente, otras diminutas moscas y gusanos –forideos y moscas del queso– se alimentan de las proteínas desnaturalizadas. Los forideos unas dos o tres semanas después y las moscas del queso a los dos meses aproximadamente.

Cuando ha desaparecido el último de los líquidos y los restos están secos, entre seis meses y una año después, los ácaros se arremolinarán en el cadáver, seguidos durante el segundo año por más escarabajos . Finalmente polillas y escarabajos araña terminan por comerse cualquier resto orgánico que quede. Mégnin escribió:

Derecha Una imagen de microscopio electrónico de gusanos de mosca verde, *Lucilia caesar*. Pensando en los futuros gusanos, la mosca verde deposita sus huevos tanto en lugares con abundante carne, como en vegetación putrefacta, en montones de excrementos y en cadáveres. Los gusanos de mosca verde comienzan a infestar y alimentarse de un cadáver a los pocas horas de la muerte. La boca del gusano termina en una cuña delgada con ganchos que le permiten agarrarse a la carne.

Una fría noche de septiembre de 1956 se encontró el cuerpo acuchillado de un cartero detrás de unas cajas cerca del muelle de un transbordador en Hungría. Se acusó precipitadamente al capitán de uno de los transbordadores, que llegó a trabajar a las 18:00 horas. Fue declarado culpable y condenado a una larga estancia en la cárcel, aunque no dejó de proclamar rotundamente su inocencia.

Ocho años después, el capitán consiguió que se reabriera su caso y Ferenc Mihalyi, conservador de entomología en el Museo de Historia Natural de Budapest, declaró en su defensa. El informe del forense sobre la autopsia, realizada la tarde del día siguiente del asesinato, hablaba de masas de unos huevos de mosca amarillos, así

como de pequeñas larvas de entre 1 y 2 mm de longitud. Mihalyi testificó que sus experimentos con tres especies típicas de mosca demostraban que los huevos tardaban entre diez y 16 horas en abrirse en las cálidas condiciones de un laboratorio y que en las condiciones atmosféricas en que se encontró el cadáver habrían tardado aún más.

Los huevos no fueron depositados mientras el cuerpo estaba en la morgue, pues no habrían tenido tiempo de abrirse, por lo que Mihalyi concluyó que habían sido depositados –durante las horas de luz– el día anterior al hallazgo del cadáver, momento en que el capitán tenía coartada. Fue liberado y posteriormente la policía encontró al verdadero culpable.

Al cabo, nada queda sobre los blancos huesos, sino es una especie de tierra marrón [...]. Así es como se cumple esa parábola de las sagradas escrituras: «Del polvo vienes y en polvo te convertirás».

Los principales hallazgos de Mégnin están relacionados con cadáveres al aire libre, pero también investigó las infestaciones de cuerpos enterrados en ataúdes. En un verano templado, si no se toman precauciones estrictas o en caso de que el cuerpo sea enterrado de inmediato, las moscardas

ya habrán dejado sus huevos y éstos pueden convertirse en seis o más generaciones dentro del ataúd antes de morir definitivamente. Los cuerpos enterrados en invierno es poco probable que se infesten de este modo. Otras especies de insectos pueden seguir a las moscardas dentro del ataúd, a excepción de los fóridos, cuyas larvas pueden enterrarse en el suelo y penetrar incluso en ataúdes cerrados.

A pesar del renombre que el libro le supuso, Mégnin pidió cautela respecto a que sus investigaciones pudieran considerarse como un estudio definitivo. Era consciente de que las especies de insectos pueden variar de una región a otra y se

IZQUIERDA UNA SELECCIÓN DE MOSCAS Y ESCARABAJOS RECOGIDOS POR UN ENTOMÓLOGO FORENSE. CADA UNO HA SIDO IDENTIFICADO SEGÚN SU ESPECIE. SE TRATA DE UN CLARO EJEMPLO DE LOS MUCHOS INSECTOS QUE INFESTAN UN CADÁVER CON EL PASO DEL TIEMPO.

preguntaba si sus hallazgos podían ser válidos fuera de París. Sólo poco a poco han sido capaces los entomólogos de identificar una pequeña proporción de los millares de especies de insectos que existen. No obstante, durante la primera mitad del siglo XX hubo casos en los que la entomología proporcionó pruebas vitales.

En el juicio de Bluck Ruxton por el asesinato de su esposa y criada (véase la página 67), por ejemplo, el acusado fue capaz de proporcionar coartadas para los días (18-20 de septiembre) en que los patólogos habían calculado tuvo lugar la muerte. No obstante, en lo que probablemente sea la primera vez que un entomólogo profesional testificaba ante un tribunal, Alexander Mearns, de la Universidad de Glasgow, testificó que los gusanos encontrados en los restos el 1 de octubre estaban terminando su tercer estadio de desarrollo. Como el tiempo había sido entre fresco y frío, concluyó que los huevos habían sido depositados al menos 13 días antes, es decir, con anterioridad al 18 de septiembre.

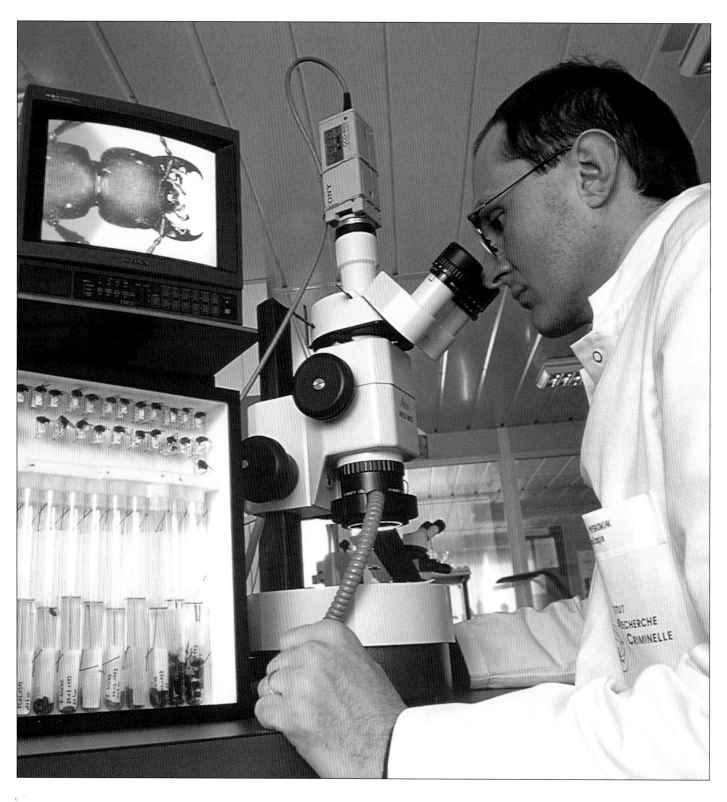

EL DR. ZAK

El Dr. Zakaria Erzinçlioglu (1951-2002), conocido por policías e investigadores forenses de todo el mundo como el Dr. Zak o el «gusanológo», fue el principal entomólogo forense británico de su época, muerto a la edad de 50 años. Nacido en Turquía, pero criado en parte en Reino Unido, se graduó en zoología aplicada en 1975. Durante varios años trabajó para la Sociedad Zoológica de Londres, después para la Universidad de Cambridge y en 1955 se convirtió en el director del Centro de Investigación de Ciencias Forenses de la Universidad de Durham. Su interés por las moscardas y otras especies le llevó a ser requerido cada vez con más frecuencia para las investigaciones de la policía, terminando por participar en más de 500 casos. En el caso de «la pequeña nadie» (véase la página 65), por ejemplo, fue él quien pudo proporcionar a la policía una estimación del tiempo que llevaba enterrado el cadáver. Calculando el tiempo que le habría llevado a sucesivas generaciones de moscas verdes consumir los tejidos blandos del cadáver en semejantes condiciones –el cadáver estaba enrollado dentro de bolsas de plástico firmemente atadas y colocado dentro de una alfombra– llegó a la conclusión de que habían pasado tres años desde la llegada de los insectos.

Tras esto, una colonia de varias generaciones se asentó en la alfombra y el Dr. Zak estimó que esto suponía otros dos años más, lo cual situaba el enterramiento del cuerpo en 1984 o incluso antes. La víctima, Karen Price, había desaparecido en 1981.

En sus últimos años de vida, el Dr. Zak estuvo muy interesado en los fallos judiciales y se manifestó sin descanso sobre la necesidad de incrementar los estándares de la ciencia forense. Comentó que en varias ocasiones se había negado a amañar sus resultados para proporcionarle pruebas a la fiscalía y, en 1997, anunció que en adelante sólo realizaría estudios forenses si le pagaba la judicatura y no la policía. Poco antes de su muerte, el Dr. Zak tenía planes de crear el Solon Institute, dedicado a la investigación forense, cuyos encargos se realizarían gratis. Su viuda aseguró que lucharía por conseguir que este deseo se hiciera realidad.

El libro del Dr. Zak *Maggots, Murder, and Men: Memories and Refletions of a Forensin Entomologist* (*Gusanos, asesinatos y hombres: recuerdos y reflexiones de un entomólogo forense*) fue seleccionado para el premio Macallan Gold Dagger de ensayo en el 2001.

ABAJO EL FAMOSO ENTOMÓLOGO FORENSE CONOCIDO COMO DR. ZAK EXAMINA LOS RESTOS PARCIALMENTE MOMIFICADOS DE UN CUERPO ENCONTRADO BAJO UNOS SACOS. LAS SUCESIVAS GENERACIONES DE INSECTOS QUE HABÍAN VISITADO EL CADÁVER –REVELADOS POR CARCASAS DE PUPAS Y ADULTOS MUERTOS– LE PROPORCIONARÍAN DATOS SOBRE EL TIEMPO QUE LLEVABA ALLÍ EL CADÁVER.

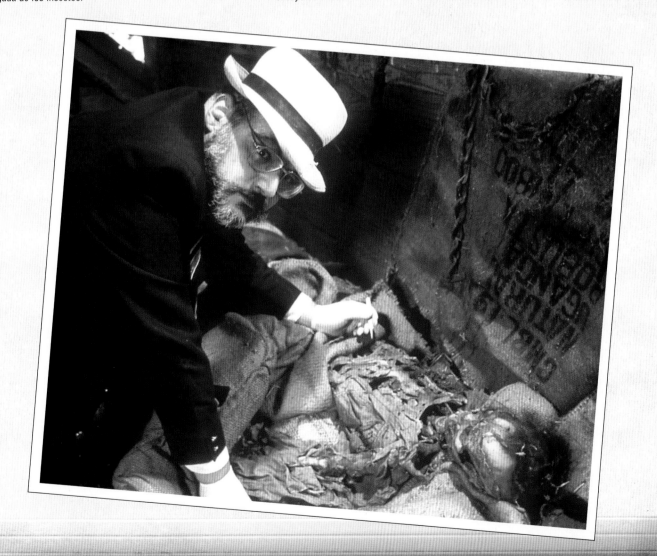

ROBERT LEE WILLIE

El 28 de mayo de 1980, se informó de la desaparición de Faith Hathaway, de 18 años de edad, en Mandeville (Luisiana). Dos días después, una quinceañera cubierta de sangre entró tambaleándose en la oficina del sheriff de la cercana Madisonville. Histérica, contó su historia: dos hombres la habían secuestrado junto a su novio a punta de pistola y los habían llevado de un lado para otro durante dos días, violándola repetidas veces. Luego habían apuñalado y disparado al novio, dejando su cuerpo atado a un árbol, antes de tirarla a ella en la cuneta.

Poco después Robert Lee y Joseph Vaccaro fueron arrestados por secuestro y violación; sorprendentemente, el novio había sobrevivido y Willie y Vaccaro confesaron, pero negaron toda responsabilidad por la desaparición de Faith Hathaway. Cuatro días después del suceso, su bolso y su blusa fueron encontrados en un barranco cercano por un grupo de excursionistas. El 4 de junio, el investigador Michael Varnado encontró el cuerpo de la chica recubierto por un enjambre de gusanos en su tercer estadio de desarrollo. A partir de ellos, el entomólogo forense Lamar Meek calculó que las primeras moscardas habían dejado sus huevos en el cuerpo siete días antes, es decir, durante las horas de luz del 29 de mayo. Ante estas pruebas, Willie y Vaccaro confesaron el secuestro de Hathaway, pero se acusaron mutuamente de haberla asesinado. Lamar Meek testificó en juicios separados para cada uno de los acusados. Vaccaro fue condenado a cadena perpetua, pero Willie lo fue a muerte. Consiguió fama póstuma gracias a la película *Pena de muerte (Dead Man Walking)*, donde se contaba su historia.

ABAJO ROBERT LEE WILLIE ES CONDUCIDO AL TRIBUNAL PARA SER JUZGADO POR EL ASESINATO DE FAITH HATHAWAY. EN LA PELÍCULA BASADA EN ESTE CASO, SU PAPEL FUE INTERPRETADO POR SEAN PENN.

ENTOMOLOGÍA EN ESTADOS UNIDOS

En Estados Unidos, el Museo Nacional de Historia Natural de Washington D. C., fue la institución donde se llevó a cabo la más importante clasificación de moscas (dípteros en terminología biológica) durante la primera mitad del siglo XX. No se encuentra lejos del cuartel general del FBI, y de vez en cuando los agentes les llevaban gusanos, preguntando al personal del museo si podían proporcionarles una hora estimada de la muerte de su huésped. En 1949, Curtis Sabrosky fue nombrado conservador de dípteros y realizó un gran esfuerzo para convencer al FBI de la importancia de recoger tantos gusanos como fuera posible de los cuerpos sin vida que encontraban. No obstante, no fue hasta 1966 cuando Sabrosky pudo demostrar sus ideas.

Al pie de un acantilado al sudoeste de Virginia se encontró un coche incendiado, dentro del cual se hallaron los restos carbonizados de una mujer joven, con un disparo en la cabeza. A unos 15 m más lejos se localizó la pistola. El novio de la joven confesó haber tenido una acalorada discusión con ella, haberla disparado y dejado caer la pistola mientras huía en estado de *shock,* lo que significaba que sólo sería acusado de asesinato en segundo grado. No obstante, la fiscalía sospechaba que algunos días después había regresado a la escena del crimen y que fue entonces cuando le prendió fuego al coche con la intención de volver irreconocible el cadáver.

Sabrosky recibió dos pruebas: la pistola, con una única pupa de moscarda en el cañón, y un sobre con más pupas del mismo tipo encontradas debajo de la esterilla del coche. Durante el juicio realizó un pequeño resumen del ciclo de vida de la moscarda y luego respondió a las preguntas del fiscal. Sabrosky dijo que la pistola había estado en el interior del coche cuando las larvas habían terminado de alimentarse y habían migrado en busca de un lugar oscuro –bajo la esterilla o en el interior del cañón– donde convertirse en pupas. Era poco probable que el gusano hubiera migrado 15 m; de haber abandonado el coche, se habría enterrado en el suelo a sólo 60 o 90 cm del vehículo. Por lo tanto, la pistola hubo de haber sido recogida algunos días después y arrojada en un intento por encubrir el crimen. El novio fue declarado culpable de asesinato en primer grado.

Durante los últimos 50 años, se ha realizado un creciente número de investigaciones controladas sobre el momento en que cada especie de insecto llega al cadáver. Gran parte del mismo ha sido con los cadáveres, fáciles de conseguir, de animales de laboratorio (ratones, ratas, conejos), pero recientemente los investigadores de universidades de Estados Unidos y Canadá han ido bastante más allá.

Durante el verano de 1962, Jerry Payne, del Clemson College, en Carolina del Sur, comenzó a obtener de los granjeros locales fetos de cochinillos y cochinillos recién muertos y a dejarlos expuestos, tanto al aire libre como en cajas a prueba de insectos. Las características físicas generales y los tejidos de los cerdos, en especial sus cuerpos casi lampiños, son los que más se aproximan al de los seres humanos. Los hallazgos iniciales de Payne replicaron los de los investigadores de homicidios: los cuerpos de las cajas se desecaron y se convirtieron en momias, antes de terminar atacados por los hongos; los depositados al aire libre quedaron rápidamente reducidos a meros esqueletos y piel reseca por la acción de los insectos.

En total, Payne recogió 382 especies diferentes de invertebrados de los cadáveres, 301 eran insectos y la mayoría del resto crustáceos. Describió seis estadios en la descomposición, cada uno caracterizado por la llegada de diferentes oleadas de insectos: fresco, hinchado, descomposición activa, descomposición seca y restos. En concreto, Payne observó que era la liberación de los diferentes gases producidos durante la descomposición la que atraía a los insectos. Recientemente, Arpad Vaas, que comenzó investigando la composición química de los líquidos producidos durante las estadios de la descomposición (véase las páginas 130-131), ha conseguido crear instrumentos para la detección de estos gases en el Oak Ridge National Laboratory (Tennessee).

Como los cochinillos son pequeños, su descomposición tiene lugar con mayor rapidez que la de los humanos, de modo los hallazgos de Payne demostraban que los insectos llegaban mucho más cerca unos de otros que en la investigación de Mégnin. Además, se daba el caso de que los cochinillos muertos habían sido congelados de inmediato por los granjeros, pero Payne observó que unas cuantas moscas de la carne habían depositado larvas en las aberturas del cuerpo, incluso antes de que se descongelaran del todo. Ese mismo día, moscardas y moscas verdes también hacían su aparición, junto a avispas y hormigas; llegaban para

CRIME SCENE — DO NOT ENTER

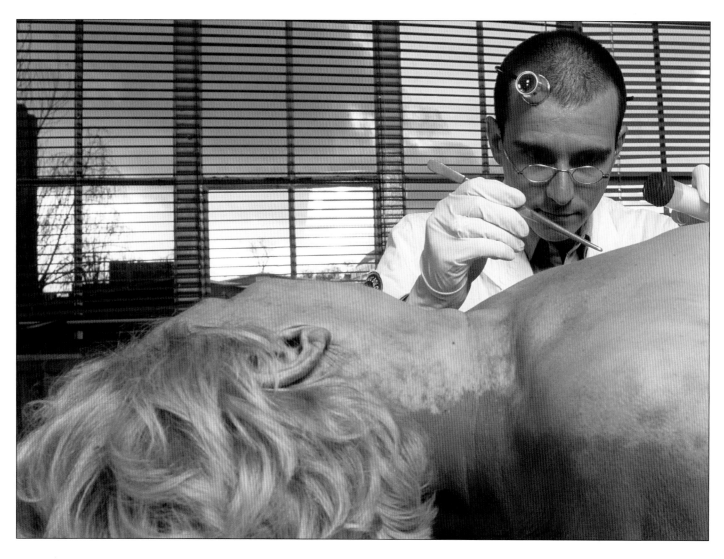

alimentarse con la carne del cerdo y los huevos de mosca. Según comenzaban a gotear del cuerpo los fluidos de la descomposición llegaban las moscas comunes.

El segundo día, los cuerpos de los cochinillos se llenan de bacterias, que se reproducen en sus órganos internos y comienzan a producir metano, dióxido de azufre y otros gases. El olor atrae a enjambres de moscardas y moscas de la carne, del vinagre y de la fruta, e incluso a algunos gusanos del queso.

Durante la tercera mañana moscardas y moscas de la carne abandonan el cuerpo mientras sus gusanos se alimentan con ellos, liberando así los gases acumulados. Los líquidos de la descomposición, al caer al suelo, atraen a los escarabajos, que a su vez se alimentan de los gusanos; éste es el estadio de la descomposición activa, pues los cuerpos hinchados se desinflan rápidamente. Mariposas, polillas y abejas también aparecen atraídas por el olor de la descomposición.

El sexto día la mayor parte de los tejidos blandos ha sido consumida y el olor a descomposición ha desaparecido. Los gusanos del tercer estadio comienzan a abandonar el cuerpo y junto a ellos hacen lo propio los escarabajos. Los siguientes dos días son el estadio de la descomposición seca, cuando la mayor parte de los cochinillos no son más que una masa de huesos, cartílagos y piel. Es el momento de la aparición de nuevos tipos de escarabajo, así como de los ácaros y diversas especies de mosquitos, que Payne sospechaba llegaban para alimentarse de los hongos que comenzaban a cubrir los restos. Este proceso continuaba durante un mes o más, hasta que no quedaba nada que consumir.

Jerry Payne continuó investigando durante un par de años más, pero entonces aceptó un cargo para investigar las plagas de las cosechas y por desgracia no continuó con esta línea de investigación. Fue más de diez años después, a mediados de la década de 1970, cuando a Lamar Meek, recientemente nombrado profesor de entomología de la Universidad Estatal de Luisiana, se le encomendó la tarea de tratar con los investigadores locales de homicidios que, ocasionalmente, traían gusanos.

Al leer la escasa bibliografía sobre la cuestión se encontró con el informe de los experimentos de Payne. Pero antes de que pudiera comenzar a repetir los experimentos –con los cuerpos de cerdos adultos– se encontró con su primer caso forense, el de Robert Willie (véase la página 124).

DOCE DEL PATÍBULO

Durante los años siguientes, varios antropólogos y entomólogos fueron capaces de conseguir fondos para el estudio de cadáveres: Paul Catts en la Universidad Estatal de Washington, Wayne Lord del FBI, Rob Hall en la Universidad Estatal de Missouri, Lee Goff en la Universidad de Hawaii, William Bass y William Rodríguez de la Universidad de Tennessee, a quienes se les permitió trabajar con cadáveres humanos en los que se ha llegado a conocer como la «granja de cuerpos»; Gail Anderson de la Universidad Simon Fraser (Columbia Británica), y Bernard Greenberg de la Universidad de Illinois, en Chicago. Fue en 1984, durante la reunión anual de la Sociedad Entomológica en San Antonio (Tejas), cuando estos investigadores se ganaron el nombre de «Doce del patíbulo» (The Dirty Dozen), si bien por entonces todavía no llegaban a la docena.

La ponencia leída por Bernard Greenberg en el congreso describía sus primeros intentos por conseguir una estimación más precisa del tiempo que tardaban los gusanos en alcanzar sus diversas etapas de desarrollo con diversas condiciones climáticas.

Durante años, los ingenieros agrónomos habían sabido cómo predecir el crecimiento y maduración de los insectos a partir de sus cálculos de crecimiento por unidad de temperatura. Una técnica conocida como grados-horas acumulados. Por ejemplo, si una especie en concreto tarda 100 horas a 10 °C en alcanzar su segundo estadio de desarrollo, tardará unas 50 horas a 20 °C y 40 horas a 25 °C. Esta sencilla fórmula había permitido a los asesores del gobierno informar a los agricultores de cuándo era el mejor momento para fumigar sus

campos; pero Greenberg se dio cuenta de que también era posible realizar el cálculo a la inversa –a partir del grado de crecimiento y sabiendo la temperatura ambiente en la que se había tenido lugar– hasta el momento en que la mosca había depositado sus huevos. Tuvo oportunidad de comprobar su teoría en junio de 1984, en el caso de Vernita Wheat (véase página 131).

Greenberg convocó el Primer Simposio Forense durante el 18.° Congreso Internacional de Entomología en Vancuver, en 1988, donde compartió sus experiencia con el resto de los «Doce del patíbulo». Posteriormente se decidió que los investigadores forenses necesitaban un procedimiento detallado para la recogida y presentación de pruebas de insectos y el resultado fue la publicación, dos años después, de *Entomology & Death: a Procedural Guide (Entomología y muerte: Una guía de procedimiento)*, dedicado a las «las desafortunadas víctimas de un homicidio, cuya desgracia ha hecho necesario este esfuerzo». El estudio continuado de los ciclos de vida de las moscas y otros insectos ofrece esperanza de que los cálculos de la hora estimada de la muerte puedan llegar a ser más precisos. Como dice a menudo otro asesor entomológico, Neal Haskell: «El tiempo es divertido cuando tienes moscas».

ABAJO EL PROFESOR BERNARD GREENBERG EN SU LABORATORIO DE LA UNIVERSIDAD DE ILLINOIS, EN CHICAGO. JUNTO A SU COLEGA EL PROFESOR J. C. KUNICK ES EL AUTOR DEL LIBRO MÁS IMPORTANTE SOBRE ENTOMOLOGÍA FORENSE: *FLIES AS FORENSIC INDICATORS–ENTOMOLOGY AND THE LAW (LAS MOSCAS COMO INDICADORES FORENSES– LA ENTOMOLOGÍA Y LA LEY).*

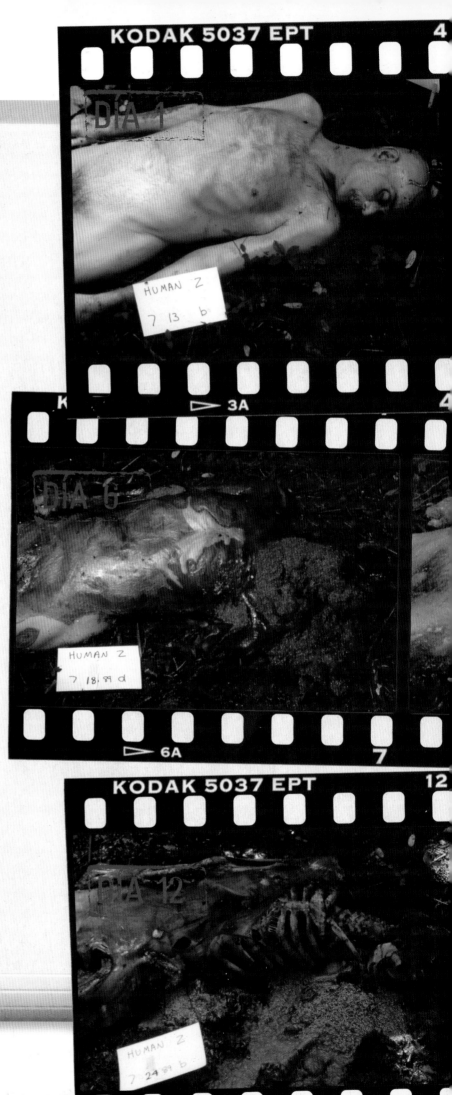

PRUEBAS PERICIALES

LA GRANJA DE CUERPOS

Conocida oficialmente como Centro de Investigaciones Antropológicas de la Universidad de Tennessee, la «granja de cuerpos» recibió su apodo de sus propios trabajadores, consiguiendo fama internacional como título de la novela del mismo título publicada en 1994 por Patricia Cornwell tras haber visitado el lugar. El director del centro, el Dr. Bill Bass se formó como antropólogo académico, pero después de ser consultado en varias investigaciones forenses, se dio cuenta de que era necesario aprender mucho más sobre las etapas de la descomposición por las que pasa un cadáver.

En la granja suele haber unos 20 cadáveres de personas que han donado su cuerpo a la ciencia. Algunos están expuestos al aire libre, otros enterrados en tumbas poco profundas o bajo losas de hormigón, sumergidos en tanques de agua o encerrados en maleteros de coches. Cada día los investigadores realizan sus rondas, tomando notas de las etapas de la descomposición, la llegada de las distintas especies de insectos y tomando muestras de tejido y del suelo para analizarlas.

El clima de Tennessee suele ser cálido y húmedo, y la descomposición de un cuerpo humano tiende a ser relativamente rápida. Las fotografías muestran los cambios sufridos por el cuerpo desnudo de un varón de mediana edad dejado a la intemperie durante 30 días.

DÍA 1 MUY POCO DESPUÉS DE QUE EL CUERPO SE COLOQUE EN POSICIÓN LLEGAN LAS MOSCARDAS. EN EL LABIO SUPERIOR SE PUEDEN VER LOS HUEVOS QUE DEJAN CERCA DE LA BOCA Y LAS VENTANAS DE LA NARIZ.

DÍA 3 EN TORNO A LOS ORIFICIOS ABIERTOS HAN COMENZADO A PROLIFERAR LOS GUSANOS EN SU PRIMER Y SEGUNDO ESTADIO DE DESARROLLO. LA PIEL HA COMENZADO A AMPOLLARSE Y LOS GUSANOS SE ALIMENTAN DEBAJO DE LA PIEL.

DÍA 5 ALGUNOS GUSANOS HAN ALCANZADO YA SU TERCER ESTADIO DE DESARROLLO. LA CONCENTRACIÓN EN LA BOCA ES TAN GRANDE QUE LA DENTADURA POSTIZA DEL CUERPO HA SALTADO.

DÍA 6 LOS TEJIDOS BLANDOS DE LA CARA Y LA CABEZA SON CONSUMIDOS CON RAPIDEZ POR LOS GUSANOS. EL LÍQUIDO DE LA DESCOMPOSICIÓN ESTÁ COMENZANDO A GOTEAR SOBRE EL SUELO CERCA DE LA CABEZA.

DÍA 7 TRAS UNA SEMANA, LOS GUSANOS HAN CONSUMIDO CASI TODOS LOS TEJIDOS BLANDOS DE LA CABEZA Y COMIENZAN A TRASLADARSE EN MASA CUERPO ABAJO. LOS GASES DE LA DESCOMPOSICIÓN PRODUCEN LA ESPUMA QUE SE PUEDE VER CERCA DE LA CABEZA Y EL HOMBRO IZQUIERDO.

DÍA 10 LOS GUSANOS HAN CONSUMIDO TANTA CARNE QUE EL CRÁNEO Y LA PARTE SUPERIOR DEL TÓRAX ESTÁN ESQUELETIZADOS CASI POR COMPLETO Y LOS GUSANOS SE DESPLAZAN EN MASA HACIA EL ABDOMEN. LOS RESTOS DE PIEL QUE NO SE HA COMIDO ESTÁN COMENZANDO A OSCURECERSE Y SECARSE.

DÍA 12 YA ADULTOS, LOS GUSANOS COMIENZAN A ABANDONAR EL CADÁVER PARA ENTERRARSE EN EL SUELO Y CONVERTIRSE EN PUPAS. LOS TEJIDOS BLANDOS Y LA PIEL QUE HAN QUEDADO SIN CONSUMIR CONTINUARÁN SECÁNDOSE Y MOMIFICÁNDOSE.

DÍA 22 DESPUÉS DE DOS SEMANAS, LA MOSCARDA ABANDONA EL CUERPO. OTRAS ESPECIES DE INSECTOS, QUE SE ALIMENTAN DE TEJIDO SECO, COMIENZAN A COLONIZAR LOS RESTOS.

DÍA 30 EN LAS SEMANAS SIGUIENTES, SE PRODUCEN ESCASOS CAMBIOS EN LA APARIENCIA FÍSICA DEL CADÁVER. LOS TEJIDOS SE HAN SECADO Y PUEDEN PASAR MUCHOS MESES ANTES DE QUE EL ESQUELETO QUEDE REDUCIDO AL FIN A MEROS HUESOS.

PRODUCTOS DE LA DESCOMPOSICIÓN

Mientras la bacterias comienzan a descomponer el cuerpo muerto, los líquidos producidos durante el proceso comienzan a empapar los alrededores. En la Universidad de Tennessee, Arpad Vass comenzó a investigar en la granja de cuerpos de William Baas sobre la sucesión de compuestos químicos relativamente sencillos que se producen durante la descomposición.

El terreno donde se encuentra enclavada la granja de cuerpos resultó ser un secante estupendo y Vass observó que bastaba con una muestra de 75 mm de grosor, que podía ser analizada mediante una cromatografía de gases en el laboratorio. Como marcadores de la descomposición de los te-

jidos blandos, eligió los ácidos grasos primarios, que no aparecen de forma natural en el medio ambiente. Siguiendo el consejo del entomólogo Neal Haskell, Vass marcó la concentración de cada ácido graso. El resultado fueron una serie de cifras que, al igual que sucede con los gusanos, pueden ser calculadas hacia atrás hasta el momento en que comenzó la descomposición. A partir de la proporción y concentración de los diferentes ácidos grasos, estudiadas junto a las temperaturas diarias, fue posible calcular el número de días probable transcurridos desde la muerte.

Para períodos de descomposición más avanzada, tras la de los tejidos blandos, Vass escogió iones inorgánicos, como calcio, magnesio, potasio, sodio, amonio, cloruro y azufre. Éstos también pueden ser comprobados utilizando métodos estándar de laboratorio.

Como ejemplo, el primer caso forense de Vass incluía los restos esqueletizados de un quinceañero; había sido identificado, pero era importante conocer cuándo había fallecido. Los productos de la descomposición de los tejidos blandos hacía tiempo que se habían dispersado, pero el análisis de los iones inorgánicos presentes, atendiendo al peso conocido del chico, indicaron una cantidad de unas 2.500-3.000 horas-grado desde el momento del comienzo de la descomposición. Estimadas junto a los registros diarios de temperatura, se calculó que el chico llevaba muerto entre 168 y 183 días –es decir, unas dos semanas desde el momento en que había desaparecido–, lo que era bastante más preciso que los cálculos que podían realizar los antropólogos.

Arpad Vass continuó sus investigaciones en el Laboratorio Nacional de Oak Ridge, en Tennessee, y, junto a dos asistentes, siguió dos enfoques diferentes. Uno es el desarrollo de una «nariz» electrónica capaz de identificar 32 componentes químicos diferentes en el aroma de un cuerpo en descomposición, tantos como puede detectar una mosca hembra. Vass ha propuesto que un detector portátil sea utilizado sobre el terreno por la policía para localizar cuerpos y que quizá termine siendo posible calcular una estimación precisa del momento de la muerte. El segundo programa de investigación está dirigido al análisis de los distintos aminoácidos que se producen según se van rompiendo las diferentes proteínas en los diferentes órganos del cuerpo y relacionar este análisis con el tiempo transcurrido.

No parece muy probable que el momento de la muerte sea calculado con la precisión con que lo hacen los escritores de novelas de misterio. No obstante, tampoco hay duda de que las investigaciones llevadas a cabo por entomólogos, antropólogos y químicos durante el último cuarto de siglo han hecho posible calcular –incluso tras varios años– con una diferencia de no más de unos cuantos días, en vez de semanas y meses, el momento de la muerte.

ABAJO LA PARTE ESENCIAL DE LA «NARIZ» ELECTRÓNICA (EQUIPO NEOTRÓNICO DETECTOR DE OLORES) DESARROLLADO POR ARPAD VASS. LOS DIFERENTES COMPONENTES QUÍMICOS DE LOS VAPORES –YA PROCEDAN DE UN CUERPO ENTERRADO O DE OTRA FUENTE– CAMBIAN LA CONDUCTIVIDAD DE UNA SERIE DE SENSORES Y EL RESULTADO APARECE REPRESENTADO COMO UNA «HUELLA DACTILAR» DE LA MUESTRA.

El 29 de mayo de 1984 desapareció de Kenosha (Wisconsin) la niña de nueve años Vernita Wheat. Sus restos descompuestos fueron descubiertos el 19 de junio en el cuarto de baño de una hospedería cerca de Waukegan. Había sido estrangulada con el cable de una televisión y sobre su cuerpo había un lecho de moscas muertas, moscas recién nacidas, gusanos en su tercer estadio de desarrollo, pupas y carcasas de pupas.

Bernard Greenberg identificó las moscas como moscardas negras y moscas verdes, que poseen un ciclo de vida de entre 14 y 17 días. Si Vernita había sido asesinada el 29 de mayo, pensó, los gusanos serían de segunda generación. No obstante, todo dependía de las pupas, que recogió para incubar en su laboratorio. El 30 de junio, las primeras pupas comenzaron a abrirse, dejando salir moscas azules. Greenberg sabía que el desarrollo de las moscas verdes desde el momento en que se depositaban los huevos hasta que se convertían en adultas era de 33 días a 15 ºC, en un total de 11.880 horas-grado acumuladas. Con un cuadro de temperaturas tomadas a intervalos de una hora por una estación meteorológica de un aeropuerto cercano a Waukegan, comenzó a restar las cifras de cada hora del momento en que apareció la primera mosca verde. El resultado final obtenido fue la medianoche del 30 al 31 de mayo.

Como en ese momento se consideraba que las moscas verdes se volvían inactivas durante las horas de oscuridad, Greenberg razonó que los primeros huevos debieron de haber sido depositados bien a finales del 30 de mayo o al amanecer del 31 de mayo, decantándose por la segunda posibilidad. Los principales sospechosos del caso –Alton Coleman y su novia, Debra Brown, que más tarde serían declarados culpables de crímenes similares– no tenían coartada para esos momentos concretos. No obstante, Greenberg se dio cuenta de que, por impresionante que fuera el resultado obtenido, la temperatura ambiente por sí sola era insuficiente para sus cálculos. De modo que realizó experimentos sobre el calor generado por miríadas de gusanos alimentándose, la diferencia de temperatura entre cuerpos expuestos al sol y a la sombra y los efectos de la naturalmente, fluctuante temperatura ambiente sobre el desarrollo de las moscas, comparados con esas mismas circunstancias a la temperatura constante del laboratorio.

ABAJO ALTON COLEMAN Y DEBRA BROWN, JUZGADOS POR EL ASESINATO DE VERNITA WHEAT Y OTROS SIMILARES. LOS CÁLCULOS DE GREENBERG SOBRE LAS HORAS-GRADO ACUMULADAS SEÑALARON CON EXACTITUD EL MOMENTO EN QUE VERNITA MURIÓ.

PARTE 3

UN EXAMEN MÁS DETALLADO

El laboratorio criminal del condado era pequeño, pero estaba bien equipado. La criminóloga que lo dirigía, la Dra. Anita Jones, era conocida por su prudencia y meticulosa atención al detalle.

—Afortunadamente, tenemos la suerte de no contar ahora mismo con demasiados casos —le dijo a Gregory a la mañana siguiente—, de modo que podremos entregarte un informe preliminar muy pronto. —También le explicó que las condiciones de conservación del cadáver implicaban que habría que buscar ADN mitocondrial, pero que eso era algo que el laboratorio del condado no podía realizar—, y luego tendremos que encontrar a la madre de la víctima o un pariente cercano femenino, para confirmar la identificación.

Hasta que no lleguen los resultados de los análisis no podemos estar seguros, pero Jones está convencida de que se trata de pelos de perro.

MISSION MURRIETA POLICE DEPARTMENT

EVIDENCE

Report Number: 01-36492
Sealing Officer: Rodriguez
Date of Seizure or Purchase: 10/21/01
Exhibit: Unknown hair
Witnessing Officer: O'Malley
Pouch Size:
* * * * * * * * * * * *
Opening Official:
Date Opened:
Lab No./PR No.:
Pouch Size:
Pouch

PD 041 (Rev 3/84)

El estudio de las machas y de la alfombra ya estaba en marcha.

—Algo sí te puedo decir —dijo la Dra. Jones—, los pelos que recogiste de la alfombra no son de la víctima. Casi con seguridad son pelos de perro, yo diría que de pastor alemán; conseguiré la opinión de un experto en un par de días. Por otra parte, los escasos restos de cabello del cráneo nos dirán cosas muy interesantes. Son largos y lisos y, lo que es más significativo, al microscopio he visto que la médula es casi continua. Si buscas en «Personas Desaparecidas», concéntrate en mujeres jóvenes del sudeste de Asia, sobre todo malayas.

—Gracias —suspiró Tamara Gregory, ¿sabes cuántas personas desaparecidas hay en el estado de California? 35.000, unas 14.000 de las cuales son mujeres y de ellas 1.000 sólo en este condado. ¿Qué hay de la sangre de la alfombra?

—Te compadezco. En cuanto a las manchas de la alfombra, una prueba preliminar de fenolftaleína ha confirmado que se trata de sangre. Se han tomados muestras, pero después de 12 meses o más, la sangre está muy degradada y será complicado hallar el tipo sanguíneo, y lo más seguro es que sea no específico. No obstante —continuó— es probable que haya algunos restos utilizables de ADN, de modo que esta tarde realizaré un PCR. También hay algo que no viste, pero la verdad es que son bastante pequeños y estaban muy escondidos en la alfombra.

La Dra. Jones trajo una preparación de microscopio con restos de varias sustancias, unas transparentes y otras rojo oscuro.

—El Dr. Kurosawa sugirió un atropello con fuga y son restos de la pintura y el cristal del coche que la atropelló. El cristal probablemente sea de los faros y la pintura; con algo de ayuda de nuestros compañeros del Archivo de Pintura, debería poder decirte el coche y el año, si es que no algo más. ¿No tienes ningún resto de la ropa de la víctima?

—Nada de nada —dijo Gregory—, pero lo más probable es que fuera vestida cuando la atropellaron. Kurosawa piensa que el conductor la recogió de la calzada y la metió en el coche antes de que muriera. Puede que hubiera un montón de fragmentos como esos en sus ropas y por eso los hemos encontrado en la alfombra.

Su conversación fue interrumpida por un técnico de laboratorio claramente emocionado.

—Oye, estas semillas –dijo–, soy aficionado a la botánica ¿sabéis? y tendré que esperar a que algunas de ellas germinen, pero estoy casi seguro de que son de dragón fétido.

—¿Y? –dijo Gregory un tanto desanimada– hay miles de ellas por la zona.

—No –replicó el técnico–, no la especie local, que es *Symplocarpus foetidus*. Éstas son de *Lysichiton americanus*. Es endémica a lo largo de la costa norte occidental, desde Oregón hasta Alaska, y en algunos puntos de las Montañas Rocosas y de Montana –añadió.

Tamara Gregory se disculpó apresurada y corrió a la oficina del sheriff Verdian para decírselo.

—Parece que tenemos un caso de secuestro –comentó– es probable que la víctima fuera llevada de un estado a otro e incluso que cruzara la frontera de Canadá. Creo que debemos llamar al FBI.

Verdana parecía molesto.

—Mierda. Nunca he tragado a esos listillos de San Diego, pero supongo que tienes razón. Además, puede que nuestro laboratorio esté bastante bien para la Dra. Jones, pero los federales tienen unos realmente increíbles. ¡Deberías ver cómo son los de Quantico! En cualquier caso, será mejor que llame ahora mismo. Están sólo a una hora de coche, pero, ¿qué te apuestas a que tardan dos o tres días en decidirse a venir a ver qué pasa?

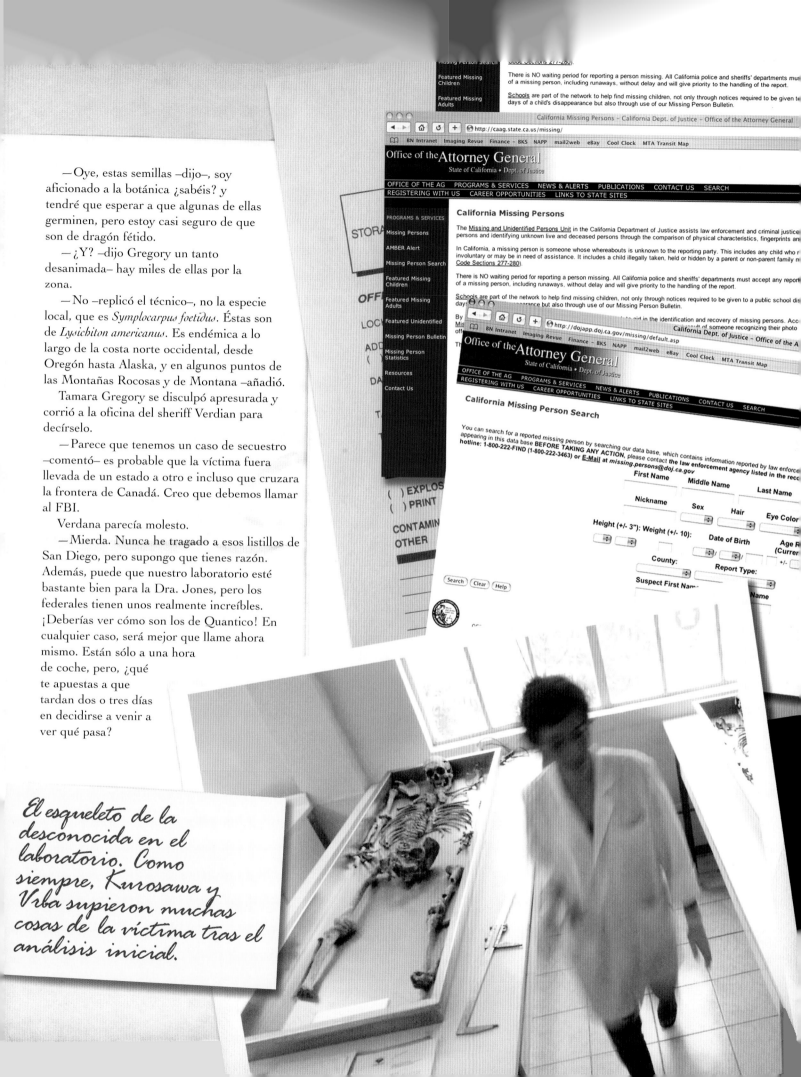

El esqueleto de la desconocida en el laboratorio. Como siempre, Kurosawa y Vrba supieron muchas cosas de la víctima tras el análisis inicial.

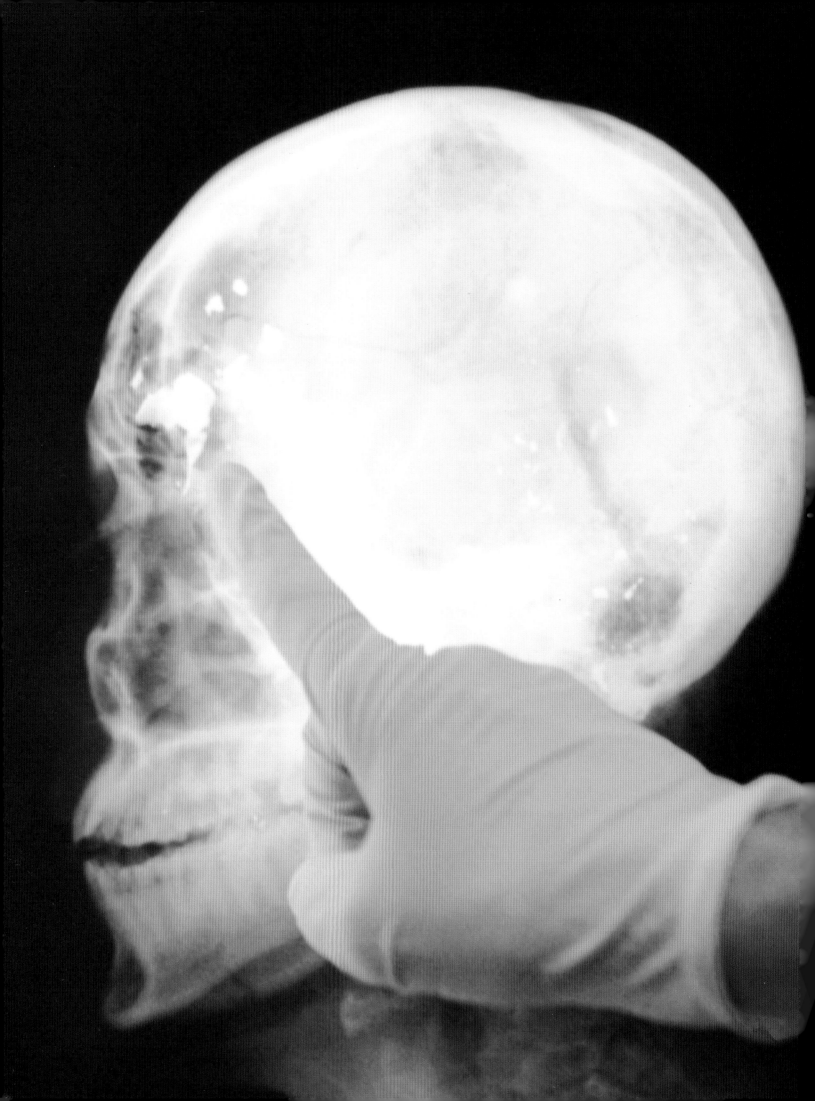

CAPÍTULO CINCO

LA CAUSA
DE LA MUERTE

La palabra autopsia significa «visión con los propios ojos» y lo que el forense o patólogo espera descubrir es el motivo que ha llevado al cadáver a la mesa de examen. En muchos casos de homicidio, la causa aparente de la muerte se ve de inmediato: una atadura de algún tipo en la garganta, restos de golpes con un objeto romo, pérdida de sangre por heridas de arma blanca, una o más heridas de bala, o incluso casos más cuestionables como muerte por asfixia o ahogamiento. Otras causas (estrangulación manual, asfixia o envenenamiento, por ejemplo) serán evidentes con un examen detenido antes del comienzo de la autopsia, mientras que las muertes sospechosas pueden necesitar una amplia investigación.

> «... el miedo continuo y el peligro de una muerte violenta; y la vida de un hombre, solitario, pobre, desagradable, salvaje y corta.»
>
> THOMAS HOBBES, *LEVIATÁN*.

PÁGINA ANTERIOR UN MIEMBRO DEL EQUIPO QUE REALIZA LA AUTOPSIA SEÑALA RESTOS EVIDENTES DE LA CAUSA DE LA MUERTE –DAÑOS FATALES ORIGINADOS POR UN DISPARO– EN LA RADIOGRAFÍA DE LA VÍCTIMA DE UN HOMICIDIO EN HOUSTON, TEJAS.

EL EXAMEN PREVIO

Lo que parece la causa de la muerte no siempre lo es. Ha habido casos, por ejemplo, en que la víctima ha sufrido un ataque cardiaco o un derrame cerebral al ser atacada, una circunstancia que puede afectar a los cargos presentados contra el asaltante. En otros casos el médico ha de pronunciarse sobre si la muerte ha sido natural, un suicidio o un accidente. El único medio de averiguarlo es un cuidadoso examen del cuerpo, tanto interior como exterior.

El primer paso de una autopsia es una detallada descripción del aspecto del cuerpo. El forense dicta cada etapa a un magnetofón y también se hacen fotografías, y si es posible también se graba en vídeo. Después de cortar la ropa y guardarla cuidadosamente en bolsas para pruebas, se toman huellas dactilares de manos y pies y moldes de la dentadura. Entonces se examina con detalle el cuerpo desnudo: se describe cualquier herida abierta o contusión y se buscan marcas de inyecciones. Se hacen frotis en la boca, el pecho, órganos sexuales y el recto, así como de cualquier otra marca visible.

En caso de una violación, se peina el vello púbico, de modo que pueda ser detectado y analizado cualquier pelo «ajeno». También se tomarán muestras de debajo de las uñas, pues si la víctima ha luchado suficiente con su asaltante pueden quedar restos de carne y sangre para analizar.

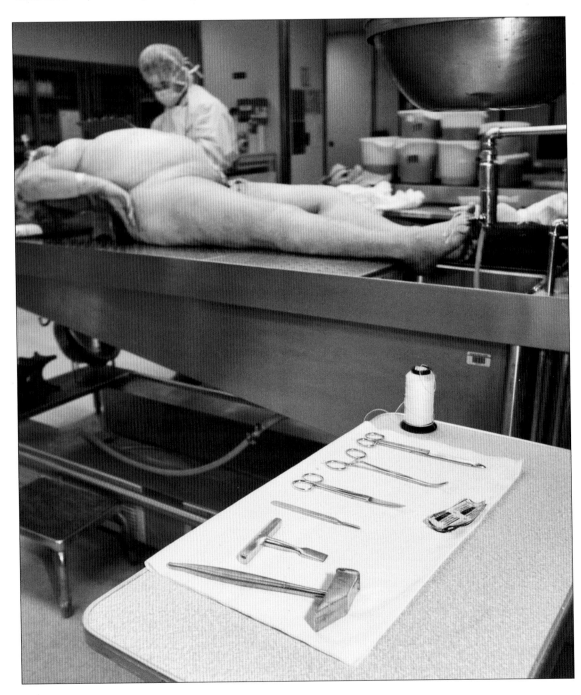

DERECHA El patólogo residente Xin Min Zang se prepara para realizar la autopsia de un cadáver en el Instituto Anatómico Forense de Nueva York a comienzos del 2004. En la mesa del primer plano se ven algunas de las herramientas que necesitará.

El 23 de julio de 1976, Catherine Fried informó de que había encontrado el cuerpo de su esposo Paul, de 61 años de edad y uno de los principales ginecólogos de Filadelfia, muerto boca abajo en el suelo del dormitorio. Había sangrado por la nariz y sobre la cabeza tenía una almohada con manchas de sangre. La pareja llevaba casada sólo un año y, aunque vivían separados, se visitaban con frecuencia. Catherine dijo que su esposo era adicto al alcohol y los barbitúricos; preocupada porque Paul no había respondido a sus llamadas de teléfono, fue hasta su casa, para descubrirlo muerto.

Una nota garabateada junto a la mesilla de noche parecía la prueba de un suicidio y el examinador médico asistente no tardó en firmar el certificado de defunción: «sobredosis de droga». Se realizaron los trámites para que el cuerpo fuera incinerado, pero las hijas que Paul tenía de un matrimonio anterior se negaron a creer que su padre se hubiera suicidado, por lo que detuvieron la cremación y exigieron una autopsia.

La autopsia fue realizada por el examinador médico jefe de la ciudad, el Dr. Milton Helpern. Informó de que no había signos patológicos de una enfermedad inminentemente fatal; también encontró petequias (diminutos vasos sanguíneos rotos) en los ojos de Fred, así como contusiones menores en el cuello, pero aún así declaró que la muerte era por causas naturales. Tras estos resultados, se llevó a cabo la cremación de Paul Fried.

Tiempo después, un hombre, Jerald Skar se dirigió al FBI para informar de que a él y a otro hombre

Catharine Fried les había ofrecido dinero para asesinar a su esposo. Cuando se negaron, ella misma se encargó de asfixiarlo con la almohada, todo según decía Skar.

Dudando de que pudiera acusar a nadie con sólo estas pruebas, el fiscal de Filadelfia le pidió al sucesor del Dr. Helpern, el Dr. Michael Baden, que revisara el caso. En primer lugar, Baden quedó sorprendido por la observación de Helpern de la presencia de petequias y contusiones menores. Luego descubrió el informe del laboratorio de toxicología, que había sido escrito después que se concediera el permiso para la cremación. Revelaba que en el cuerpo de Fred sólo había una pequeña cantidad de barbitúricos y nada de alcohol.

Durante el juicio de Catherine Fried, el Dr. Baden testificó que la causa de la muerte de su esposo era «consistente con asfixia» y fue declarada culpable. Apeló basándose en la insuficiencia de las pruebas, pero la apelación también la declaró culpable.

ARRIBA CATHERINE FRIED, DECLARADA CULPABLE DE HABER ASFIXIADO A SU ESPOSO, EL GINECÓLOGO PAUL FRIED, EN 1976. APELÓ, PERO EL VEREDICTO FUE CONFIRMADO.

IZQUIERDA EL DR. MICHAEL BADEN, EL FORENSE JEFE DE LA CIUDAD DE NUEVA YORK. SU REVISIÓN DE LAS PRUEBAS EN EL CASO DE FRIED Y SU DECLARACIÓN ANTE EL TRIBUNAL DEMOSTRARON QUE PAUL FRIED HABÍA MUERTO ASFIXIADO.

ETAPAS DE UNA AUTOPSIA

Siempre que se lleva a cabo una autopsia, ya sea por razones médicas o legales, el procedimiento que se sigue es sustancialmente el mismo. En esta serie de fotografías se ven los diferentes pasos de una autopsia realizada en un hospital por el patólogo residente Xin Min Zang, del Instituto Anatómico Forense de Nueva York, tras la muerte de un paciente. En este caso hay que obtener permiso del familiar más cercano del difunto y se toman las precauciones necesarias para preservar la apariencia del rostro y la parte superior del torso, para luego poder exponerlo en su ataúd. Por esa razón, si la difunta es una mujer (como en este caso) la incisión inicial es en forma de U. También hay que mencionar la presencia de una etiqueta identificativa, por lo general, atada a uno de los dedos del pie; en este caso lo está en uno de los dedos de la mano.

1. Cuando la carne del torso se ha plegado sobre la cara del cadáver, se puede abrir el abdomen y sacar los intestinos. Se mantienen separados de los demás órganos, de modo que no puedan contaminarlos con las heces. Se utiliza una sierra de huesos para cortar las costillas y sacar el esternón, para así dejar visibles el corazón, los pulmones, la traquea y los bronquios. Después de que hayan sido sacados como un bloque, les siguen el bazo, el hígado, el páncreas y el estómago, seguidos de los riñones, la vejiga y los órganos sexuales.

2. Todos los órganos se pesan y lavan antes de ser examinados y, de ser necesario, diseccionados por el patólogo o su ayudante. La espina dorsal también se saca y preserva. Para llevar un control de cada etapa de la autopsia se sigue una detallada lista de control de órganos.

3. Se realiza una segunda incisión sobre la circunferencia superior de la cabeza, para poder plegar hacia abajo la piel de la cara y dejar expuesto el cráneo. Con una sierra circular para hueso el patólogo corta la parte superior del cráneo para dejar libre acceso al cerebro. Para poder sacarlo hay que cortar las arterias, los nervios ópticos y la médula espinal. Algunos patólogos prefieren extraer el cerebro antes que los órganos internos. El cerebro también se pesa y conserva en formalina para un estudio posterior.

4. Al igual que sucede con el caso aquí fotografiado, una vez que el patólogo ha obtenido todas las partes del cuerpo y la causa de la muerte es evidente, el cadáver debe ser preparado para ser trasladado a una funeraria. Allí se maquillará el cuerpo, se embalsamará (si es necesario) y se vestirá. Como medida temporal, en la cavidad abdominal se introduce material absorbente, que da volumen y drena los líquidos, para terminar cosiendo las incisiones con hilo quirúrgico. Después de que el cuerpo ha sido cerrado, es trasladado desde la mesa de disección hasta una bolsa para cadáveres en una camilla y conducido al depósito de cadáveres del hospital.

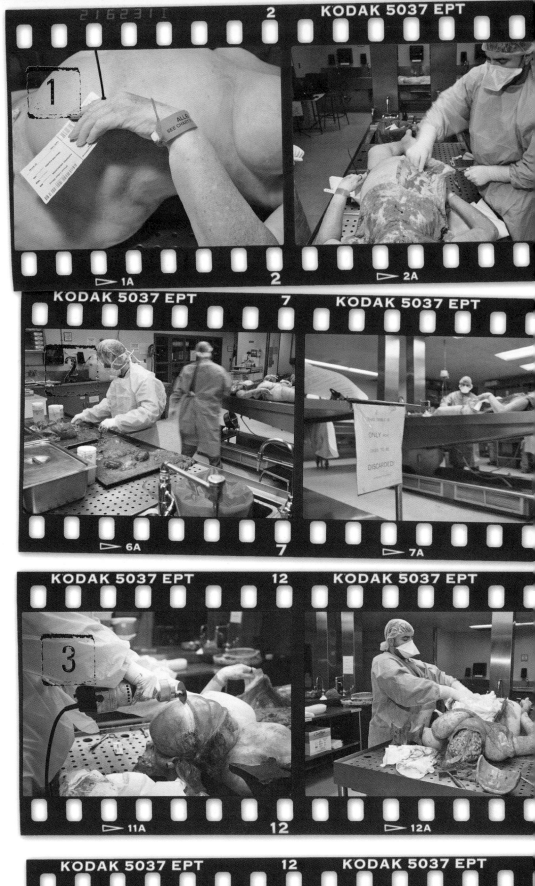

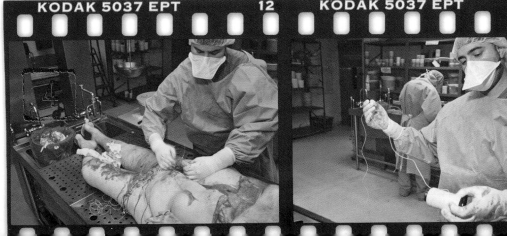

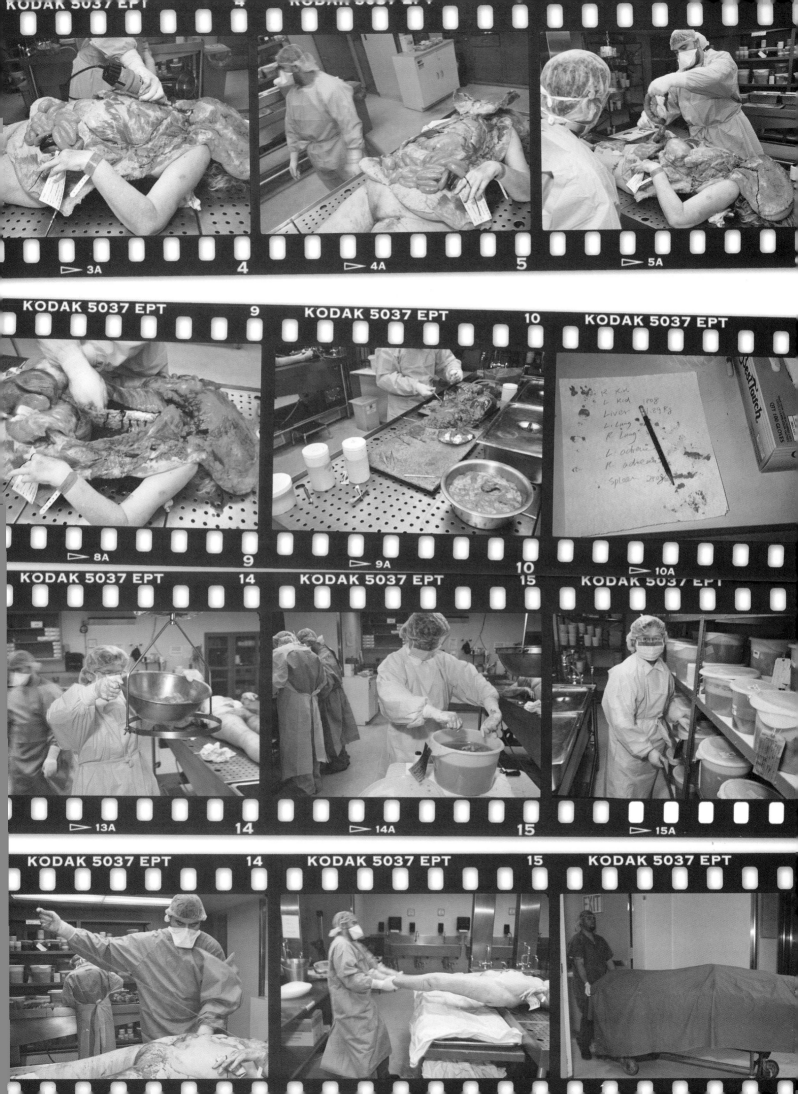

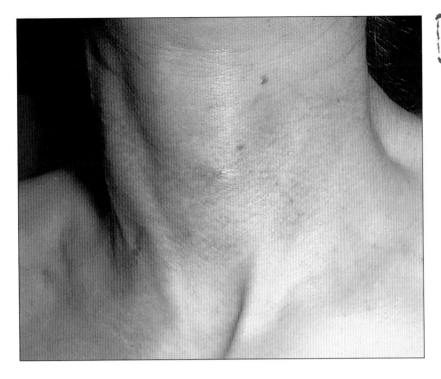

ASFIXIA

Antes de abrir el cuerpo, el forense debe buscar signos de asfixia. Privado de oxígeno, el cuerpo muere rápidamente; los músculos de los pulmones y el corazón dejan de contraerse y la sangre oxigenada no llega al corazón. Es lo que médicamente se conoce como «asfixia», una palabra derivada de la expresión griega que significa «sin pulso». El cerebro puede ser extraído con vida hasta unos diez minutos después de que el corazón haya dejado de latir, pero durante este período de tiempo se ha producido un inevitable deterioro neurológico.

La asfixia ocurre cuando los pulmones no son capaces de absorber aire, y ello puede producirse por distintos motivos. Una intensa compresión en el tórax que impida el movimiento de los pulmones, a menudo, es la causa de muerte en desastres de masas o cuando se produce un derrumbe. La tráquea puede obstruirse tras tragar comida con

ARRIBA EN CASOS DE ESTRANGULACIÓN MANUAL, EL CUELLO DE LA VÍCTIMA MOSTRARÁ MORATONES PRODUCIDOS POR LOS DEDOS DEL ATACANTE. SI EL AGARRE SE MUEVE DURANTE EL ATAQUE, LAS LACERACIONES SERÁN ANCHAS E IRREGULARES.

DERECHA LOS SUICIDIOS EN MASA SON RAROS, PERO EN AÑOS RECIENTES HAN OCURRIDO VARIOS CASOS. EN 1977, EL «REVERENDO» JAMES WARREN (JIM) JONES CREÓ LA COLONIA DE JONESTOWN EN LA SELVA DE LA GUAYANA, EN LA COSTA ORIENTAL DEL NORTE DE SUDAMÉRICA. EN NOVIEMBRE DEL AÑO SIGUIENTE ORDENÓ A SUS CORRELIGIONARIOS QUE COMETIERAN UN «SUICIDIO REVOLUCIONARIO». DESPUÉS DE QUE SE INYECTARA CIANURO A LOS NIÑOS, LOS ADULTOS SE PUSIERON EN FILA PARA TOMAR UN REFRESCO (KOOL-AID) CON LA MISMA SUSTANCIA. CUANDO LOS MIEMBROS DE LAS FUERZAS AÉREAS NORTEAMERICANAS LLEGARON, SE ENCONTRARON CON 913 CADÁVERES.

rapidez, por ejemplo, o en casos de ahogamiento. El estrangulamiento puede producir obstrucciones similares.

La estrangulación, ya sea manual o con una ligadura (cualquier cosa factible de ser atada alrededor del cuello), puede terminar con la muerte de formas distintas, pero relacionadas. La presión en la tráquea puede cortar directamente el aporte de sangre al cerebro o estimular en demasía el nervio vago. Este nervio craneal detecta variaciones en la presión de la arteria carótida, a lo cual el cerebro puede responder deteniendo los latidos del corazón.

En el examen preliminar de un cadáver, los signos de asfixia pueden ser evidentes de inmediato. La cara puede haberse hinchado como resultado de la mayor presión de las venas y se verá azulada debido a la sangre venosa, lo que se conoce como cianosis. Será visible la ruptura de diminutos vasos sanguíneos, lo que se conoce como petequias, sobre todo en el blanco de los ojos, los párpados, los labios y detrás de las orejas.

Cuando una estrangulación homicida se realiza se puede utilizar una o ambas manos, ya sea desde delante o desde detrás de la víctima. Los signos externos son contusiones y abrasiones en el cuello, dejando en los dedos magulladuras en forma de disco, con frecuencia ligeramente más pequeñas que el tamaño de las huellas dactilares, aunque el pulgar deja una marca ligeramente mayor. Si la muerte tiene lugar a los pocos segundos, debido a un paro cardiaco, y el estrangulador suelta su presa inmediatamente, por lo general, no aparecen en la cara ni la congestión ni las petequias. No obstante, si la presión se mantiene durante más de 15 segundos sí lo hacen.

Generalmente, la estrangulación manual indica que el asaltante es más grande y fuerte que la víctima; normalmente, las estrangulaciones las lleva a cabo un hombre contra una mujer, a menudo durante o después de una violación.

Una ligadura utilizada durante un estrangulamiento puede ser cualquier cosa capaz de constreñir la tráquea: una cuerda, un cable, un trozo de tela, un pañuelo, una corbata, incluso, una medias o un sujetador. Es inevitable que dejen marcas características en la carne. Si el asaltante no las deja en el cuello, con esta marca suele ser suficiente para proporcionar pruebas sobre el tipo de ligadura y su anchura aproximada. Cuando se deja alrededor de la garganta puede estar anudada y el tipo de nudo, a menudo, puede proporcionar pruebas, sobre todo si se reconoce como la «firma» de un asesino en serie. Al igual que con la congestión manual, la congestión y las petequias aparecerán si la presión se mantiene durante más de quince segundos.

La asfixia, ya sea con una almohada u otro material blando, una bolsa de plástico o incluso con la mano desnuda, deja pocos restos para el médico forense. La aparición de cianosis y petequias es inusual, a no ser que haya habido lucha; como la mayor parte de las víctimas de asfixia son ancianos o niños, esto es poco probable.

Los casos de ahogamiento pueden ser de dos tipos. En lo que se conoce como ahogamiento en seco, con poca o nada de agua penetrando en los pulmones, la muerte se produce en cuestión de segundos. El sobresalto de entrar en el agua puede producir un paro cardiaco inmediato, sobre todo si el agua está muy fría. Por otra parte, al entrar en la nariz, el agua puede producir un espasmo en la laringe, que reacciona contrayéndose para evitar que el agua alcance los pulmones; privada de oxígeno, la persona no tarda en perder el conocimiento y muere rápidamente. El ahogamiento seco se produce en un 15% de los casos.

El ahogamiento húmedo consiste en la inhalación de líquido hasta los pulmones. El líquido puede ser cualquier cosa: un charco con apenas unos centímetros de profundidad en el cual la víctima ha caído de cara. El ahogamiento húmedo puede producirse si alguien cae en una cuba dentro de una cervecería o fábrica o incluso si la víctima se traga su propio vómito. Si ocurre en agua dulce, grandes cantidades de líquido penetrarán desde los pulmones de la víctima hasta su flujo sanguíneo, cuyo volumen puede incrementarse hasta en un 50% en sólo un minuto. Esto supone tanta presión para el corazón que éste falla. Por otra parte, el agua salada posee una mayor concentración de sales que la sangre humana. Esto hace que el líquido de los tejidos se traslade a los vasos sanguíneos de los pulmones, lo cual produce un edema pulmonar. Como esto no supone una presión inmediata para el

ABAJO LA APARICIÓN DE PETEQUIAS –DIMINUTOS VASOS SANGUÍNEOS ROTOS– EN LOS PÁRPADOS Y PIEL DE LA CARA ES UN SÍNTOMA HABITUAL DE ASFIXIA.

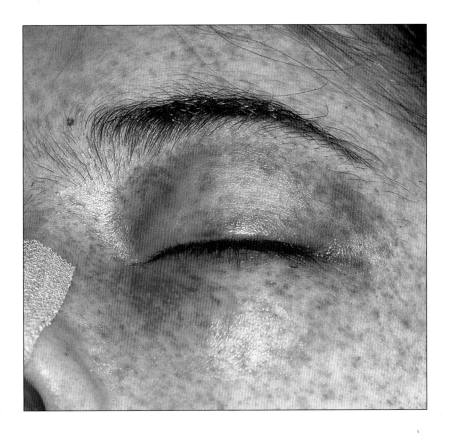

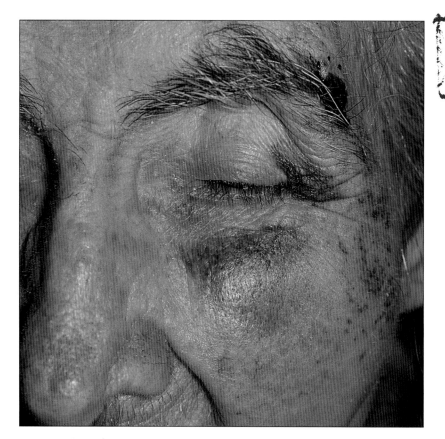

ARRIBA UN OJO MORADO.
COMO LA PIEL DE ESTA ZONA
ES PARTICULARMENTE
DELGADA, UNA CONTUSIÓN
APARECE AQUÍ MÁS OSCURA
QUE EN OTRAS PARTES DEL
CUERPO. UN HEMATOMA
SIMILAR PUEDE SER EL
RESULTADO DE UN GOLPE EN
EL CUERO CABELLUDO.

CONTUSIONES Y OTRAS HERIDAS

Una contusión, o cardenal, es el resultado de un golpe producido por un objeto romo o por el choque con un objeto sólido. Esto hace que se rompan algunos de los vasos sanguíneos más pequeños y que la sangre se extienda por los tejidos de alrededor. Por lo tanto, se puede decir que este tipo de lesiones fue infligida mientras la víctima estaba todavía viva, pues la sangre no fluye tras la muerte. Golpear de forma frenética a un cadáver puede producir marcas similares a una contusión, pero serán relativamente pequeñas en relación a la fuerza empleada.

Es una creencia generalizada que un moretón indicará el punto de la herida, la fuerza del golpe e incluso el tamaño del arma, pero es una falacia. La intensa presión local entre el objeto y el hueso que hay debajo rompe los vasos sanguíneos y la sangre se extiende por los planos fasciales (las capas de tejido bajo la piel o entre los músculos). Por este motivo, la forma de la contusión raras veces reproduce la forma del objeto que la ha originado. Una excepción es un cardenal intradermal, que sólo se produce en la capa más externa de tejido. Se puede ver cuando la piel ha sido constreñida hasta formar surcos, como la huella de un neumático, o ha sido golpeada por algo como una fusta trenzada o un cinturón.

No obstante, la mayoría de las contusiones tiene forma redondeada, pues la sangre se extiende de forma regular por los tejidos circundantes, con un diámetro que puede tener bastantes centímetros de tamaño. Debido a la acumulación de sangre, tienden a sobresalir ligeramente de la piel de alrededor siendo ésta la primera diferencia con respecto a las contusiones producidas post mórtem. Cuanto más tiempo permanezca viva la víctima tras el primer ataque, más probable es que el cardenal sea visible durante más tiempo; hay que recordar, no obstante, que las contusiones no son en sí mismas causas de la muerte, sino un indicio de lo que ocurrió antes. Si el golpe libera suficiente sangre, ésta puede continuar extendiéndose por los tejidos incluso tras la muerte, bien hacia la superficie de la piel o hacia los tejidos inferiores. Un golpe en el muslo, por ejemplo, puede aparecer después como un moretón en la rodilla y un golpe en la parte superior del cráneo puede terminar con un ojo morado.

Dado que es el hueso que hay debajo el que resiste el golpe, pueden aparecer contusiones profundas en cualquier órgano interno, las cuales no serán visibles en la superficie. El patólogo inglés sir Bernard Spilsbury escribió que éste era el caso hasta en el 50% de lesiones abdominales severas, don-

corazón, es posible que sea la razón por la cual quienes se ahogan en el mar puedan luchar durante mucho más tiempo que quienes lo hacen en agua dulce. Cuando el agua penetra en los pulmones, se produce una mezcla de agua, mucus y aire, que puede aparecer en las ventanas de la nariz y en la boca.

La privación de oxígeno para los tejidos se produce también debido a dos venenos mortales: el monóxido de carbono y el cianuro. El monóxido de carbono es el principal componente del gas de hulla y también del gas natural (butano o propano) quemado deficientemente y gran parte de lo que sale por el tubo de escape de un coche. Es ligeramente tóxico porque su «afinidad» con la hemoglobina es 300 veces mayor que la del oxígeno y al reemplazarlo produce asfixia con rapidez. Un signo seguro de envenenamiento por monóxido de carbono es el color frambuesa de la piel, labios y órganos internos; algo especialmente evidente en la hipóstasis (véase la página 114).

El cianuro –ya sea en forma de gas, líquida (ácido prúsico) o de cualquier otro producto industrial– también mata al impedir que el oxígeno llegue a los tejidos del cuerpo. El mecanismo es diferente del monóxido de carbono: el cianuro inhibe la enzima implicada en la toma de oxígeno de los tejidos, un efecto que es casi inmediato. La coloración resultante del cuerpo puede ser confundida por envenenamiento por monóxido de carbono, pero por lo general es ligeramente más oscura. Algunas drogas también pueden una coloración similar, si bien algo más marrón.

de el golpe causa la rotura de un órgano interno vital sin hacer lo propio con los vasos sanguíneos en el punto de impacto.

Las contusiones son especialmente visibles en las partes prominentes del cuerpo, pero el forense debe fijarse en todo. Las contusiones del cuero cabelludo son las más fáciles de pasar por alto debido al cabello que las oculta. Si los homóplatos tienen moretones, es un prueba de que la víctima ha caído con fuerza de espaldas sobre una superficie dura. Los cardenales en los brazos indican que la víctima fue agarrada de forma brutal. Las víctimas femeninas de violaciones, por lo general, después presentan cardenales en el interior de los muslos y la vulva; también es probable que los haya en los brazos y la cara como resultado de la lucha.

Con el tiempo, el color de una contusión cambia debido a la descomposición de la hemoglobina de la sangre, que del rojo pasa rápidamente a azul-negruzco y luego progresivamente al marrón, verde y amarillo antes de desaparecer al fin. No obstante, es imposible datar una contusión según su color, pues dos cardenales producidos por el mismo individuo al mismo tiempo cambian de color a velocidades distintas. No obstante, el estudio de las contusiones es particularmente importante en casos de supuestos abusos a menores: si se aprecian múltiples contusiones de diferente coloración puede que estén indicando que le pegan palizas.

En cuanto a la fuerza del golpe, es posible que uno más fuerte produzca un cardenal más grande; sin embargo, en los genitales y los párpados, por ejemplo, pueden aparecer contusiones superficiales con poca fuerza en el golpe, mientras que para que surjan en el cuero cabelludo el golpe tiene que tener una fuerza considerable. Además, los niños, los ancianos, los obesos y quienes están en mala condición física tiene mayor facilidad a tener cardenales que quienes están en forma.

Las abrasiones son heridas superficiales que sólo afectan a las capas exteriores de la piel, aunque para el médico forense pueden ser significativas, pues quizá sean indicio de un daño interno severo que se descubrirá a posteriori. Además, al contrario que las contusiones, sí señalan el punto exacto donde tuvo lugar la herida. Evidentemente, los arañazos, ya sean en el cuerpo de la víctima o del sospechoso, son importantes, al igual que los mordiscos. Las abrasiones también pueden aparecer si la víctima ha sido atada por los tobillos o las muñecas, o durante la estrangulación. No obstante, una abrasión visible puede ser el resultado de arrastrar el cadáver, sobre todo si ha sido recuperado por un equipo de rescate en un lugar de difícil acceso o en el agua.

Cuando un golpe fuerte raja la piel, la herida se llama una laceración. Los tejidos del borde de la herida estarán erosionados y amoratados, mientras la herida será de forma irregular, con restos de tejido nervioso y vasos sanguíneos menores en ella.

La forma y localización de la laceración no está relacionada directamente con la naturaleza y el punto del golpe. Un único golpe con una vara de hierro, por ejemplo, a menudo produce una laceración en forma de Y; un golpe en el lateral de la cabeza puede terminar con una laceración en la mandíbula inferior, la oreja y la frente; mientras que un golpe en la parte inferior del cuerpo puede no lacerar la piel, pero sí hacerlo de forma extensa en los tejidos subyacentes.

INSTRUMENTOS AFILADOS

Las heridas causadas por instrumentos cortantes son visibles de inmediato. Son de dos tipos generales: heridas incisas, producidas por un tajo originado por un arma, como un cuchillo, o por una pieza de metal o cristal, y heridas punzantes, realizadas con la punta de un cuchillo o un instrumento largo y estrecho similar. Por lo general, estas heridas producen una considerable pérdida de sangre, pero también ha habido casos en los que el asesino sólo ha cortado o apuñalado el cuerpo después de la

ABAJO UNA LACERACIÓN SEVERA EN EL CUERO CABELLUDO DE UNA MUJER, EN ESTE CASO PRODUCIDA POR UNA CAÍDA Y NO POR UN ATAQUE HOMICIDA. LAS HERIDAS MÁS PEQUEÑAS EN EL CUERO CABELLUDO POR LO GENERAL QUEDAN CUBIERTAS POR EL PELO Y SÓLO SE VEN DURANTE LA AUTOPSIA.

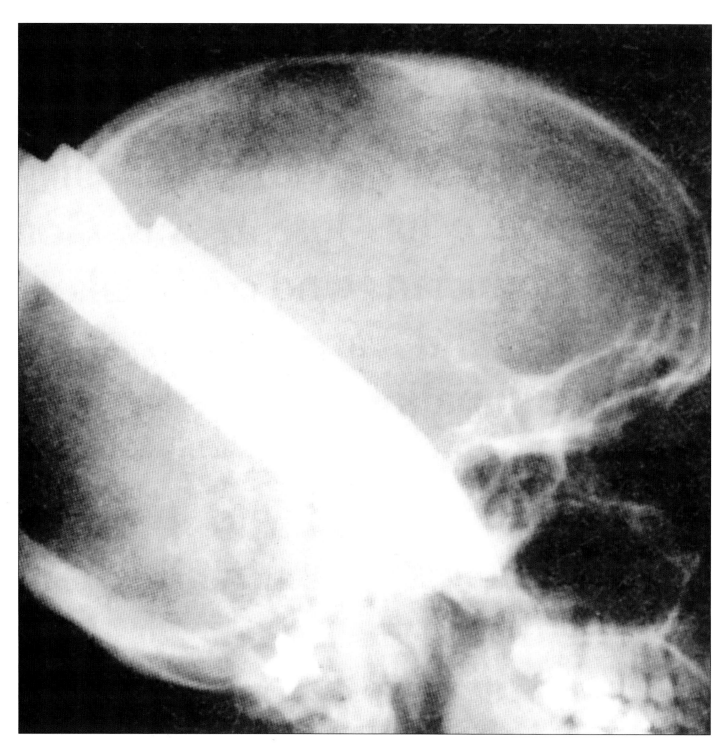

ARRIBA UN ASALTANTE POCAS
VECES DEJA EL ARMA EN LA
HERIDA. ESTA NOTABLE
RADIOGRAFÍA MUESTRA LA
HOJA DE UN CUCHILLO DE
12 CM DE LARGO INCRUSTADA
EN LA CABEZA DE UNA MUJER
JOVEN QUE,
SORPRENDENTEMENTE,
SOBREVIVIÓ.

muerte, lo que supone poca pérdida de sangre, pues el corazón ya estaba parado.

Si bien, las heridas incisas por lo general son rectas, pueden ser curvas si la dirección de la hoja cambia durante el golpe. Como suelen quedar abiertas, no es posible calcular la anchura del filo que las produjo. En el caso de puñaladas profundas, no sólo los vasos sanguíneos y los nervios quedan seccionados, sino también los músculos y los tendones, lo que separa aún más la abertura.

Con heridas punzantes sucede lo mismo, y su aspecto externo no es un indicio firme ni de la forma ni de las dimensiones del arma que las causó. La presión de la punta sobre la piel en el momento

anterior a su entrada puede estirarla, de modo que el pinchazo puede parecer más pequeño de lo que en realidad es el arma. Además, si el cuchillo es curvo, al ser retirado puede ensanchar la herida y, posiblemente, tenga forma de X. Incluso después de haber realizado un examen interno de la víctima, el patólogo debe ser muy cuidadoso a la hora de especular sobre el tamaño y la forma de un arma implicada en una muerte.

Por último, el forense debe fijarse en las características heridas defensivas en las manos y antebrazos de la víctima. Son el resultado típico de un ataque con un cuchillo o un arma similar, que la víctima intenta agarrar o desviar.

HERIDAS DE BALA

Cuando se dispara una pistola contra alguien desde cerca, las partículas quemadas –en ocasiones sin quemar– de la pólvora que propulsa la bala crean un «tatuaje» característico en la piel de alrededor de la herida o en la ropa. No obstante, si la pistola estaba apretada contra la piel o muy cerca de ella, estas partículas penetrarán en la herida, sin dejar ningún dibujo reconocible. Éste también falta si la bala se dispara desde más de tres metros. Si el dibujo está presente puede servir de guía para calcular la distancia desde la cual se disparó, así como la dirección. El análisis de las partículas puede identificar el tipo de pólvora, que puede ser rastreada hasta un fabricante concreto de balas.

En torno a la herida o el agujero en la ropa se encontrarán pequeños restos del metal de la bala.

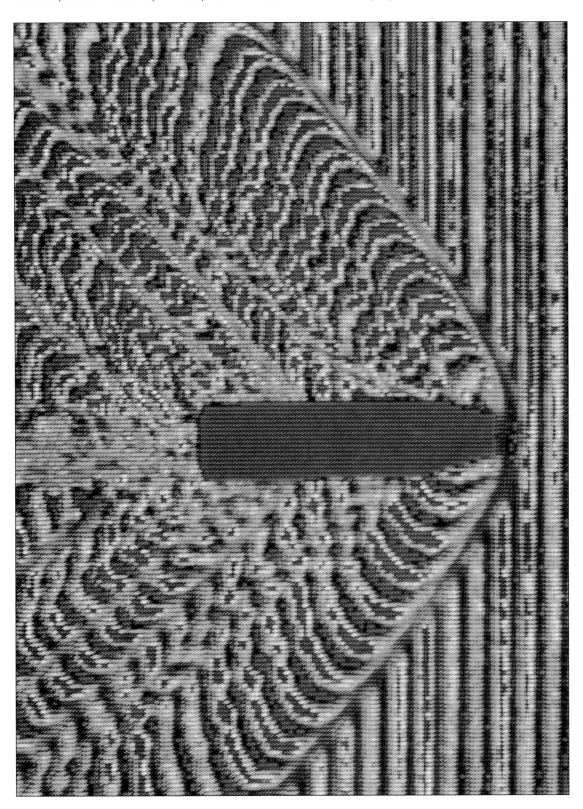

IZQUIERDA IMPRESIONANTE FOTOGRAFÍA DE UNA BALA DEL CALIBRE 0,20 (5 MM) VOLANDO, DEJANDO VER LA ONDA DE CHOQUE QUE LA ACOMPAÑA A 500 M/S. LA IMAGEN FUE TOMADA EN EL CENTRO DE INVESTIGACIONES FRANCO-ALEMÁN DE ST. LOUIS (FRANCIA), ESPECIALIZADO EN LA INVESTIGACIÓN BALÍSTICA. FUE CONSEGUIDA MEDIANTE UNA LUZ POLARIZADA PROCEDENTE DE UN LÁSER DE IMPULSO Y EL TIEMPO DE EXPOSICIÓN FUE DE 20 NANOSEGUNDOS.

Tras atravesar el cañón del arma que la dispara, una bala está tremendamente caliente y puede hacer que se fundan las fibras sintéticas. Estos factores pueden proporcionar indicios adicionales de la distancia desde la cual fue disparada el arma.

Todo esto puede tener gran importancia a la hora de determinar si la muerte fue un suicidio, pues, por lo general, la víctima no habrá sostenido el arma a mayor distancia que su brazo extendido, si bien en unos cuantos casos se afirmó que habían apretado el gatillo con ¡el dedo gordo del pie! Del mismo modo, la distancia desde la cual se disparó el arma puede ser de vital importancia cuando el asesino afirma que el gatillo se apretó accidentalmente durante una lucha.

Cuando una bala abandona el cañón estriado de una arma, lo hace girando y a una velocidad de unos 500 m/seg. Entonces empieza a tambalearse. A escasa distancia dejará un agujero pequeño y regular, de aproximadamente el tamaño de su calibre, junto a un característico «anillo de abrasión», originado por el calor de la fricción al penetrar en la piel. A grandes distancias, el movimiento creará una herida mayor y lacerada.

Dentro del cuerpo, la bala crea un hueco al hacer que los tejidos se expandan y luego se hundan sobre sí mismos, lo que deja un resto claramente definido que se detecta fácilmente durante la disección. La herida de salida suele ser mayor que la de entrada, empujando la piel hacia afuera con forma

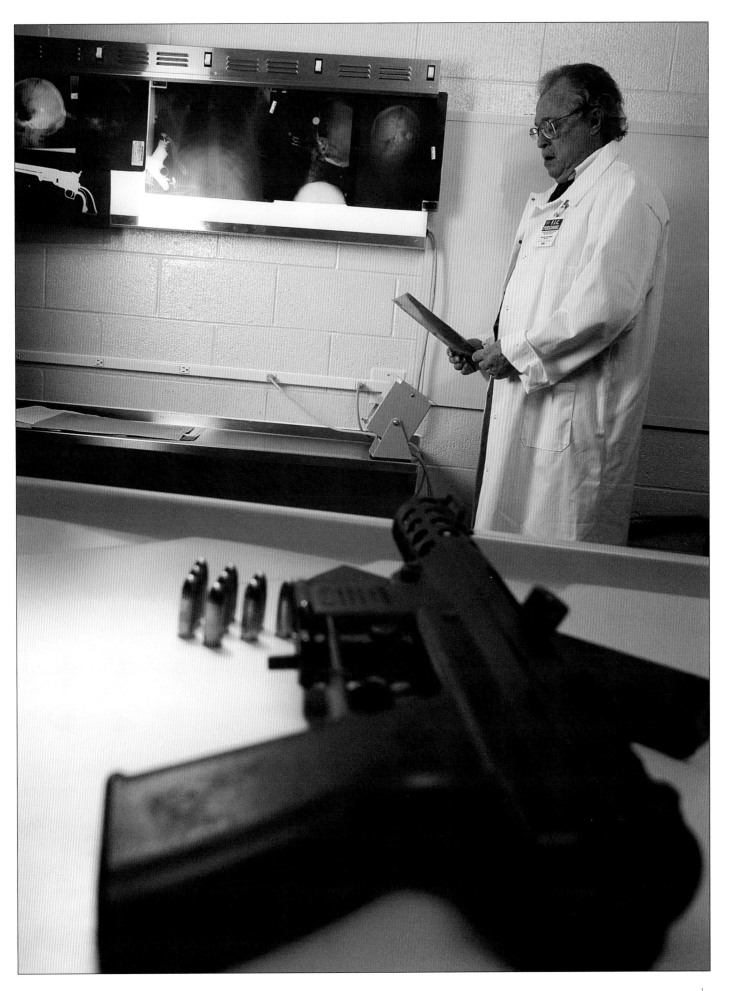

DERECHA LA FOTOGRAFÍA MUESTRA EL ASIENTO TRASERO, MANCHADO DE SANGRE, DE LA LIMUSINA PRESIDENCIAL. POSTERIORMENTE SE ENCONTRARÍA EN EL SUELO DEL VEHÍCULO UNA DE LAS DOS BALAS.

DERECHA CENTRO LA COMISIÓN WARREN PUBLICÓ 26 VOLÚMENES DE PRUEBAS, PERO NO CONSULTÓ A NINGÚN PATÓLOGO FORENSE.

ABAJO UNA FOTOGRAFÍA DEL PRESIDENTE ASESINADO, TOMADA DURANTE LA AUTOPSIA DEL CUERPO. SE REALIZARON DOS EXÁMENES DIFERENTES: EL PRIMERO EN EL HOSPITAL PARKLAND DE DALLAS Y EL SEGUNDO EN EL HOSPITAL NAVAL DE BETHESDA, EN WASHINGTON D. C.

Desde que Lee Harvey Oswald asesinara al presidente John F. Kennedy e hiriera al gobernador John Connally en Dallas (Tejas) el 22 de noviembre de 1963, ha habido un amargo debate relativo al número de disparos realizados. Ninguno de los patólogos que examinó el cuerpo del presidente en ese momento poseía experiencia en heridas de bala, y la Comisión Warren, creada en 1964 para estudiar las pruebas, no preguntó ni requirió la ayuda de ningún experto en ciencia forense.

No fue hasta 1977 cuando el Comité Selecto del congreso para Asesinatos encargó a un grupo de patólogos forenses, dirigidos por el Dr. Michael Baden, el médico forense de la ciudad de Nueva York, que revisara las pruebas.

La comisión comprobó que al presidente se le había practicado una traqueotomía para intentar que pudiera respirar y que con ello se había ocultado por completo la herida de salida de la bala que le había alcanzado en la espalda. Se decidió que esta misma bala era la que había herido al gobernador Connelly mientras estaba ladeado, –dejando una herida de 5,08 cm de largo– salido por debajo de su pezón derecho, penetrado en su muñeca derecha y finalmente atravesado parte de su muslo izquierdo. De hecho, la bala había sido encontrada en la camilla que llevaba a Connolly al hospital.

Copias mejoradas de las radiografías existentes revelaron que una segunda bala había golpeado al presidente en la cabeza, saliendo por encima de su oreja derecha. Al salir golpeó el marco del parabrisas del coche, siendo encontrada más tarde en el suelo del mismo. El Dr. Baden y sus colegas llegaron a la conclusión de que sólo hubo dos disparos y de que éstos se realizaron desde atrás.

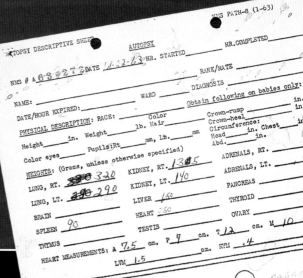

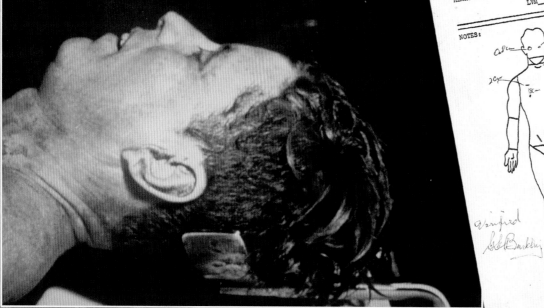

ARRIBA Una página manuscrita del *Diario histórico* de Lee Harvey Oswald. El color rojizo se debe a un producto químico utilizado por el FBI para encontrar huellas dactilares. El documento fue encontrado entre los efectos personales de Oswald.

ARRIBA, extremo izquierda Una página de las notas tomadas durante la autopsia, manchada con la sangre del presidente. El diagrama, completado con medidas detalladas, muestra las heridas fatales en la cabeza del presidente.

IZQUIERDA El Dr. Michael Baden, médico forense jefe de la ciudad de Nueva York, presenta las pruebas al Comité Selecto del Senado sobre Asesinatos, en 1977. Aquí señala la trayectoria de la segunda bala, que atravesó el cráneo del presidente, saliendo por encima de su oreja derecha y golpeando después el marco del parabrisas de la limusina.

ABAJO La camisa que llevaba John F. Kennedy el día en que fue asesinado, empapada con su sangre. Una de las balas penetró por la espalda y salió por la garganta, hiriendo después al gobernador John Connally.

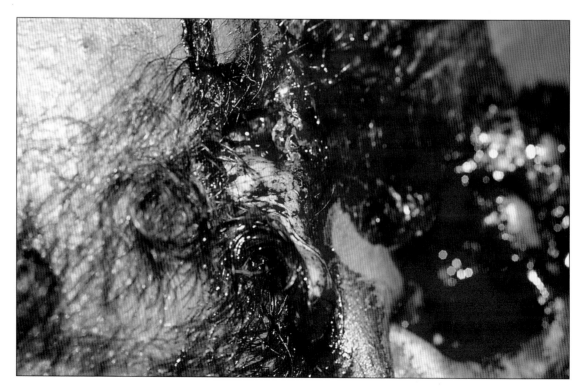

ASPIRACIÓN SECUNDARIA

La propulsión de una bala se consigue mediante la expansión de los gases a alta presión resultantes de la detonación de la pólvora. En las armas sin silenciador, la propulsión viene seguida por una disminución igual de rápida de la presión conocida como aspiración secundaria, que puede hacer que material de los alrededores del cañón penetre en éste. En un caso de homicidio ocurrido en Florida, por ejemplo, un asesino sujetó una almohada contra la cabeza de la víctima para ahogar el sonido del disparo. Cuando poco después se detuvo a un sospechoso, se encontraron trozos de la almohada en la pistola. Además, restos del cebo o de la pólvora propulsora pueden terminar en las manos y ropa del pistolero, por lo que cualquier sospechoso hallado en el escenario del crimen o interrogado poco después será sometido a una prueba para encontrar esos restos.

ARRIBA UNA TÍPICA HERIDA DE ENTRADA DE BALA, DISPARADA DESDE UNA DISTANCIA MAYOR DE 3 M. EL AGUJERO POSEE APROXIMADAMENTE EL MISMO TAMAÑO QUE EL CALIBRE DE LA BALA. SE PUEDE VER EL CARACTERÍSTICO ANILLO DE ABRASIÓN EN TORNO A LA HERIDA, ORIGINADO POR EL CALOR DE LA BALA.

de estrella. No obstante, si la piel estaba muy constreñida (por un cinturón, por ejemplo, o si la víctima estaba apoyada contra un muro) la herida de salida no será mayor que la de entrada.

La trayectoria de una bala puede verse desviada por los huesos o los tejidos, de modo que una herida de salida será mucho más grande que la de entrada y estará muy desgarrada. La bala también puede desintegrarse, dejando algunos fragmentos en los tejidos y un agujero de salida igual de desgarrado. En algunos casos, la bala ha recorrido el interior del cuerpo de forma errática. Si se desvía

mucho, puede atravesar una extremidad o incluso de un lado a otro el cuerpo.

Dos casos de los archivos del FBI son ejemplos sorprendentes de lo anterior. En uno de ellos, una bala de pequeño calibre entró por la muñeca de la víctima y viajó por una vena hasta el corazón, donde lo mató. En el segundo, un ladrón de bancos intentó matar a una cajera disparándole en la cabeza con una Magnum 357. La bala viajó alrededor del interior del cráneo, pero sin afectar al cerebro; si bien cayó inconsciente, aparentemente muerta, se recuperó y fue capaz de testificar ante el tribunal.

DERECHA LA HERIDA DE SALIDA DE UNA BALA ES, POR LO GENERAL, MÁS GRANDE QUE LA DE ENTRADA Y ARRASTRA CONSIGO LA PIEL. LAS HERIDAS DE SALIDA VARÍAN CONSIDERABLEMENTE DE TAMAÑO PORQUE LA BALA PUEDE DEFORMARSE EN SU TRÁNSITO POR EL INTERIOR DEL CUERPO. SI LA BALA CHOCA CON UN HUESO PUEDE DESINTEGRARSE, DEJANDO UN GRAN AGUJERO. EN CAMBIO, SI TODA LA ENERGÍA DE LA BALA ES ABSORBIDA POR LOS TEJIDOS, PUEDE NO HABER HERIDA DE SALIDA. ALGUNAS BALAS ESTÁN DISEÑADAS PARA DEFORMARSE, DE MODO QUE TODA SU ENERGÍA SE TRANSFORME EN DAÑOS EN LOS TEJIDOS Y NO SALGAN DEL CUERPO.

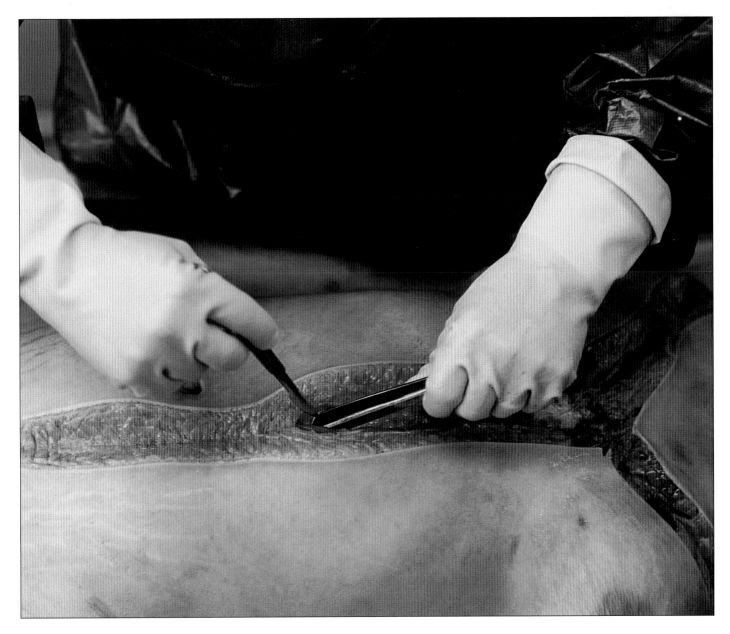

EXAMEN INTERNO

Una vez que el forense ha completado la descripción de la apariencia externa del cuerpo, puede comenzar el examen interno.

Utilizando un cuchillo muy afilado, considerablemente mayor que los bisturíes de los cirujanos, el patólogo realiza una incisión recta en la parte frontal del cuerpo, desde la laringe hasta el pubis. También se puede realizar, sobre todo en el caso de niños, un corte en forma de Y desde detrás de cada oreja hasta el esternón y hasta la ingle. Entonces, con ayuda del cuchillo, el forense puede separar la piel y los músculos del pecho para dejar al descubierto las costillas. Esto deja a la vista el cuello y el pecho, los huesos, los músculos y los órganos internos. También puede dejar al descubierto cardenales en el pecho que no eran visibles durante el examen externo inicial. Partiendo desde

detrás de cada oreja también se realiza una incisión que termina en lo alto del cráneo.

Todas las heridas y contusiones han de ser cuidadosamente exploradas y descritas, y en esta etapa por lo general se suelen tomar muestras de tejido. En el caso de muertos por arma de fuego, se traza la trayectoria de la bala o balas y se recuperan todos los fragmentos o las balas completas. El forense también tomará nota de cualquier hueso roto.

Lo siguiente es cortar el cartílago que une las costillas y también el abdomen, para así permitir la extracción del corazón, los pulmones, el hígado y otros órganos, incluidos los intestinos y el estómago. Cada uno de ellos se pesa y se separa para un examen posterior.

Las incisiones en la cabeza permiten separar el cuero cabelludo y dejar al descubierto el cráneo, que se examina en busca de fisuras y fracturas. Una sierra circular corta la tapa del cráneo; algunos forenses prefieren realizar esto antes que nada, pues

ARRIBA EN LAS AUTOPSIAS, LA INCISIÓN TIENE FORMA DE «Y», COMO EN ESTE CASO. EN LOS HOSPITALES, CUANDO EL PACIENTE HA FALLECIDO COMO CONSECUENCIA DE UNA PATOLOGÍA CORONARIA, POR LO GENERAL, LA INCISIÓN TIENE FORMA DE UNA GRAN U. ESTO PRESERVA LA APARIENCIA DEL TORSO SUPERIOR PARA LA POSTERIOR EXPOSICIÓN DEL CUERPO DURANTE EL FUNERAL.

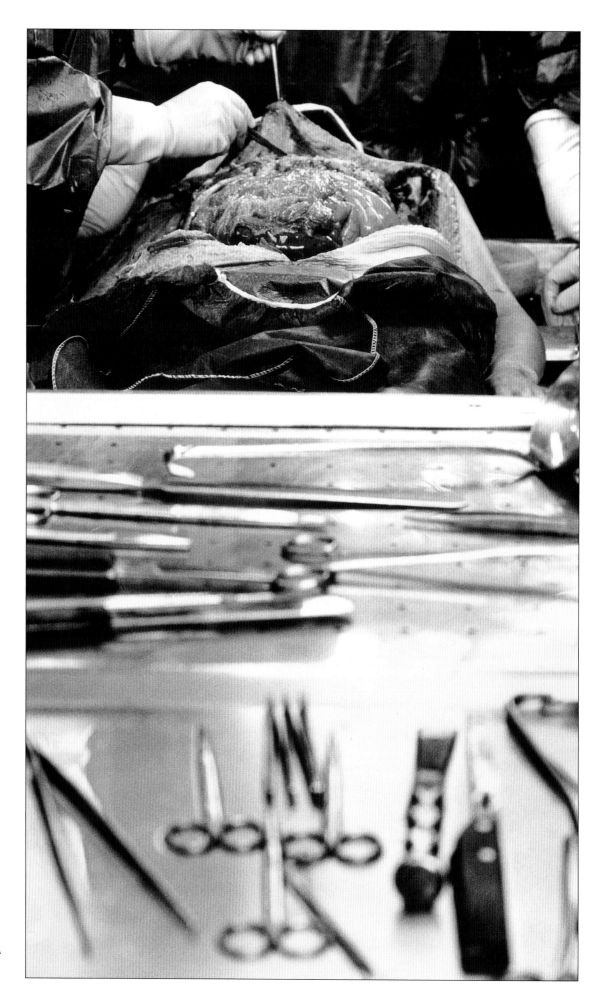

Derecha Una típica escena de una autopsia en un depósito de cadáveres. En la mesa en primer plano se pueden ver los utensilios esterilizados que necesita el forense, incluidos los largos y afilados cuchillos. Cada etapa de la operación es dictada a un magnetófono.

Durante la década de 1970 se produjo un inusual caso en el que el asesino afirmaba que todo se trataba de un accidente. Un día Iris Seagar saltó desde los 60 m de altura del ático que compartía con su esposo en Baltimore (Maryland), para terminar estrellándose contra la acera. Cuando los vecinos describieron los ataques que había sufrido a manos de su esposo borracho, la policía se mostró dispuesta a creer en un suicidio.

No obstante, el Sr. Seagar insistió en que su muerte había sido un accidente. «Estaba trasteando con un aire acondicionado estropeado –dijo– y se puso de pie sobre la barandilla.» Entonces la policía supo que el esposo era el beneficiario del seguro de vida de 100.000 dólares de su esposa, que habría quedado en nada en caso de suicidio, y comenzaron nuevas pesquisas. Un experto forense construyó varios maniquíes del mismo peso y altura que la Sra. Seagar y se grabó en vídeo mientras se colocaban de pie y eran empujados desde la barandilla del balcón. Las grabaciones demostraron claramente que si la caída hubiera sido accidental, el cuerpo hubiera caído a no más de 3,2 m de la fachada del edificio. Si la Sra. Seagar hubiera saltado la distancia habría sido como mucho de 4,3 m, pero de hecho había aterrizado a 5 m de distancia del muro. Enfrentado a estas pruebas, Seagar admitió que había arrojado a su esposa por el balcón durante un ataque de furia cuando estaba borracho.

en ciertos casos de envenenamiento se produce en el cerebro un olor característico, que puede quedar enmascarado por los olores del abdomen si éste se abre en los primeros momentos de la disección.

El patólogo examina el cráneo y el interior del cerebro con mucha atención en busca de signos de cualquier herida, nueva o antigua; los restos de las antiguas heridas pueden ofrecer pruebas sobre la identidad y el modo de vida de la víctima. Luego se saca y pesa el cerebro. Todos los órganos extraídos son pesados bajo un chorro de agua para limpiar la sangre y luego cada uno es diseccionado por separado. El orden recomendado para el examen es: lengua, arteria carótidas, esófago, laringe, tráquea, tiroides, pulmones, los grandes vasos sanguíneos y el corazón, el estómago, los intestinos, la glándula suprarrenal, los riñones, el páncreas, el hígado, el útero y los ovarios o testículos. El cerebro se deja para lo último.

Si parece que la víctima ha sido estrangulada, el forense prestará atención especial a las pequeñas y frágiles estructuras del cuello. En este caso, la laringe estará dañada y las extremidades superiores del cartílago de la tiroides fracturados en ambos lados. Los extremos superiores del pequeño hueso hioides, bajo la mandíbula, también estarán rotos, con hemorragias en los músculos del cuello. De ser posible, antes de la disección se tomará una radiografía de la zona.

En el caso de un cadáver recuperado tras un fuego o aparentemente ahogado, el patólogo buscará en todos los conductos aéreos restos de hollín o agua. Si se encuentran escasos o ningún resto, la víctima probablemente estuviera muerta antes de que comenzara el fuego o el cuerpo entrara en el agua. (No obstante, como ya comentamos antes, es posible que no aparezca agua en casos de ahogamiento.) Si hay agua, los pulmones estarán inundados y se apreciará al tacto. Se tiene que recoger tanto líquido como sea posible para posteriores análisis. En caso de fuego, la sangre de la víctima también ha de ser enviada al laboratorio; si se encuentra monóxido de carbono, se trata de una prueba segura de que todavía estaba respirando cuando comenzó el fuego.

El examen del corazón y los grandes vasos sanguíneos es esencial para descubrir rastros de una enfermedad coronaria. El estado del hígado puede revelar una cirrosis o hepatitis, si bien muchas drogas (sobre todo una sobredosis de acetaminofen, más conocido como paracetamol, un analgésico fácil de conseguir), puede producir un efecto similar. La inflamación de los riñones puede ser originada por sales metálicas tóxicas como las del mercurio o debido a un envenenamiento crónico de plomo. El estómago se abre para inspeccionar su contenido, que puede indicar cuál fue su última comida y posiblemente algún indicio del tiempo transcurrido desde la misma (véase la página 115). Tener un buen sentido del olfato es importante en esta etapa, pues se pueden detectar productos químicos como el amoniaco o el fenol (ácido carbólico) o el característico olor del cianuro. Un eminente patólogo inglés sólo era capaz de detectar el olor a almendras amargas del cianuro si fumaba mientras realizaba la disección del estómago.

Tras examinar los órganos restantes, el trabajo del patólogo ha terminado. Muestras de tejido y de los fluidos corporales serán enviados al laboratorio para que los hematólogos, toxicólogos y otros especialistas los analicen. En ciertos casos, como grandes daños en el cuerpo o heridas de bala, también puede ser necesario examinar las extremidades, incluidas radiografías e incluso disección. En caso de muerte tras atropello con huida, la fractura de los huesos largos puede indicar el orden en los impactos del cuerpo contra el coche y quizás incluso el ángulo en que ocurrieron. Si la víctima es anónima, se tomará nota de cualquier fractura sanada para compararla con los adecuados expedientes médicos.

SUICIDIOS SOSPECHOSOS

La literatura médico-legal proporciona muchos casos de suicidio que pueden ser tomados por homicidios. En *Mostly Murder (En su mayoría asesinato)*, 1959, el eminente patólogo escocés sir Sydney Smith describe cómo «una criada de un hospital se cortó la parte frontal de la cabeza, infligiéndose veinte tajos y, cuando comprobó que esto no era efectivo, llenó un baño con agua caliente y se ahogó». Su comentario fue: «Me pregunto cuántos de nosotros, doctores, al hallar semejante cantidad de heridas cortantes pensaría en un suicidio».

En *Forty Years of Murder (Cuarenta años de asesinatos)* (1978) el patólogo inglés Dr. Keith Simpson describe otro inusual caso de suicidio en cuya investigación tomó parte. Se encontró un hombre ahogado, con el cuerpo atado con cuerdas y las circunstancias convencieron a la policía de que se trataba de un asesinato. Simpson no estuvo de acuerdo. El hombre había muerto, anunció, «con sus propias manos y dientes.» Demostró que el suicida había atado sus piernas con un nudo corredizo, que luego fue subiendo la cuerda por las piernas asegurándola con nudos y que el extremo final lo había conseguido atar con los dientes. Para demostrarlo alumbró con una linterna dentro de la boca del difunto, donde había un trozo de cuerda entre los dientes.

Al terminar las conferencias que frecuentemente daba a los estudiantes, sir Sydney Smith solía explicar un caso –aunque no de los suyos– de un extraordinario intento de suicidio. Un hombre decidió ahorcarse en una rama de árbol que colgaba sobre un precipicio sobre el mar. Primero tomó una fuerte dosis de opio y luego, para asegurarse, decidió disparse también. «Con el nudo corredizo ajustado, tomado el veneno y el revolver amartillado, caminó hacia el precipicio y mientras lo hacía disparó. La sacudida de la cuerda desbarató sus planes, la bala no le dio pero cortó parte de la cuerda. Ésta se rompió con el balanceo del cuerpo y cayó al mar desde 15 m. Allí tragó una importante cantidad de agua de mar que le hizo vomitar el veneno y pudo nadar hacia al orilla siendo un hombre mejor y más sabio.»

LA NATURALEZA DE LA MUERTE

Finalmente, al forense se le pide que escriba un informe con su opinión respecto a si la muerte se debe a causas progresivas y naturales, accidente, suicidio o por culpa de una tercera persona.

En el caso de una muerte natural, la autopsia y las pruebas en el laboratorio casi indefectiblemente confirmarán el hecho. No obstante, hay casos en los cuales un suicidio o accidente pueden parecer resultado de un homicidio y al revés. Como dijo el profesor Cyril Polson en su *Essential of Forensic Medicine (Fundamentos de medicina forense)*: «El suicida ingenioso [...] puede planear su muerte de modo que sugiera un homicidio. Más frecuentes son los casos en los cuales un asesino intenta que su crimen parezca un suicidio».

En un artículo publicado en la revista *The Criminologist*, el profesor Polson presentó un ejemplo de todo lo confusa que puede ser la causa de la muerte. Mencionaba 12 casos que a primera vista a la policía le parecieron suicidios. Por ejemplo, un asesinato con hacha terminó siendo un suicidio con arma de fuego, un aparente estrangulamiento era en realidad un ataque al corazón, el «mar de sangre» que a primera vista parecía resultado de un ataque violento se debió al estallido de una vena varicosa, y una víctima que en principio parecía haber sido «golpeada hasta morir» había sufrido un accidente fatal. Innumerables son los suicidios que se han cometido cortándose las venas de la muñeca o la arteria carótida en el cuello. En muchos casos, es esencial asegurarse de que la muerte no es un homicidio.

Casi siempre, los suicidios genuinos vienen precedidos por uno o varios cortes experimentales, que no son lo suficientemente profundos como para originar la masiva pérdida de sangre que causa la muerte. Por lo tanto, un único tajo profundo levantará sospechas de homicidio, sobre todo si es en el cuello.

Hay otros signos a los que buscar. Cuando una persona diestra se corta el cuello a sí mismo, por ejemplo, el tajo siempre comienza en la parte superior izquierda del cuello y termina en la parte baja derecha. Evidentemente, lo contrario es cierto para los zurdos. Sólo una persona que estuviera de pie detrás de la víctima podría infligir una herida similar y probablemente sería más profunda en la parte baja derecha del cuello y más horizontal. Un tajo dado por un asesino situado frente a la víctima se distingue con bastante facilidad.

Una herida de suicidio en el cuello por lo general es bastante limpia, pues la persona echa para atrás la cabeza para estirar la piel. La víctima desprevenida de un asesinato tiene la piel relajada y se encoje ante la presión de la hoja, lo que da como resultado un borde irregular en la herida. No obstante, en ocasiones el asesino coge del pelo a la víctima para estirar su cabeza hacia atrás. Si hay forcejeo, es posible que caigan algunos pelos, además de que los signos del mismo pueden ser detectados en el examen inicial del cuerpo. Además, un asesino a menudo tiene que utilizar una cierta cantidad de fuerza para dominar a la víctima y es posible encontrar contusiones en uno o ambos brazos del cadáver.

El asesinato mediante ahorcamiento a menudo se intenta hacer pasar por suicidio. En semejantes casos la policía científica buscará restos de lucha en la escena del crimen o marcas en el suelo que señalen que el cuerpo ha sido arrastrado. Si el nudo corredizo se aprieta en torno al cuello de la víctima y luego se pasa por un gancho o asidero adecuado, es probable que se hayan desprendido fibras de la cuerda mientras se alzaba el cadáver; la cuerda también puede haberse visto afectada.

En otros casos, el asesino deja el cuerpo en el suelo, corta la cuerda en dos, anuda un extremo en el asidero y luego afirma haber encontrado el cuerpo colgado y haber cortado la cuerda. El examen de la cuerda en el laboratorio revelará que ésta no fue cortada bajo tensión y también es poco probable que haya ninguna marca en el asidero, como sucedería si hubiera colgado un peso de él. Un caso clásico de asesinato que se pretendió hacer pasar por suicidio por ahorcamiento fue el de Elsie Cameron por Norman Thorne, en Reino Unido en 1924, que se describe en la página 239.

El homicidio con veneno también puede confundirse a menudo por suicidio, sobre todo si el asesino deja el veneno cerca del cuerpo y, en ocasiones, incluso falsifica una nota de suicidio. En el aspecto externo del cuerpo se pueden detectar signos de ciertos venenos o en el informe de los síntomas exhibidos por la víctima antes de fallecer, mientras que otros se observan durante la autopsia. No obstante, la confirmación ha de esperar a los análisis realizados en el laboratorio por el toxicólogo.

Un hecho extraño e inexplicable apreciado en muchos casos es que la persona que comete suicidio, por lo general, se quita las gafas antes de tomar el veneno. Si el cuerpo se encuentra con ellas puestas, hay muy buenas razones para sospechar de un asesinato y ordenar más investigaciones.

PRUEBAS EN EL LABORATORIO

En un laboratorio criminal se pueden llevar a cabo un buen número de pruebas. Las principales son los exámenes de la sangre, semen, sudor y saliva, tal cual se describen en el capítulo 2 (para los análisis de ADN véase el capítulo 6). Si se sospecha que la víctima puede haber sido envenenada se concede prioridad a la búsqueda del agente tóxico, sobre todo en el estómago y otros órganos relevantes, así como en la sangre, la orina y el cerebro. También puede que sea necesario analizar los tejidos.

Es un hecho, si bien pocos lo creerán, que cualquier sustancia puede ser venenosa si se toma en la cantidad suficiente . Hay casos en que la gente ha muerto por consumir demasiada agua, lo que se conoce como hiponatremia, que por lo general está asociada a las carreras de larga distancia y las carreras ciclistas. El extravagante físico y alquimista Teofrasto Bombasto (un nombre más que adecuado) von Hohemheim, que se llamó a sí mismo Paracelso, o «Segundo ante nadie», escribió en fechas tan lejanas como el siglo XVI: «Todas las sustancias son venenos, no hay ninguna que no lo sea. La dosis exacta diferencia a un veneno de una medicina». No obstante, el término «veneno» se aplica por lo general a una sustancia que puede producir la muerte de forma rápida cuando se administra una o dos veces en cantidades relativamente pequeñas, o de forma lenta cuando se acumula a lo largo de un período amplio.

En muchos casos del pasado reciente, los análisis llevados a cabo por los toxicólogos eran relativamente sencillos, pues la causa de la muerte ya se sospechaba. Los efectos fisiológicos del envenenamiento por arsénico (véase el capítulo 1) o la estricnina, por ejemplo, es probable que hayan sido detectados por el médico de la víctima; la

IZQUIERDA EL PROFESOR JOHN GLAISTER, DE LA UNIVERSIDAD DE EDIMBURGO (ESCOCIA). SU LIBRO *MEDICAL JURISPRUDENCE* (*JURISPRUDENCIA MÉDICA*) FUE PUBLICADO POR PRIMERA VEZ EN 1902 Y LUEGO A LO LARGO DE MÁS DE CINCO DÉCADAS EN SUCESIVAS EDICIONES REVISADAS. EN ÉL ENUMERA CIENTOS DE SUSTANCIAS VENENOSAS, PERO EN LA ACTUALIDAD HAY MILES MÁS.

HAROLD SHIPMAN

DERECHA EL DR. HAROLD SHIPMAN, EL MÉDICO INGLÉS QUE ERA UN ASESINO EN SERIE, ACUSADO DEL ASESINATO DE 15 DE SUS PACIENTES. SI BIEN HABÍA ESTADO EN LA CÁRCEL POR CONSUMO DE DROGAS, SE LE PERMITIÓ CONTINUAR EJERCIENDO. EN ENERO DEL 2004 FUE DESCUBIERTO COLGADO DEL TECHO DE SU CELDA.

ABAJO LA POLICÍA EXHUMA EL CUERPO DE UNA DE LAS VÍCTIMAS DEL DR. SHIPMAN PARA SER ANALIZADA POR LOS TOXICÓLOGOS. EN LA ACTUALIDAD SE LE ATRIBUYEN MÁS DE 200 ASESINATOS, PERO DE FORMA EXTRAOFICIAL SE CONSIDERA QUE LA CANTIDAD PUEDE SER DE MÁS 600.

Si bien durante los siglos XIX y XX se produjeron varios casos de envenenamientos en serie, por lo general, debidos al arsénico o la estricnina, ninguno puede igualar a las recientes actividades del inglés Dr. Harold Shipan, que era un respetable médico de cabecera en Hyde, un suburbio de Manchester. La mayor parte de sus pacientes eran mujeres de edad avanzada y durante varios años apenas resultó sospechoso que murieran al poco de haberle visitado o mientras estaban en su consulta. No obstante, al final alguien sospechó y Shipman fue arrestado en 1998. El estudio de su ordenador (que erróneamente pensó había borrado) así como el de los registros de varias farmacias, revelaron que había comprado grandes cantidades de diamorfina (heroína) que no podía justificar. Se le acusó y condenó por la muerte de 15 de sus pacientes. Tras su condena a cadena perpetua, las investigaciones sugirieron que podía ser responsable de hasta 600 muertes. Durante el punto álgido de sus actividades se sospecha que realizó de tres a cuatro asesinatos al mes, con siete en el mes de febrero de 1988 y seis el mes siguiente. Tras su arresto y durante su juicio, Shipman se mostró seguro de sí mismo

–arrogante incluso– y se declaró inocente. En la cárcel, antes de morir se negó testarudo a revelar sus motivos. Parece que no fueron otros que el deseo de matar y matar de nuevo.

En 1957, Kenneth Barlow, enfermero en Bradford (Reino Unido), mató a su esposa con varias inyecciones masivas de insulina. Afirmó haberla encontrado ahogada en el baño, pero el nivel anormalmente elevado de azúcar en sangre hallado en su corazón confirmó las sospechas ya levantadas por las circunstancias en las que fue encontrada. Se supo entonces que Barlow le había comentado a otra enfermera que para realizar el asesinato perfecto él utilizaría la insulina, porque inducía un coma con facilidad y no podía detectarse.

En realidad por aquellas fechas no existía una prueba analítica para la insulina, sin contar con que la droga había sido diseñada para reducir el nivel de azúcar en sangre de quienes sufrían diabetes. Se reunió un grupo de expertos, encabezado por el Dr. Alan Curry, para considerar el problema. Finalmente se encontraron informes de que, en casos de muerte súbita, el hígado a menudo inundaba la corriente sanguínea con azúcar en los últimos momentos.

La cuestión era ahora determinar si, y en qué cantidad, se había inyectado insulina. Se realizó un minucioso examen del cuerpo de la Sr. Barlow que halló diminutas señales de inyecciones en sus nalgas y se tomaron muestras de tejido. Extractos de las mismas fueron inyectados a cobayas, al mismo tiempo que al grupo de control se le inyectaban diferentes dosis de insulina. Todos cayeron en coma y luego murieron. Así fue posible calcular, de hecho, que Barlow le había inyectado a su esposa cantidades masivas de la droga. Fue declarado culpable de asesinato y sentenciado a cadena perpetua.

---

confirmación se obtiene con facilidad en el laboratorio. Los síntomas del envenenamiento por estricnina son dramáticos: los músculos sufren espasmos, por lo que respirar se vuelve muy difícil y la espalda duele, de modo que sólo la cabeza y los talones tocan la superficie sobre la que reposa el cuerpo. La cara está ennegrecida por la sangre que la tiñe y los espasmos de los músculos de la boca imprimen una mueca que se conoce como risus sardonicus. No obstante, ocasionalmente los médicos no aprecian estos síntomas. Cuando en mayo de 1934, Arthur Mayor murió de repente en Licolnshire

IZQUIERDA DADO QUE LOS CASOS CONTEMPORÁNEOS DE ENVENENAMIENTO SON RAROS, EL NORTEAMERICANO DE NACIMIENTO DR. HAWLEY HARVEY CRIPPEN, QUE HABÍA ASESINADO A SU ESPOSA EN LONDRES CON HIOCINA, SIGUE SIENDO UNO DE LOS ASESINOS MÁS CONOCIDOS DEL SIGLO XX. FUE IDENTIFICADO A BORDO DE UN BARCO CON DESTINO AL CANADÁ, TRAS HABER ENVIADO POR RADIO SU DESCRIPCIÓN –LA PRIMERA VEZ QUE FUE EMPLEADA EN LA BÚSQUEDA DE UN ASESINO– Y ARRESTADO CUANDO EL BARCO LLEGÓ A SU DESTINO.

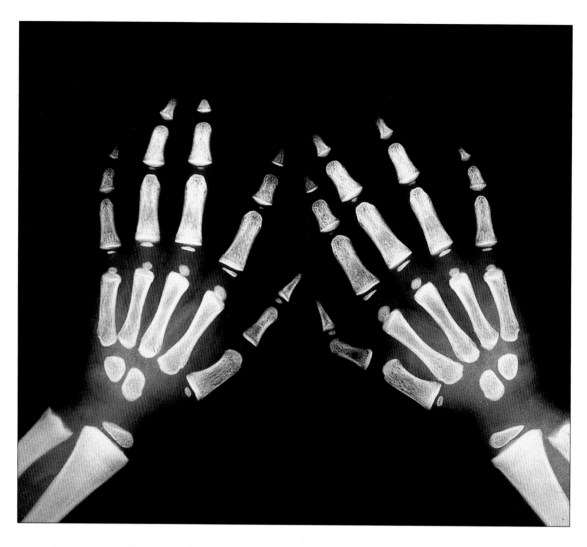

(Reino Unido), su médico certificó su muerte como «ataque epiléptico». Sólo después de que una carta anónima informara de que el perro del vecino había muerto de forma semejante, tras comerse las sobras que le había dado la mujer de Major, Ethel, obtuvo la policía una orden para exhumar el cadáver y los análisis demostraron que había sido envenenado con estricnina.

Como ya hemos descrito anteriormente, los efectos del monóxido de carbono y el cianuro son evidentes en una autopsia y pueden ser confirmados mediante un análisis. El examen físico de los órganos internos, sobre todo el hígado, el bazo y los riñones, indicará los efectos acumulativos de las sales metálicas o de sobredosis de drogas como el fenacetrín o el paracetamol, lo que llevará a los patólogos a solicitar más pruebas. Cualquier cosa que haya sospechado el patólogo, su confirmación dependerá de la habilidad del toxicólogo. Su tarea no es sólo identificar cualquier veneno, sino también proporcionar una estimación de la cantidad implicada.

El principal problema al que se enfrenta el moderno toxicólogo puede ser el de qué buscar. Ya hace 70 años, en su importantísimo *Medical Jurisprudence and Toxicology (Jurisprudencia médica y toxicología),* 8.ª edición, 1945, el Dr. John Glaister enumeraba cientos de sustancias venenosas, desde abortivos hasta armas químicas (el ataque con gas sarín en otoño de 1995 por parte de la secta Shinrikyo en Japón es un recordatorio de que estos gases nerviosos no sólo se utilizan durante la guerra). Hoy día, cuando la gente consume tanta variedad de productos químicos –en forma de medicinas recetadas por el médico o automedicándose–, en un botiquín normal de una familia media se pueden encontrar suficientes venenos como para cometer varios asesinatos.

En 1984, un toxicólogo escribió: «Hay más de cinco millones de compuestos químicos en el mundo, de los cuales unos 80.000 [...] se utilizan diariamente en los sectores industrial, doméstico, farmacéutico y agrícola de la sociedad. Se calcula que estas cifras aumentan a razón de un millar al año, ya sean compuestos sintéticos o al aislarse sustancias naturales que aparecen en plantas o animales». Veinte años después, ¿cuántos compuestos puede haber? Afortunadamente para los toxicólogos, se considera que el 80% de los envenenamientos·implican sólo entre 40 y 50 sustancias conocidas.

Dada la amplia variedad de sustancias potencialmente letales disponibles, resulta sorprendente que se conozcan tan pocos casos contemporáneos

IZQUIERDA VÍCTIMAS DEL
ATAQUE CON GAS SARÍN, UN
GAS NERVIOSO, EN EL METRO
DE TOKIO EL 19 DE MARZO DE
1995. EL GAS FUE SOLTADO
POR MIEMBROS DE LA SECTA
AUM SHIRINKYO; 12
PERSONAS MURIERON Y MÁS
DE 5.000 SUFRIERON SUS
EFECTOS.

LOS ORÍGENES DE LA CROMATOGRAFÍA

La cromatografía recibe su nombre de su primer uso, ideado por el botánico ruso Mikhail Tsvett en 1903, que la utilizó para separar los pigmentos de las plantas, si bien en la actualidad ya no es necesario para la identificación de sustancias coloreadas. Tsvett colocó una mezcla de pigmentos, disueltos en alcohol, encima de un tubo de ensayo que contenía una columna de gránulos de óxido de aluminio. Según se iba añadiendo alcohol la mezcla iba descendiendo por el tubo y los pigmentos se iban separando según su «afinidad», mediante la cual eran absorbidos por la superficie de los gránulos. Posteriores lavados con alcohol hacían que los pigmentos individuales emergieran como fracciones separadas desde el fondo del tubo.

Un principio bastante similar se utiliza en algunos equipos descalcificadores de agua y también puede emplearse en el laboratorio para limpiar sustancias que interfieren, como las sales metálicas. Esto se conoce como intercambio de iones. Un filtro descalcificador, por ejemplo, es un cilindro relleno de una resina especial que intercambia los iones de calcio del agua por sodio, que no obstruirá las tuberías o los motores de las lavadoras. A intervalos, la resina se lava mediante una fuerte solución salina (cloruro de sodio), que de nuevo reemplaza el calcio por sodio.

La técnica de Tsvett permaneció ignorada durante cerca de 30 años, pero desde entonces ha sufrido una variedad de importantes desarrollos en el laboratorio.

ARRIBA EL BOTÁNICO RUSO MIKHAIL TSVETT. SU MÉTODO ORIGINAL SE HA CONVERTIDO HOY DÍA EN UN PROCEDIMIENTO DE LABORATORIO COMPLETAMENTE AUTOMÁTICO, QUE PUEDE SER UTILIZADO PARA SEPARAR Y ANALIZAR UNA AMPLIA VARIEDAD DE MEZCLAS INCOLORAS.

de asesinato mediante veneno, comparados con otros sistemas. Como dice el profesor Keith Simpson en su *Forty Years of Murder* (1978): «El homicidio con veneno es raro. Los Maybricks, Seddons, Crippens y Merrifields son famosos sólo porque son de un raro interés». Un informe de 1999 decía que de los 18.954 asesinatos registrados en Estados Unidos sólo 28 habían sido cometidos con veneno. Evidentemente, estas cifras no incluyen los casos en los que el envenenamiento no se sospecha o detecta. Nadie podrá saber nunca cuántos médicos o familiares han acelerado la muerte de inválidos para acortar su sufrimiento o por el miedo a ser desheredados.

La facilidad con la que los médicos o empleados de hospital pueden conseguir sustancias letales ha sido el origen de varios casos de médicos asesinos. Entre las muchas drogas modernas se encuentran la insulina y el cloruro de sucinilcolina (curare sintético), que han sido utilizadas en homicidios y han demostrado ser particularmente difíciles de detectar en los análisis.

La insulina fue el supuesto veneno utilizado por Claus von Bulow para asesinar a su esposa, Sunny, en Nueva York en 1980, cargo del que fue absuelto. En 1991, la enfermera inglesa Beverly Allitt fue declarada culpable de cuatro asesinatos y tres intentos de asesinato de niños a su cargo, todos ellos con inyecciones de insulina.

Un caso muy similar tuvo lugar ocho años antes, en la figura de Genene Jones, una enfermera de niños en Tejas. El veneno que utilizó fue el cloruro de sucinilcolina, que estaba disponible en su hospital y cuyos viales había estado manipulando. Finalmente se diagnosticó que sufría el síndrome de Munchausen desplazado. Obtenía semejante emoción al resucitar niños que habían sufrido un paro cardiaco repentino que comenzó a inyectarles la droga para experimentar el placer de tratarlos. Se la encontró culpable de la muerte de más de 30 niños. Fue declarada culpable de asesinato en febrero de 1984 y sentenciada al menos a 25 años de cárcel antes de poder salir en libertad condicional.

En pequeñas dosis, el cloruro de sucinilcolina (curare sintético) se utiliza en cirugía para relajar los músculos del esqueleto, de modo que sean necesarias cantidades menores de anestesia. Utilizada como droga letal tiene unos efecto terroríficos: produce una extensa y dolorosa parálisis muscular, pero con la víctima consciente, excepto –como dice con dureza la *Martindale's Extra Pharmacopeia*–, «por la debilidad y un sentido de desastre inminente.» La muerte ocurre al cabo de media hora y es imposible imaginar las emociones de la infeliz víctima.

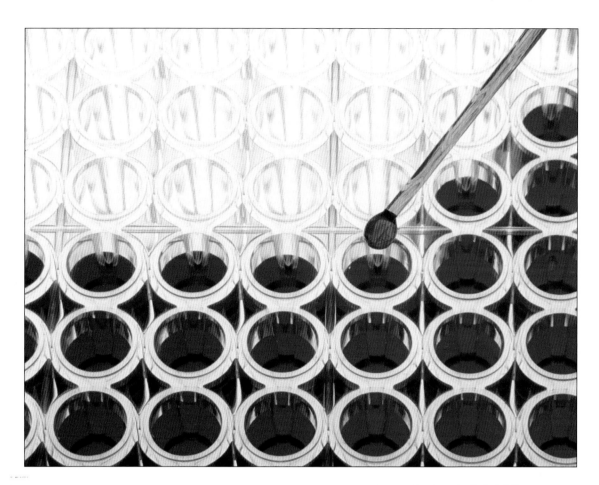

ANÁLISIS TOXICOLÓGICO

El equipo actualmente disponible en los laboratorios de toxicología es, a pesar de ciertas excepciones, capaz de analizar y detectar la mayoría de las sustancias venenosas en los fluidos y órganos corporales. Las principales técnicas consisten en: análisis químicos sencillos y procedimientos relacionados, diferentes tipos de cromatografía, la espectometría de masas, y el inmunoanálisis.

Los análisis químicos son como el test de Marsh para el arsénico (véase el capítulo 1). Otras sustancias inorgánicas, como compuestos de mercurio, plomo o talio, puede ser detectadas de forma similar, pero por lo general se requiere confirmación mediante la espectroscopia. También hay pruebas para un considerable número de sustancias encontradas en la sangre o la orina.

El principio básico de la cromatografía es sencillo de explicar. Implica dos «fases»: una fase estacionaria, en la que un material absorbe los componentes de la mezcla, y una fase móvil, en la que los componentes son solubles. Con cada componente se produce una lucha entre la fase estacionaria, en la cual las moléculas son atraídas, y la fase móvil, en la que son disueltas. Según

INVESTIGACIÓN DEL CASO
CARL COPPOLINO

En agosto de 1965, Carl Coppolino, un anestesiólogo retirado, informó que había encontrado a su esposa, Carmela, una médico de la zona, muerta de un ataque al corazón en su casa de Florida. El cuerpo de Carmela fue enterrado, pero después de que se produjeran sospechas, fue exhumado y examinado por el eminente Dr. Milton Helpern, por entonces médico forense jefe de Nueva York. No encontró rastros de ataque al corazón, pero tampoco de veneno.

No obstante, Helpern se preguntó si el cloruro de succinilcolina –una droga a la que un anestesiólogo tendría acceso– podría haber sido la causa de la muerte. Pidió ayuda al jefe de toxicología, quien inyectó la droga a varios cobayas y luego enterró los cuerpos durante seis meses. Tras su exhumación, aparecieron grandes cantidades de ácido sucínico en el cerebro de los conejos, exactamente igual que en el caso de Carmela. Coppolino fue condenado por su muerte y también de la del coronel William Farber, al que se demostró había asfixiado en 1963.

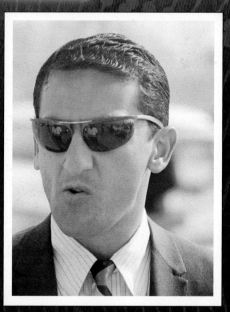

ARRIBA CARL COPPOLINO ENTRANDO EN LA SALA DEL TRIBUNAL DONDE FUE JUZGADO.

DERECHA UN SENCILLO EXPERIMENTO CON TINTAS DE COLORES SIRVE PARA DEMOSTRAR EL PRINCIPIO DE LA CROMATOGRAFÍA. AQUÍ LOS CUATRO PUNTOS HAN SIDO COLOCADOS EN LA PARTE INFERIOR DE UN PAPEL DE FILTRO, INTRODUCIDO DENTRO DE UN DISOLVENTE. SEGÚN EL DISOLVENTE SE MUEVE HACIA ARRIBA POR EL PAPEL, LOS COMPONENTES DEL COLOR DE CADA TINTA SE SEPARAN.

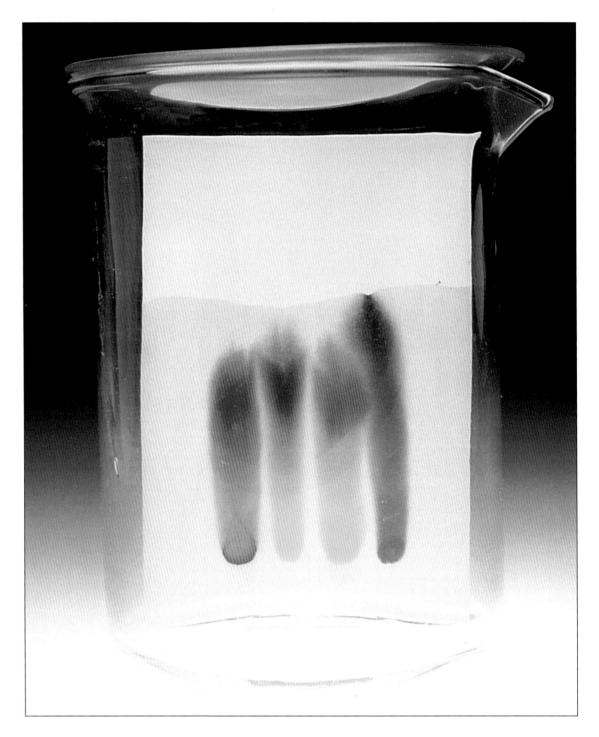

avanza la fase móvil, los componentes son absorbidos a diferentes ritmos, por lo que se separan.

El primer refinamiento de la técnica original de Tsvett fue el desarrollo de la cromatografía de papel, a la que no tardó en seguir la cromatografía de capa fina. Ambas transformaban la columna de absorción de Tsvett en una ancha y efectiva superficie bidimensional. La gran ventaja de estas dos técnicas es que emplean cantidades muy pequeñas de la mezcla que se investiga y que a lo largo de toda la superficie se puede colocar muestras de las sustancias simples de control que se están buscando, para así poder comparar.

La cromatografía de papel utiliza una hoja de papel de filtro humedecido como fase estaciona-ria, mientras que la cromatografía de capa fina consiste en una delgada capa de óxido de aluminio o gel de sílice contenida entre dos capas de cristal o plástico. El extremo inferior de la fase estacionaria se sumerge en un disolvente adecuado, que se traslada hacia arriba a un ritmo constante gracias al principio de la capilaridad. Cuando el disolvente alcanza el extremo superior, el papel o la película se seca y las sustancias separadas se detectan pulverizando sobre el papel los reactivos adecuados o iluminándolos con luz ultravioleta. El primer paso para identificar una sustancia es comprobar si uno de los puntos de la mezcla investigada se ha movido la misma distancia que una de las muestras de control.

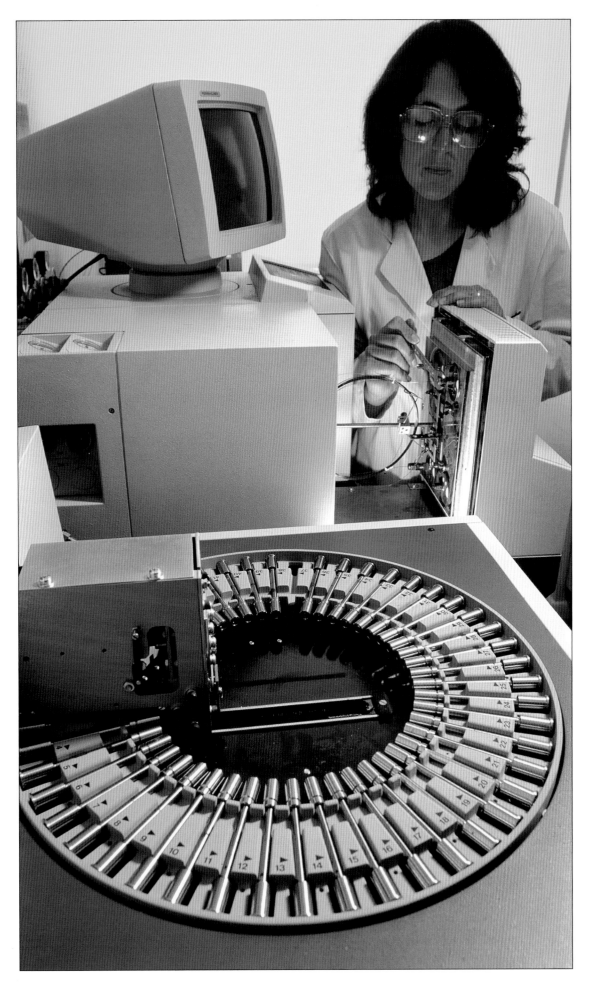

IZQUIERDA UNA TÉCNICO
INTRODUCE UNA MUESTRA EN
UN CROMATÓGRAFO DE GASES
PERKINS-ELMER. ESTA
MÁQUINA INFORMATIZADA
ANALIZA LOS COMPONENTES
INDIVIDUALES DE UNA MEZCLA
DE GASES O UN LÍQUIDO
VOLÁTIL. LA MESA ROTATORIA
DEL PRIMER PLANO CONTIENE
TUBOS ESPECIALES QUE
GUARDAN LAS OTRAS
MUESTRAS QUE SERÁN
ANALIZADAS.

Una técnica parecida, pero que utiliza una corriente eléctrica en vez de una fase líquida móvil, se utiliza para el análisis del ADN.

Otra mejora en la cromatografía líquida es, en cierto modo, un retorno al método original de Tsvett: la cromatografía líquida de alto rendimiento (HPLG). En este procedimiento, el líquido es forzado a descender por entre la columna absorbente mediante una bomba y las fracciones salientes se detectan utilizando un monitor óptico –por lo general usando luz ultravioleta– y se recogen en una serie de picos de un gráfico, ya sean trazados con un rotulador en una banda de papel continuo o en un ordenar. El ritmo al que emergen las diferentes fracciones pueden ser comparado con el de las muestras de control.

La cromatografía de gas-líquido, o cromatografía de gases, como se conoce normalmente, se utiliza para la separación tanto de líquidos como de gases (si bien recientemente la HPLG

está siendo más utilizada para el estudio de soluciones líquidas). En este caso, la fase estacionaria se produce dentro de un tubo de acero y la fase móvil es la mezcla que va a ser analizada, que es introducida en el tubo mediante un gas inerte como el nitrógeno. Las mezclas líquidas deben ser calentadas por encima de su punto de ebullición y en este caso el tubo también ha de ser calentado. Las fracciones emergentes son descubiertas mediante diversos tipos de detectores. La cromatografía de gases se utiliza, por ejemplo, para confirma la presencia de monóxido de carbono en la sangre.

Si la cromatografía líquida y luego la de gases no consiguen identificar el agente tóxico, el cromatógrafo de gases puede conectarse a un espectrómetro de masas. Este instrumento analiza un compuesto orgánico por las partes constituyentes de su estructura molecular y es muy útil en caso de que los componentes de una mezcla obtenida por

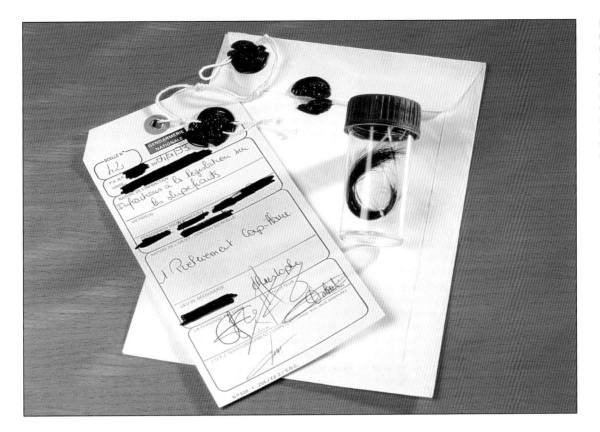

cromatografía de gases sean demasiado escasos como para ser identificados.

El material que se analiza es bombardeado con electrones emitidos desde un cátodo en forma de hilo candente. Esto separa las moléculas en fragmentos cargados eléctricamente. Seguidamente pasan por un campo eléctrico, que los acelera, y un campo magnético que transforma su recorrido rectilíneo en uno circular. El radio de este recorrido depende de la masa del fragmento: cuanto más pesado, mayor será el radio.

El cuerpo del espectrógrafo de masas es redondo, con una estrecha hendidura en el extremo. La fuerza del campo magnético puede aumentarse de forma gradual, de modo que al principio sólo los fragmentos más ligeros puedan pasar por la hendidura, seguidas en sucesión por los más pesados. Un detector se mueve lentamente del otro lado de la hendidura y, conectado como está a un ordenador, recoge la llegada de cada fragmento en forma de picos en un gráfico. La posición de cada fragmento en el gráfico es una medida de su masa y la altura del pico mide su proporción relativa en la mezcla. Al compararlo con los gráficos de las estructuras moleculares ya conocidas se puede identificar fácilmente el compuesto estudiado.

El análisis toxicológico también puede utilizar el análisis inmunológico, si bien es la más lenta y cara de las técnicas disponibles. El método es un desarrollo lógico de los descubrimientos de Jules Bordet y Paul Uhlenhuth. Se aíslan los anticuerpos específicos de las drogas individuales en el suero inyectado a los animales y luego se añaden al suero de la víctima para ver si se forma un precipita-do. Una forma sencilla de este sistema se utiliza para los test de embarazo.

En los laboratorios también se utiliza el radioanálisis inmunológico. Una cantidad determinada de anticuerpo se mezcla con una cantidad determinada de droga (el antígeno), que ha sido «marcado» con un elemento radioactivo y luego añadido a la muestra que se analiza. La formación de un precipitado identifica la droga y una medición de su radioactividad proporciona una estimación de su cantidad.

Una mejora reciente del análisis inmunológico es el uso de una de las enzimas específicas, que se une al antígeno. Las enzimas son catalizadores, es decir, sustancias que inician y facilitan la reacción sin verse modificadas al hacerlo. Cuando el complejo antígeno-enzima se une a un anticuerpo, la capacidad catalítica de la enzima se ve inhibida. No obstante, cualquier antígeno presente en la muestra que se analiza competirá con el complejo para unirse al anticuerpo, lo que puede liberar la

actividad de la enzima. El resultado es una reacción química que forma un producto coloreado y la cantidad producida es una medida de la droga de la muestra. La técnica es tan precisa como el radioanálisis inmunológico, pero el test es mucho más sencillo de realizar y ofrece resultados con mayor rapidez.

Para terminar debemos hacer hincapié en una cuestión. Incluso si en algunos casos los análisis no han sido capaces de encontrarlos, no existe nada parecido a un veneno indetectable. Es posible que todavía haya algunos venenos, conocidos sólo por los miembros de una tribu que habite en lo más profundo de la selva amazónica, que no hayan sido identificados. Sin embargo, una vez que se tiene conocimiento de él y se han registrado sus efectos fisiológicos, sólo es cuestión de tiempo que se desarrolle una técnica analítica para el mismo. De hecho, la moderna combinación en el laboratorio de la cromatografía de gases y la espectrometría de masas puede llevar a la identificación de una sustancia hasta el momento desconocida.

ANÁLISIS DE MATERIALES

El análisis físico de las raspaduras de pintura y los fragmentos de cristal ha sido descrito en el capítulo 3. Análisis posteriores de estos materiales utilizarán el espectrógrafo o, en ciertos laboratorios, la activación de neutrones.

La espectroscopia es de dos tipos: emisión y absorción. Ambos se basan en el hecho de que cuando los elementos se calientan a altas temperaturas emiten una luz con una longitud de onda particular.

La espectrografía de emisión es especialmente valiosa para analizar cristal, pintura y metales. La mezcla se calienta mediante un arco de carbono, un láser o bombardeo de electrones –al igual que en espectrógrafo de masas– y la luz emitida es dirigida mediante un prisma o rejilla de difracción para producir un espectro de líneas individuales, cada una de las cuales tiene una longitud de onda concreta. Las líneas pueden estar coloreadas o en la zona ultravioleta y se detectan y se miden con los instrumentos adecuados. Con esta operación se pueden medir a la vez un considerable número de elementos.

La espectroscopia de absorción utiliza el principio contrario. Un objeto coloreado posee ese color porque absorbe luces de otras longitudes de onda; un trozo de cristal parece azul, por ejemplo, porque absorbe luces con longitud de onda roja. La muestra que se quiere analizar es vaporizada con una llama y la luz blanca, infrarroja o ultravioleta que la atraviese sólo absorberá longitudes de onda concretas. La luz pasa a continuación por una rejilla de difracción que revela las longitudes de onda absorbidas como líneas oscuras en lo que si no sería un espectro continuo.

El análisis mediante la activación de neutrones fue brevemente explicado en el capítulo 3. Un estupendo ejemplo de su utilidad tuvo lugar en 1968. Durante cerca de un siglo hubo dudas respecto a las circunstancias en las que murió el explorador norteamericano Charles Hall, el 7 de noviembre de 1871, en su intento de alcanzar el Polo Norte. Se había sugerido que el científico que formaba parte de la expedición, el Dr. Emil Bessels, lo había envenenado.

Hall fue enterrado en la orilla de Thank God Harbor, a unos 800 km del Polo y en agosto de 1968 dos científicos volaron hacia allí para exhumar el cuerpo. Se encontraron con que el suelo helado había conservado notablemente bien el cadáver, del cual se tomaron muestras. En el Centro de Ciencias Forenses de Toronto se analizó una uña mediante activación de neutrones. En su extremo el contenido de arsénico era de 24,6 partes por millón (ppm), pero en la base era de 76,7 ppm. Desde hacía tiempo se sabía que el arsénico migraba desde los órganos internos hasta el pelo y las uñas y, si bien, el suelo en el cual se enterró a Hall contenía 22 ppm, parecía poco probable que lo pudiera haber absorbido de forma tan desigual. La conclusión del análisis fue por lo tanto: «El envenenamiento por arsénico es un diagnóstico ajustado.»

Un caso similar se produjo al analizarse, 140 años después de su muerte en 1821 por causas desconocidas en la isla de Santa Elena, el cabello del emperador francés Napoleón Bonaparte. Se comprobó que el contenido de arsénico era 15 veces mayor del normal en los tejidos humanos y su distribución en el cabello sugería que Napoleón había recibido varias dosis fuertes a lo largo de los cuatro meses anteriores a su muerte. Pero no se pudo determinar si había sido envenenado por sus carceleros ingleses, por un miembro de su equipo o por medicinas administradas por él mismo.

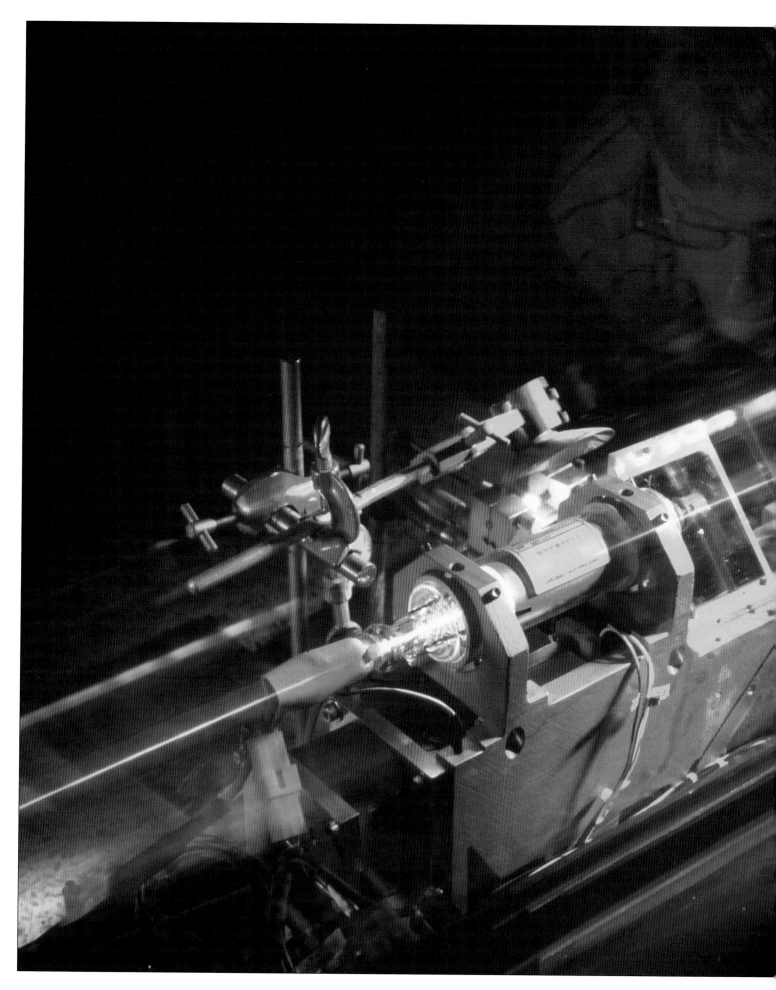

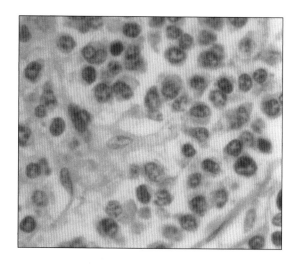

pero hasta el momento ninguna ha demostrado ser fiable. El enfoque más indicativo en el laboratorio es la búsqueda de diatomeas. Éstas son unos diminutos organismos que viven tanto en el agua salada como en el agua fresca sin contaminar. Existen al menos 25.000 especies diferentes, muchas de las cuales pueden ser diferenciadas por la forma de sus conchas de sílice resistentes a los ácidos.

Mientras una persona que se está ahogando permanece viva y su corazón latiendo, las diatomeas penetran en los pulmones, desde donde son absorbidas por la corriente sanguínea y distribuidas hacia órganos como los riñones, el cerebro e incluso el tuétano de los huesos. Pero si el cuerpo ya está muerto cuando penetra en el agua, puede que se encuentren diatomeas en los pulmones, pero no en la corriente sanguínea.

No obstante, todavía no se ha demostrado de forma fehaciente que las diatomeas no puedan penetrar en la corriente sanguínea durante la vida diaria. La «guerra de las diatomeas» entre los patólogos, originada por la posibilidad de que esto sea así o no, todavía no ha concluido. No obstante, la presencia de diatomeas en la médula de los huesos se considera, por lo general, prueba de que la víctima estaba viva y se ahogó en el agua.

En un caso dramático, al identificar una especie concreta de diatomea, los biólogos fueron capaces de establecer que un cuerpo que apareció en la costa de Bélgica en realidad cayó al agua desde un yate en la isla de Wight, en el canal de la Mancha.

ENCONTRADO AHOGADO

Cuando un cuerpo ha muerto aparentemente ahogado, es de gran importancia determinar si la víctima estaba viva en el momento de entrar en el agua y si respiró parte de este líquido. En casos de ahogamiento húmedo (véase la página 141), se han propuesto varios métodos para el examen químico de la sangre de las cuatro cámaras del corazón –el ventrículo izquierdo sufre más que el derecho–,

Antes del amanecer del 5 de noviembre de 1991, el magnate de la edición Robert Maxwell desapareció de su yate en las aguas de las islas Canarias. Esa misma tarde un avión de búsqueda encontró su cuerpo desnudo flotando boca arriba. Fue enganchado con una red, subido a un helicóptero y llevado a Las Palmas, una de las capitales de las islas. La muerte de Maxwell supuso el descubrimiento de un inaudito programa de crimen y corrupción que había estado dirigiendo durante los años anteriores, así como una serie de mórbidos rumores sobre el modo en que había muerto y que nunca han dejado de extenderse.

Al igual que con otras muertes inesperadas, se produjeron sospechas y hubo que responder a la pregunta de si se trataba de un accidente, un suicidio o un asesinato. Maxwell había estado enfermo antes de morir, mucha gente se había dado cuenta de que su imperio tampoco gozaba de buena salud y con los años se había ganado un buen montón de enemigos.

A las pocas horas ya se había realizado la autopsia en el Instituto Anatómico Forense de Las Palmas. Los médicos informaron de que el cuerpo de Maxwell no presentaba signos de violencia y de que el magnate había fallecido de un ataque al corazón. No obstante, su familia ordenó una investigación sobre el pasado de la tripulación de su yate, en caso de que alguien hubiera sido enrolado para matarlo. Una de sus hijas creía incluso que había muerto de una embolia producida al inyectarle una burbuja de aire. Posiblemente, la teoría más descabellada era la que implicaba a los servicios secretos israelíes, el Mossad. Un libro recientemente publicado dice que Maxwell era un agente del Mossad y afirma que fue asesinado para evitar que divulgara sus secretos.

El patólogo de Las Palmas, el Dr. Carlos López Lamela, admitió que no poseía las instalaciones ni el equipo necesarios para llevar a cabo un examen detallado. Por dos veces solicitó que fueran a las islas expertos forenses británicos, pero la familia Maxwell insistió en que el cuerpo tenía que ser entregado antes de terminar la semana para ser enterrado en Jerusalén. No obstante, el juez de instrucción dispuso que muestras de los órganos de Maxwell fueran enviadas a Madrid para análisis toxicológicos, junto a raspaduras de sus uñas, para determinar si había tomado parte en alguna pelea.

La aseguradora de Maxwell solicitó un análisis independiente sobre la causa de la muerte y pidió al Dr. Iain West, un reputado patólogo del Hopital Guy de Londres, que supervisara el examen post mórtem en el Instituto Anatómico Forense de Tel Aviv, que realizarían un grupo de patólogos israelíes. Tuvieron problemas porque el cuerpo había sido embalsamado apresuradamente y faltaba una considerable cantidad de tejidos y órganos –en especial la mayor parte del corazón de Maxwell–. Había muchas abrasiones y contusiones, pero la mayoría podían ser atribuidas al modo en que el cadáver fue recuperado del agua o a la primera autopsia.

No obstante, esta segunda autopsia reveló algo que había pasado desapercibido en la primera. Los músculos del hombro izquierdo de Maxwell estaban muy desgarrados, como si hubiera estado colgado de la mano izquierda. La explicación parecía ser que había estado colgado de uno de los pasamanos del barco antes de soltarse, al no poder soportar el dolor y caer al agua incapaz de aguantar su gran peso, pues era un hombre grande y con sobrepeso.

Muestras de la médula de los huesos de Maxwell fueron enviadas a Londres para buscar diatomeas en ellas, con la esperanza de que así se sabría si había caído vivo al agua. No se encontraron restos de diatomeas, pero una muestra de 3 litros de agua de la zona donde se encontró el cuerpo contenían muy pocas. En los pulmones de Maxwell también había muy poca agua, pero no tenía nada de sorprendente si la impresión de caer al océano había sido bastante para provocarle un paro cardiaco inmediato.

La conclusión final de los patólogos españoles es que Maxwell había sufrido un ataque al corazón y caído por la borda de forma accidental. El Dr. West resumió así su opinión: «No hay pruebas de homicidio, pero sigue siendo posible, puesto que no estoy en condiciones de excluirlo. No creo que muriera de un ataque al corazón. Si se tratara de un hombre que no tuviera sus problemas financieros, probablemente diría que es un accidente. Siendo así, la diferencia entre las dos opiniones principales es porcentualmente muy baja, pero me inclino por el suicidio.»

ABAJO EL CUERPO AHOGADO DEL MAGNATE ROBERT MAXWELL ES LLEVADO A TIERRA FIRME POR LA POLICÍA ESPAÑOLA, DESPUÉS DE QUE HUBIERA SIDO ENCONTRADO FLOTANDO EN EL MAR CERCA DE LAS ISLAS CANARIAS.

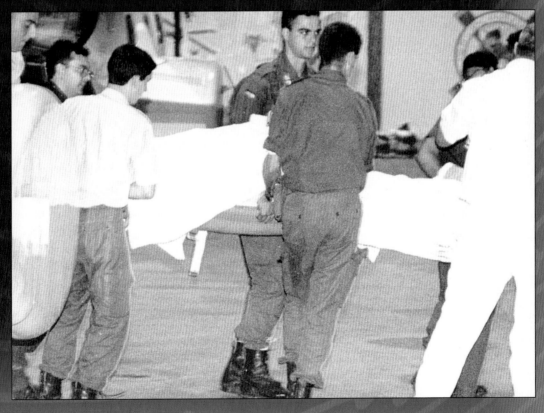

PARTE 4

LAS PRUEBAS COMIENZAN A APARECER

A pesar del escepticismo del sheriff Verdian respecto al FBI, su respuesta fue inmediata. El agente especial Allen Pedersen llegó el mismo día, a tiempo para comer con Tamara Gregory en una cafetería local. Mientras masticaban unos bocadillos de jamón y unas patatas con cebolla, ella le explicó cómo iba el caso hasta ahora: un esqueleto sin identificar, mujer, entre 20 y 30 años de edad, posiblemente del sudeste de Asia, víctima de un atropello con fuga acontecido unos 12 meses antes, cuerpo aparentemente transportado desde un estado del noroeste.

—Después de recibir tu llamada –dijo Pedersen– hice una búsqueda rápida de mujeres asiáticas desaparecidas a lo largo de la costa oeste. Me temo que no será de mucha ayuda, porque hay más de un millar con esas características. Utilizaremos el ADN de todas las formas posibles, pero como has mencionado, sólo será relevante cuando encontremos el registro de una posible víctima. No obstante, lo que sí podemos hacer es reconstruir sus rasgos faciales en el ordenador, si estás dispuesta a prestarnos el cráneo. Puede que tardemos unos cuantos días, pero luego podremos distribuir fotos por toda la costa. Con un poco de suerte alguien la reconocerá.

Gregory dijo que merecía la pena probarlo.

Tras el almuerzo, Gregory y Pedersen fueron al depósito de cadáveres, donde el Dr. Kurosawa confesó que ya no había nada más que averiguar del esqueleto. El cráneo desconocido fue introducido en una caja de cartón de refrescos, cerrada con cinta adhesiva y registrada.

Con la caja en el coche, Gregory condujo al agente del FBI hasta el laboratorio, para que conociera al Dr. Jones. El criminólogo les dijo:

—He tomado muestras de las manchas más grandes de la alfombra y estoy realizando un PCR mientras hablamos, pero me gustaría que el FBI se llevara algunas muestras para realizar análisis más sofisticados.

—Se da cuenta, evidentemente, de que eso tardará algún tiempo –dijo Pedersen.

—Sí –replicó el Dr. Jones–, pero no podremos utilizar los resultados hasta que no tengamos una identificación provisional de la víctima, de modo que el tiempo puede no ser un factor significativo.

—De acuerdo entonces –dijo Pedersen– creo que también puedo ser de utilidad de otras formas. Si me proporciona una muestra sin manchar de la alfombra intentaremos averiguar el fabricante. Gregory también me ha dicho que posee restos del vehículo que creen implicado en el caso.

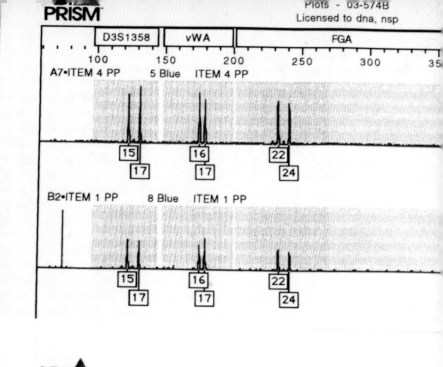

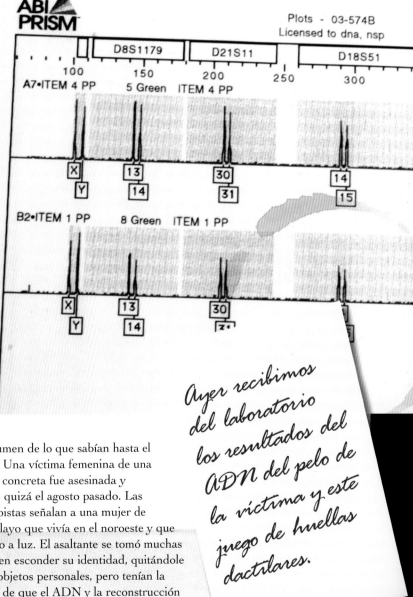

Me encantaría echarles un vistazo, si me deja llevarme unas cuantas.

Al darse cuenta de que gran parte del caso se estaba poniendo en otras manos que las suyas, la decepción apareció en el rostro de Gregory. En ese momento el teléfono del laboratorio empezó a sonar y la llamada era para ella. Tras escuchar, había recuperado la sonrisa.

—Era mi entomólogo de La Jolla –dijo– suspendió sus clases porque estaba intrigado por las muestras que le enviamos y se puso de inmediato a estudiar los restos de insectos. Dice que necesitará hasta pasado mañana para verificar sus identificaciones, pero que juzgando por las pruebas de las sucesivas oleadas de infestaciones de insectos, calcula que el cuerpo ha pasado entre 20 y 16 meses allí donde lo encontramos. Dice que lo más probable es que fuera enterrado en torno a agosto del año pasado.

—Seguramente podremos precisar algo más. ¿Tomásteis muestras del suelo? Le pediré a Quantico que las envíe a Oak Ridge, para ver si puede identificar los líquidos de la descomposición.

Una figura delgada vestida con bata de laboratorio había estado rondado indecisa al grupo con una serie de fotografías húmedas en la mano. Con un carraspeo consiguió que Jones mirara sobre su hombro y le viera y, diciéndole que se acercara, lo presentó como Denis Lo, el experto en huellas dactilares.

—¿La cartera? Ninguna huella en el exterior, la superficie estaba muy degradada, dentro es otra cosa. Lo primero que hice fue pasarle el aspirador y conseguí un poco de polvo que puede interesaros. Luego realicé un escáner láser y encontré varias huellas idénticas, bastante borrosas, pero también una completamente distinta y muy clara. Así que utilicé el vapor de superglue y saqué estas fotos para vosotros.

Se las tendió. Gregory las cogió y extendió sobre una encimera cercana. Las miró con aire triunfante:

—Al fin tenemos una prueba sólida. Seguro que quieres enviarlas por e-mail a tu oficina central, pero antes las pasaremos por las bases de datos locales en busca de un violador.

Salió a realizar otro juego de copias, y con sus vasos de plástico en la mano, Gregory hizo un breve resumen de lo que sabían hasta el momento. Una víctima femenina de una edad muy concreta fue asesinada y enterrada, quizá el agosto pasado. Las primeras pistas señalan a una mujer de origen malayo que vivía en el noroeste y que había dado a luz. El asaltante se tomó muchas molestias en esconder su identidad, quitándole la ropa y objetos personales, pero tenían la esperanza de que el ADN y la reconstrucción facial lo confirmaran. Además, tenían las huellas del asaltante y restos de su vehículo.

—Estamos en el buen camino –dijo Gregory mirando a sus colegas por encima de la encimera.

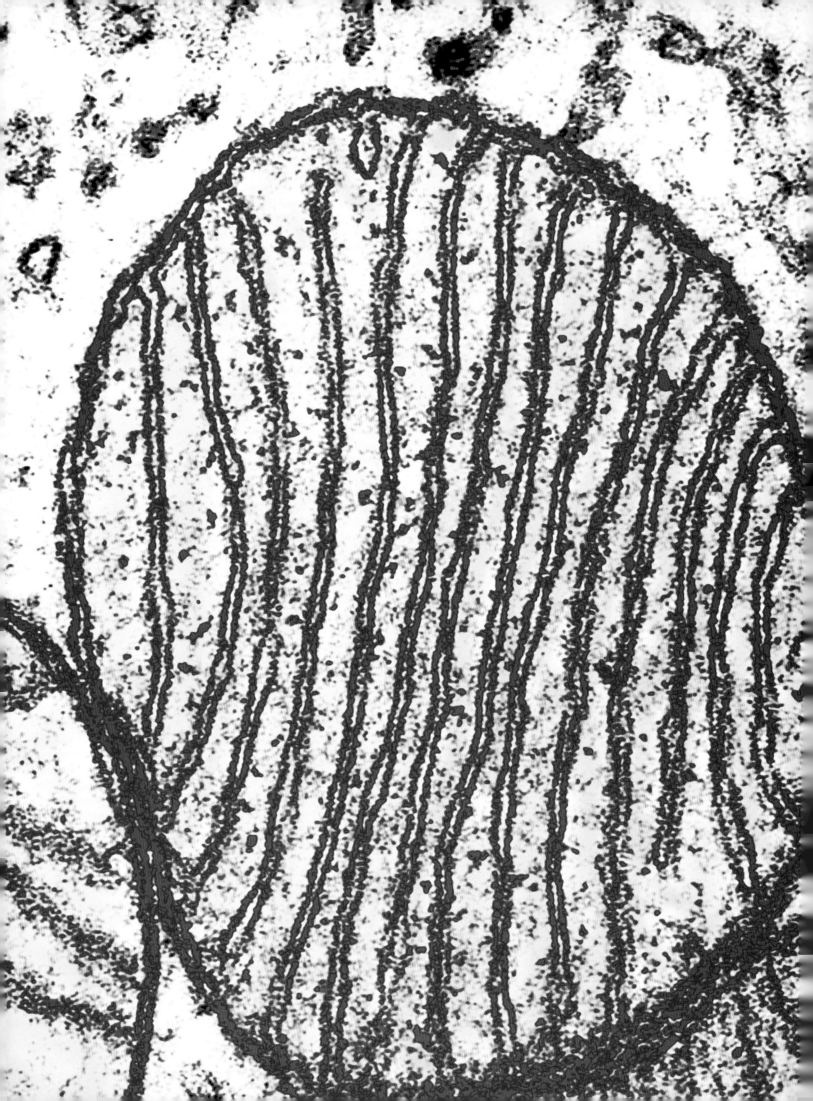

EL CULPABLE

Tan pronto como el médico forense ha confirmado que la muerte no

es natural, accidental o debida a un suicidio –así como en los casos

de violación, secuestro o

ataques violentos– comienza la

búsqueda del autor del crimen. Todas

las pruebas recogidas en el escenario

del crimen se someten a un intenso estudio y

análisis. Del mismo modo, las muestras tomadas

durante el examen del cadáver o de la persona aún con vida serán analizadas

en busca de pruebas hematológicas. Al mismo tiempo, un análisis del

comportamiento conseguirá un perfil psicológico del criminal. Con toda esta

información a su disposición, el equipo de la policía puede tener esperanzas

de encontrar al culpable y llevarlo ante un tribunal.

> *«El crimen deja un rastro como el de un escarabajo, igual que un caracol deja sus babas.»*
> PROVERBIO MALAYO.

PÁGINA ANTERIOR UNA MITOCONDRIA AMPLIADA 80.000 VECES POR UN MICROSCOPIO ELECTRÓNICO. LA MAYOR PARTE DE LAS CÉLULAS CONTIENEN «ORGÁNULOS» CON ENZIMAS VITALES PARA EL METABOLISMO DE LA CÉLULA. LAS MITOCONDRIAS POSEEN UNA IMPORTANCIA ESPECIAL EN LA INVESTIGACIÓN FORENSE, PORQUE SE HA DESCUBIERTO QUE, COMO SUCEDE CON EL NÚCLEO DE LA CÉLULA, TAMBIÉN POSEEN ADN, AUNQUE EN ESTE CASO PROVIENE SÓLO DE LA MADRE.

LA DECLARACIÓN DE LOS TESTIGOS OCULARES

Las fotografías, tanto de la escena del crimen como de las heridas corporales tienen una tremenda importancia y pueden ser mejoradas en el ordenador para clarificar zonas que no son visibles a simple vista. También puede revelar pequeños detalles que el investigador haya podido pasar por alto.

También puede haber testigos oculares que hayan observado a alguien con un comportamiento sospechoso: huyendo de la escena del crimen, cruzando una calle o aparcando cerca de ella o incluso con salpicaduras de sangre en la ropa. También puede ser sólo una persona desconocida en el vecindario. Y, evidentemente, la traumatizada víctima de la violación o el ataque. Los testigos pueden ofrecer una descripción o realizar una identificación en una rueda de reconocimiento, pero sus declaraciones deben considerarse con la mayor de las reservas. Un ejemplo notable de esto es el ofrecido por el Dr. Donald Thompson, profesor de psicología en la Universidad de Monash (Australia). Crítico declarado del valor de la identificación de los sospechosos en ruedas de reconocimiento, apareció en un programa de televisión en el que habló con mordacidad de los sistemas de la policía de Nueva Gales del sur. Pocos días después fue reclutado en la calle para aparecer en una de esas ruedas de reconocimiento.

Una mujer del barrio había sido asaltada violentamente en su domicilio. Tras un rápido vistazo a las personas de la rueda de reconocimiento en la comisaría, señaló sin dudar al Dr. Thompson como su asaltante. «Al principio pensé que la policía estaba tratando de asustarme», tras las críticas que había hecho. Afortunadamente, su presencia en directo en la televisión en el mismo momento en que la mujer estaba siendo atacada le proporcionó una coartada inmejorable. Posteriores investigaciones demostraron que la televisión de la mujer estaba encendida y sintonizada en ese canal concreto y, bajo el estrés del ataque, de algún modo el rostro del Dr. Thompson se superpuso al de su atacante.

Los prejuicios –ya sean raciales o relativos a detalles como el estilo de vestir que se asocia con una actividad criminal– también pueden afectar a la identificación. Hace algunos años, durante una campaña de reclutamiento, la policía metropolitana de Londres utilizó grandes carteles con la imagen de un típica escena callejera, con las palabras: «¿Qué harías?» Una mostraba a un hombre afrocaribeño con pantalón corto y la camisa abierta corriendo hacia un lado de la fotografía. Detrás de el, corriendo igual de rápido un policía uniformado. La implicación parecía clara: un criminal estaba siendo perseguido por un policía; pero el texto de

PRUEBAS PERICIALES

¿QUÉ ES LO QUE VEMOS?

Se ha dicho que lo primero en lo que se fija un testigo es en el pelo, la boca y los ojos, seguidos por la forma y la longitud del cabello, la forma y actitud de la boca y la forma y el color de los ojos. Por ejemplo, las gafas de sol pueden alterar de tal forma la apariencia de un rostro familiar hasta volverlo irreconocible a primera vista. Después de los ojos viene la forma general de la cara. Sólo cuando un testigo tiene tiempo suficiente para concentrarse en los detalles es posible identificar por completo un rostro, compararlo con lo que recuerda la memoria e identificarlo. Trabajando con monos *rhesus* en el Departamento de Psicología Experimental en la Universidad de Oxford (Reino Unido), el Dr. Edmund Rolls identificó un grupo de células en una porción del cerebro, que respondía exclusivamente a los rostros. No son las únicas células que lo hacen, la amígdala, una zona adyacente del cerebro también lo hace.

¿Cómo distinguimos a una persona de otra? En un principio se sugirió que en una célula del cerebro quedaba registrada la información que permitía reconocer un objeto, de modo que habría una célula «de la abuela» que sería la que nos permitiría reconocer a nuestra abuela. No obstante, el profesor Whitman Richards, investigador en inteligencia artificial del Instituto Tecnológico de Massachusetts (MIT), afirmó: «Si tienes una célula de la abuela o células que reaccionan ante cualquier animal o cosa que veas, no vas a tardar en quedarte sin células suficientes [...] no puedes construir un sistema visual a base de células "de la abuela"».

Uno de los colegas de Richards, un inglés llamado David Marr, enunció una teoría que difería de la anterior. Marr sugirió que los ojos proporcionan al cerebro una primera impresión general en forma de señales que detectan el contraste entre luz y oscuridad, del mismo modo en que lo hace un lector óptico de caracteres con una imagen escaneada. Marr propuso que el cerebro, tras identificar el objeto mediante un rápido bosquejo, se va concentrando de forma gradual en los rasgos esenciales que lo configuran hasta conseguir una imagen detallada que se conserva en la memoria.

acompañamiento revelaba que se trataba de un policía de paisano persiguiendo a un sospechoso disfrazado de un policía de uniforme.

Destacar el peligro que pueden suponer los prejuicios en una identificación forma parte ahora de la formación de la policía. En Hendon Police Training College, en el norte de Londres, a los reclutas se les enseña un vídeo donde un hombre con pantalones cortos, pelos de punta y chaqueta de cuero está robando el bolso de una mujer de mediana edad. Cuando se les pregunta por la edad del ladrón, casi todos responden con seguridad que tiene unos 20 años, cuando en realidad tiene más de 50. Los espectadores asumen, a partir de su experiencia diaria, que quienes llevan los pelos de punta y cazadora de cuero son gente joven.

SISTEMAS DE IDENTIFICACIÓN

Cuando no hay sospechosos inmediatos a los que detener, la policía tiene que crear un retrato robot a partir de las descripciones –por lo general erróneas y parciales– de los testigos. Uno de los primeros sistemas fue el *portrait parlé* inventado por Alfonshe Bertillon. Se describía como un sistema para describir a un criminal conocido con vistas a identificarlo posteriormente, pero hace casi medio siglo el sistema fue mejorado para convertirse en el primer sistema de identificación gráfica, conocido como Identikit.

ARRIBA EL DESARROLLO DE LOS SISTEMAS DE POSICIONAMIENTO GLOBAL (GPS), QUE PUEDEN IDENTIFICAR CUALQUIER PUNTO DE LA TIERRA CON DIFERENCIAS DE UNOS POCOS METROS, PUEDE SER DE GRAN VALOR EN LA INVESTIGACIÓN DE UN CRIMEN. EN ESTE CASO, LA POLICÍA BRITÁNICA UTILIZA UN GPS PARA BUSCAR A UNA MUJER DESAPARECIDA EN EL 2002.

En la confusión administrativa que siguió al final de la Segunda Guerra Mundial florecieron los estraperlistas y timadores en los países derrotados. Hacia finales de la década de 1940, Hugh McDonal, jefe de la división civil del Departamento de Policía de Los Ángeles, fue enviado a Europa para ayudar a detener a esos activos criminales en las zonas administradas por Estados Unidos. No tardó en darse cuenta de que las descripciones dadas por las víctimas y testigos, a menudo, eran incompletas y con frecuencia contradictorias. De modo que comenzó a realizar burdos bosquejos de los distintos tipos de rostros, ojos, narices y otros rasgos semejantes sobre hojas transparentes, que luego podían superponerse unas a otras para producir un retrato compuesto que pudiera ser identificado por sus informantes.

De regreso a Estados Unidos, McDonald se dirigió a la Townsend Company de Santa Ana (California), que encontró sus sugerencias lo suficientemente interesantes como para financiar el proyecto. Se tardaron varios años, incluidas consultas a la policía local, antes de que fueran capaces de producir el primer equipo de identificación. Estaba formado por 525 transparencias numeradas y codificadas, cada una con un único rasgo facial dibujado. Entre otros, había: 102 pares de ojos, 32 narices, 33 pares de labios, 52 barbillas y 25 barbas y bigotes distintos. En este momento todavía no se incluían las orejas, porque como dijo McDonald: «La mayoría de las víctimas están mirando de frente al criminal en el momento crucial y nunca pueden ver adecuadamente las orejas. Las marcas especiales, como unas orejas grandes o deformadas o las cicatrices o lunares, pueden ser añadidas luego con un lápiz a la cera».

McDonald afirmaba que, a partir de las distintas combinaciones, era posible construir 62.000 millones de caras distintas. La codificación y numeración de las distintas transparencias demostró ser una ventaja añadida. En la década de 1950, antes de la aparición del fax, los detalles de la cara recompuesta podían ser transmitidos telefónicamente como un grupo de números y letras que luego podían ser reconstruidos con el Identikit local.

Durante la década de 1960 muchas fuerzas de policía del mundo utilizaron versiones mejoradas del Identikit. No obstante, a pesar de que con frecuencia se tenía éxito, hubo varios inquietantes casos en los que personas inocentes fueron condenadas por crímenes que no cometieron.

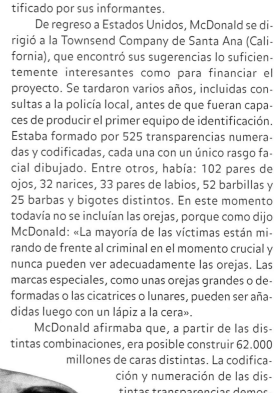

DERECHA AÚN DESPUÉS DE LA ADOPCIÓN GENERALIZADA DE LAS HUELLAS DACTILARES COMO SISTEMA DE IDENTIFICACIÓN, MUCHAS FUERZAS DE POLICÍA CONTINUARON UTILIZANDO DURANTE ALGÚN TIEMPO EL SISTEMA ANTROPOMÉTRICO DE BERTILLON COMO MEDIO ADICIONAL DE CLASIFICAR A LOS CRIMINALES. EN ESTE CASO, UN POLICÍA DE NUEVA YORK TOMA LAS MEDIDAS DE LA OREJA DE UN SOSPECHOSO EN LA DÉCADA DE 1920.

JAMES HANRATTY

El 12 de agosto de 1961, Michel Gregsten y su amante, Valerie Storie, estaban sentados en un coche aparcado cerca de Slought, en el sur de Inglaterra. De repente, un hombre se metió en el asiento trasero del coche con una pistola y ordenó a Gregsten que condujera. Finalmente, el hombre le dijo a Gresgten que se detuviera en un apartadero llamado –como mal presagio– Deadman's Hill (La colina del muerto), donde disparó a Gresgten dos veces, matándolo de forma instantánea. Luego violó y asesinó a Storie y se llevó el coche a otro sitio. Storie sobrevivió, pero quedó paralítica. Un revólver cargado, identificado por los expertos en balística como el arma del crimen, fue encontrado posteriormente en un autobús de Londres.

Storie fue capaz de proporcionar una descripción del asesino, a partir de la cual se realizó un retrato con el Identikit. Difería en muchos detalles de otra imagen de Identikit proporcionada por tres testigos que decían haber visto a un hombre conduciendo el coche de Gregsten. La única característica en común eran los «ojos marrones hundidos» de los que se había acordado Storie.

La policía detuvo a dos sospechosos. Se trataba de James Hanratty, en la habitación de cuyo hotel los detectives encontraron casquillos del arma del crimen, y de Peter Alphon, que se había registrado la noche siguiente. Hanratty no se parecía a las imágenes del Identikit, sobre todo porque sus ojos no eran marrones, sino azules. En cambio, Alphon si coincidía con la descripción de Storie.

En este momento Storie cambió su descripción y dijo que su atacante tenía «ojos azules» y con «forma de plato». En una rueda de identificación no identificó a Alphon, pero en otra sí lo hizo con Hanratty. Fue acusado, juzgado y ahorcado en abril de 1962; una de las últimas personas en serlo antes de la abolición de la pena capital en el Reino Unido.

Hanratty siempre mantuvo que se encontraba a 320 km de distancia, en Rhyl, al norte de Gales, la noche del asesinato; posteriormente aparecieron testigos que corroboraron su coartada. Al mismo tiempo, Peter Alphon, liberado del miedo al juicio, realizó varias declaraciones afirmando que una «parte interesada» le había contratado para terminar con el *affaire* entre Valerie Storie y Michael Gregsten (un hombre casado). Semejante desarrollo de los acontecimientos arrojó dudas sobre la validez del Identikit como sistema de identificación y la controversia continuó durante 40 años.

En octubre del 2000, la familia de Hanratty apeló para que la condena se olvidara y se le garantizara el perdón póstumo. No obstante, las muestras de ADN que proporcionaron revelaron una probable coincidencia con restos encontrados en la ropa interior de Storie y en un pañuelo que había sido enrollado en torno al arma asesina. En marzo del 2001 los restos de Hanratty fueron exhumados y se les realizó un análisis de ADN, el resultado de los cuales coincidió con las muestras de la escena del crimen. En mayo del 2002, basándose en estas pruebas, el tribunal de apelaciones dictaminó que la condena de James Hanratty era fundada.

IZQUIERDA JAMES HANRATTY, DECLARADO CULPABLE DEL ASESINATO DE MICHAEL GREGSTEN Y LA VIOLACIÓN E INVALIDEZ DE VALERIE STORIE EN REINO UNIDO EN 1961. A PESAR DE LAS CONTINUADAS DUDAS SOBRE SU IDENTIFICACIÓN, SU ADN FUE CONSIDERADO UNA PRUEBA CONFIRMATORIA EN EL 2002.

ABAJO EL PUNTO EN EL QUE VALERIE STORIE FUE ENCONTRADA TERRIBLEMENTE HERIDA, CERCA DEL CUERPO DE MICHAEL GREGSTEN, AL QUE HABÍAN DISPARADO EN LA CABEZA. LA PANTALLA DE TELA BLANCA SEÑALA EL LUGAR EN EL QUE SE DESCUBRIÓ EL CADÁVER DE GREGSTEN.

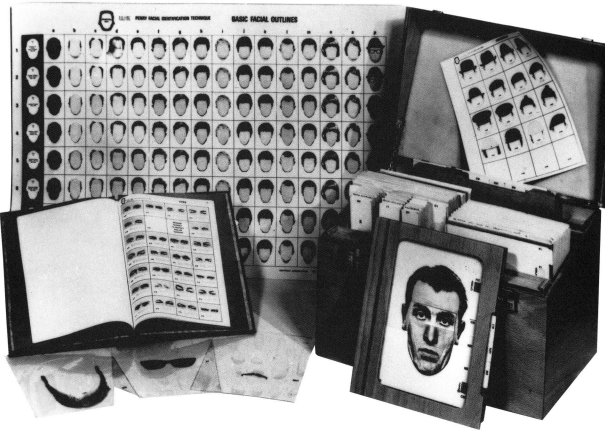

PHOTOFIT Y VIDEO-FIT

Una considerable mejora del Identikit fue la introducción en 1971 del Kit de identificación facial de Penry, que pasó a conocerse como PhotoFIT. Su creador, el fotógrafo Jacques Penry, afirmaba que no se había visto influido por la existencia o las carencias del anterior. El concepto, dijo, se le ocurrió por primera vez en 1938, cuando estaba seleccionando fotografías para su libro, *Character from the Face (El carácter a partir del rostro)*. No obstante, no sería hasta 30 años después cuando se acercó al Homme Office Research and Development Branch, que le ofreció un contrato para desarrollar el PhotoFIT.

Básicamente similar al Identikit, el PhotoFIT utiliza imágenes fotográficas en vez de elementos dibujados. Aparecido por primera vez en 1969, el «Kit de frontales básicos de caucásicos» incluía 204 frentes y peinados, 96 pares de ojos, 89 narices, 101 bocas, 74 barbillas y mejillas y un ampio grupo de «accesorios», como barbas, gafas, líneas de edad y orejas. En total, era capaz de crear 5.000 millones de caras diferentes. A éste le siguieron otros kits, como el «Suplemento afroasiático» de 1970, que añadió unos 500 millones más de composiciones, y el «Suplemento femenino» en 1974.

Más recientemente, la disponibilidad de los ordenadores ha hecho que tanto el Identikit como el PhotoFIT sean reemplazados por el Video-Fit. Un programa de ordenador que puede almacenar con facilidad un vasto número de elementos fotográficos, que además pueden ser modificados a placer. Las dimensiones relativas de cada elemen-

INVESTIGACIÓN DEL CASO
JONH LIST

En 1971, el contable John List asesinó a su mujer, su madre y sus tres hijos en Nueva Jersey, y luego desapareció. No se supo nada más de él, pero aunque el caso continuaba abierto, la policía y el FBI no consiguieron encontrarlo.

Entonces, en 1989 este crimen sin resolver apareció en el exitoso programa «Los más buscados de Norteamérica». Los productores del programa llamaron al artista Frank Bender, que a partir de una antigua fotografía de List esculpió un busto de cuál podría ser su aspecto con 18 años más.

La cadena de televisión recibió cientos de llamadas, muchas de ellas identificando a un hombre llamado Robert Clark, que llevaba una vida tranquila en Richmond, Virginia. El FBI se puso en contacto con Clark, que afirmó ser inocente.

No obstante, aunque pudo cambiar su nombre y su lugar de residencia, no pudo cambiar sus huellas dactilares. John List fue devuelto a Nueva Jersey, donde fue declarado culpable de cinco casos de asesinato.

RECIENTES DESCUBRIMIENTOS

Dos gemelos idénticos rusos, Michael y Alex Bronstein, graduados en el Instituto Technion de Haifa, Israel, afirman haber desarrollado un sistema de vigilancia computerizado que distingue a un gemelo de otro. La cara de la persona se escanea en tres dimensiones y el ordenador mide la distancia entre varios puntos de la cara y la cabeza. Estas mediciones son convertidas luego en una «firma» abstracta de la persona.

Las condiciones de luz o la expresión facial no afectan al reconocimiento de esta «firma». No obstante, el sistema no puede utilizar las fotografías bidimensionales existentes de personas buscadas o sospechosas, de modo que pasará mucho tiempo antes de que haya suficientes imágenes tridimensionales para hacer que sea operativo.

En Estados Unidos, la compañía Visage Inc., entre otras, ha patentado un sistema similar, desarrollado originalmente en el Instituto Tecnológico de Massachusetts y conocido como análisis del componente principal (PCA).

El programa de la compañía convierte los rasgos faciales en un conjunto digital único, que Visage Inc. llama «eigenface», a partir de la palabra alemana eigen, que significa «singular». Visage también tiene planeado incluir otras características, como el color del iris, el reconocimiento de voz y las huellas dactilares en un sistema unificado de seguridad.

to pueden cambiarse como se desee, el dibujo puede ser rotado o inclinado para proporcionar una imagen tridimensional y se le puede añadir color y textura. Un operador experimentado también puede modificar una fotografía de una persona determinada para que ofrezca su aspecto probable con una edad avanzada.

El principal problema, tanto del PhotoFIT como del Video-Fit, es el inmenso número de elementos que deben ser explorados por el investigador que intenta producir una imagen que sea reconocible para el testigo y la cantidad de tiempo que lleva. Mientras que la identificación facial cada vez se emplea más en los sistemas de seguridad computerizados, el ordenador sólo se necesita para que compare características faciales que ya están almacenadas en su memoria. Un desarrollo de este sistema son las cámaras de seguridad que pueden barrer una multitud y detectar a un criminal conocido o un sospechoso.

En el 2001, la policía metropolitana de Londres creó un sistema para barrer multitudes y detectar criminales conocidos, momento en que se pondría en alerta a los policías de patrulla. No obstante, un sistema similar fue puesto en tela de juicio en Tampa, Florida, tras sólo dos meses de uso.

ABAJO TRAS EL HALLAZGO DEL CUERPO DESMEMBRADO SIN IDENTIFICAR DE UNA VÍCTIMA DE ASESINATO A ORILLAS DEL TÁMESIS, LONDRES, LA POLICÍA CREÓ ESTAS RECONSTRUCCIONES DE SU CABEZA POR ORDENADOR. PARA FACILITAR SU IDENTIFICACIÓN SE MODIFICARON DIVERSOS RASGOS DEL ROSTRO.

TODO CONTACTO DEJA UN RASTRO

ABAJO WAYNE WILLIAMS HABÍA SIDO INTERROGADO VARIAS VECES POR LA POLICÍA DE ATLANTA ANTES DE SER ARRESTADO EL 21 DE JUNIO DE 1981. EN LAS HORAS PREVIAS AL AMANECER DEL 22 DE MAYO, WILLIAMS FUE IDENTIFICADO CERCA DE UN LUGAR DONDE POSTERIORMENTE SE DESCUBRIÓ UN CUERPO, SIENDO SU COCHE REGISTRADO DURANTE MÁS DE DOS HORAS POR LA POLICÍA Y EL FBI. SI BIEN NO SE DESCUBRIÓ ENTONCES NINGUNA PRUEBA INCRIMINATORIA, A PARTIR DE ESE MOMENTO FUE EL PRINCIPAL SOSPECHOSO.

La identificación de las huellas dactilares, de la planta de las manos o de los pies, así como de las huellas de neumáticos y de los tipos sanguíneos ya han sido descritas en páginas anteriores. El descubrimiento de cabellos, sobre todo del vello púbico que no pertenezca a la víctima o fibras «ajenas», también ha demostrado ser una pista esencial en muchos casos.

En los 22 meses transcurridos entre julio de 1979 y mayo de 1981, más de 20 jóvenes afroamericanos –muchos de ellos niños– fueron encontrados asfixiados o muertos de otros modos en las afueras de Atlanta (Georgia). La policía científica del Georgia State Crime Laboratory encontró fibras de ropa idénticas en varios de los cuerpos, que demostraron ser de dos tipos: un nailon amarillo-verdoso, aparentemente de una alfombra, y un acetato violeta.

Desgraciadamente, estos datos fueron publicados y el asesino en serie cambió de inmediato su táctica, pasando a quitarle a las víctimas la mayor parte de sus ropas y arrojando sus cuerpos a ríos. No obstante, cuando se encontró otra víctima se halló en sus pantalones cortos una tira de rayón.

En mayo de 1981, durante una vigilancia policial en un puente sobre el río Chattahoochee, la policía le preguntó a Wayne Willimas, de 23 años y que se definía a sí mismo como caza-talentos musical, sobre el sonido de algo cayendo al agua. Afirmó que acababa de lanzar al río una bolsa de basura y se le permitió abandonar el lugar tras identificarse. Dos días después se sacó del río otro cadáver y en su cabello se encontró una fibra amarillo-verdosa de una alfombra. La policía obtuvo una orden de registro para la casa donde Williams convivía con sus padres y se comprobó que estaba enmoquetada con nailon amarillo-verdoso.

Esta prueba era insuficiente por sí misma para conectar a Williams con los asesinatos, por lo que las fibras fueron enviadas al laboratorio del FBI. El análisis demostró que había sido manufacturada por una empresa de Boston y vendida a varios minoristas entre 1967 y 1974. El tinte fue rastreado hasta la West Point Pepperell Corporation de Dalton (Georgia), que sólo había utilizado este nailon entre 1970 y 1971 y que había vendido las alfombras en sólo diez de los estados sureños.

Entonces el FBI realizó varios cálculos estadísticos. Empezó asumiendo que había habido una distribución bastante igualitaria de la alfombra en los diez estados y, sabiendo el área total por la que West Point Pepperell había realizado sus ventas y el número de hogares de la zona de Atlanta, calcularon que la probabilidad de que las fibras no procedieran de la casa de Williams eran de una entre 7.792.

Un registro en el coche de Williams reveló más fibras que coincidían con las fibras de rayón encontradas en los pantalones cortos de la última víctima. Un segundo cálculo situó la probabilidad de que esto fuera una coincidencia de una entre 3.828. Una combinación de ambas probabilidades puso el total en una entre 24 millones. Para cerrar la cuestión, en el coche se encontraron fibras de acetato violetas que coincidían con una manta encontrada en el cuarto de Williams y con fibras de una víctima

anterior. Pelos que coincidían con los del pastor alemán de Williams aparecieron en las ropas de otra de las víctimas.

A pesar de la dificultad de explicar estos cálculos al jurado (la fiscalía preparó 40 cuadros y 350 fotografías), Williams fue declarado culpable de dos de los últimos asesinatos. Apeló, pero el Tribunal Supremo de Georgia confirmó el veredicto y en los meses siguientes a su arresto no se produjeron más víctimas.

El análisis del cristal y las marcas de pintura en los casos criminales ya ha sido explicado páginas atrás. Sin embargo, como también ha quedado claro, el arma más poderosa de la que disponen en la actualidad los científicos forenses es el ADN, que se encuentra en todas las células del cuerpo humano –a excepción de los glóbulos rojos– y por lo tanto puede extraerse de la piel, el pelo, el suero sanguíneo, el sudor, el semen e incluso los huesos.

ARRIBA FLANQUEADO POR EL JEFE DE POLICÍA GEORGE NAPPER (IZQUIERDA), EL COMISIONADO DE ATLANTA PARA LA SEGURIDAD CIUDADANA, LEE P. BROWN (CENTRO), ANUNCIA EL ARRESTO DE WAYNE WILLIAMS DELANTE DE LA CÁRCEL DEL CONDADO DE FULTON, EL 21 DE JUNIO DE 1981. PARA ENTONCES SE SOSPECHABA QUE WILLIAMS HABÍA REALIZADO 28 ASESINATOS EN LA ZONA DE ATLANTA.

Un conocido caso (en el que el cabello demostró, al final, no tener relación con el asesinato) fue el del capitán Jeffrey MacDonald, médico del ejército norteamericano. En la noche del 17 de febrero de 1970, la policía militar de Fort Brag respondió a una llamada de emergencia desde el domicilio de MacDonald. Al llegar se encontraron a la esposa muerta con 21 puñaladas y a las dos hijas acuchilladas y golpeadas hasta morir en una habitación contigua. El propio MacDonald fue hallado cubierto de heridas sangrantes, si bien consciente; en uno de los cabeceros de las camas de la pareja estaba escrita con sangre la palabra PIG (cerdo). Afirmó haberse despertado al ver a cuatro «hippies» de pie junto a él, dirigidos por una mujer con una larga peluca rubia que cantaba repetidamente: «el ácido es el genial [...] matad a los cerdos» y que le clavó un cuchillo y un picahielo. Cuando se recuperó descubrió inmediatamente la carnicería de los dormitorios.

El 1 de mayo MacDonald fue acusado de asesinato, pero la investigación de la policía militar se había echado a perder al desaparecer varias de las pruebas. En octubre los cargos fueron retirados. Abandonó el ejército, pero su comportamiento posterior levantó las sospechas del FBI y tras escuchar a un gran jurado, en julio de 1974 fue acusado y condenado por los tres asesinatos.

Condenado a tres cadenas perpetuas consecutivas, MacDonald apeló sin descanso y el famoso abogado de Harvard, Alan Dershowitz, pidió un nuevo juicio en 1992. La apelación se centró en el hecho de que pelos de una peluca rubia hallados en el cepillo de la esposa de MacDonald nunca se habían presentado como prueba durante el juicio y apoyaban su afirmación de haber sido atacado por una mujer con una peluca rubia.

El FBI volvió a estudiar la evidencia y halló dos tipos de pelo de peluca, uno de los cuales era el de las muñecas Barbie. En un postizo y la ropa de la Sra. MacDonald se encontraron más pelos y fibras, uno de los cuales era del propio MacDonald. Si bien no pudo determinarse que las dos chicas asesinadas hubieran poseído nunca una muñeca Barbie, la apelación fue desestimada.

BREVE HISTORIA DEL ADN

En 1858, el patólogo alemán Rudolf Virchow realizó lo que por entonces fue una afirmación revolucionaria: «Cada célula procede de una célula preexistente». Semejante anuncio fue la primera vez que se tomó conciencia de que el crecimiento y el desarrollo de cada organismo vivo deriva de la división celular, y se convirtió en la base de la ciencia de la genética.

Al mismo tiempo, los biólogos estaban estudiando la estructura interior de la células y en 1879 se descubrió que los núcleos de las mismas contenía unas estructuras en forma de hilo que podían absorber tintes coloreados, por lo que fueron llamadas cromosomas. Las células del cuerpo humano contienen 46 cromosomas, divididos en 23 pares. No se tardó mucho en averiguar que cada mitad de un par derivaba del padre y el otro de la madre; 22 de los pares determinan las características hereditarias, mientras el último par determina el sexo.

Mientras tanto, Friedrich Miescher (1844-1895) estaba estudiando la composición química del núcleo de la célula. Había estudiado con Felix Hoppe-Seyler (1825-1895), que anteriormente había sido el ayudante de Virchow. Miescher aisló una sustancia, a la que llamó nucleína, en la cual descubrió una notable cantidad de fósforo. Posteriormente observaría que la estructura de la molécula contenía varios grupos ácidos y uno de sus estudiantes los renombró ácidos nucleicos.

Pocos años después de fallecer Miescher, ya se habían identificado los «ladrillos» que conforman los ácidos nucleicos. Uno era la ribosa, un azúcar; otro era una molécula que contenía fósforo. También participaban un grupo de moléculas conocidas como bases de purina: guanina, adenina, citosina, timina y uracilo, en la actualidad llamadas siempre: G, A, C, T y U. La ribosa le dio a la estructura completa su nombre: ácido ribonucleico (ARN). Posteriormente se descubrió que había una base unida desde un lateral a cada molécula de ribosa. Entonces, en la década de 1920 se descubrió otro ácido nucleico. Contenía menos oxígeno que el ARN y por eso fue llamado ácido desoxirribonucleico (ADN). Mientras el ARN contienen G, A, C y U, el ADN contienen G, A, C y T.

El biólogo norteamericano Thomas Hunt Morgan (1866-1945) ya se había dado cuenta de que había grupos separados a lo largo del grupo de cromosomas, llamados genes, y postuló que eran los determinantes individuales de las características hereditarias. Habiendo comenzado en la década de 1930 y hasta 1944, el microbiólogo estadounidense Oswald Avery (1877-1955) y su equipo, en una larga serie de cuidadosos experimentos, descubrió que las propiedades de una colonia de bacterias podían verse modificadas por bacterias muertas de un tipo similar y de que la sustancia que se transfería era ADN.

Era evidente que el ADN era el agente de la herencia genética, pero como los genes variaban en cada persona, el ADN tenía que tener muchas estructuras internas, aunque el contenido químico general fuera el mismo. El austriaco de nacimiento Erwin Chargaff (1905-2002), mientras trabajaba en la Universidad de Columbia, enunció las «reglas de Chargaff», que publicó en 1950. En ellas se dice que la cantidad total de G+A en muchas muestras de ADN es igual a la cantidad total de C+T; la cantidad de A es la misma que la de T y la de G es igual a la C. Partiendo de esta base, comenzó la búsqueda por comprender la estructura de la molécula de ADN.

El primer éxito se produjo cuando Linus Pauling (1901-1994), en la Universidad Caltech de Estados Unidos, y Lawrence Bragg (1890-1971), en el Laboratorio Cavendish de Cambridge (Reino Unido), publicaron sus estudios sobre proteínas entre 1950 y 1951. Demostraron que las proteínas poseían una estructura helicoidal, por lo que era probable que la estructura del ADN fuera similar. Dos nuevos reclutas del Laboratorio Cavendish eran el norteamericano James Watson (1928), llegado en 1951, y el inglés Francis Crick (1916), que ya llevaba en él dos años. Si bien, ninguno de los dos formaba parte del equipo que estudiaba el ADN, pasaban gran parte de su tiempo discutiendo sobre el problema y su estructura, además de estudiando las radiografías cristalográficas realizadas por Rosalind Franklin (1920-1958), que formaba parte de un equipo que trabajaba en el King's College de Londres. Crick y Watson comenzaron a construir modelos de una molécula compuesta por dos estructuras helicoidales unidas mediante puentes de A-T y C-G y, cuando una de las fotografías de Franklin confirmó la estructura, en 1953 pudieron anunciar al mundo que habían descubierto la estructura del ADN. Crick y Watson recibieron el premio Nobel de fisiología en 1962, pero por desgracia Rosalind Franklin había muerto cuatro años antes y no apareció en la mención.

ARRIBA THOMAS HUNT MORGAN, BIÓLOGO NORTEAMERICANO, FUE EL PRIMERO EN OBSERVAR LOS GRUPOS SEPARADOS DE ELEMENTOS QUE CONFORMAN LOS CROMOSOMAS Y QUE IDENTIFICÓ COMO GENES. PIONERO EN PROPONER QUE ERAN LOS ENCARGADOS DE DETERMINAR LA HERENCIA GENÉTICA.

IZQUIERDA FRANCIS CRICK (DERECHA), NACIÓ EN NORTHAMPTON (REINO UNIDO) EN 1916. COMENZÓ A INVESTIGAR EN BIOLOGÍA MOLECULAR EN EL LABORATORIO CAVENDISH EN 1949. JAMES DEWEY WATSON (IZQUIERDA), NACIÓ EN CHICAGO (ILLINOIS) EN 1928. TRAS SER CATEDRÁTICO EN HARVARD, FUE NOMBRADO DIRECTOR DEL COLD SPRING HARBOR LABORATORY EN LONG ISLAND (NUEVA YORK), EN 1968.

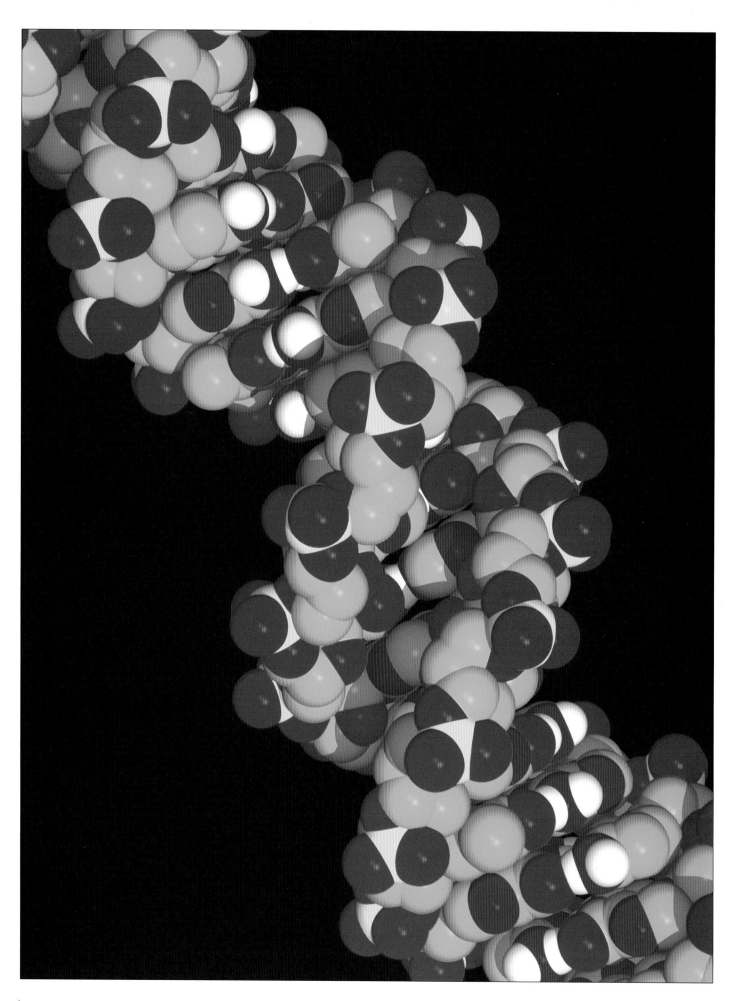

FRAGMENTOS DE ADN

La estructura molecular del ADN se puede visualizar como una larga escala retorcida. Los lados de la escala están formados por grupos alternos de desoxirribosa (S) y de fosfato (P). Los escalones de la escala están formados por dos de las cuatro «bases», unidos por ambos los lados a una molécula de S. La A se une sólo a la T y la C a la G, de modo que una cadena sencilla puede ser S-A-T-S, S-T-A-S, S-G-C-S o S-C-G-S. Hay más de 3.000 millones de estos escalones en el ADN humano y pueden aparecer en cualquier orden en la escala.

Cuando una célula se divide durante el crecimiento o el reemplazo de tejido, cada mitad de la escala actúa como un modelo para la formación de una nueva molécula de ADN. Cada mitad está formada por una larga sucesión de unidades con S, P y una base; estas bases se llaman nucleótidos. Un gen está formado por una serie de nucleótidos y proporciona el código para fabricar los aminoácidos y enzimas de la célula, cada uno de los cuales controla un aspecto concreto del metabolismo del cuerpo y determina las características hereditarias. No existen dos cuerpos –con la excepción de los gemelos idénticos, desarrollados a partir de un único huevo– que sean completamente iguales; los genes que determinan que un cuerpo humano tenga dos brazos, dos piernas, dos ojos, etc. son comunes a la mayoría de nosotros y, de hecho, se ha demostrado que los seres humanos y los chimpancés sólo nos diferenciamos en unos pocos genes.

El Proyecto del Genoma Humano, al que han contribuido investigadores de todo el mundo, estaba dedicado a la identificación de cada uno de esos genes. Uno de los descubrimientos del proyecto ha sido que ciertos grupos de genes parecen no tener función hereditaria ninguna. De hecho, la estructura del ADN, si bien puede identificar a un individuo mediante su sucesión de nucleótidos, no parece estar directamente relacionada con la estructura de los genes. No obstante, parece haber una conexión entre ciertos fragmentos de ADN y los cromosomas X/Y del sexo.

Ciertas enzimas son especialmente útiles, puesto que al actuar como catalizadores pueden ser utilizadas para cortar cadenas de ADN en secciones. Se llaman enzimas restrictivas (descubiertas por el científico norteamericano Hamilton Smith en 1970) y las producen las bacterias para atacar el ADN ajeno y protegerse así de los virus. Hasta ahora se han descubierto más de 400 enzimas restrictivas, cada una de las cuales corta una cadena de ADN por un punto diferente.

Como los laterales de la escala del ADN están formados por grupos S y P alternos, un fragmento de ADN puede describirse utilizando sólo sus escalones. Por ejemplo, tenemos la siguiente secuencia:

LOS CROMOSOMAS DEL SEXO Y LOS CRIMINALES VIOLENTOS

Un único par de cromosomas determina el sexo de una persona. En las mujeres normales, se denominan XX y en el hombre normal XY. En el varón la mitad X del par procede de la madre y la Y del padre. No obstante, en algunos varones se ha encontrado que poseen tres cromosomas sexuales, XXY o XYY. Como el cromosoma Y está asociado a la masculinidad, poco después de este descubrimiento se sugirió que los varones XYY serían «supervarones», más agresivos y quizá criminales.

Durante algún tiempo esto causó bastante alboroto entre los criminólogos. Un informe publicado en 1965 afirmaba que había una proporción mayor de cromosomas XYY en los varones internados en instituciones mentales que en la población general, por lo cual afirmaba que «poseían tendencias peligrosas, violentas o criminales». No obstante, investigaciones posteriores demostraron que, si bien una proporción significativa de varones XYY había de hecho cometido crímenes, se trataba sobre todo de nimios ataques contra la propiedad, por lo que se concluyó que no había pruebas de que los varones XYY fueran más propensos a cometer crímenes violentos que los varones XY.

ABAJO ESTA MICROFOTOGRAFÍA COLOREADA MUESTRA LA FORMA EN QUE PARECEN EMPAREJADOS LOS 46 CROMOSOMAS DE LAS CÉLULAS HUMANAS. EN ALGUNOS CASOS, NO OBSTANTE, EL CROMOSOMA DEL SEXO TIENE UNA ESTRUCTURA TRIPLE.

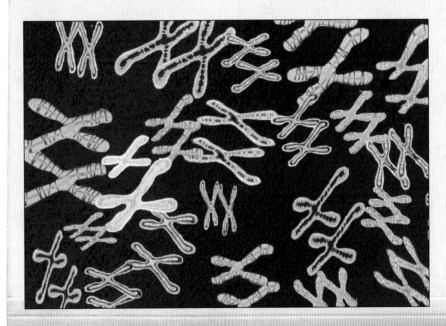

PÁGINA ANTERIOR MODELO DE UNA PEQUEÑA PORCIÓN DE UNA MOLÉCULA DE ADN, QUE MUESTRA LA TÍPICA ESTRUCTURA HELICOIDAL.

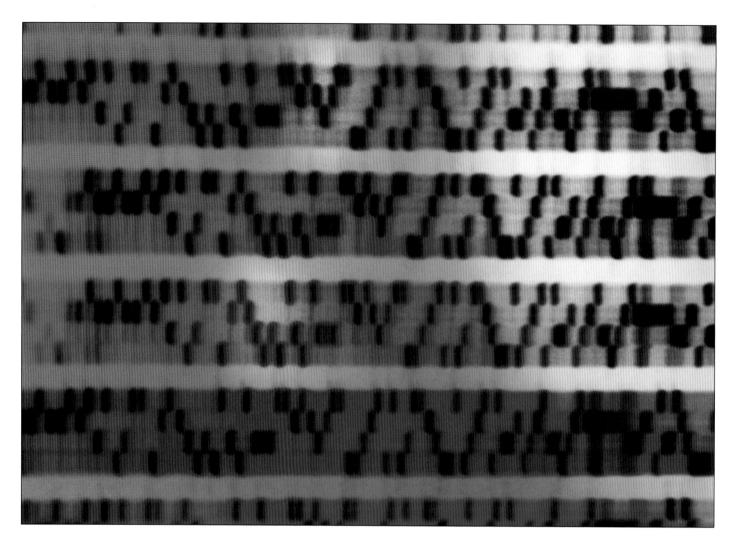

ARRIBA UN TÍPICO GRUPO DE AUTORRADIOGRÁFICOS (AUTORADS) GENERADOS MEDIANTE LA TÉCNICA SOUTHERN BLOT. LAS BANDAS NEGRAS AL MISMO NIVEL INDICAN FRAGMENTOS DE ADN DEL MISMO TAMAÑO MOLECULAR. EL USO DE AUTORADS SE HA VISTO SUPERADO LENTAMENTE POR OTRO MÉTODO: CADA FRAGMENTO, SEGÚN VA APARECIENDO GRACIAS A LA ELECTROFORESIS, SE DETECTA DIRECTAMENTE Y APARECE COMO UN PICO EN UN GRÁFICO DE ORDENADOR.

```
-AT *GGCCCCT †AGGCA *GGCCT †AGGCATA-
 || |||||||  |||||  |||||  |||||||
-TC *CCGGGGA †TCCGT *CCGGA †TCCGTAT-
```

Las enzimas restrictivas pueden cortar la cadena sólo en el punto donde aparece una secuencia precisa de pares de bases. La enzima llamada Hae III –obtenida de la bacteria *Haemophilus aegyptus*– cortará la cadena de ADN donde encuentre la siguiente secuencia:

```
-GGCC-
 ||||
-CCGG-
```

Dos de esas secuencias aparecen señaladas arriba con un asterisco (*) el fragmento liberado sería:

```
CCTAGGCA
||||||||
GGATCCGT
```

Otra enzima, Hae I, cortará la cadena sólo donde encuentre la secuencia:

```
-AGGCA-
 |||||
-TCCGT-
```

Otras dos secuencias aparecen marcadas con (†) y el resultado sería el fragmento:

```
GGCCT
|||||
CCGGA
```

Como tales fragmentos están relacionados con la estructura genética general, uno o más de ellos pueden resultar específicos de una persona concreta. Una combinación de un número suficiente de esos fragmentos es muy improbable que aparezca en el ADN de ninguna otra persona, las posibilidades son astronómicas.

EL ANÁLISIS RFLP Y VNTR

Cada uno de los fragmentos de ADN variará en tamaño según la estructura genética del ADN de cada persona, es decir, que sus tamaños moleculares diferirán. Si hay bastante ADN en la muestra, se le puede someter a un análisis de polimorfismos de longitud de fragmentos de Restricción o RFLP (Restriction Fragment Lenghth Polymorphism).

Un sistema de análisis bien contrastado para la separación de moléculas de distinto tamaño es la electroforesis, que utiliza materiales relativamente sencillos, semejantes a los utilizados durante la cromatografía. Se cubre de gel una placa de cristal o plástico, a la cual se aplica una corriente de bajo voltaje. Los fragmentos de ADN se encuentran en el extremo negativo de la placa, sobre la cual viajan a distintas velocidades dependiendo de su tamaño molecular. Como las moléculas viajan en línea recta desde el polo positivo al negativo, se pueden montar en paralelo varias muestras para comparar. Transcurridas unas 16 horas, los distintos fragmentos aparecerán diferenciados sobre la placa.

La posición de los fragmentos de ADN se detecta mediante un sistema desarrollado por el científico escocés Edward Southern en 1975, conoci-do como el Southen Blot. El gel es empapado en una solución que separa las hileras dobles en hileras sencillas, al tiempo que es presionado contra una membrana de plástico, a la cual quedan transferidas las hileras. Las bases de nucléotidos –A, T, C y G– quedan expuestas así a lo largo de las dos mitades del fragmento y pueden ser «marcadas» con una o más «sondas»: una sección corta de una única cadena de un fragmento de ADN o ARN marcada con un átomo radioactivo. Las bases de las sondas encuentran su base complementaria en la mitad del fragmento y se unen (hibridan) a ellas.

Seguidamente se lava la membrana y se coloca en contacto con una hoja de película de radiografía, y la radioactividad de la sonda impresiona la película. El resultado es una autoradiografía (o autorad) de pequeñas bandas oscuras –parecidas a los códigos de barras–, donde cada banda representa un fragmento específico. Las bandas que se encuentran al mismo nivel que otras son de fragmentos con el mismo peso molecular.

En un tipo de análisis relacionado con el RFLP se utilizan sondas que sólo localizan un patrón de bases (locus) concreto, porque los resultados son más fáciles de interpretar. No obstante, la especificidad de la identificación no es única.

Otro método de análisis RFLP detecta la aparición o no de varias secuencias idénticas de bases (como C-G-G-A-T-C-G-G-A-T-C-G-G-A-T) en una cadena de ADN. Se llaman repetición en tándem de números variables (VNTR), porque el número de

EL ASESINO DE GREEN RIVER

El 5 de noviembre del 2003, Gary Leon Ridgway confesó, en un tribunal de Seattle (Washington), ser el «asesino de Green River». Tras su arresto dos años antes había sido acusado de siete asesinatos, pero los investigadores estaban deseosos por averiguar el destino final de otras muchas víctimas cuyos cuerpos se habían encontrado o que habían desaparecido desde julio de 1982. En un momento dado, el asesino en serie Ted Bunty, mientras esperaba ser ejecutado en Florida, ofreció su «consejo experto» a los desconcertados investigadores. A cambio de una súplica para evitar la pena de muerte, Ridgway estuvo de acuerdo en confesar y los condujo hasta los restos de varias de sus víctimas. «Lo que más odio son las prostitutas –dijo Ridgway en su declaración– y no quiero pagarles por el sexo.» Confesó: «He matado a tantas mujeres, he trabajado mucho para que no se descarriaran». Era sospechoso desde 1983, pero consiguió pasar un test poligráfico. Se tomaron muestras de semen de tres de sus primeras víctimas, pero los análisis de ADN no estaban lo bastante avanzados en ese momento. No fue hasta un análisis de reacción en cadena de la polimerasa PCR en noviembre del 2001 cuando se consiguió una coincidencia con la saliva de Ridgway. Todavía se le supone autor de 60 asesinatos, el último en el año 2000.

Izquierda EL asesino de GREEN RIVER, QUE EN NOVIEMBRE DEL 2003 CONFESÓ SER EL AUTOR DE 48 ASESINATOS. FUE CONDENADO A CADENA PERPETUA SIN LIBERTAD CONDICIONAL, CERRANDO UN CASO QUE LLEVABA ABIERTO EN EL ESTADO DE WASHINGTON DESDE HACÍA MÁS DE 20 AÑOS.

ABAJO LA ELECTROFORESIS
IMPLICA UNA PLACA DE
CRISTAL (MOSTRADA EN LA
ILUSTRACIÓN) CUBIERTA CON
GEL A LA QUE SE LE APLICA
UNA CORRIENTE DE BAJO
VOLTAJE QUE LA CRUZA
DIRECTAMENTE. AL FINALIZAR,
EN UN EXTREMO DE LA PLACA
SE PUEDEN VER VARIAS
MUESTRAS PARA ANÁLISIS Y ASÍ
COMPARARSE SUS DIVERSOS
RITMOS DE TRASLACIÓN POR LA
PLACA.

secuencias repetidas puede variar de locus a locus. El procedimiento es más complejo que en el análisis RFLP y lleva más tiempo. Un tipo de análisis VNTR fue llamado la huella digital de ADN tras ser desarrollado por el científico inglés Alec Jeffreys (en la actualidad sir Alec) en 1984. Es mucho más específico que los métodos de locus único y se dice que es capaz de identificar a una persona entre 1.000 billones de trillones, bastante más que la población actual de la Tierra. Recientemente, el uso de los autorads ha sido superado en parte por otra técnica: se utilizan productos químicos fluorescentes específicos para colorear los fragmentos y

las bandas individuales; según emergen de la electroforesis, son escaneadas con un láser. El resultado se introduce en un ordenador, el cual produce un gráfico.

El primer caso criminal inglés en el que se utilizó la técnica de Jeffreys –sentando jurisprudencia sobre las pruebas de ADN– tuvo lugar en noviembre de 1987. En junio, un ladrón había entrado en una casa cerca de Bristol, violando a una mujer impedida de 45 años y huido con sus joyas. Posteriormente se detuvo a un hombre por otro robo en el vecindario, y se le pidió a la víctima de la violación que participara en una rueda de reconoci-

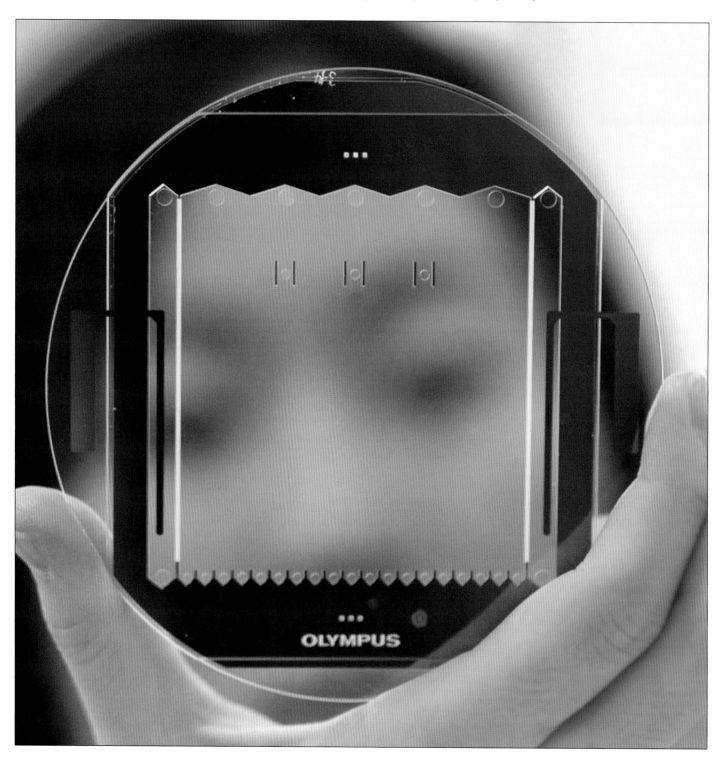

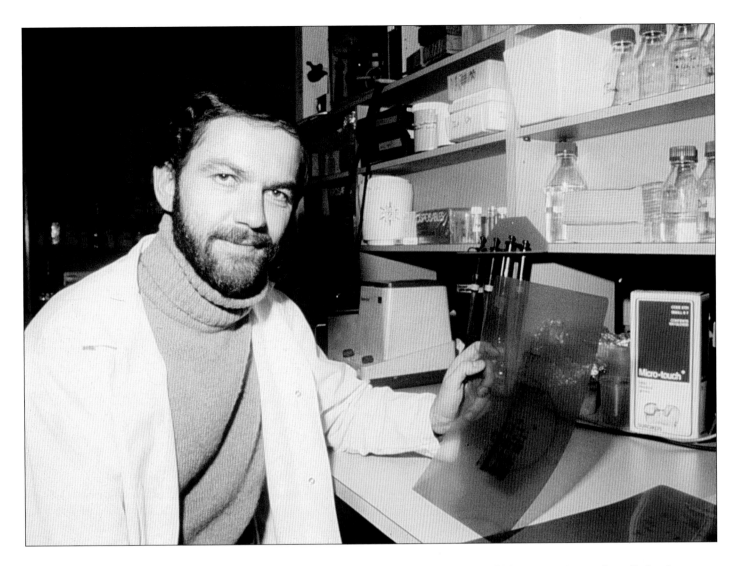

miento, en la cual lo identificó como su asaltante. El ADN del semen de la ropa interior de la mujer coincidía con el del ladrón. Fue juzgado, condenado por violación y robo y sentenciado a 18 años de cárcel.

La técnica VNTR de Jeffrey no ha sido puesta en tela de juicio seriamente en ningún tribunal británico, pero en Estados Unidos sufrió un pequeño retroceso temporal durante el juicio de Joseph Castro en el estado de Nueva York. Castro fue acusado de apuñalar a Vilma Ponce y la prueba enviada para el análisis de ADN fue una gota de sangre, que se afirmaba era de Vilma Ponce y había sido encontrada en el reloj de pulsera de Castro. El análisis

ARRIBA SIR ALEC JEFFREYS, EL CREADOR DEL VNTR EN 1984, SUJETANDO UNA TÍPICA AUTORRADIOGRAFÍA. LA PRIMERA VEZ QUE EL ADN FUE UTILIZADO EN UN CASO DE ASESINATO EN REINO UNIDO FUE EN 1987, CUANDO SIRVIÓ PARA DEMOSTRAR QUE UN QUINCEAÑERO QUE HABÍA CONFESADO EL CRIMEN ERA INOCENTE.

INVESTIGACIÓN DEL CASO
TOMMY LEE ANDREWS

El mismo mes en que el ADN quedó establecido como prueba válida en los tribunales británicos, noviembre de 1987, tuvo lugar en Florida el juicio de Tommy Lee Andrews. Entre mayo y diciembre de 1986 tuvieron lugar en Orlando 26 violaciones a punta de cuchillo, que continuaron hasta marzo de 1987. Andrews fue arrestado y después identificado por sus huellas dactilares y las descripciones parciales de las víctimas. Su tipo de sangre también coincidía con las muestras de semen. No obstante, respecto al primera violación —cuya víctima, Nancy Hodge, le había reconocido— poseía una coartada sólida. El ayudante del fiscal del estado pidió que se realizara un RFLP, que también coincidió con muestras de las víctimas.

Tras escuchar en la vista previa a las partes, el juez estuvo de acuerdo en que la prueba era admisible; sin embargo, el fiscal —mal preparado con respecto al significado de los resultados— realizó unas alegaciones tan exageradas a la probabilidad de una identificación positiva, que la defensa negó las cifras que ofrecía y el resultado fue que el jurado no pudo dar un veredicto.

No obstante, el nuevo juicio de Andrews le supuso ser condenado —28 años de cárcel, 22 de otra violación, 22 por robo y 15 por robo con fractura. Tanto el fallo del juez como la condena se vieron confirmados en la corte de apelación.

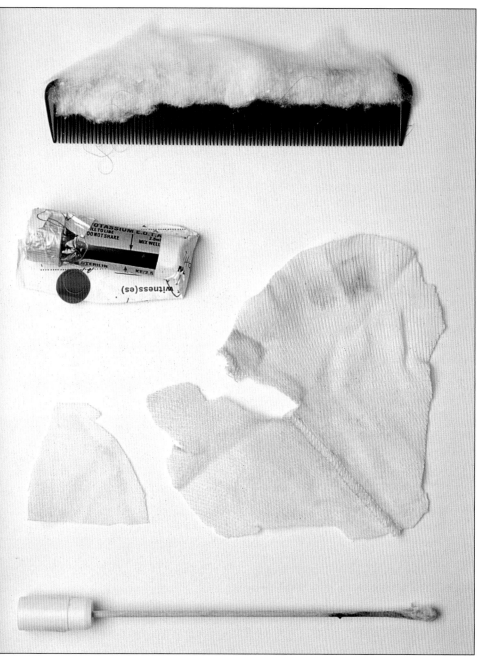

men coincida con la del sospechoso se basa en la posibilidad de que la frecuencia de cada fragmento pueda encontrarse en toda la población. Por ejemplo, supongamos que se han identificado cuatro fragmentos, con unas frecuencias calculadas de, respectivamente, el 42%, el 32%, el 2% y el 1% por ciento.

Las probabilidades de que las cuatro aparezcan en una única muestra es de $42 \times 32 \times 2 \times 1 = 2.688$ en 100 millones, es decir, uno de 37.000. No obstante, estas estadísticas de población se van compilando gradualmente y los cálculos se pueden ver complicados por el hecho de que la mayor parte de los crímenes tienen lugar en comunidades locales, a menudo, con orígenes étnicos comunes. En el caso Bonds, por ejemplo, la defensa argumentó que este tipo de consideraciones invalidaban por completo la afirmación de la defensa de una identificación positiva.

El problema provocó gran controversia en Estados Unidos durante la década de 1990, respecto a las afirmaciones estadísticas de individualidad realizadas por los fiscales en los juicios. En 1992, el National Research Council (NCR) creó un comité para considerar el problema. Sólo dos de los 14 miembros eran científicos forenses, los demás, pese a ser expertos en técnica de ADN, no poseían experiencia forense. Realizaron valiosas recomendaciones respecto a los estándares exigibles a los laboratorios analíticos, pero fue difícil ponerlos de acuerdo respecto a la valoración de las estadísticas de población. El resultado fue la creación de un segundo comité en 1994, que realizó una serie de propuestas hoy día generalmente aceptadas.

ARRIBA LAS PRUEBAS FORENSES EN UN CASO DE VIOLACIÓN, A PARTIR DE LAS CUALES SE BUSCARÁ UNA COINCIDENCIA DE ADN. DESDE ARRIBA: PELO PÚBICO ATRAPADO EN UN PEINE CON ALGODÓN, UNA MUESTRA DE LA SANGRE DEL SOSPECHOSO, MANCHAS DE SANGRE Y SEMEN EN UNOS PANTIS, UN TROZO DE ROPA MANCHADA Y UN FROTIS VAGINAL DE LA VÍCTIMA.

PÁGINA SIGUIENTE UNA CIENTÍFICA TRABAJANDO EN EL LABORATORIO HEMATOLÓGICO DEL FBI EN WASHINGTON. TOMA MUESTRAS DE SANGRE DE UNA PISTOLA, QUE PUEDE PERTENECER BIEN A LA VÍCTIMA O BIEN AL PERPETRADOR DEL CRIMEN.

fue llevado a cabo por una compañía privada que acababa de incorporarse recientemente al trabajo forense y los autorads que realizaron fueron de una calidad dudosa. El juez consideró inadmisible la prueba y –lo que supuso un consenso sin precedentes–, los cuatro expertos llamados a declarar, tanto de la fiscalía como de la defensa, declararon que lo era. Castro fue condenado por otras pruebas y posteriormente confesó. El juez dijo que en la sala sólo había dos personas que supieran realmente si la sangre era de Vilma Ponce: el propio Castro y el analista.

El resultado fue una mejora en los métodos y estandarización de los laboratorios de ADN, pero no fue hasta 1990 cuando el FBI aceptó las pruebas del análisis RFLP en el caso de John Ray Bonds. En el RFLP, las probabilidades de que la muestra de ADN recogida en el escenario del cri-

INVESTIGACIÓN DEL CASO
JOHN RAY BONDS

En febrero de 1988 se encontró el cuerpo de David Hartlaub junto a un cajero automático en Perkins Township, Ohio. Le habían disparado seis veces cerca o dentro de su camioneta, supuestamente un pistolero. Posteriormente se supo que se trataba de un asesinato contratado y que Hartlaub había sido confundido con la víctima. No había más testigos, pero se sospechaba de un grupo de Ángeles del Infierno. El FBI comprobó que el ADN de la sangre encontrada dentro de la caravana coincidía con la de uno de ellos, que había huido de la escena del crimen, John Ray Bonds.

Cuando Bonds y otros fueron juzgados por homicidio en 1990 la defensa montó un ataque contra la admisión de las pruebas de ADN por principio, sobre todo respecto a los cálculos estadísticos sobre su individualidad. No obstante, el juez dictaminó en favor del análisis de ADN. En otro caso juzgado ese mismo año, una corte de apelación federal confirmó la admisibilidad de los análisis de RFLP.

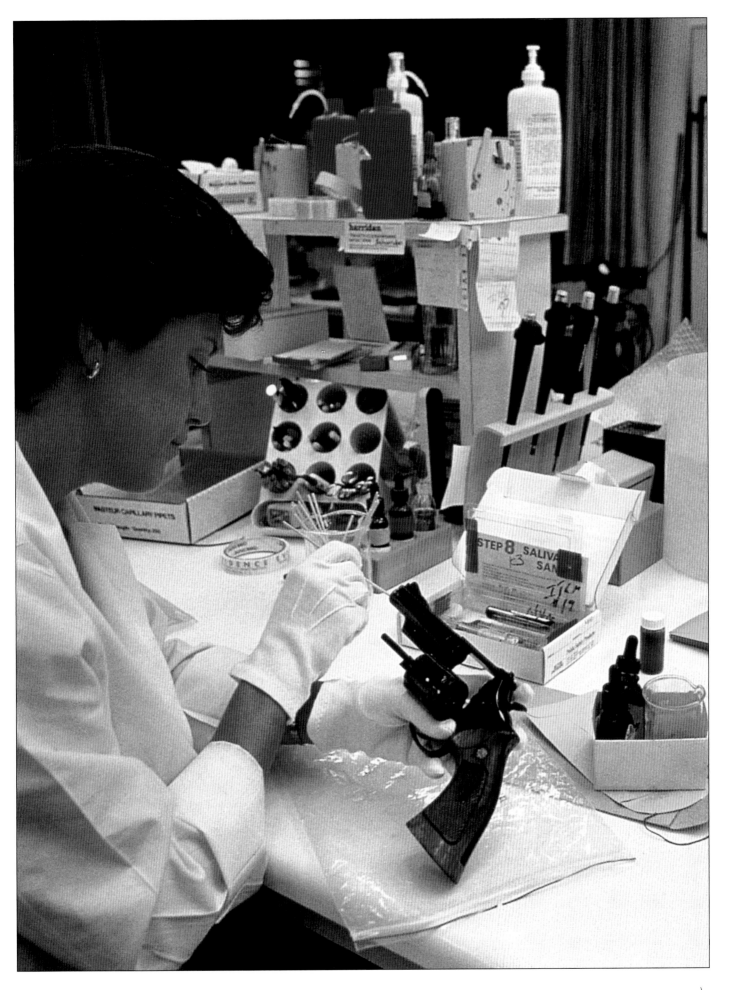

MARK BOGEN

En mayo de 1992 apareció el cuerpo de una mujer, Denise Johnson, al pie de un árbol paloverde en Phoenix, Arizona. Además de señales de que había habido un coche aparcado, se encontró un busca personas, que condujo a los ayudantes del sheriff hasta Mark Bogen, que admitió haber recogido a la mujer, pero que negó haberla asesinado. No obstante, un registro de su camión permitió encontrar vainas de semillas de paloverde.

El análisis del ADN de estas vainas y de otras tomadas del árbol demostró que coincidían exactamente. Se analizaron las vainas, más que las semillas, porque derivaban de la parte materna del tejido del árbol, mientras que las semillas eran el resultado de la polinización cruzada con otro árbol. Antes de que los resultados de las pruebas de ADN fueran admitidas ante los tribunales hubo de realizarse una audición Frye (véase la página 236), tras la cual el juez determinó, por primera vez en Arizona, que los perfiles de ADN de las plantas podían ser admitidos como prueba. Estos perfiles, junto a muchas otras pruebas físicas aseguraron la condena de Borgen.

Mientras el juicio era realizado en el Tribunal de Apelación del estado de Arizona, una opinión minoritaria mantuvo que las pruebas que derivaban del análisis del ADN no deberían haber sido admitidas, si bien afirmaron que sólo habían producido «errores inofensivos».

ANÁLISIS PCR

El principal inconveniente de los métodos de análisis de ADN descritos hasta ahora consiste en que se necesitan muestras de bastante tamaño y gran parte del ADN es posible que se haya degradado debido a su exposición a la luz, contaminación por microorganismos, cambios de temperatura o debido a distintas sustancias químicas.

Una técnica que se afirma es capaz de recuperar ADN a partir de una sola célula es la reacción en cadena de la polimerasa o PCR, desarrollada por el norteamericano Kary Mullis en 1983. La PCR utiliza una enzima que copia la cadena de ADN, luego ambas cadenas son vueltas a copiar y así se inicia una reacción en cadena que puede producir un millón de copias en sólo unas pocas horas. Por este motivo la PCR se conoce, a menudo, como fotocopia molecular. Mullins ganó el premio Nobel en 1993 por esta técnica.

El principal problema de la PCR es que copia cualquier cadena de ADN, incluidas las de los con-

DERECHA EL DR. KARY MULLIS, QUIEN DESARROLLÓ LA REACCIÓN EN CADENA DE LA POLIMERASA (PCR) PARA LA MULTIPLICACIÓN DE CADENAS SENCILLAS DE ADN. TRAS REALIZAR TRABAJOS POSDOCTORALES EN LA ESCUELA DE MEDICINA DE LA UNIVERSIDAD DE KANSAS, EN 1979 PASÓ A FORMAR PARTE DEL PERSONAL DE LA CETUS CORPORATION DE CALIFORNIA COMO CIENTÍFICO INVESTIGADOR. MULLIS REALIZÓ SU DESCUBRIMIENTO EN 1983, MIENTRAS TRABAJABA PARA CETUS.

PRUEBAS PERICIALES

EL ADN
MITOCONDRIAL

Las mitocondrias son moléculas de ADN que se encuentran en las células de organismos vivos nucleados y que son responsables de la producción de energía. Son más pequeñas que las cadenas de ADN del núcleo, por lo general, tienen forma circular y, lo que es interesante, proceden sólo de la madre. Tras el desarrollo del RFLP y del VNTR la investigación del ADN mitocondrial quedó un tanto ralentizada, pero recientemente su análisis ha demostrado ser valioso, como durante la identificación de los huesos de la zarina Alejandra, comparándolos con una muestra de sangre proporcionada por su sobrino-nieto, el duque de Edimburgo.

taminantes. En casos de violaciones en grupo, por ejemplo, la identificación puede resultar extremadamente difícil y el laboratorio debe tener mucho cuidado a la hora de asegurarse de que la muestra no resulta contaminada al manipularse. Por otra parte, la versatilidad de la PCR es valiosa por su uso para copiar fragmentos de ADN. Es la base de la identificación mediante repeticiones de tándem corto (STR). Los STR son similares a los fragmentos de VNTR, pero las unidades de secuencia repetida están formadas sólo por entre dos y cinco bases.

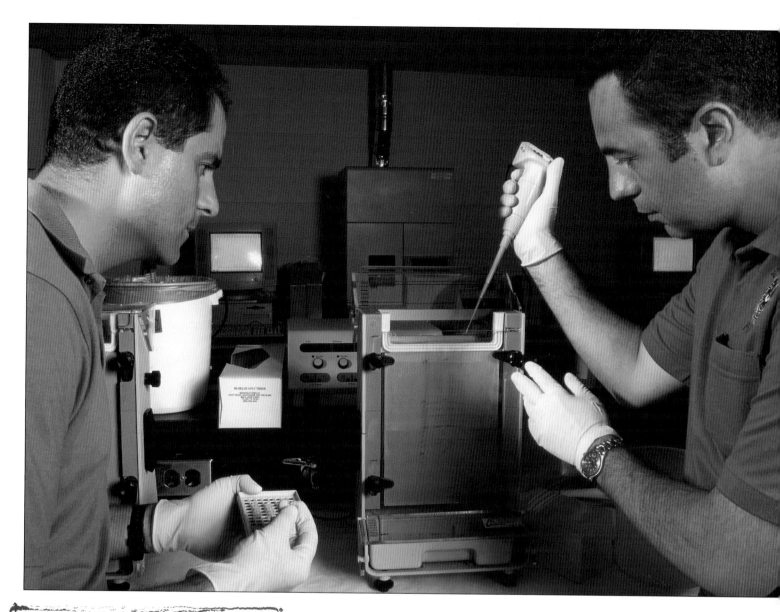

BASES DE DATOS DE ADN

Tras la promulgación de la Ley federal para la identificación de ADN en 1994, una gran cantidad de bases de datos locales, estatales y federales se han ido creando en Estados Unidos; funcionan como las de huellas dactilares. La ley limita el uso de las bases de datos a los criminales convictos; todas incluyen el ADN de los criminales sexuales, pero cada estado varía en si recoge o no muestras de otros criminales, como asesinos, ladrones y quienes abusan de niños. En el estado de Nueva York, por ejemplo, todos los culpables de crímenes graves son incluidos en las bases de datos, mientras que en California sólo se permite que se incluyan a los culpables de nueve crímenes concretos.

En septiembre del 2001, había 116 laboratorios en 37 de los estados norteamericanos formando parte del Sistema de Información Nacional de ADN (NDIS). Había muestras de más de 500.000 criminales y 25.000 muestras recogidas en escenas del crimen. Gracias al sistema se habían resuelto 1.600 casos. Las muestras de ADN para analizar e incluir en la base de datos se obtienen, por lo general, mediante un frotis que recoge células epiteliales de la parte interior de la boca, que se separan constantemente. También se pueden tomar de muestras de sangre.

En Reino Unido se ha convertido en costumbre tomar una muestra de sangre tras el arresto de un sospechoso de un crimen violento. Canadá, Sudáfrica y Australia también tienen bases de datos, controladas por su respectiva policía, y la práctica se está extendiendo con rapidez por todo el mundo.

El uso generalizado del análisis de ADN está permitiendo la condena de muchos criminales, pero recientemente, sobre todo en Estados Unidos, se han planteado dudas sobre la validez de algunas de esas pruebas. La investigación de casos cerrados ha demostrado falta de cuidado y confusiones en el manejo de las muestras y casos de contaminación.

ARRIBA LA ACADEMIA DEL FBI EN QUANTICO, VIRGINIA, PROPORCIONA FORMACIÓN EN EL ANÁLISIS DE ADN A INVESTIGADORES DE TODO EL MUNDO. EN LA FOTO, DOS POLICÍAS ESPAÑOLES APARECEN DESCARGANDO UNA MUESTRA EN EL EQUIPO, OBTENIDA A PARTIR DE ESCAMAS DE CASPA ENCONTRADAS EN UNA INVESTIGACIÓN CRIMINAL.

EL PROYECTO INOCENCIA

El abogado Barry Scheck, miembro del equipo de la defensa de Joseph Castro, junto a su colega Peter Neufeld, organizó a comienzos de la década de 1990, con la aprobación de la Asociación Nacional de Abogados de Casos Criminales, un grupo de trabajo de ADN. Les inspiró el caso de Gary Dotson, que fue exonerado por el ADN en 1988 tras haberse pasado doce años en prisión por una violación que no cometió.

Mientras era profesor en la Cardozo School of Law en la Universidad de Yeshiva, Nueva York, Scheck invitó a todos los abogados a que le trajeran casos en los que pensaran que se habían producido condenas injustas de inocentes. Scheck y Neufel ofrecían sus servicios gratis cuando se podía utilizar el ADN para modificar una condena. Al

INVESTIGACIÓN DEL CASO
CUESTIÓN DE INOCENCIA

DERECHA LA FOTOGRAFÍA DE PASAPORTE DEL ASESINO COLIN PITCHFORK. FUE UNA DE LAS PRIMERAS PERSONAS EN REINO UNIDO EN SER CONDENADA GRACIAS AL ADN.

Uno de los primeros casos en que el ADN se utilizó en un caso de violación en Reino Unido supuso la declaración de inocencia para un hombre que fue acusado del crimen, al tiempo que permitió atrapar al verdadero culpable.

Durante la tarde del 21 de noviembre de 1983, Lynda Mann, de 15 años, fue violada y asesinada en un camino cercano a un hospital psiquiátrico próximo al pueblo de Narborough (Leicestershire). Las muestras de semen demostraron que el grupo sanguíneo del criminal era compartido por el 10% de la población masculina de Reino Unido, si bien la alta concentración de espermatozoides sugería que se trataba de un hombre joven. Por lo tanto, la policía decidió limitar sus pesquisas a los varones de entre 13 y 34 años. Pese a ello no se consiguió identificar a ningún sospechoso y, tras nueve meses, la investigación quedó estancada.

Más de dos años después, el 31 de julio de 1986, otra quinceañera, Dawn Ashworth, fue violada y asesinada de una forma similar cerca del mismo hospital y la policía quedó convencida de que el mismo hombre era responsable de ambos crímenes. Tras el primer asesinato había interrogado a Richard Buckland, de 14 años, al que desecharon como sospechoso. Durante el segundo, Buckland tenía 16 años y trabajaba como portero en el hospital psiquiátrico, por lo que

de nuevo fue interrogado. Tras dos días de divagaciones, Buckland firmó una confesión y se le acusó del asesinato de Dawn Ashworth, pero negó tener nada que ver con el asesinato de Lynda Mann. La policía le pidió a Alec Jeffreys que realizara el nuevo análisis de ADN en muestras de semen conseguidas en los cuerpos de las dos chicas y en una muestra de sangre de Bucklands. Por entonces, el análisis de VNTR tardaba varias semanas en completarse y fue cerca de la fecha propuesta para el juicio de Bucklands cuando Jeffreys anunció que ambos crímenes habían sido realizados por la misma persona, pero que ésta no era Buckland.

Perpleja, la policía decidió realizar una toma de muestras masiva y voluntaria entre más de 5.000 varones. Cualquier muestra del grupo sanguíneo adecuado fue enviada al Laboratorio Forense del Homme Office para identificar el ADN. No se encontró ninguna identificación positiva, pero el caso se solucionó debido a una simple casualidad. Sin darse cuenta, mientras hablaba en un bar, un hombre mencionó que uno de sus compañeros de trabajo, Colin Pitchfork, de 27 años de edad, le había pagado por dar una muestra de sangre en su nombre. Pichfork era un exhibicionista convicto, así como un paciente externo del hospital. Su ADN coincidió con el de las muestras de semen y fue condenado en un juicio que sólo duró un día.

DERECHA LYNDA MANN, DE 15 AÑOS DE EDAD, LA PRIMERA VÍCTIMA DE PITCHFORK, CUYO CUERPO FUE DESCUBIERTO EL 22 DE NOVIEMBRE DE 1983.

principio tuvieron pocos casos, pero tras aparecer en el programa de televisión de Phil Donahue en 1992, Scheck pidió a cualquiera que creyera que él o un miembro de su familia había sido declarado culpable de forma injusta que se pusiera en contacto con el Proyecto Inocencia en Cardozo.

En seguida comenzó a llegar una montaña de cartas, la mayoría de casos anteriores a la época en que estuvo disponible el análisis de ADN. Scheck encargó a sus estudiantes que los organizaran. Aquellos casos que no implicaban pruebas físicas tenían que descartarse, al igual que aquellos donde las pruebas ya no estaban físicamente disponibles. Jane Siegel Greene, que fue la directora ejecutiva del Proyecto Inocencia durante muchos años dijo: «El ADN no es la panacea. No va a arreglar el sistema de justicia, pero sí permite asomarse a lo que funciona mal en el sistema. Nos capacita para demostrar de forma fehaciente que esas personas son por completo inocentes».

En abril del 2002 el Proyecto había demostrado con éxito que 104 personas se habían pasado una media de diez años en prisión por crímenes que no habían cometido.

LA BALA FATAL

Ya se han descrito los primeros usos del estudio e identificación de balas y armas, pero la balística como ciencia exacta le debe su creación al trabajo pionero de Charles Waite (1865-1926), que era ayudante en la oficina del fiscal del estado de Nueva York cuando se interesó por primera vez en el tema.

Tras tomar parte en la Primera Guerra Mundial, Waite se pasó dos años viajando, tanto por Europa como por Estados Unidos, para reunir datos de una gran cantidad de fabricantes de armas. A los pocos años, Waite, junto al comandante (después coronel) Calvin Goddard, Philip Gravelle y John Fisher, pudo crear el Bureau of Forensic Balliestis de la ciudad de Nueva York. Cuando Waite murió, en 1926, fue sucedido como director del Bureau por Goddard.

Mientras Goddard se convertía en el principal experto en identificación de armas de Estados Unidos, los otros miembros fundadores eran responsables de la creación de dos de los instrumentos que demostrarían ser de incalculable valor para el examen de balas y armas. Gravelle creó el microscopio de comparación, en esencia un instrumento con dos objetivos y un único ocular, de modo que las estriaciones de dos balas pudieran ser observadas juntas y comparadas de forma exacta. Por su parte, Fisher adaptó el citoscopio, un instrumento médico para el examen interno de la vejiga, para convertirlo en el helixómetro, que podía explorar el interior de un cañón estriado.

Mientras tanto, en otros muchos países continuaba la investigación en la identificación de balas y de las armas que las habían disparado. Egipto, el país en el cual el patólogo escocés Dr. Sydney (posteriormente sir Sydney) Smith fue nombrado principal experto médico-legal, demostró ser un

ABAJO UN EXPERTO FRANCÉS EN BALÍSTICA EN MEDIO DE SU COLECCIÓN DE PISTOLAS DE TODO EL MUNDO. ESTAS ARMAS PUEDEN SER PROBADAS PARA REVELAR QUÉ MARCAS CARACTERÍSTICAS DEJAN EN LAS BALAS, LO QUE AYUDARÁ A IDENTIFICAR UN ARMA UTILIZADA EN UN CRIMEN.

NICOLA SACCO Y BARTOLOMEO VANZETTI

El 15 de abril de 1920, dos hombres dispararon a dos guardias de seguridad delante de una fábrica de zapatos, en South Baintree, Massachusetts, y se apoderaron de la nómina de la empresa. En torno a los guardias se encontraron varios casquillos del 32, identificados como pertenecientes a balas fabricadas por tres compañías distintas: Peters, Winchester y Remington.

Poco después se detuvo a dos sospechosos cerca de Bridgewater. Se trataba de Nicola Sacco y Batolomeo Banzetti, dos inmigrantes italianos. Sacco llevaba un revólver Colt del 32 cargado, y en los bolsillos tenía 23 balas, fabricadas por Peters, Winchester y Remington. Vanzetti llevaba una Harrington del 32 y un revólver Richarson, junto a cuatro cartuchos de escopeta idénticos a los encontrados en la escena del crimen de un fallido atraco realizado meses antes.

El juicio de los dos pistoleros adquirió tintes políticos. Se sugirió que sus actos habían sido una forma de protesta contra las pobres condiciones de trabajo de los inmigrantes y las organizaciones de izquierdas de todo el mundo crearon un fondo para sufragar su defensa. No obstante, las pruebas más condenatorias contra ellos consistían en las 23 balas –de fabricación antigua y ya imposibles de encontrar– halladas en el bolsillo de Sacco. Ambos fueron declarados culpables y condenados a muerte, pero cuando las protestas internacionales continuaron se pospuso la ejecución de la pena.

Durante el juicio, dos expertos llamados por la defensa, James Burns y August Gill, se habían mostrado contrarios a las pruebas presentadas por la acusación. No fue hasta 1927 cuando el coronel Calvin Goddard se ofreció como experto imparcial. En presencia de Gill, disparó una bala de prueba contra una bala de algodón y luego la colocó junto a una bala fatal en el microscopio de comparación. «¡Quién lo hubiera dicho!» exclamó Gill cuando se vio forzado a admitir la coincidencia. Sacco y Vanzetti fueron ejecutados en la silla eléctrica dos meses después.

IZQUIERDA Y ABAJO Retratos de estudio de Bartolomeo Vanzetti (izquierda) y Nicola Sacco (abajo), realizados en la cárcel. Tres exámenes balísticos distintos han confirmado a lo largo de los años que el arma de Sacco fue utilizada en el robo de la nómina.

IZQUIERDA Una nutrida manifestación en Union Square, Nueva York, en 1924, para protestar contra la condena de Nicola Sacco y Bartolomeo Vanzetti. Organizaciones izquierdistas de todo el mundo crearon un fondo para la defensa y consiguieron posponer temporalmente su ejecución.

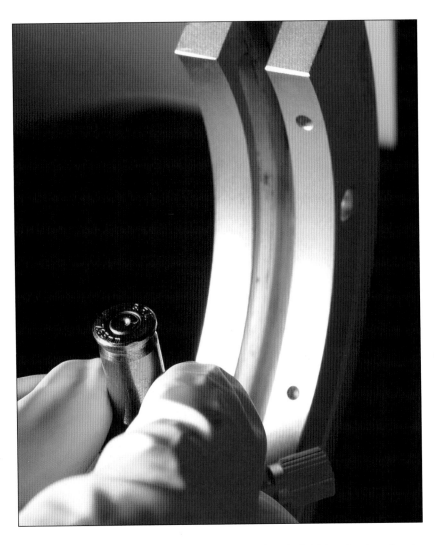

Arriba Un casquillo usado es introducido en un microscopio de comparación. Las marcas en la superficie del casquillo, conseguidas al hacer un disparo de comprobación, son comparadas así con las de un casquillo del mismo calibre recuperado en la escena del crimen.

Examiné el coche, reconstruí el crimen y consideré las pruebas materiales. Éstas consistían en nueve casquillos hallados en la escena del crimen y seis balas que fueron extraídas de los cuerpos de las víctimas. Los casquillos eran de una pistola automática del calibre 32. Las marcas demostraban que habían sido utilizados tres tipos diferentes de automáticas y tres de los casquillos tenían marcas de los extractores y eyectores típicos de una Colt [...]. Las balas habían sido disparadas con tres tipos distintos de arma: una pistola de tipo Mauser, con cuatro marcas en la derecha; una pistola del tipo Browning o Sureté, con seis marcas en la derecha, y una pistola del tipo Colt, con seis marcas en la izquierda.

La bala que mató al *sirdar* tenía las marcas características de una Colt. Era evidente que la pistola estaba en mal estado, con los campos entre las estrías desgastados [...], pero en la bala había una estría claramente marcada situada entre dos estrías normales y más ancha que éstas, que traicionaba un fallo en la boca del cañón.

Ya había visto esa marca anteriormente. La había visto muchas veces... y cuando comparé la bala al microscopio con otras balas de crímenes de mi colección estuve seguro de que la Colt 32 que había matado al *sirdar* era la misma arma que había sido utilizada de forma repetida en otros crímenes políticos previos [...].

laboratorio excepcional, debido a la abundancia de asesinatos políticos. Como Smith escribió después: «El abundante y continuo flujo de muertos a balazos nos permitió probar, corregir e incrementar nuestros conocimientos sin descanso».

El punto álgido del trabajo de Smith se produjo en 1924, cuando sir Lee Stack Pasha, el *sirdar* (comandante en jefe) del ejército egipcio y gobernador general de Nubia, fue tiroteado en las calles de El Cairo. Su conductor y ayuda de campo también resultó muerto. En *Mostly Murder* (1959), Smith escribió:

INVESTIGACIÓN DEL CASO
CARL STIELOW

En 1915, un granjero inmigrante alemán analfabeto fue declarado culpable de dispararle a su patrón, Charles Phelps, y a la asistenta de éste. Un autoproclamado experto en armas de fuego afirmó que el revólver encontrado en posesión de Stielow era el arma del crimen y aquél fue encerrado en Sing Sing, en el estado de Nueva York, a la espera de su ejecución. En julio de 1916 sus abogados consiguieron que se pospusiera la ejecución, y poco después dos vagabundos confesaron el crimen y el gobernador del estado ordenó la revisión del caso. El experto en balística Charles Waite realizó una investigación detallada, y ayudado por el experto en microscopia Dr. Max Poser y el capitán John Jones, del equipo de homicidios de la ciudad de Nueva York, dictaminó que el arma de Stielow no pudo ser el arma asesina. El prisionero fue indultado.

La importante naturaleza política de los asesinatos provocó una investigación a gran escala. Dos sospechosos, unos hermanos llamados Enayat, fueron arrestados y sus armas, entre las cuales había pistolas Colt y Sureté, fueron examinadas por Smith. Los Enayat dieron el nombre de sus colaboradores y finalmente se encontró culpables a ocho de ellos, sobre todo basándose en las pruebas de Smith.

Tal y como dijo Smith, los casquillos de bala expulsados por un arma automática o semiautomática también pueden proporcionar pruebas vitales. Antes de ser disparada, la bala reposa dentro de la recámara de acero reforzado. Cuando se dispara la pistola, el gatillo hace que el percutor pase por una pequeña apertura de la recámara y golpee el detonador del cartucho, y la intensa presión generada por la explosión de la carga de la bala empuja el casquillo contra la recámara. Como el metal del casquillo es más blando que el de la recámara, queda marcado con cualquier imperfección que pueda haber en el acero. El percutor también deja su propia impresión en el detonador y lo más probable es que el mecanismo eyector produzca sus propias marcas características en el casquillo.

FREDERICK BROWNE Y WILLIAM KENNEDY

En septiembre de 1928, Frederick Browne y William Kennedy fueron juzgados por el asesinato del agente de policía George Gutteridge en las afueras de Londres. El armero Robert Churchill dirigió un equipo de tres expertos de la War Office, que testificó que las estriaciones de la bala que mató a Gutteridge coincidían exactamente con las balas disparadas, bajo condiciones controladas, con el revólver de Browne y que las marcas descubiertas en el detonador de un casquillo encontrado tras el crimen coincidían con las de la recámara. Churchill informó de que se habían disparado 3.000 revólveres del mismo tipo y que en ninguno de ellos se habían encontrado marcas similares. Browne y Kennedy fueron encontrados culpables del asesinato de Gutteridge y condenados a muerte.

En Reino Unido, el desarrollo del microscopio de comparación por parte de Philip Gravelle atrajo la atención de Robert Churchill, un armero londinense que había aparecido como experto en balística en varios casos con armas de fuego desde 1912. En colaboración con el comandante Hugh Pollard, Churchill llevaba experimentando desde 1919 con un aparato similar, pero relativamente rudimentario, utilizado por Sydney Smith, y en 1927 viajó hasta Estados Unidos para consultar con el coronel Calvin Goddard. A su regreso Churchill hizo construir un microscopio de comparación atendiendo a sus especificaciones y no tardó en tener un éxito histórico (véase el encarte de la izquierda).

Unos meses antes, Churchill había declarado en un juicio, pero no en relación a las balas, sino respecto al patrón de las heridas producidas por las postas de un cartucho de caza.

ABAJO UNA FOTOGRAFÍA A ALTA VELOCIDAD DE UNA CARGA DE POSTAS SALIENDO DEL CAÑÓN DE UNA ESCOPETA 12-GAUGE, CUATRO MILISEGUNDOS DESPUÉS DE SER DISPARADA. LA MAYOR PARTE DE LOS RIFLES DE CAÑÓN LISO ESTÁN «OBSTRUIDOS» PARA IMPEDIR QUE LAS POSTAS SE DESPERDIGUEN DE FORMA DEMASIADO ALEATORIA.

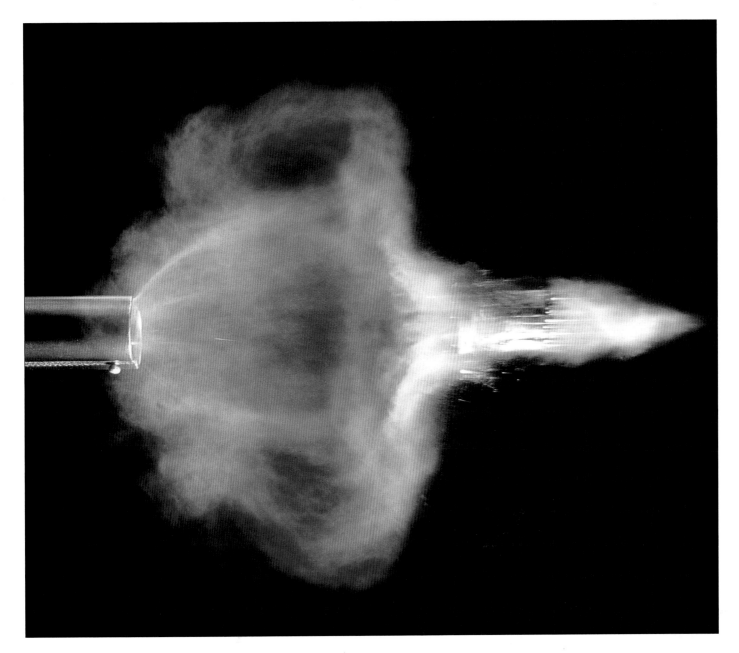

Durante la noche del 10 de octubre de 1927, un guardabosques fue muerto de un disparo en los terrenos de lord Temple, cerca de Bath, en el oeste de Reino Unido. El asaltante, un conocido cazador furtivo llamado Enoch Dix, fue identificado por el ayudante del guardabosques, que le disparó mientras aquél huía. Cuando la policía registró la cabaña de Dix encontró un arma y descubrió que la espalda del furtivo estaba repleta de heridas de postas. Dix afirmó que el ayudante del guardabosques le había disparado primero y que su propia arma se había disparado accidentalmente como resultado.

Churchill fue llamado para que diera su opinión sobre qué arma había sido disparada primero y a qué distancia. Con ambas armas a su disposición, las cargó con los cartuchos apropiados y las disparó contra una serie de placas de acero pintadas de blanco. A 13,7 m la macha de postas ocupaba entre 68 y 76 cm, a 18,2 m entre 91 y 96 cm. A partir de las heridas de la espalda de Dix, además de las postas que golpearon contra un árbol, Churchill calculó que Dix debía de haber estado al menos a 13,7 m de distancia cuando el ayudante del guardabosques disparó.

Si el arma del furtivo se hubiera disparado entonces, el guardabosques habría recibido una lluvia similar, pero la herida fatal tenía sólo 10-12 cm de lado a lado, lo que indicaba que había sido disparado a quemarropa. A pesar de las indicaciones del juez al jurado, Dix sólo fue declarado culpable de homicidio sin premeditación. En la actualidad el estudio de las heridas de bala es una parte importante de la investigación balística.

En 1929, el coronel Goddard, utilizando el microscopio de comparación, fue capaz de identificar las dos ametralladoras Thompson utilizadas en la sangrienta «matanza del día de san Valentín», que tuvo lugar en Chicago en 1928, confirmado así que ningún arma de la policía había intervenido en ella. Tras este éxito, fue invitado a crear el Laboratorio de detección científica del crimen (SCDL) en la Universidad Northwestern en Evanston (Illinois).

En 1932, J. Edgard Hoover, director del Federal Bureau of Investigation, creó un laboratorio de balística en Washington D. C. Goddard se retiró del SCDL en 1934 para dedicarse a la práctica privada y en 1938 el laboratorio fue transferido al Departamento de Policía de Chicago. Aproximada-

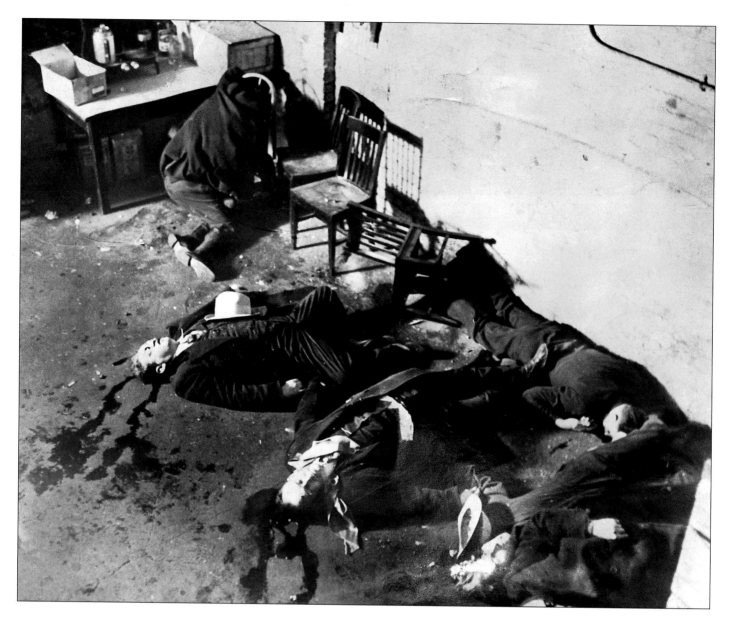

mente por esas mismas fechas se crearon laboratorios de armas de fuego en varios estados norteamericanos, así como en Canadá, Reino Unido, Francia, Alemania, Noruega y la Unión Soviética, entre otros países.

Mientras tanto la controversia respecto al caso de Sacco y Vanzetti (véase página 197) continuó varios años después de su ejecución. Más de 30 años después de la misma, en 1961, Frances Russel, un autor de Boston, consiguió que las pruebas balísticas fueran vueltas a examinar por Frank Jury, antiguo director del laboratorio de la policía del estado de Nueva Jersey, y Jack Weller del West Point Museum. Sus conclusiones fueron que la bala fatal fue disparada por el revólver de Sacco. En 1983 otro equipo de investigadores patrocinado por una cadena de televisión de Boston volvió a confirmar las conclusiones originales de Goddard.

El microscopio de comparación sigue siendo una herramienta vital para los expertos balísticos, si bien en la actualidad se utiliza iluminación mediante fibra de vídeo para mejorar la definición.

Hoy día muchos equipos cuentan con unidades de vídeo, que no sólo permiten una comparación directa, sino también almacenar imágenes digitales en el ordenador. Programas informáticos como el IBIS y el Drugfire del FBI permiten al investigador comparar los datos almacenados en su laboratorio con los de otros laboratorios.

Otra mejora técnica es el uso del microscopio electrónico, que proporciona ampliaciones mucho mayores que con un microscopio convencional. En 1997 los abogados del difunto James Earl Ray, declarado culpable del asesinato del Dr. Martin Luther King Jr., en abril de 1968, pidieron que se reexaminara el caso, basándose en que «nueva tecnología innovadora» –la iluminación por fibra óptica y los microscopios electrónicos– no estaba disponible durante los exámenes anteriores en 1968 y 1977. No obstante, quedó establecido que los microscopios electrónicos ya existían en 1972, mientras que la iluminación por fibra óptica fue utilizada por los expertos del comité Selecto del congreso para Asesinatos. La petición fue denegada.

ARRIBA LA CARNICERÍA DE 1928 EN CHICAGO, CONOCIDA COMO «LA MASACRE DEL DÍA DE SAN VALENTÍN», EN LA QUE MIEMBROS DE LA BANDA DE AL CAPONE SE DISFRAZARON DE OFICIALES DE POLICÍA Y MASACRARON A SU RIVAL, GEORGE «BUGS» MORAN, Y A OTROS SEIS GÁNGSTERES. LOS RUMORES DE QUE HABÍAN PARTICIPADO POLICÍAS DE VERDAD FUERON ACALLADOS POR LA INVESTIGACIÓN DEL CORONEL CALVIN GODDARD SOBRE LAS BALAS UTILIZADAS EN EL ATAQUE.

HUELLAS VOCALES

En ocasiones, los tribunales han admitido el testimonio de un testigo respecto a la voz de una persona, si bien la mayor parte de las ocasiones sólo se ha permitido como base para una orden judicial. El problema es que la identificación mediante el oído es subjetiva –quien escucha puede confundirse con facilidad– y las pruebas tienen que ser materiales, preferentemente, para convencer al jurado o el tribunal. Incluso una cinta de casete puede ser puesta en duda por la defensa. Por lo tanto, ha de ponerse mucho cuidado cuando un interrogatorio grabado se presenta como prueba para demostrar que no ha sido editado de ninguna forma.

Por esa razón, en 1967 los investigadores forenses recibieron con cautela una nueva técnica de identificación de voz, que fue el año en que el uso de las «huellas vocales» se consideró admisible por primera vez en la jurisdicción de Estados Unidos. Se había tardado cerca de 20 años en crear la máquina adecuada. Los experimentos comenzaron durante la Segunda Guerra Mundial, cuando a científicos e ingenieros de los laboratorios de la Bell Telephone, Nueva Jersey, se les preguntó si podían desarrollar un método para diferenciar a los diferentes locutores de las comunicaciones militares alemanas por radio.

Uno de esos investigadores fue Lawrence Kersta, que tras la guerra continuó con sus experimentos y en 1963, finalmente, consiguió un sistema para registrar electrónicamente el tono, volumen y resonancia de la voz humana, con lo que llamó un espectrograma. El sonido de cada voz depende de una serie de características personales –incluidas la articulación de los labios, la lengua, los dientes, encargados de producir los sonidos concretos del habla, así como de la resonancia de la cavidad vocal, la laringe y el tórax– y Kersta afirmó que era poco probable que dos personas fueran físicamente idénticas en ese aspecto.

Para probar sus afirmaciones, Kersta registró 50.000 voces individuales. Si bien muchas sonaban muy parecidas desde un punto de vista superficial, su aparato revelaba diferencias concretas y características. También utilizó a imitadores profesionales, demostrando con éxito que si bien sus imitaciones eran idénticas a las voces a las que estaban copiando, la huella vocal del imitador era notablemente distinta a la del imitado.

Las palabras más comunes en la lengua inglesa son: a, and, I, is, on, the, to, we, you. El aparato de Kersta registraba un corto chorro de voz de 2,5 segundos de duración que grababa en una cinta magnética de alta velocidad, que seguidamente era escaneada electrónicamente y registrada bien en una pantalla catódica o en una cinta de papel continuo. Se podían obtener dos tipos de huella vocal. Uno, que es el que generalmente se presenta como prueba, es un diagrama de barras: la escala horizontal es el tiempo de grabación y la vertical la frecuencia del sonido. El volumen queda representado por el grosor de las barras. El otro tipo de huella, más adecuado para guardar y comparar en un ordenador, presenta las características más complejas de la voz, lo que supone una imagen de la frecuencia y volumen únicos del habla de la persona en cuestión.

La primera vez que las huellas vocales fueron admitidas ante un tribunal fue en California. Durante los disturbios en el distrito de Watts, en Los Ángeles, en 1965, un joven fue entrevistado por un reportero de la CBS. Dándole la espalda a la cámara, presumió de haber comenzado varios fuegos. Algún tiempo después, la policía arrestó a Lee King como sospechoso de ser la persona entrevistada; se le pidió a Kersta que realizara una comparación entre su voz, grabada durante el interrogatorio, y la de la cinta de la televisión. En el juicio de King, Kersta afirmó que las voces eran idénticas y el joven fue condenado por pirómano.

King apeló basándose en que la muestra de su voz suponía declarar en contra de sí mismo, pero el Tribunal Supremo de Estados Unidos, tras deliberar, sentenció que en este caso no era aplicable.

Desde entonces, las huellas vocales han sido admitidas ocasionalmente en los tribunales norteamericanos, pero en Europa todavía se las considera con un marcado escepticismo.

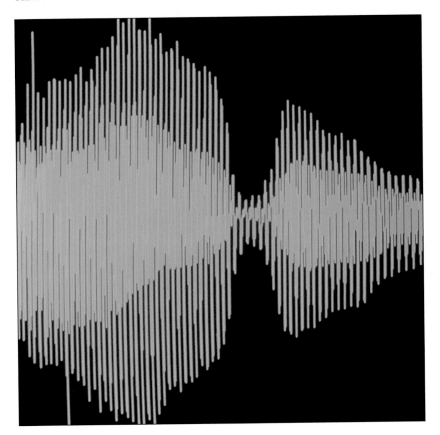

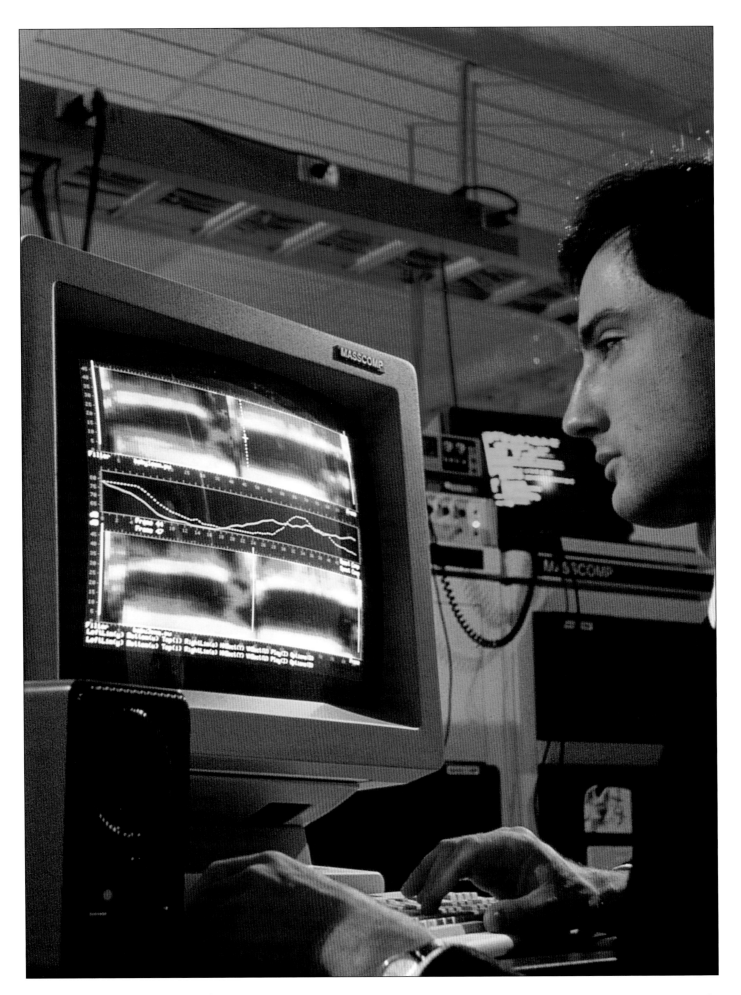

Las familias Jepson y Razak en momentos más felices.

PARTE 5

UNA IDENTIFICACIÓN POSITIVA

La policía científica Gregory tuvo que esperar varios días antes de que llegaran los informes preliminares del FBI, y fueron bastante desalentadores. Las huellas no coincidían con las de ningún criminal conocido, ni en los archivos estatales ni en las bases de datos nacionales, y nada apareció en el VICAP sobre el modus operandi.

—Bueno, al menos sabemos que no se trata de un asesino en serie –dijo el sheriff Verdian al conocer los resultados.

En cuanto al ADN, sólo coincidía con el de la víctima. La pista más interesante procedía de los fragmentos del vehículo, que fueron identificados como pertenecientes no a un coche, sino a una camioneta Chevy pintada de color burdeos.

Pocos días después, el agente Pedersen trajo las fotografías –de frente, de tres cuartos y de perfil– del rostro reconstruido en el ordenador a partir del cráneo de la víctima. Eran de una mujer joven y atractiva de ascendencia del sudeste asiático, con pelo largo y negro. El experto en

En el cráneo de la desconocida se encontraron unos cuantos cabellos, proporcionando ADN que pudo ser comparado con el de la muestra de sangre de Razak.

MURRIETA PO

ORAGE AREA
PROPERTY U

OFFICERS TO COMPLETE INFOR

LOCKER NO. 1 c

ADDITIONAL ITEMS LOCATED IN LOC
( ) BULK STORAGE AREA
DATE 10/21/01

WARNING!! POLICE SEAL
DO NOT REMOVE

MISSION MURRIETA
POLICE DEPARTMENT

EVIDENCE

Report Number 01-36492
Sealing Officer: Rodriguez
Date of Seizure or Purchase 10/21/01
Exhibit: Unidentified hair
Witnessing Officer: O'Mal
Pouch Size:
Opening Official:

reconstrucciones le había dado una tenue y tímida sonrisa.

—Pobre chica —suspiró Gregory—, esperemos que alguien la reconozca.

—Bueno, ya las han enviado a los periódicos y cadenas de televisión de la costa hasta Seattle —replicó Pedersen—, si las fotos se parecen a alguien, no tardaremos en saberlo.

A las pocas horas las llamadas comenzaron a llegar. Más de una cuarta parte de ellas identificaron las imágenes como pertenecientes a la Sra. Anna Jepson, esposa del difunto Carl Jepson e hija de el Sr. y la Sra. Ahmad Razak, de Longview (Washington). El propio Ahmad Razak llamó para decir con voz llorosa que las fotos se parecían a su hija, que llevaba desaparecida desde agosto del año anterior. Razak dijo que él y su esposa llevaban cuidando a su nieto de tres años desde entonces.

Al día siguiente, después de recibir más llamadas que identificaban la foto, dos agentes de la oficina del FBI en Seattle visitaron el hogar de los Razak, a las afueras de Longview. Las fotografías confirmaron que las imágenes se parecían mucho a las de su hija desaparecida y le dieron varias fotos del álbum familiar para que las compararan. Anna, les dijeron, había estado viviendo con ellos desde la muerte de su esposo a finales de 1999. El 14 de agosto del 2000 había salido de casa temprano para ir a ver una película en un cine cercano, dejándoles con su hijo, pero nunca regresó. La Sra. Razak accedió de inmediato a entregarles una muestra de sangre y otra de saliva para buscar el ADN mitocondrial, que el patólogo de la policía se encargó de llevar al laboratorio criminal de estado. A la mañana siguiente, el análisis de PCR había establecido una identificación provisional. Los archivos de la policía local confirmaron que Anna había sido dada por desaparecida por los Razak la mañana del 15 de agosto.

De vuelta en California, el equipo de investigación del condado había recuperado la moral ante las buenas noticias.

—A pesar de tener una identificación de la víctima —dijo Verdian— ¿estamos más cerca de encontrar a nuestro hombre?

Tamara Gregory negó con la cabeza:

—¿Qué sabemos? —dijo. Los federales han confirmado que los Razak no tiene un pastor alemán, de modo que lo más probable es que sea del asesino, pero es la única pista que tenemos hasta el momento. ¿Te imaginas cuántas personas tienen un perro como ése? Sólo en este condado deben de ser millares. A menos que los federales nos den alguna sugerencia estamos en un buen lío. Me voy a casa, voy a darme una larga ducha y voy a dejar de pensar en esto. Quizá mi subconsciente me recuerde algo que he pasado por alto.

A la mañana siguiente, Gregory entró en la oficina del sheriff Verdian descansada y más alegre.

—Hay una prueba a la que hasta el momento no le hemos prestado atención —dijo—, supongo que la muestra de la alfombra fue enviada a Washington D.C., me pregunto si tenemos algo por ahí. A ver, si los de la oficina de San Diego han terminado de desayunar —y cogió el teléfono.

Al otro extremo del hilo telefónico Pedersen sonaba igual de alegre:

—Acaban de llegar un par de faxes. Parece que tenemos algo con lo que trabajar. Sí, hay un montón de cosas sobre la alfombra que te encantará ver y también está el perfil psicológico preliminar de nuestro hombre. Parece que los chicos de la unidad del comportamiento se han interesado en el caso, como le pasó a tu experto en bichos de La Jolla; dejaron todo lo demás a un lado y estuvieron trabajando hasta tarde en ello. El fax fue enviado a la 1.30 a.m. hora de la costa, se han tenido que quemar las cejas. En cualquier caso, mejor te llevo los faxes, para que podamos trabajar en ellos juntos. Estaré allí en una hora.

Fue una hora muy larga y Tamara Gregory tuvo tiempo de beberse varias tazas más de café como es habitual en ella, antes de que el coche de Pedersen entrara en el aparcamiento. Gregory se encontró con él, que venía sonriendo, en la puerta.

—Puede que todavía estemos lejos, pero lo que traigo puede ser lo que le dé el empujón definitivo al caso —dijo Pedersen—, ¿qué prefieres oír primero las buenas o las malas noticias?

RAZAK, C. 10/28/01

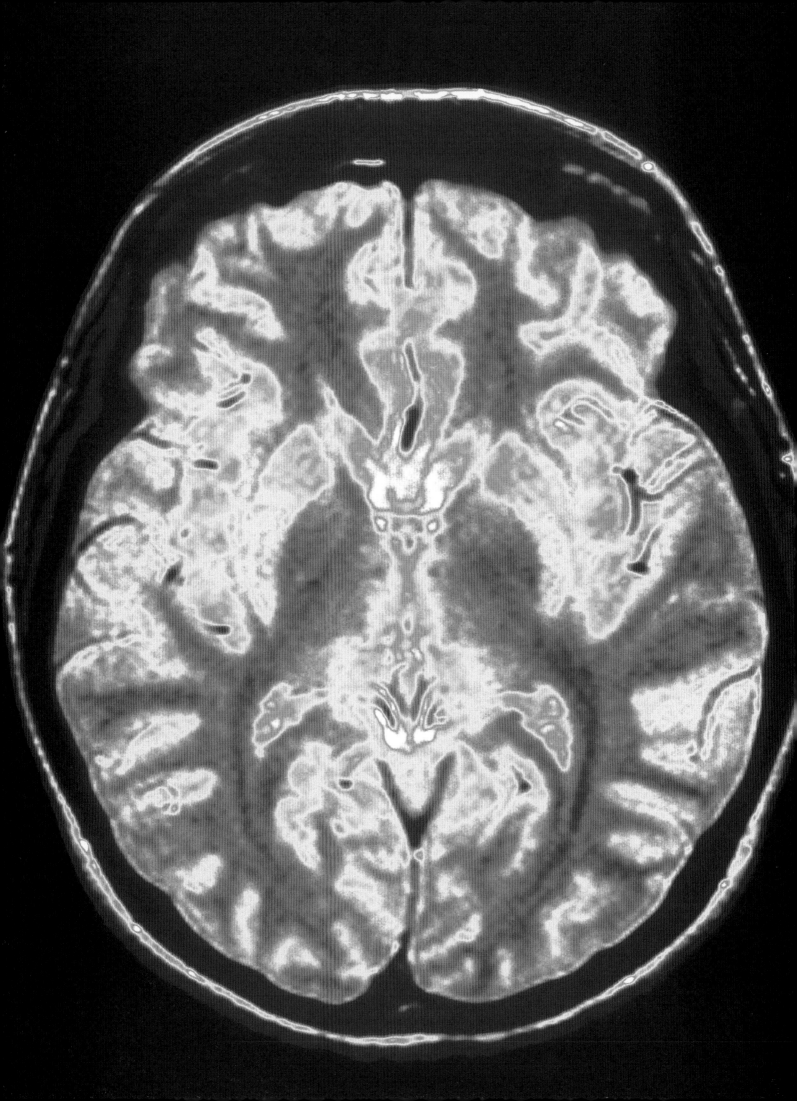

LA MENTE DEL CRIMINAL

Todos los métodos de investigación mencionados hasta el momento

dependen de un factor impredecible: la presencia de un sospecho. Es

cierto que las huellas

dactilares o las cámaras de

videovigilancia –en ocasiones incluso el

ADN o el grupo sanguíneo– pueden

llevar a identificar a un criminal fichado, pero

en la mayoría de los casos es necesario poder comparar los datos

tomados de la escena del crimen, como descripciones visuales, las pruebas

hematológicas o el material físico, con las características de la persona

detenida o sospechosa del crimen o los objetos hallados en su posesión. Si no

hay un sospechoso inmediato, el equipo investigador pueden recurrir a las

habilidades de diversos expertos para identificar al perpetrador anónimo.

> *«Oh, la mente, la mente tiene montañas; acantilados de caídas horrendas, verticales, no holladas por el hombre [...].»*
>
> GERARD MANLEY HOPKINS,
> *No worst, there is none.*

PÁGINA ANTERIOR UTILIZANDO LAS IMÁGENES DE RESONANCIA MAGNÉTICA, LOS CIENTÍFICOS CREEN QUE ESTÁN EN EL BUEN CAMINO PARA PODER IDENTIFICAR LAS ZONAS DEL CEREBRO QUE REVELAN EMOCIONES Y MOTIVACIONES CONCRETAS. RECIENTEMENTE, POR EJEMPLO, SE HA AFIRMADO QUE SE HA DETECTADO LA ZONA RELACIONADA CON LOS PREJUICIOS RACIALES.

Al no tener ningún sospechoso, las pistas son más difíciles de seguir. En algunos casos, los criminales pueden conseguir determinados materiales u objetos para la comisión del delito –municiones, detonadores, explosivos, acelerantes de combustión, venenos, bolsas de plástico o cuerdas para atar a la víctima– que pueden conducir hasta una fuente concreta, donde pueden proporcionar una descripción o incluso el nombre de la persona que lo compró. El más reciente avance en la identificación del agresor, sin embargo, es lo que se conoce como su «perfil». Basándose en las pruebas existentes, los expertos en este campo pueden proporcionar una descripción del probable criminal o de su comportamiento y localizar su centro de operaciones.

EL ENFOQUE ANALÍTICO

Sherlock Holmes es famoso por las predicciones que podía hacer sobre un criminal desconocido. Es un personaje de novela, pero su creador, sir Arthur Conan Doyle, se basó en una persona real: el Dr. Joseph Bell, cirujano asesor en la Edinburgh Royal Infirmary (Escocia), que fue profesor de Doyle cuando éste estudiaba medicina. Sobre el protagonista de su primera historia, Conan Doyle escribió: «Pensé en mi antiguo profesor Joe Bell, con su cara aguileña, su modo de hacer las cosas y su misteriosa habilidad para fijarse en los detalles. De haber sido un detective, habría reducido ese fascinante pero desorganizado negocio a algo cercano a una ciencia exacta».

El Dr. Bell se complacía en, sin consultar la ficha del paciente, deducir la ocupación y la historia previa de cualquiera que se presentara ante él. En una historia que le encantaba contar divertido y donde no salía muy bien parado, Bell decía que miró a un paciente en apariencia civil y con seguridad afirmó que había es-

tado en el ejército, en el regimiento de los Royal Scots, del cual había sido dado de baja no hacía mucho. También dijo que había servido durante bastante tiempo en el este y que probablemente formaba parte de la banda del regimiento, donde tocaba un gran instrumento de metal.

Bell les explicó entonces a sus atónitos estudiantes cómo había llegado a esas conclusiones. Al entrar en la consulta se había puesto en posición de descanso –como haría alguien recién salido del ejército, que todavía tardaría algún tiempo en olvidar esa costumbre– y la hebilla del cinturón era la de los Royal Scots. El profundo moreno de su cara y cuello le sugerían que había estado de servicio en un clima cálido y soleado y un tatuaje le inclinó a pensar en el este. No era lo bastante alto para la infantería regular de modo que lo más probable es que hubiera estado en la banda. «Además, si escuchan el modo en que respira observarán los signos de un enfisema, que bien puede deberse a tocar un gran instrumento de viento.»

Bell se giró entonces hacia el paciente, que le confirmó su carrera anterior. «¿Y podemos supo-

DERECHA EL DR. JOSEPH BELL, cirujano en la Edinburgh Royal Infirmary (Escocia), que fue profesor del joven Arthur Conan Doyle y se convirtió en el modelo para el ficticio Sherlock Holmes. Bell les podía decir a sus pacientes sus hábitos, sus ocupaciones, nacionalidad y a menudo sus nombres, con un margen de error muy pequeño. «En la enseñanza del tratamiento de enfermedades y accidentes —decía el dr. Bell— todos los maestros cuidadosos han de demostrarle primero al alumno cómo reconocer de forma exacta el caso. El reconocimiento depende, en gran medida, de la exacta y rápida apreciación de los pequeños puntos en los que la enfermedad difiere de la salud.»

ner que tocaba el bombardino o un instrumento similar?» «No señor, el bombo.»

Algunos años después de que las historias de Holmes comenzaran a aparecer en la revista *Strand* a finales del siglo XIX, el propio Dr. Bell confirmó sus métodos en una carta enviada a la revista:

> La fisiognomía te ayuda a descubrir la nacionalidad, el acento de un distrito y, para un oído formado, casi el condado. La mayoría de los trabajos manuales dejan su marca en las manos. Las cicatrices de un minero difieren de las de un cantero. Las callosidades de un carpintero no son las de un albañil. El zapatero y el sastre son bastante diferentes. El soldado y el marinero difieren en su modo de andar, aunque el mes pasado tuve que decirle a un hombre que decía era soldado que había sido marinero en su juventud. El tema es interminable: los tatuajes en la mano o el brazo contarán su propia historia de viajes; los adornos de la cadena del reloj de un colono nos indicarán dónde hizo su fortuna [...].

Evidentemente el Dr. Bell sólo realizaba sus deducciones a partir del sujeto que tenía delante, mientras que Doyle adaptó con ingenio los métodos de su profesor dándole a Holmes la capacidad para prever las características y comportamiento del criminal que él estaba buscando. El Dr. Edmon Locard, el criminólogo francés, era un gran admirador de las historias de Sherlock Holmes y se las recomendaba a sus colegas.

Durante la primera mitad del siglo XX, psicólogos y psiquiatras dedicaron su tiempo a estudiar la personalidad criminal, pero apenas aplicaron sus conocimientos a las cuestiones forenses. La primera entrevista psicológica cara a cara con un asesino convicto tuvo lugar en 1930 a cargo del psiquiatra alemán profesor Karl Berg. Interrogó detalladamente a Peter Kürten, el «Vampiro de Düsserldorf», en la cárcel antes de su ejecución.

EL LOCO DE LAS BOMBAS DE NUEVA YORK

El primer intento importante de aplicar el análisis psicológico para predecir el comportamiento futuro de un individuo tuvo lugar durante la Segunda Guerra Mundial. En 1943, la Office of Strategic Service (OSS, la predecesora de la CIA) le pidió al psi-

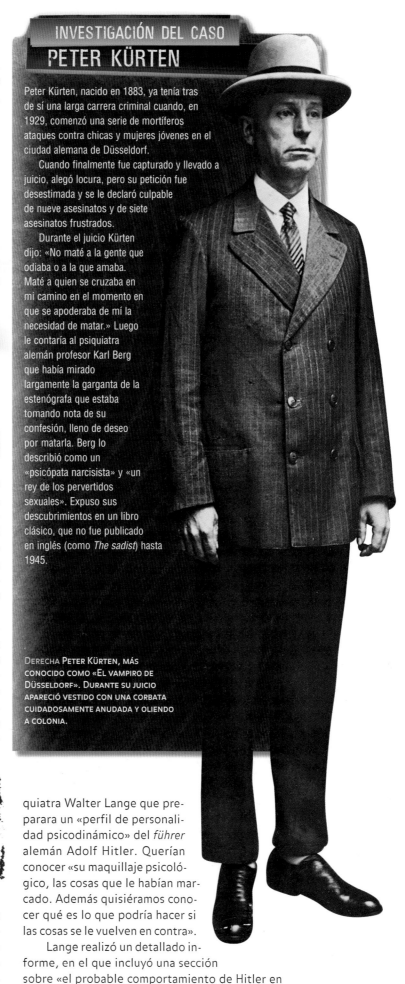

Peter Kürten, nacido en 1883, ya tenía tras de sí una larga carrera criminal cuando, en 1929, comenzó una serie de mortíferos ataques contra chicas y mujeres jóvenes en el ciudad alemana de Düsseldorf.

Cuando finalmente fue capturado y llevado a juicio, alegó locura, pero su petición fue desestimada y se le declaró culpable de nueve asesinatos y de siete asesinatos frustrados.

Durante el juicio Kürten dijo: «No maté a la gente que odiaba o a la que amaba. Maté a quien se cruzaba en mi camino en el momento en que se apoderaba de mí la necesidad de matar.» Luego le contaría al psiquiatra alemán profesor Karl Berg que había mirado largamente la garganta de la estenógrafa que estaba tomando nota de su confesión, lleno de deseo por matarla. Berg lo describió como un «psicópata narcisista» y «un rey de los pervertidos sexuales». Expuso sus descubrimientos en un libro clásico, que no fue publicado en inglés (como *The sadist*) hasta 1945.

DERECHA PETER KÜRTEN, MÁS CONOCIDO COMO «EL VAMPIRO DE DÜSSELDORF». DURANTE SU JUICIO APARECIÓ VESTIDO CON UNA CORBATA CUIDADOSAMENTE ANUDADA Y OLIENDO A COLONIA.

quiatra Walter Lange que preparara un «perfil de personalidad psicodinámico» del *führer* alemán Adolf Hitler. Querían conocer «su maquillaje psicológico, las cosas que le habían marcado. Además quisiéramos conocer qué es lo que podría hacer si las cosas se le vuelven en contra».

Lange realizó un detallado informe, en el que incluyó una sección sobre «el probable comportamiento de Hitler en

el futuro». Tras considerar todas los posibles destinos de Hitler tras quedar decidida la victoria aliada, Lange predijo que el führer se suicidaría cuando la derrota resultara inevitable. Como así sucedió.

Un caso que atrajo la atención de todos los policías de Estados Unidos y otras partes del mundo fue el primer éxito conocido en la identificación de un criminal desconocido. De hecho, el caso de «el loco de las bombas de Nueva York» ha adquirido una dimensión casi mítica en los anales de los perfiles psicológicos. El hombre responsable del mismo, el Dr. James Brussel, lo describió en su *Casebook of a Crime Psychiatrist (Los casos de un psiquiatra del crimen)*, 1968.

En noviembre de 1940, se encontró una bomba casera sin estallar en el alféizar de los locales de la empresa eléctrica Consolidate Edison. Junto a ella había una nota cuidadosamente escrita: «¡EDISON ESTAFADOR SINVERGÜENZA, ESTO ES PARA TI!». Diez meses después se encontró una bomba similar; pero cuando Estados Unidos entró en la Segunda Guerra Mundial, la policía de Nueva York recibió una carta matasellada en el cercano condado de Westchester:

«EN LA DURACIÓN DE LA GUERRA NO FABRICARÉ MÁS BOMBAS. MIS SENTIMIENTOS PATRIÓTICOS ME HAN HECHO TOMAR ESTA DECISIÓN. YA LLEVARÉ DESPUÉS AL ESTAFADOR SINVERGÜENZA EDISON ANTE LA JUSTICIA. PAGARÁN POR SUS RUINES ACTOS».

Tras varios años sin más incidentes, la policía de Nueva York comenzó a tener la esperanza de que el «loco de las bombas» hubiera cesado en su campaña o quizá incluso hubiera muerto. Entonces, el 25 de marzo de 1950, se descubrió otra bomba sin estallar en la estación Grand Central. Parecía posible que el «loco de las bombas» no tuviera intención de hacer detonar sus artefactos; sin embargo, la siguiente bomba, dejada en la Biblioteca Pública de Nueva York, sí que estalló, por fortuna sin causar ningún herido. Entre 1951 y 1954 hizo estallar otros 12 artefactos, pero nadie salió herido hasta que el último de ellos, que explotó escondido debajo de un asiento en un cine, hirió levemente a cuatro personas.

En 1955 se colocaron nueve bombas, de las cuales dos no pudieron estallar. No obstante, poseían un mayor poder destructor; estaba claro que la frustración del «loco de las bombas» estaba aumentando. Envió cartas a los periódicos e incluso realizó llamadas telefónicas; sin embargo, su voz era bastante anónima y no se la podía identificar. En una carta al *Herald Tribune* anunció que, hasta el momento, había colocado 54 bombas. Las primeras heridas de consideración se produjeron cuando una de ellas explotó

EL ESTRANGULADOR DE BOSTON

En su libro, el Dr. James Brussel describe cómo, en 1964 –ocho años después del caso de «el loco de las bombas de Nueva York»–, fue invitado a formar parte del equipo de psiquiatras que estaba intentando trazar un perfil del «estrangulador de Boston». Entre junio de 1962 y enero de 1964, 13 mujeres, la mayoría mayores y solteras, fueron asaltadas sexualmente, golpeadas o acuchilladas y sus cuerpos desnudos dejados expuestos como si se tratara de una foto pornográfica. Todas habían sido estranguladas, por lo general, con una prenda de sus ropas, y el asesino había dejado su «firma» en forma de un lazo cuidadosamente anudado bajo la barbilla de la víctima. La opinión mayoritaria del equipo era que se trataba de dos personas diferentes, las dos solteras: uno sería un profesor de colegio y el otro un hombre que vivía solo. Ambos, terminaba su informe, poseían un padre débil y distante. El Dr. Brussel fue el único que no estaba de acuerdo con estas conclusiones. Su reconstrucción hablaba de un hombre fuerte de 30 años, de altura media, afeitado y de pelo oscuro, probablemente, de ascendencia española o italiana.

En octubre de 1964, el estrangulador atacó de nuevo, pero esta vez –incomprensiblemente– dejó a su víctima viva. La descripción que dio ésta coincidía con la de un hombre que ya se encontraba en los archivos policiales, pero como ladrón más que como violador. El chapucillas local Albert DeSalvo, que claramente se parecía al perfil de Brussel, fue arrestado y acusado, pero no sólo de robo con fractura. Fue confinado en

una institución mental en Bridgewater (Masachusetts), donde supuestamente le confesó a un compañero de confinamiento que, de hecho, él era el estrangulador de Boston.

No obstante, la policía fue incapaz de reunir pruebas suficientes como para llevarlo ante un tribunal. En diciembre del 2001, el análisis del ADN encontrado en las manchas de semen de la ropa interior de una de las víctimas del estrangulador generó ciertas dudas sobre la identidad del asesino, pero lo innegable es que durante el período de confinamiento de DeSalvo no se produjeron más ataques. «No encontrar el ADN de alguien en la escena de un crimen no significa que no estuviera allí.»

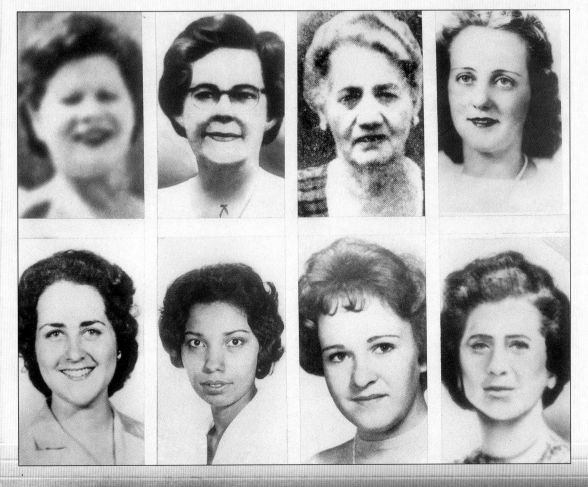

ARRIBA ALBERT DeSALVO, UN «CHAPUZAS», DE QUIEN EN 1964 SE SOSPECHÓ QUE ERA EL ESTRANGULADOR DE BOSTON. AUNQUE SE ACERCABA AL PERFIL PSICOLÓGICO CREADO POR EL DR. JAMES BRUSSEL NO FUE JUZGADO PERO SÍ CONFINADO A UNA INSTITUCIÓN MENTAL.

IZQUIERDA ALGUNAS DE LAS 13 VÍCTIMAS ATRIBUIDAS AL ESTRANGULADOR DE BOSTON, VIOLADAS Y ASESINADAS ENTRE JUNIO DE 1962 Y ENERO DE 1964. SI BIEN, AUNQUE LA MAYORÍA DE ELLAS ERAN DE MEDIANA EDAD O MAYORES, ALGUNAS ERAN VEINTEAÑERAS.

en el Paramount Theater, Brooklyn, el 2 de diciembre de 1956. La policía comenzó a temerse que la campaña del «loco de las bombas» estuviera incrementándose.

El editor del *Journal-American* publicó una carta abierta suplicando al «loco de las bombas» que se entregara, prometiéndole completa publicidad a sus agravios. La carta de respuesta dijo que en 1956 se habían colocado 12 bombas, algunas de las cuales nunca fueron descubiertas. Una segunda carta proporcionó las primeras pistas de su identidad. Afirmaba que había resultado herido mientras trabajaba para al Consolidated Edison, quedando impedido permanentemente y sin haber recibido compensación alguna. Pare-

cía improbable que la empresa hubiera conservado sus registros durante un período de 16 años, de modo que el inspector Howard E. Finney de la policía de la ciudad de Nueva York tomó la decisión –revolucionaria en ese momento– de pedir consejo al Dr. Brussel, que tenía varios años de experiencia en el campo de los criminales locos.

A partir del contenido y estilo de las cartas, Brussel dedujo en primer lugar que el autor no tenía padres norteamericanos y que era de una generación mayor.

Diagnosticó al perpetrador como un paranoico (alguien que sufre manía persecutoria) y, dado que creía que la paranoia se desarrollaba en personas de 30 años, calculó que la edad actual del «loco de

DERECHA GEORGE METESKY SONRÍE CÁLIDAMENTE TRAS SU ARRESTO EN WATERBURY, CONNECTICUT, EN 1957. CONFESÓ ENSEGUIDA QUE ÉL ERA EL «LOCO DE LAS BOMBAS DE NUEVA YORK», PERO SE LE DECLARÓ INCAPACITADO Y NO SE LE PUDO JUZGAR.

las bombas», muy probablemente un varón, era de unos 50 años. Brussel quedó especialmente sorprendido por la forma de la W mayúsculas, formadas con dos U. Pensó que tenían forma de pechos femeninos y sugirió que tenía fijación por su propia madre.

Gran parte del perfil psicológico Brussel lo dedujo del contenido de las carta y algunas conclusiones demostraron después ser incorrectas, pero también contaba con predicciones notablemente precisas. Informó a la policía de que el «loco de las bombas» era un hombre fuerte y sin barba; estaba soltero y, probablemente, vivía con un anciano familiar de sexo femenino; y vestía trajes cruzados abotonados.

Mientras el inspector Finney meditaba sobre el contenido del informe, el *Journal-American* recibió otra carta, limpiamente mecanografiada, que contenía la siguiente información esencial: «Resulté herido en la planta del estafador Edison el 5 de septiembre de 1931». Por una afortunada circunstancia, la búsqueda entre los archivos de la compañía encontró un informe que decía que George Metesky, hijo de un inmigrante polaco, nacido en 1904, había resultado herido en la explosión de una caldera en 1931. Había recibido la mísera cantidad de 180 dólares como compensación y en la actualidad tendría 52 o 53 años.

Metesky vivía en Waterbury, cerca de Bridgeport, Connecticut; el condado de Westchester, desde donde habían sido enviadas las cartas, se encuentra entre Bridgeport y la ciudad de Nueva York. Provistos con una orden de registro, los detectives fueron a casa de Metesky, que descubrieron compartía con dos hermanastras de avanzada edad. Pasada la medianoche un hombre fuerte, de mediana edad y sin barba abrió la puerta con una bata y el pijama. Los detectives le dijeron que se vistiera y cuando Metesky regresó vestía camisa y corbata bajo un traje cruzado cuidadosamente abo-

tonado. El registro de su garaje permitió encontrar un torno y parte de la tubería que utilizaba para fabricar las bombas. En el cuarto de Metesky apareció la máquina de escribir que utilizaba para las cartas. Gustosamente confesó ser el «loco de las bombas». Se consideró que no estaba en condiciones de ser juzgado y fue internado en un hospital para criminales locos, donde murió poco después de tuberculosis.

EL FBI SE ENCARGA DE LOS PERFILES PSICOLÓGICOS

Si bien el análisis demostró ser bastante exacto, fue la carta final de Metesky la que condujo a su identificación y pasaron más de 20 años hasta que el libro de Brussel condujo a una más amplia investigación sobre los perfiles psicológicos. En 1970, el agente del FBI Howard Teten comenzó a dar conferencias sobre psicología criminal en la academia nacional del FBI en Washington D. C.

No tardó en unírsele Pat Mullany, de la oficina del FBI en Nueva York, y, cuando la ampliada academia fue inaugurada en Quantico, Virginia, en 1972, los dos crearon la Unidad de Ciencias del Comportamiento (BSU). Teten también consultó con el Dr. Brussel: «Llegamos a la conclusión de que su sistema era capaz de proporcionar una información más detallada, pero que mi enfoque estaba menos sujeto a errores».

El nuevo –y diminuto– departamento comenzó a estudiar las semejanzas entre un crimen violento y otro, sobre todo el modus operandi (MO), o el modo característico en que se desarrolla el crimen, así como la «firma» del asesino y lo que ambas

INVESTIGACIÓN DEL CASO
PETER STOUT

El primer perfil psicológico de un asesino en Reino Unido se realizó en 1974. A primeras horas de la mañana del 22 de septiembre de ese año, una mujer joven fue apuñalada mientras iba de camino hacia la catedral de Rochester, en el sudeste de Reino Unido, donde colaboraba y cantaba en el coro. El asesinato se relacionó con dos ataques del año anterior, pero la policía poseía escasa pruebas. El profesor J. M. Cameron, que realizó la autopsia, consultó con su colega, el psiquiatra forense Dr. Patrick Tooley, que escribió un informe psiquiátrico. El Dr. Tooley informó de que el asaltante había sido un hombre, de entre 20 y 35 años, posiblemente con algunas detenciones anteriores. Lo más probable es que fuera un trabajador manual, en paro o que cambiaba con frecuencia de empleo; su padre faltaba y su madre era autoritaria, aunque lo

mimaba. El asesino era misógino aunque deseaba a las mujeres, por este motivo no podía acercarse a ellas de un modo normal. Caminaba solo y también podía ser un «mirón», pero raras veces recurría al exhibicionismo. Tras entrevistar a más de 600 hombres, la policía centró sus pesquisas en uno en concreto, llamado Peter Stout. Tenía 19 años, estaba soltero, tenía cuatro hermanos, su padre (un borracho) había muerto, pero se decía que todos querían a su madre. Con 14 años Stout fue condenado por tocamientos indecentes a una mujer.

Tras un prolongado interrogatorio, Stout escribió y firmó su confesión. Terminaba: «Todo lo que puedo decir es que el diablo se ha apoderado de mí y cuando piensa que tengo esos momentos raros, me azuza un poco más y esas cosas y me doy por vencido».

DERECHA EL ASESINO EN SERIE
HARVEY GLATMAN
ENCONTRABA A SUS VÍCTIMAS
PIDIÉNDOLES QUE POSARAN
COMO MODELOS «ERÓTICAS»
PARA ÉL. TRAS CONVENCERLAS
PARA QUE ACCEDIERAN A SER
ATADAS Y DESNUDADAS, LAS
VIOLABA Y ASESINABA. ÉSTA
ES UNA DE LAS FOTOS QUE
TOMÓ DE SHIRLEY ANNE
BRIDGEFORD, ANTES DE
DEJARLA MUERTA EN EL
DESIERTO DEL SUR DE
CALIFORNIA.

ABAJO DOS DE LOS HOMBRES
IMPLICADOS EN LA CREACIÓN
DEL PROGRAMA PARA LA
DETENCIÓN DE CRIMINALES
VIOLENTOS (VICAP), QUE FUE
DESARROLLADO A PARTIR DE LA
UNIDAD DE CIENCIAS DEL
COMPORTAMIENTO DEL FBI.
EL EX CAPITÁN DE POLICÍA
PIERCE BROOKS APARECE DE
PIE A LA IZQUIERDA, MIENTRAS
QUE ROBERT RESSLER ESTÁ
SENTADO ANTE SU MESA.

pueden decir sobre el comportamiento y el modo de pensar del criminal. No tardaron en encontrar una oportunidad de poner en práctica sus teorías, en el caso del secuestro de una chica joven de Montana (véase la página siguiente).

Lejos de Quantico, en Los Ángeles, el teniente de homicidios Pierce Brooks había estado realizando su propia investigación desde hacía algún tiempo. Mientras se buscaba al asesino, o asesinos, de tres modelos en 1957 y 1958 (posteriormente, el asesino sería identificado como Harvey Glatman, un fotógrafo aficionado), Brooks se pasó muchas horas buscando en los periódicos y archivos de policía asesinatos que tuvieran el mismo MO. Llegó de forma independiente a la conclusión de que el estudio del comportamiento criminal podía ser la clave para la identificación de un sospechoso y, cuando Harvey fue detenido, Brooks le entrevistó con detalle y pudo escribir uno de los primeros documentos completos sobre el modo de pensar de un asesino en serie desde el estudio pionero de Karl Berg sobre Peter Kürten. En 1982, Brooks, retirado de la policía de Los Ánge-

En junio de 1973, Susan Jaeger, de siete años de edad, de Michigan, desapareció de la tienda en la que estaba acampando con sus padres cerca de Bozeman, Montana. El perfil que prepararon del agresor los agentes del FBI de Quantico, Howard Teten y Paul Mullany, era el de un varón joven blanco del vecindario, que había llegado a la tienda sin premeditación mientras daba un paseo nocturno. Y –a pesar de las desesperadas esperanzas de la familia– consideraron que Susan ya estaba muerta.

Peter Dunbar, el agente local del FBI, ya tenía un sospechoso en mente: un veterano de Vietnam de 23 años llamado David Meierhofer, pero contra el cual no había ninguna prueba física.

En enero de 1974 volvió a desaparecer en la zona de Bozean una mujer joven, y de nuevo Meierhofer volvió a ser sospechoso. Se ofreció voluntario para pasar la prueba del polígrafo (detector de mentiras) y la pasó. No obstante, el equipo de Quantico pensó que los psicópatas son capaces a menudo de disociar la parte fuera de control de sus personalidades justo en esas condiciones. Sugirieron que el asesino era del tipo que después telefoneaba a los familiares de sus víctimas, si ello era posible, para experimentar de nuevo la emoción del crimen, por lo que Dunbar avisó a los Jaeger de que tuvieran un casete cerca del teléfono.

El aniversario del secuestro de Susan Jaeger, un hombre telefoneó. Dijo que Susan estaba todavía viva. Sonaba muy «petulante y provocador» dijo la Sra. Jaeger, que grabó la conversación. Si bien un análisis de voz realizado por el FBI llegó a la conclusión de que la voz era la de Meierhofer, la prueba fue considerada insuficiente en Montana. Mullany consiguió que Jaeger tuviera un careo con Meierhofer en la oficina del abogado de éste, donde el sospechoso se mantuvo controlado. No obstante, poco después de que la Sra. Jaeger hubiera regresado a su casa de Michigan, recibió una llamada a cobro revertido de un tal «Sr. Travis de Salt Lake City». Antes de que el hombre hubiera dicho demasiadas palabras, la Sra. Jaeger le dijo: «Caramba, hola David».

Con esta prueba, Dunbard consiguió una orden de registro para la casa de Meierhofer. En ella se encontraron restos de la chica y la mujer, y Meierhofer confesó el crimen sin resolver de un chico de la localidad. Fue arrestado y encarcelado, pero fue encontrado ahorcado en su celda al día siguiente.

les con el grado de comandante tras 35 años de servicio, se había establecido como consultor y fue una de las personas claves a la hora de crear el Programa para la Detención de Criminales Violentos (VICAP) (véase la página 219).

Poco a poco, para poder ocuparse de la abrumadora tarea doble que tenían los agentes, de enseñar al mismo tiempo que trazaban los perfiles de los casos, la BSU del FBI fue siendo ampliada. Entre los nuevos instructores se encontraba Robert Ressler, a quien posteriormente se unió como su asistente John Douglas y luego Ron Hazelwood. Las atribuciones del FBI no incluyen el asesinato, violación, abuso de menores o circunstancias similares de comportamiento violento, porque no se trata de violaciones de las leyes federales; de ellas que tiene que ocuparse la ciudad, el condado o el estado en el que ocurrieron. No obstante, Ressler decidió tratar en sus clases casos en los que los hechos eran del dominio público, como por ejemplo en periódicos y libros, como el caso de Harvey Glatman.

«Finalmente –escribió en una carta– alcancé el punto en el que deseaba enormemente hablar con las personas sobre las cuales enseñaba, los propios asesinos.» Sin embargo, comprendió que era peligroso, no tanto físicamente como psicológicamente. Era imprescindible mantener la imparcialidad y evitar la trampa de identificarse –incluso simpatizar– con el proceso de pensamiento del criminal. Encontró una nota de advertencia del filosofo alemán Friedrich Nietzsche en su libro *Más allá del bien y del mal* (1886): «Quienquiera que luche contra monstruos tiene que intentar no convertirse en un monstruo él mismo durante el proceso. Cuando miras al abismo, el

Izquierda EL afable Dennis Nilsen, que en 1983 confesó haber matado y descuartizado a 15 hombres jóvenes en Londres y guardar los cuerpos de sus víctimas en su apartamento durante varios días. Uno de los comentaristas dijo: «A la mayoría le gusta que alguien venga de visita a casa, igual que a Dennis, pero a él le gusta que estén muertos».

abismo te mira a ti». De ella tomó el título de su primer libro *Whoever Fights Monsters (Quienquiera que luche contra monstruos),* 1992.

De forma independiente (de hecho, con posterioridad tuvo que enfrentarse a un expediente disciplinario por su iniciativa), Ressler, a menudo acompañado por John Douglas, comenzó a visitar cárceles y a entrevistar a una serie de asesinos convictos. En el BSU crearon un amplio archivo con esas conversaciones y lo que éstas revelaban de las motivaciones de los criminales. Exonerado por esas actividades oficiosas, Ressler recibió el permiso del FBI para crear el Proyecto de Investigación de la Personalidad Criminal y junto a sus colegas comenzó la tarea de convencer a los departamentos de policía de que los perfiles psicológicos de los criminales desconocidos eran una parte valiosa de la investigación de un crimen. No tardaron en tener un éxito, con un caso que había desconcertado a la policía de la ciudad de Nueva York (véase el encarte de la página siguiente).

EL SISTEMA DE CLASIFICACIÓN DEL FBI

Tras haber conseguido condenar a Carmine Calabro (véase la página siguiente), todos los departamentos de policía de Estados Unidos comenzaron a enviar al FBI detalles de sus casos inusuales. La BSU comenzó a contar con datos de una gran cantidad de casos de comportamiento violento repetitivo, por lo que se hizo evidente la necesidad de algún sistema de clasificación, pero en el que no se utilizaran los confusos términos psiquiátricos. Al mismo tiempo, la única publicación relevante sobre la cuestión era la *Diagnostic and Statistical Manual of Mental Disorders* (DSM), de modo que el FBI decidió comenzar con su propio Manual de Clasificación

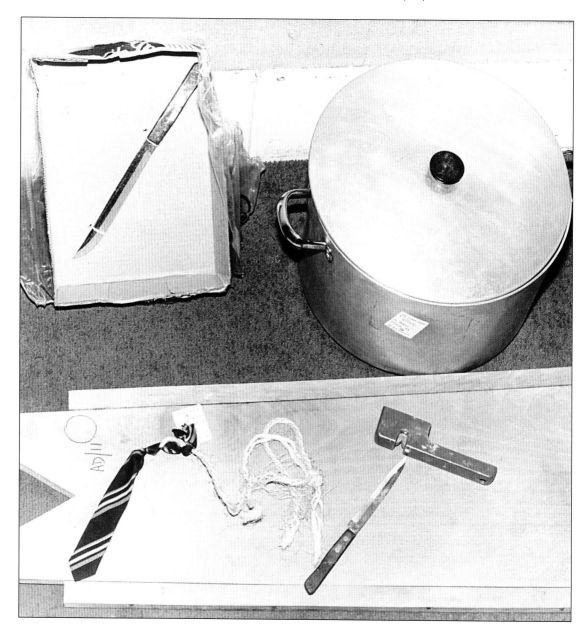

Derecha Parte del equipo utilizado por Dennis Nielsen para descuartizar a sus víctimas en su casa del norte de Londres. Se ven la cacerola donde Nielsen coció varias de las cabezas, la corbata con la que estranguló a varias de sus víctimas y –quizá lo más espeluznante de todo– la tabla de madera donde las despedazaba.

Criminal (CCM), el cual sería finalmente publicado en 1992. John Douglas escribió: «Con el CCM intentamos organizar y clasificar los crímenes importantes según sus características de comportamiento y explicarlos de un modo que un enfoque exclusivamente psiquiátrico nunca hubiera sido capaz. Por ejemplo, en el DSM no encontrarás un caso de asesinato como el de O. J. Simpson, pero sí en el CCM».

El primer paso en la clasificación del FBI fue dividir a los criminales, tanto asesinos en serie como violadores violentos, en personalidades «organizadas» y «desorganizadas». Los criminales organizados preparan sus crímenes y la planificación es parte de sus fantasías. Lo más probable es que la víctima sea un extraño, de un tipo concreto, y parte de la planificación consiste en encontrar el modo de acercarse a la víctima y ganarse su confianza. El criminal desorganizado, por otra parte, no elige a sus víctima de un modo lógico; no posee ningún interés en su identidad o características. Además, al contrario que el criminal organizado, probablemente posea una inteligencia inferior a la media.

Los creadores de perfiles –y los psiquiatras– han descubierto que el motivo subyacente detrás de un asesino, generalmente, es sexual. De su primer crimen, el asesino obtiene una perversa satisfacción sexual; durante algún tiempo después de cometerlo se recrea mentalmente en la excitación que le provocó. A su debido tiempo, sin embargo, siente la necesidad de matar de nuevo. Con cada asesinato, la excitación desaparece antes y el intervalo entre crímenes disminuye. Esto mismo es cierto para los violadores y quienes realizan violentos ataques sexuales.

El criminal organizado aprende con cada crimen, refinando su técnica mientras continúa. Los agentes del FBI aconsejan a la policía que, si una

INVESTIGACIÓN DEL CASO
CARMINE CALABRO

Una tarde de octubre de 1979 se encontró el cuerpo desnudo de Francine Elverson en el tejado de un edificio de apartamentos del Bronx, donde vivía con sus padres. En un primer momento la dejaron inconsciente en la escalera tras recibir un golpe, después la llevaron al tejado, donde fue estrangulada y brutalmente mutilada. Tras interrogar a 200 personas y reunir una lista de 22 sospechosos, la policía declaró que la investigación estaba estancada, por lo que todas las fotografías y los archivos relevantes fueron enviados a Quantico. Un grupo de cuatro expertos en comportamiento examinó las pruebas. Sus conclusiones fueron que se trataba de un «crimen de oportunidad», sin planear. Describieron al asesino como un hombre blanco de entre 25 y 35 años, que vivía en el edificio –o cerca de él– con un familiar y que conocía a la víctima de vista. Vestía de forma desaliñada, si bien no era un alcohólico ni un drogadicto, y, o bien trabajaba de noche, o estaba desempleado. Está mentalmente enfermo, probablemente había salido de una institución mental el año anterior y todavía estaba tomando medicación. Como colofón añadieron que probablemente no hubiera terminado el colegio y sacara sus ideas sobre las mujeres de una amplia colección de pornografía.

El perfil del FBI convenció a la policía de que lo mejor era abandonar a los principales sospechosos y concentrarse en Carmine Calabro, de 31 años. Era un tramoyista parado (un trabajador nocturno, por lo tanto), que vivía en un apartamento que compartía con su padre. Sin embargo, su padre afirmaba que en el momento del asesinato su hijo estaba en una institución mental segura. Al estudiar con más detalle la coartada de Calabro, la policía descubrió que, si bien había estado en la institución mental durante más de un año, le era posible salir y regresar a la misma sin que su ausencia se notara. Además, la habitación de su casa estaba repleta de literatura pornográfica; finalmente, las marcas de mordiscos en el cuerpo de la víctima coincidían sin lugar a dudas con las de sus dientes. Después de que Calabro fuera condenado, el teniente Joseph D'Amico, del departamento de policía de Nueva York, comentó: «Lo hicieron tan bien que le pregunté al FBI por qué no nos habían dado también su número de teléfono».

IZQUIERDA MUCHOS CRIMINALES «ORGANIZADOS» Y VIOLADORES VIOLENTOS TIENEN CONSIGO UN CARACTERÍSTICO «EQUIPO DE VIOLACIONES» PARA DOMINAR A SUS VÍCTIMAS. ESTAS ORIGINALES ESPOSAS, QUE ES POSIBLE COMPRAR SIN PROBLEMAS, FUERON ENCONTRADAS POR EL FBI EN POSESIÓN DE UN SOSPECHOSO DE VIOLACIÓN. HABÍAN SIDO MODIFICADAS AÑADIÉNDOLES UNA CADENA EXTRAFUERTE.

DERECHA JEFFREY DAHMER, EL CONOCIDO «CANÍBAL DE MILWAUKEE». MATÓ A SU PRIMERA VÍCTIMA EN 1978 Y SÓLO FUE DETENIDO, POR ACCIDENTE, EN 1991, CUANDO SU ÚLTIMA VÍCTIMA CONSIGUIÓ LLEGAR A LA CALLE Y ALERTAR A DOS POLICÍAS EN UN COCHE PATRULLA. TRAS SU ARRESTO CONFESÓ HABER MATADO A 17 CHICOS Y HOMBRES. HABÍA CONSERVADO COMO TROFEOS MUCHOS CRÁNEOS Y CABEZAS CORTADAS Y AFIRMABA QUE HABÍA COMIDO LA CARNE DE UNA VÍCTIMA SAZONADA CON «SAL, PIMIENTA Y SALSA A-1.»

serie de asesinatos revelan un MO similar, deben prestar una atención especial al primero de ellos, pues seguramente es el que tuvo lugar más cerca de donde el criminal vive o trabaja; los crímenes posteriores son cometidos cada vez más lejos, según amplía su radio de acción en busca de víctimas.

Otra prueba de planificación consiste, a menudo, en el «equipo de violación» que el asesino lleva consigo, por lo general en el maletero de su coche: cuerda, esposas u otros materiales para inmovilizar a sus víctimas. También lleva consigo su arma (mientras que el asesino desorganizado utiliza un «arma de oportunidad»), que luego se lleva de vuelta. Es probable que limpie las huellas dactilares y quizá incluso la sangre del lugar del asesinato.

Además, también puede llevarse el cuerpo y esconderlo a cierta distancia, mientras que el criminal desorganizado suele dejar a sus víctimas a plena vista. Los criminales organizados también pueden intentar retrasar la identificación de la víctima, a menudo, quitándoles la ropa y todas sus pertenencias personales.

Un aspecto importante de los asesinos en serie, organizados o no, es que a ambos les gusta conservar «trofeos», con los que pueden refocilarse después para renovar sus fantasías. No obstante, mientras el asesino en serie organizado se llevará la cartera, las joyas o prendas de ropa de la víctima, el asesino en serie desorganizado es más probable que corte al azar una parte del cuerpo o quizás un mechón de pelo.

Otro punto que ha de ser considerado al analizar el crimen es «montar» el escenario: realizar cambios en la escena del crimen para intentar despistar a los investigadores.

Después de pasarse más de 15 años realizando perfiles psicológicos, Robert Ressler se retiró del FBI y se instaló como consultor independiente. La experiencia de Ressler demostró ser de inestimable valor en un caso de fraude al seguro (véase abajo), que describe en su libro *Quienquiera que luche contra monstruos*.

INVESTIGACIÓN DEL CASO

INTENTO DE FRAUDE AL SEGURO

En 1991, el agente del FBI retirado Robert Ressler actuó como consultor de una compañía de seguros referente a una reclamación de 270.000 dólares por daños en una casa, supuestamente obra de unos vándalos quinceañeros. Al examinar las fotografías de la casa, Russler se dio cuenta de que el daño se distribuía por casi todas las habitaciones de la casa. Paredes, muebles, cuadros, ropas, jarrones, grabados y otros objetos habían sido rotos o borrados. También se veían grafitos pintados con *spray*, la mayor parte obscenidades de una sola palabra. No obstante, el patrón general de destrucción parecía selectivo. Los cuadros que no parecían especialmente valiosos estaban seriamente dañados, pero sus marcos adornados estaba intactos y un gran óleo de una niña quedó intacto. Jarrones y estatuillas yacían por el suelo intactos; las cortinas habían sido arrancadas y estaban sobre el suelo. En cuanto a los grafitos, Dressler opinaba que no eran típicos de los vándalos quinceañeros. Su conclusión fue que el daño lo

había realizado una mujer blanca en solitario, de entre 40 y 50 años de edad. Se traba de la madre de una hija única que había sufrido varios divorcios, que había experimentado un estrés severo días antes del acontecimiento y que había dejado reflejadas en los grafitos sus fantasías de hostilidad masculina. Sugirió que la rabia de la mujer se dirigía contra un familiar cercano, que buscaba atención y que la destrucción fue llevada a cabo con la esperanza de conseguir el pago de los daños para realizar mejoras en la casa que no podría permitirse de otro modo. Un psicólogo contratado por la compañía de seguros confirmó que la descripción coincidía bastante con la de la solicitante. Como escribió Dressler: «Blanca y en los 40, había roto con su novio, tenía problemas de dinero, una hija que vivía con un ex marido [....]. Comparado con el perfil de los criminales desconocidos, despiadados y antisociales que había luchado por realizar de forma precisa durante los pasados 17 años en el FBI, este caso fue un juego de niños».

LA CREACIÓN DEL VICAP

Entre las décadas de 1950 y 1960 en Estados Unidos se cometieron cada año una media de 10.000 asesinatos. La mayor parte eran atribuibles a una persona cercana a la víctima –esposo, familiar, vecino o compañero de trabajo– y se resolvían antes de 12 meses. No obstante, a lo largo de la década de 1970 el número de «asesinatos extraños» fue incrementándose con rapidez y sólo en 1980 fueron asesinadas 23.000 personas, quedando sin resolver entonces muchos de los casos. El recién elegido presidente, Ronald Reagan, prometió mayor poder a las agencias policiales y se creó el Grupo de Trabajo de Crímenes Violentos.

En octubre de 1983, el FBI anunció que se calculaba que el año anterior unas 5.000 personas habían sido asesinadas por «extraños». Roger Depue, nombrado director de la BSU, dijo que calculaba que había un total de 35 asesinos en serie en todo Estados Unidos. El problema radicaba en cómo detectarlos; sus crímenes podían extenderse por una zona muy amplia y no había modo de conocer sus actividades.

En parte, como resultado de la presión ejercida por Pierce Brooks, se creó un equipo federal con

ARRIBA POLICÍAS TEJANOS INVESTIGAN UN LUGAR CERCANO A STONEBURG, DONDE CREÍAN QUE HENRY LEE LUCAS HABÍA ENTERRADO EL CUERPO DE LA SRA. KATE RICH, DE 80 AÑOS. POSTERIORMENTE LUCAS LES CONDUJO A UNA ESTUFA CERCANA A SU CASA, DONDE SE DESCUBRIERON SUS HUESOS QUEMADOS.

IZQUIERDA HENRY LEE LUCAS SIENDO CONDUCIDO POR RANGERS DE TEJAS. AL PRINCIPIO CONFESÓ MÁS DE 100 HOMICIDIOS, DISEMINADOS POR TODA LA GEOGRAFÍA DE ESTADOS UNIDOS, PERO MÁS TARDE ADMITIÓ «QUIZÁ CINCO». LA FALSEDAD DE SU CONFESIÓN QUEDÓ ESTABLECIDA POR UNA INVESTIGACIÓN LLEVADA A CABO, TRAS SU CONDENA, POR DOS PERIODISTAS.

unos fondos limitados para considerar la creación de un programa para la Detención de Criminales Violentos (VICAP). Durante una de sus sesiones, en la Universidad Estatal Sam Houston de Tejas, uno de sus miembros que había llegado tarde irrumpió en la sala y anunció que un hombre llamado Henry Lee Lucas acababa de confesar más de 100 asesinatos, cometidos en casi cada uno de los estados de la unión. ¿No era la existencia de este caso bastante como para crear el VICAP?

Lucas fue juzgado y condenado a muerte, pero investigaciones posteriores (gran parte de las cuales fueron realizadas por dos periodistas del *Dallas Times Herald*) revelaron que la mayor parte de su confesión era falsa. Al ser interrogado posteriormente por Robert Ressler, Lucas admitió que había mentido «para divertirse» y para señalar la «estupidez» de la policía. Ressler escribió: « si hubieras tenido en marcha y funcionando el VICAP en la época en la que Lucas hizo su sorprendente confesión, hubiera sido sencillo ver qué es lo que había de verdadero y de inventado en ella.»

En julio de 1983, aproximadamente al mismo tiempo en que Lucas «confesaba», Pierce Brooks y

Roger Depue testificaron delante de un subcomité del Senado que estaba estudiando la propuesta del VICAP. Se sugirió que el programa fuera dirigido por la BSU en Quantico y pocos meses después el presidente Regan aprobó su creación como parte del Centro Nacional para el Análisis de los Crímenes Violentos (NCAVC).

Hasta entonces, los expertos del FBI se habían basado sobre todo en fotografías del escenario del crimen a la hora de evaluarlo. Ahora crearon el impreso Informe de Crimen Violento VICAP –el cual constaba de 189 preguntas vitales que habían de ser respondidas– que se distribuyó a las 59 divisiones de campo del FBI. Por primera vez el FBI pudo sacarle el máximo provecho a los recientes avances en informática y, en mayo de 1985, Pierce Brooks estaba en Quantico para ver satisfecha su ambición mientras se introducían los datos de los primeros informes VICAP.

Desde ese momento, las ventajas que supone un ordenador se han vuelto más evidentes. Grandes bases de datos pueden ser revisadas en menos de un minuto y a los pocos segundos aparece en pantalla información comparativa. El programa «Big

LOS PERFILES PSICOLÓGICOS EN REINO UNIDO

En Reino Unido, los primeros éxitos de los perfiles psicológicos se basaban, sobre todo, en el enfoque intuitivo y llegaron diez años después de los primeros usos de sus propios métodos por parte del FBI. Uno de los mejores «perfiladores» británicos es el Dr. Paul Britton, un psicólogo clínico de Leicestershire, cuyo primer libro, *The Jigsaw Man (El hombre rompecabezas)*, fue publicado en 1997.

Los primeros contactos de Britton con la investigación criminal se produjeron en 1984, cuando la policía le pidió que diera su opinión profesional respecto al asesinato sin resolver de una mujer que había sucedido el año anterior. Sus manos y pies habían sido atadas con bramante y fue apuñalada siete veces. Ya habían sido interrogadas más de 15.000 personas y ocho hom-

IZQUIERDA EL MATRIMONIO PSICÓPATA FORMADO POR FRED Y ROSEMARY WEST, QUE MATÓ AL MENOS A DIEZ CHICAS —INCLUIDA LA HIJA MAYOR DE FRED— EN SU CASA DE GLOUCESTER (REINO UNIDO). ALGUNOS DE LOS CUERPOS FUERON ENTERRADOS EN EL SÓTANO DE LA CASA Y OTROS EN EL JARDÍN. EL PSICÓLOGO CLÍNICO DR. PAUL BRITTON (ABAJO) DIJO A LA POLICÍA: «UTILIZARON EL JARDÍN PORQUE LA CASA YA ESTABA LLENA».

ABAJO EL PSICÓLOGO CLÍNICO DR. PAUL BRITTON. LOS ÉXITOS DE SUS PERFILES PSICOLÓGICOS HAN HECHO QUE LE PIDAN AYUDA MUCHAS FUERZAS DE SEGURIDAD, PERO SU INFORME EN EL CASO DEL ASESINATO DE RACHEL NICKELL (VÉASE LA PÁGINA 223) SUPUSO QUE TUVIERA QUE ENFRENTARSE A UN COMITÉ DISCIPLINARIO DE LA SOCIEDAD PSICOLÓGICA BRITÁNICA.

Floyd» del FBI contiene actualmente muchos miles de registros; en Reino Unido, un sistema informático llamado –deliberadamente– HOLMES (Home Office Large Major Inquiry System) mantiene, por primera vez, comunicaciones abiertas entre las 43 autoridades policiales diferentes de Reino Unido y Gales, además de las de Escocia e Irlanda del Norte.

A pesar de los grandes avances que se han producido en la informatización de los datos del VICAP y similares, hay que subrayar que el éxito del perfil psicológico depende sobre todo de la experiencia del encargado de realizarlo. El FBI puede establecer vínculos entre crímenes cometidos en Estados Unidos y en el extranjero, pero para realizar un informe de comportamiento, el experto realizará de forma inevitable una serie de decisiones intuitivas, basadas en su conocimientos de casos antiguos resueltos.

En Canadá, la policía montada (RCMP) creó en 1990 un sistema similar al VICAP, el Sistema de Análisis de Relaciones entre Crímenes (ViCLAS). El Dr. David Cavanough de la Universidad de Harvard, que fue uno de los consultores del sistema del FBI, comentó que «los canadienses han hecho a la relación automática de casos lo que los japoneses hicieron a la producción en serie de coches. Cogieron una buena idea y la convirtieron en la mejor del mundo.»

bres arrestados como sospechosos antes de ser liberados.

Tras estudiar fotografías de la escena del crimen, Britton dijo que la naturaleza aleatoria de las puñaladas indicaba que se trataba de un hombre joven, cuya edad iba de los 15 a los 25. Era solitario e inmaduro, sin las necesarias habilidades sociales para conservar una novia; probablemente viviera con sus padres cerca de la escena del crimen y conocía de vista a la víctima. «Sus violentas fantasías sexuales las alimenta con revistas pornográficas –escribió Britton–. Cuando lo encuentren espero que hallen amplias pruebas de esto y un fuerte interés por los cuchillos.»

Catorce meses después del primer asesinato, otra mujer fue muerta en el vecindario; aunque esta vez la mujer no fue atada, la naturaleza aleatoria de las cuchilladas era similar y Britton coincidió con la policía en que el crimen había sido cometido por el mismo hombre. No obstante dijo que el ataque no había sido premeditado y que era muy improbable que el agresor conociera a la víctima. Sugirió que algo de ella le había atraído en el momento

en que estaba sexualmente más excitado. Las sospechas recayeron en Paul Bostock, un manipulador de productos cárnicos. Un registro de su habitación en la casa donde vivía con sus padres reveló una colección de cuchillos, armas de artes marciales y literatura pornográfica, así como burdos bosquejos de mujeres siendo torturadas. Cuando finalmente confesó, se le preguntó cómo había elegido a su segunda víctima y Bostock respondió: «Porque llevaba zapatos rojos».

Después de este éxito, Britton fue consultado cada vez más a menudo en casos de violación y asesinato. Sin embargo, su consejo en 1992, si bien había sido aprobado por los abogados del Servicio Fiscal de la Corona, terminó con el abandono de un juicio, tras lo cual Britton fue llamado a comparecer ante un comité disciplinario de la Sociedad Psicológica Británica.

Igual de conocido en Reino Unido es otro psicólogo, el profesor David Canter, al que la policía comenzó a consultar a comienzos de 1986. En su libro *Criminal Shadows (Sombras criminales)*, 1994, escribió: «En esa época yo jamás había escuchado hablar de los perfiles psicológicos, pero la idea misma de leer la vida de un criminal a partir de los detalles del modo en que comete sus crímenes era tremendamente atractiva».

En su primer caso (véase la página 224), Canter descubrió, casi por accidente, que los mapas pueden proporcionar un indicio de la zona donde se encuentra la casa del criminal.

Su importante contribución al caso del «violador del ferrocaril» le proporcionó una considerable publicidad y se vio implicado en varios casos posteriores. Al darse cuenta de que los casos que le enviaba la policía eran atípicos (eran los que la policía no era capaz de resolver y muchos de sus detalles significativos no se conocían hasta que los criminales eran detenidos), Canter y sus colegas le prestaron atención a los casos ya resueltos: lo primero de todo violaciones, luego asesinatos, abusos sexuales, fraude y extorsión.

Al realizar un estudio de comportamiento de los casos de violación, crearon un programa que trazaba tipos concretos de comportamiento como si fueran un «mapa», donde cuanto más se parecían dos crímenes, más cercanos estaban del comportamiento del criminal. Como escribió Canter en *Criminal Shadows*: «La comparación de perfiles de comportamiento es una comparación de patrones, no la relación de una pista a una inferencia. La expresión perfil del delincuente no describe adecuadamente la configuración de los muchos puntos que un perfil debe tener. Un punto, o pista, por dramático que sea, no hace un perfil».

A comienzos de una mañana de julio de 1992 el cuerpo de Rachel Nickell fue encontrado en Wimbledon Common, en el sudoeste de Londres. La cabeza estaba casi separada del tronco, tenía 49 puñaladas y su hijo de dos años estaba intentando despertarla desesperadamente. A parte de una única huella sin identificar y de la probable arma del crimen, un cuchillo de un solo filo encontrado cerca, no había pruebas forenses.

Los transeúntes describieron a un hombre joven lavándose las manos en un arroyo cercano y, cuando el crimen fue reconstruido en el programa de televisión Crimewatch UK, varias personas dieron el nombre de Colin Stagg. Era un soltero de 29 años, en paro, que vivía a sólo 1,5 km de la escena del crimen. Stagg proclamó su inocencia –si bien admitió que podría haber conocido de vista a la víctima– y después de ser interrogado durante tres días por la policía fue puesto en libertad.

Poco después la policía recibió una carta que Stagg había escrito dos años antes en respuesta a un anuncio en una revista de «contactos». Describía una fantasía masturbatoria. Se pidió consejo a Paul Britton y se le preguntó si podía crear una operación encubierta para implicar a «una persona» –la

única descripción que se le dio– en una investigación policial. Britton sugirió que una mujer policía de incógnito debía contactar con esa «persona» y exponerle sus más profundas fantasías sexuales por correspondencia. El truco funcionó y la policía llegó a encontrarse con Stagg y le animó a admitir, grabándolo con un micrófono oculto, que había sido testigo del asesinato de Nickell. Si bien Stagg no realizó una confesión clara, fue acusado del asesinato y su juicio tuvo lugar en el central Criminal Court de Londres en septiembre de 1994. Sin embargo, tras una semana de sesiones el juez decidió que el plan de la policía era una incitación al delito y que todas las cartas y conversaciones intercambiadas y grabadas entre Stagg y la policía eran inadmisibles como pruebas. El fiscal retiró la acusación y Colin Stagg salió del tribunal como hombre libre. El caso supuso un bochorno para el psicólogo Paul Britton, que como resultado del mismo fue llamado a comparecer ante un comité disciplinario de la Sociedad Psicológica Británica en el 2001. Stagg continuó afirmando su inocencia y en el 2003 pidió que se realizaran pruebas de ADN para establecer su inocencia. El asesino de Rachel Nickel no ha sido identificado todavía.

ARRIBA LA JOVEN MADRE RACHEL NICKELL, QUE EN 1992 FUE BRUTALMENTE ASESINADA DELANTE DE SU HIJO DE DOS AÑOS EN WINBLEDON COMMON, AL SUDOESTE DE LONDRES. SU ASESINO TODAVÍA NO HA SIDO IDENTIFICADO.

IZQUIERDA EL SOSPECHOSO ORIGINAL DEL ASESINATO DE NICKELL, COLIN STAGG, EN EL MOMENTO DE SU ARRESTO. LAS PRUEBAS OBTENIDAS GRACIAS A LOS CONSEJOS DEL PSICÓLOGO PAUL BRITTON FUERON DESESTIMADAS POR EL JUEZ EN EL JUICIO DE STAGG Y LA FISCALÍA RETIRÓ LOS CARGOS. STAGG CONTÓ SU EXPERIENCIA EN *WHO REALLY KILLED RACHELL?* (¿QUIÉN MATÓ REALMENTE A RACHEL?), EN EL QUE AFIRMABA HABER IDENTIFICADO AL ASESINO DE RACHEL.

PERFILES GEOGRÁFICOS

Tras su primer éxito en el caso de John Duffy, el «violador del ferrocarril», David Canter también sugirió una opinión respecto a la identidad del asesino en serie del siglo XIX Jack el Destripador, que no ha dejado de interesar a los criminólogos. Uno de los principales sospechosos es Aaron Kosminski, un fabricante de botas polaco que llegó a Londres en 1882, unos seis años antes de los asesinatos de el destripador. En 1988, en un programa de televisión británico, John Douglas y Roy Hazelwood, del BSU, estuvieron de acuerdo en que Kosminski era el asesino más probable. Postulando que «para mantener la distancia óptima que equilibra familiaridad y riesgo, hay que cometer los crí-

INVESTIGACIÓN DEL CASO
JOHN DUFFY

En febrero de 1986, tres diferentes fuerzas policiales británicas eran incapaces de resolver 24 casos de agresión sexual ocurridos durante los cuatro años anteriores. El profesor David Canter, que había leído en un periódico sobre el rompecabezas del «violador del ferrocarril» –como la prensa lo había bautizado al haber realizado varias de sus agresiones en estaciones de ferrocarril– decidió crear un cuadro con los acontecimientos. Por mera coincidencia, poco después fue invitado a asistir a una conferencia en el centro de entrenamiento de la policía en Hendon, pues dos asesinatos, además de las agresiones, estaban provocando cierta inquietud.

Las pruebas forenses, así como ciertos aspectos inusuales de los casos, sugerían que las violaciones y los asesinatos habían sido cometidos por el mismo hombre. Un cuerpo, el de una chica de 19 años, fue descubierto en el este de Londres, mientras que el otro, una adolescente de 15 años, lo fue en un bosque a 64 km de la capital británica. Las víctimas, tanto de las violaciones como de los asesinatos, tenían atados los pulgares con un tipo particular de cuerda, habiéndose encontrado el mismo tipo de sangre (el caso tuvo lugar antes de que el ADN fuera adoptado ampliamente) en los casos de violación y en el cuerpo de la chica de 15 años.

Ayudado por dos agentes de policía, Canter comenzó a trabajar utilizando un pequeño ordenador cuyo primer uso debería haber sido el de realizar investigaciones de mercado. Muy poco después de que se creara el equipo, se descubrió un tercer asesinato muy similar, esta vez en el norte de Londres. Canter decidió hacer mapas de cada año en el que había tenido lugar un crimen relevante, dibujados en hojas de acetato transparente: «Con indiferencia apunté hacia una zona del norte de Londres circunscrita por las tres primeras violaciones y dije con una sonrisa "¿Vive aquí, no?"».

Presionado por la policía para ofrecer un perfil preliminar, Canter sintetizó sus hallazgos en julio de 1986. El asesino había vivido en la zona de Lilburn o cerca de ella al menos hasta 1983, probablemente, con una esposa o novia, pero sin hijos. Tenía un trabajo que implicaba labores ocasionales o de fin de semana y cierto conocimiento del sistema de ferrocarriles de Londres y sus suburbios. Canter concluyó que el hombre había sido arrestado en algún momento entre octubre de 1982 y enero de 1984, probablemente por agresión, pero no por violación.

El profesor Canter no supo nada más de la policía hasta cuatro meses después, cuando el principal encargado del caso le llamó y le dijo: «No sé cómo lo ha hecho [...] pero el perfil era muy exacto». Había arrestado a un tal John Duffy y le habían acusado de los crímenes. La policía había compilado una lista de cerca de 2.000 sospechosos; Duffy era el n.º 1.505, pero el perfil de Canter lo puso al principio de la lista.

Duffy, que no tenía hijos, ya era conocido de la policía por haber atacado a su esposa, de la que estaba separado, y había sido carpintero de la British Rail. En casa de su madre la policía encontró un rollo de la cuerda bastante inusual que había utilizado por atar a sus víctimas y 13 fibras «extrañas» encontradas en la ropa de una de las chicas asesinadas coincidían con las de uno de sus jerséis. Duffy fue condenado a 30 años de prisión por las cuatro violaciones y dos asesinatos; las pruebas del tercer asesinato fueron consideradas insuficientes por la fiscalía.

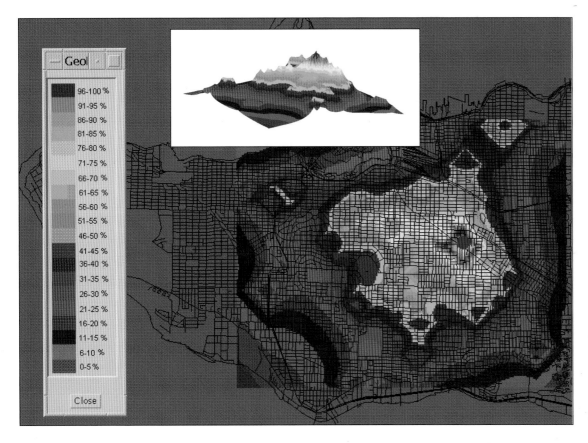

IZQUIERDA EN VANCOUVER (CANADÁ) HAN CREADO UN SISTEMA INFORMÁTICO PARA TRAZAR PERFILES GEOGRÁFICOS, LLAMADO RIGEL. PRESENTA LA INFORMACIÓN EN FORMA DE MAPAS DE DOS O TRES DIMENSIONES QUE REVELAN EL PROBABLE EMPLAZAMIENTO DE UN CENTRO DE ACTIVIDAD CRIMINAL. EN ESTA IMAGEN TRIDIMENSIONAL DEL CENTRO DE VANCOUVER, LAS ZONAS EN ROJO OSCURO INDICAN EL ÁREA DONDE ES MÁS PROBABLE QUE VIVA EL CRIMINAL.

menes en una zona circular en torno a tu casa», Canter trazó un mapa con los emplazamientos de los crímenes de el destripador. La casa de Kosminski se encontraba aproximadamente en el centro. Este tipo de enfoque se conoce en la actualidad como perfil geográfico.

Pruebas de la localización de otro «destripador» –Peter Sutcliffe, el «destripador de York», detenido en 1981– fueron conseguidas mediante un ingenioso sistema de trazado de mapas por ordenador. En *The Scientific Investigation of Crime (La investigación científica del crimen),* 1987, el difunto Stuart Kind describe el resultado de una conferencia de alto nivel en la que él y otros expertos forenses consideraron las pruebas existentes del caso. Escribió:

> Considérese un mapa sobre el que marcamos las posición de 17 [...] crímenes. Si marcamos cada uno de ellos con un alfiler y los unimos con un trozo de cordel [...] ¿en qué lugar del mapa podría colocarse el 18.º alfiler de tal modo que si estiráramos los 17 cordeles y atáramos cada uno de ellos al último alfiler utilizáramos la menor cantidad posible de cordel?

En el caso del Destripador de Yorkshire, este cálculo fue realizado mediante un ordenador y señaló a una localidad cercana a Bradford, «posible-

mente en la región de Manningham o Shipley». Cuando Sutcliffe fue arrestado sólo un mes después, se descubrió que había nacido en Bradford y que residía en un distrito situado ente Manningham y Shipley.

Los perfiles geográficos han sido desarrollados en su estadio más avanzado por el Dr. Kim Rossmo, un detective inspector de la RCMP de Vancouver (Canadá). Se trata esencialmente de un enfoque estadístico computerizado del análisis del crimen y no está relacionado directamente con la psicología del criminal. Como epígrafe a su libro *Geographic Profiling (Perfiles geográficos),* 2000, Rossmo cita a John Douglas:

> Interroga a esas personas: lo que te dirán es que lo que realmente les atraía era la caza e intentar encontrar una víctima vulnerable. [Por lo tanto, el perfil geográfico consiste en descubrir] los patrones espaciales del comportamiento durante la caza y la localización de los blancos de los criminales violentos en serie [...]. Al establecer estos patrones es posible perfilar [...] las zonas más probables [el punto centro] de residencia del criminal.

Junto con la Universidad Simon Fraser de Vancouver, Rossmo y sus colegas han desarrollado un programa de «localización geográfica de criminales» (CGT). Utilizando fórmulas estadísticas que

DERECHA EL DR. KIM ROSSMO, DE LA RCMP, QUE HA CREADO EL MÁS AVANZADO SISTEMA INFORMÁTICO DE PERFIL GEOGRÁFICO. ESTÁ DISEÑADO PARA DETECTAR Y ANALIZAR LOS PATRONES ESPACIALES DE LOS COMPORTAMIENTOS DE CAZA DE LOS CRIMINALES VIOLENTOS, SIN TENER EN CUENTA SU PSICOLOGÍA ESPECÍFICA.

ABAJO CUANDO LA POLICÍA BRITÁNICA REGISTRÓ LA CASA DE EDGAR PEARCE, QUE CONFESÓ SER EL «MARDI GRA BOMBER», DESCUBRIERON ESTA PODEROSA BALLESTA. UN PSICÓLOGO SEGURAMENTE ENCONTRARÍA UN VÍNCULO ENTRE ESTA ARMA Y EL COMPORTAMIENTO DE CAZA DE UN CRIMINAL VIOLENTO.

determinan la probabilidad relativa de las distancias desde los crímenes hasta el punto centro, el programa produce una «zona de peligro» coloreada y tridimensional –igual que un mapa normal de curvas de nivel indica los cambios de elevación o topografía con contornos coloreados–. Éste puede ser superpuesto a un mapa de distrito, lo que da un «geoperfil». El «terreno superior» del mapa indicará la localidad donde se encuentra el punto cero del criminal.

En ocasiones este «geoperfil» puede indicar más de un punto centro. Por ejemplo, entre 1994 y 1998 en Reino Unido, el «Mardi Gra Bomber» (llamado así por el mensaje con faltas de ortografía impreso en las cajas de vídeo que contenían las seis bombas enviadas durante su primer ataque) colocó, envió por correo o entregó de diversas formas un total de 36 artefactos explosivos contra varios objetivos diferentes situados en la zona de Londres y su periferia, acompañados de una serie de exigencias. New Scotland Yard solicitó un geoperfil a Canadá que produjo dos puntos cero: uno en torno a Chiswick, en el oeste de Londres, y otro en el sudeste de la ciudad. Después del arresto de dos hermanos, la policía comprobó que ambos vivían en la zona de Chiswick, pero tenían familia en el sudeste de Londres.

El uso de los perfiles geográficos ha ido siendo cada vez más aceptado por las fuerzas de policía de todo el mundo. Ha demostrado su valor en más de un centenar de investigaciones, que supo-

nen más de 15.000 incidentes de los que se han ocupado el FBI, New Scotland Yard y un amplio grupo de policías de otros países. En Reino Unido, el perfil geográfico se puede conseguir mediante la National Crime Faculty, con sede en el Police Staff College en Bramshill.

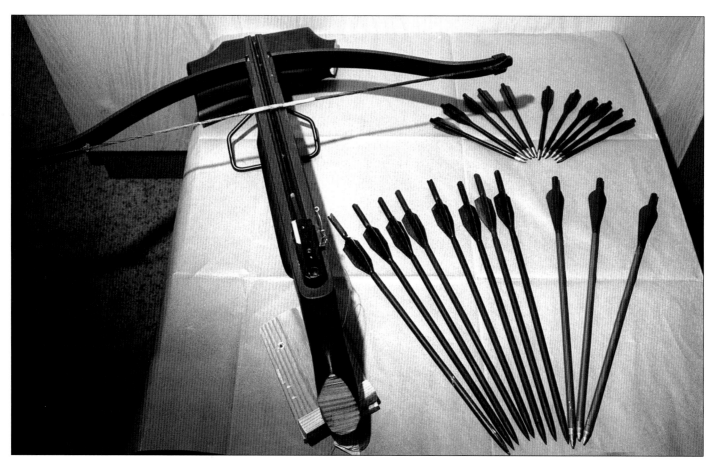

LAS PALABRAS DE LOS CRIMINALES

Los modos en que los criminales se expresan pueden ser tan característicos como su propio comportamiento. Todos aprendemos en seguida a reconocer no sólo la voz y el modo de hablar de las personas con las que mantenemos una comunicación habitual, sino también su letra. Los grafólogos (o analistas de la escritura manual, como prefieren ser llamados en los círculos forenses) han sido llamados con frecuencia para dar su opinión

respecto a si un fragmento de escritura fue realmente escrito por la persona en cuestión, pero desde hace tiempo sostienen que la forma de la escritura también puede ser un buen indicio de la psicología del personaje.

Durante muchos años, la policía consideró este aspecto de la grafología como algo sólo ligeramente mejor que la quiromancia o la frenología, pero recientemente ha comenzado a haber cada vez mayor interés en la cuestión. En realidad, la grafología sigue un enfoque esencialmente forense: la comparación e identificación de formas específicas de letras. Algunos grafólogos han afirmado –con cierta razón– que sus informes psicológicos son tan valiosos como los análisis de comporta-

IZQUIERDA PARTE DE UNA CARTA DEL ASESINO EN SERIE TED BUNDY, QUE FUE EJECUTADO EN FLORIDA EN 1989. SHEILA LOWE, EXPERTA EN ANÁLISIS DE ESCRITURA MANUAL CALIFICADA PARA PRESTAR TESTIMONIO EN LOS TRIBUNALES, HA LLAMADO LA ATENCIÓN SOBRE EL ESTILO CORONADO DE LA ESCRITURA Y LOS AFILADOS TRAZOS INICIALES, QUE INDICAN UN DESEO INNATO DE PODER Y CONTROL.

miento. Hay que admitir, no obstante, que la mayor parte de los análisis grafológicos que recientemente han demostrado ser exitosos se han realizado con muestras de escritura de criminales encarcelados y, por lo tanto, con un considerable grado de conocimiento a posteriori.

De hecho, como escribió Patricia Marne, una de las principales analistas británicas de escritura manual, en su libro *The Criminal Hand (La mano criminal)*, *1991*: «Ningún grafólogo describiría a una persona como poco honrada o criminal basándose en la fuerza de estas claves, del mismo modo que un médico no diagnosticaría una enfermedad concreta sin tomar en cuenta más de un síntoma».

La comparación y análisis de la escritura puede ser una tarea larga. Los grafólogos comienzan por determinar la altura y profundidad relativa, así como el tamaño, de las letras. Los niños que están aprendiendo a escribir utilizan cuadernos rayados con tres líneas para que se ayuden a dibujar sus letras, pero lentamente comienzan a expresar su individualidad desviándose de esas formas y los grafólogos sostienen que su individualidad está claramente indicada por esas desviaciones. Los indicios más claros se darán en aquellas personas que no utilizaron planillas para aprender a escribir.

Es evidente que una escritura muy formal y amanerada, como la que se enseña en las clases de caligrafía, así como una letra que haya sido disfrazada de forma deliberada, presenta muchos más

problemas para el análisis, pero incluso en estos casos los grafólogos son capaces de detectar ciertas claves. Señalan que no importa cuánto se hayan alejado esos caracteres de la escritura «natural», siempre revelarán de forma inconsciente algunos rasgos. Por ejemplo, una persona diestra, obligada por una herida a escribir con la izquierda, gradualmente desarrolla en su escritura las mismas características que tenía antes.

No obstante, hay dos aspectos de la personalidad que pueden ser determinados sólo con la letra: la edad y el sexo. Algunas personas escriben de forma menos madura a los 70 que otras a los 20 y todas poseen rasgos masculinos y femeninos, en diferentes proporciones.

El grafólogo realiza un análisis inicial considerando factores como la apariencia visual de la letra, su presión y su velocidad aparente, la inclinación de las letras y si las líneas son paralelas, si se tuercen o si se inclina hacia arriba o hacia abajo. Después de estudiar la formación y significado de las letras individuales: las mayúsculas, el palo que cruza la T o el punto de la I, que representan a la persona; los rizos, la puntuación y los numerales. Cuando el análisis está completo, el grafólogo puede confirmar si dos ejemplos de escritura pertenecen al mismo individuo y, según afirman, también detectar rasgos de su personalidad.

Tras reconocer la importancia de los perfiles psicológicos proporcionados por los grafólogos, el FBI ha comenzado a mostrar un interés práctico en la cuestión. Algunas semanas después de que en el 2001 cuatro cartas anónimas que contenían esporas de ántrax fueran echadas al correo dirigidas a los senadores Tom Dashle y Patrick Leahy, al presentador de la NBC Tom Brokav y al *New York Post,* el FBI publicó un análisis grafológico y un perfil de comportamiento de las mismas, donde se decía: «Es muy probable, rozando la certeza, que todas [...] las cartas fueran escritas por la misma persona».

El FBI prestó una especial atención al uso de mayúsculas grandes en los nombres propios, el modo poco habitual en el que fueron escritas y la formalizada cifra 1. El FBI también señaló que el nombre y la dirección de las cartas poseían una notable inclinación hacia abajo.

No obstante, los agentes del FBI no ofrecieron un informe psicológico a través de la escritura, si bien su perfil de comportamiento identificaba al autor como un probable varón adulto, solitario con un agravio antiguo, que posiblemente trabajaba en un laboratorio. Resulta decepcionante que los grafólogos no hayan llevado la investigación más allá, si bien de una de las cartas se sugirió que fue escrita por un niño a instancias del criminal.

09-11-01
THIS IS NEXT
TAKE PENACILIN NOW
DEATH TO AMERICA
DEATH TO ISRAEL
ALLAH IS GREAT

IZQUIERDA EL TEXTO DE UNA DE LAS «CARTAS CON ÁNTRAX», SUPUESTAMENTE ECHADA AL CORREO POR EL PERPETRADOR.

ABAJO MIEMBROS DE UN EQUIPO DE RIESGO BIOLÓGICO, CON SUS TRAJES PROTECTORES COMPLETOS, ENTRAN EN LA OFICINA HART DEL SENADO EN EL CAPITOLIO, WASHINGTON D.C., PARA BUSCAR CONTAMINACIÓN POR ÁNTRAX EL 6 DE NOVIEMBRE DEL 2001.

EL ANÁLISIS TEXTUAL

Derecha «Unabomber», Ted Kacynski. El estilo literario de los manifiestos que envió al *New York Times* y al *Washington Post* levantó las sospechas de su cuñada, la profesora Linda Patrik.

Abajo Una de las tres páginas de la «nota de rescate» firmada por «S.R.T.C.», que Patricia Ramsey, la madre de la niña de seis años asesinada JonBénet, dijo haber descubierto en las escaleras de su casa de Boulder (Colorado), la mañana del 26 de diciembre de 1996. «Hablar con cualquiera sobre tu situación, como con la policía, el FBI, etc. –ponía– tendrá como resultado la decapitación de tu hija.»

Incluso cuando no es posible disponer de una muestra de escritura –cuando el texto está impreso, por ejemplo– se puede seguir aprendiendo sobre el perpetrador gracias a las palabras y frases empleadas en el texto. Don Foster, profesor en Vassar, consiguió una fama repentina al identificar al autor de la novela *Primary colors* (escrita por «Anónimo») en 1996. Utilizando el análisis por ordenador encontró una serie de adjetivos y adverbios, así como unos inusuales nombres compuestos que demostraron ser típicos del columnista John Klein.

Fue en este punto cuando el análisis de la escritura manual demostró ser especialmente importante. Evidentemente, Klein negó ser el autor, pero un artículo del *Washington Post* de julio de 1996 informó de que las correcciones y anotaciones en el manuscrito original de la novela son claramente de su puño y letra. Finalmente se vio obligado a reconocer la autoría. El éxito del profesor Foster atrajo la atención del FBI y se le pidió que aconsejara al fiscal en el caso de Ted Kaczynski, «Unabomber», arrestado en 1995. Querían saber si la letra de Kaczynski podría ser admitida como prueba. Evidentemente, el análisis de Foster estaba influido por sus conocimientos a posteriori, pero fue capaz de apuntar gran parte de las lecturas favoritas de Unabomber y sugirió que esto habría permitido al FBI identificar las bibliotecas de investigación del norte de California que había visitado Kaczynski e, incluso, las fechas en las que consultó libros concretos.

Un campo relacionado, el del modo en que las personas se comunican con otras, se conoce como la psicolingüística. Recientemente, el FBI ha comenzado a tener cada vez mayor interés por la cuestión, debido a que el uso del lenguaje de una persona desconocida puede ser un valioso componente para el perfil del criminal. Un artículo del *Law Enforcement Bulletin* del FBI afirmaba, en parte:

> Un tipo de comportamiento que se ha pasado por alto o al que no se ha sacado todo su partido es el del lenguaje utilizado por el criminal. Éste puede proporcionar a los investigadores mucha información [...]. Ambos poseen rasgos que revelan sus orígenes geográficos particulares, su etnia o raza, su edad, su sexo y su ocupación, nivel de estudios y orientación o formación religiosa.

El psicolingüista norteamericano Dr. Andrew G. Hadges ha desarrollado el concepto de lo que él llama «huellas del pensamiento». Sostiene que cada acción posee un motivo secundario subyacente que sólo conoce el subconsciente, el cual emerge de forma detectable durante la comunicación. «En cada palabra busco dos significados, no uno», escribió en su libro *Who Will Speak for JonBénet? (¿Quién hablará por JonBénet?),* 2000, en el cual analiza la «nota de rescate» dejada por el asesino de la niña. Entre sus conclusiones está que se trata de una mujer, que esperaba que la cogieran y que la víctima estaba muerta antes de escribirse la nota.

Cuando O. J. Simpson se lanzó a la carretera, aparentemente para evitar ser arrestado, dejó tras él una larga carta llena de divagaciones y faltas de ortografía, que sugirió a los investigadores que estuvo pensando en el suicidio. El profesor Foster señaló que las faltas de ortografía podían ser significativas. Simpson escribió que había «tough spitting up» (tenido una gran bronca) con su esposa, pero que la ruptura era «murtually agresd» (por acuerdo mutuo). Psicolingüistas como el Dr. Hodges bien podrían sugerir que *spitting* (escupir), así como los ecos de *murder* (asesinato) y *agression* (agresión) en la segunda frase revelan los sentimientos subconscientes del autor.

IZQUIERDA EL ASESINATO DE JONBÉNET RAMSEY, DE SEIS AÑOS, TODAVÍA ESTÁ SIN RESOLVER. SU PADRE DESCUBRIÓ SU CUERPO EN EL SÓTANO DE LA CASA FAMILIAR EN BOULDER (COLORADO). EL EXAMEN PRELIMINAR DE LA POLICÍA NO REVELÓ NADA ÚTIL PARA LA INVESTIGACIÓN.

ABAJO JOHN Y PATSY RAMSEY, LOS PADRES DE JONBÉNET, CLAMANDO SU INOCENCIA RESPECTO A LA MUERTE DE SU HIJA EN EL PROGRAMA DE LA CNN *BURDEN OF PROOF.*

EL CASO DE LA DESCONOCIDA

PARTE 6

UNA SUPOSICIÓN MUY FUNDADA

El agente Pedersen siguió a Gregory hasta su despacho. Mientras caminaban, Gregory dijo:
—Cuéntame primero algo sobre la alfombra. Son pruebas físicas, de las que me gustan. Los que realizan los perfiles psicológicos pueden presumir de sus aciertos, pero personalmente esa jerga de loquero me parece un poco «a ver si acierto».

—De acuerdo –dijo Pedersen mientras sacaba de su portafolios una hoja de fax–, lo primero es que fue fabricada por Northwestern Carpet Corp., en Tacoma, Washington. Pertenece a una remesa que tejieron entre mayo de 1998 y mayo del 2000. No es una empresa muy grande, sólo venden a enmoquetadores de Washington, Oregon, Idaho, California y Nevada. Tan pronto como miren en sus archivos nos enviarán por fax una lista de las tiendas a las que vendieron esa remesa concreta y las fechas.

—Más tiempo esperando –se quejó Gregory– bueno, cuéntame qué piensa tu pitoniso de la capital de nuestro hombre.

El informe del perfil psicológico ponía:

«Lo más probable es que el UNSUB sea un varón blanco, de entre 30 y 50, probablemente casado o con una relación estable. Por lo general, se controla y es meticuloso en lo que hace y preciso en sus negocios. No se trata de un crimen premeditado, sino probablemente de un accidente de tráfico real. Es posible que recogiera a la víctima con la intención de llevarla al hospital y quedara horrorizado cuando murió dentro de su vehículo. No obstante, siguió

Éstas son las esquirlas de pintura halladas en la alfombra, que identificaron al fabricante del vehículo.

manteniendo el control y tomó las medidas necesarias para llevarse el cuerpo tan lejos de la escena del accidente como fuera posible y quitarle todos los medios de identificación. Esta meticulosa atención –y el grado de sangre fría que implica– sugiere alguien de origen europeo. Creo que alemán. El perpetrador puede ser originario de algún lugar más al este, como los países bálticos. Está acostumbrado a conducir grandes distancias y conoce las carreteras de la costa oeste. Puede ser un representante de una empresa de tamaño medio, pero me inclino más por considerarlo propietario de una empresa de un par de socios. Su socio en el negocio, si se encuentra en el extremo superior del abanico de edades, puede ser un hijo mayor.»

—¿Cómo demonios ha podido llegar este tipo a saber todo esto? –murmuró.

—En realidad –dijo Pedersen con una sonrisa– lo hace con una amplia experiencia compuesta por una parte de formación, una parte de amplios conocimientos de casos anteriores y varias partes de intuición experta.

Gregory sonrió a su vez:
—¿Lo que me estás diciendo es que se trata de una suposición fundada?

—¿Quieres hablar con ella? –le preguntó Pedersen.

Gregory asintió, descolgó el teléfono y marcó el número que le dio el agente del FBI. La Dra. Hansen sonaba contrariada y con exceso de trabajo.

—Mira –dijo– se trata de un caso inusual y he tenido que realizar varias suposiciones fundadas, basadas en mis estudios de los crímenes violentos. El informe explica por qué he llegado a la conclusión de que se trata de un inmigrante en vez de un tipo de aquí. Es casi seguro que es un hombre y ya has demostrado que el cuerpo fue enterrado lejos de la casa de la víctima y probablemente igual de lejos de su área de actividad. Los representantes suelen trabajar en un solo estado, de modo que es probable que sea su propio jefe y suela viajar desde su casa hasta Tacoma. ¿Ya puedo volver a mi trabajo?

Gregory colgó el teléfono y gruñó de nuevo:
—Lo que yo decía –comentó–, no es más que una suposición fundada.

En ese momento un ayudante civil de la oficina del sheriff les trajo un fax que acababa de llegar. Venía de la Northwester Carpet y contenía una lista con las 40 empresas que habían solicitado ese modelo concreto de alfombra a lo largo de los dos años anteriores.

—¿Tendremos que comprobarlas todas? –dijo Gregory con cierta desesperación.

—No necesariamente –la consoló Pedersen– empecemos asumiendo que nuestro UNSUB viajara tan lejos de su centro de operaciones como lo hizo de la escena del crimen. Está claro que esto podrían situarlo en cualquier parte entre Vancouver y Portland; pero empecemos a medio camino entre Longview y aquí, en algún lugar del norte de California. –Miró a la lista y silbó– ¿qué te parece esto? «Stazs Pawlowski e Hijo», ¿un nombre polaco, no? Enmoquetadores de Sacramento. Recogieron tres rollos de alfombra de la fábrica de Northwestern el 14 de agosto del 2000. Por suerte para nosotros es el único que encaja en el perfil. Ya sé que está bastante lejos de tu jurisdicción, pero ¿te apetece hacer una visita a la capital del estado?

A media tarde de ese mismo día, Pedersen y Gregory se presentaron al teniente Gary Keller de la policía de Sacramento. Ya conocía el caso, pues tenía las fotos con la reconstrucción de la cara de la víctima desparramadas sobre la mesa. Pedersen permitió que fuera Gregory quien le contara los últimos descubrimientos, así como las conclusiones a las que habían llegado durante su viaje hacia el norte.

—Tal como lo vemos –dijo–, Pawlowski recogió la alfombra a última hora de la tarde, de modo que cuando llegó a Longview ya era de noche. No vio a Anna y la atropelló. Cuando murió en su camioneta, lo único en que podía pensar era en dejarla lo más lejos posible. Sólo después de haber recorrido buena parte del camino hacia Sacramento se dio cuenta de su error y se dirigió hacia el sur hasta que estuvo demasiado cansado como para seguir conduciendo. Cuando llegó a casa, probablemente, se inventó una historia sobre una avería y que tuvo que esperar toda la noche hasta que se la arreglaran.

—Bien –dijo Keller–, echemos un vistazo.

En un coche sin distintivos, el teniente Keller les condujo hasta la sede de la empresa familiar Pawlowski e Hijo, un modesto establecimiento en un suburbio de la ciudad. Mientras los coches penetraban en el pequeño aparcamiento, vieron la camioneta Chevy de color burdeos, con una inconfundible, aunque desvaída, marca de repintado en la aleta delantera derecha y, de guardia en el asiento del pasajero, un pastor alemán de aspecto feroz.

—Creo que simplemente voy a entrar en la oficina –dijo Keller– y pedirle a Pawlowski que nos acompañe a la comisaría más próxima.

Allí Stasz Pawlowski no tardó en confesar su crimen. «Por fin me lo puedo quitar de la conciencia», dijo. Cuando finalmente se le tomaron las huellas, una de ellas coincidía con la de la cartera encontrada en la escena del crimen. Fue acusado de homicidio sin premeditación y ocultación de un crimen. Fue puesto en libertad bajo fianza a la espera de ser juzgado en febrero del 2002.

CAPÍTULO OCHO

EN EL TRIBUNAL

espués de identificar a la víctima, establecerse la causa de la muerte y

hallarse al agresor, el trabajo de la policía científica no ha

terminado. Uno o varios de ellos pueden ser llamados para que presten declaración sobre sus hallazgos. Sobre todo en los tribunales norteamericanos, un juicio es un proceso de confrontación, e incluso en los tribunales británicos –donde está mal visto interrogar de forma agresiva a los testigos– a menudo es la policía científica la que sufre algunos de los interrogatorios más intensos en el estrado. Los cruces de afirmaciones entre los abogados defensores y los testigos pueden ser los acontecimientos más dramáticos en un tribunal.

> «Los cargos están preparados;
> los abogados se reúnen;
> los jueces todos dispuestos
> (¡un espectáculo terrible!).»
>
> JOHN GRAY, THE BEGGAR'S OPERA.

PÁGINA ANTERIOR EL JUEZ ES QUIEN PRESIDE EL JUICIO Y PUEDE GOLPEAR CON EL MAZO PARA MANTENER EL ORDEN. CUANDO LOS CASOS SON JUZGADOS, LA POLICÍA CIENTÍFICA ES LA ENCARGADA DE PRESENTAR LAS PRUEBAS PARA EL FISCAL. LA DEFENSA CUESTIONARÁ LA VALIDEZ DE LAS PRUEBAS E INCLUSO INTENTARÁ DESACREDITAR AL TESTIGO.

Las pruebas forenses deben presentarse al jurado y los abogados defensores intentarán utilizar cualquier medio legítimo para desacreditarlas. Si, por ejemplo, la esencial «cadena de custodia» de material relevante ha sido rota, afirmarán que es probable que la prueba haya quedado contaminada. Dudarán de la profesionalidad del experto y de su capacidad para realizar una declaración imparcial, así como de las técnicas utilizadas. Con frecuencia llamarán a otro experto –lo más probable un respetado colega profesional del testigo en cuestión– cuya opinión contradiga rotundamente las conclusiones de la fiscalía.

STANDAR FRYE

En Estados Unidos, la admisibilidad de las pruebas forenses fue definida por primera vez en el Standar Frye, así llamado por la jurisprudencia establecida por el caso «Frye contra Estados Unidos», en 1923. La prueba en cuestión en este caso era el uso del «detector de mentiras» o polígrafo y la moción para excluirlo fue garantizada por el Tribunal del Distrito de Columbia y confirmada por el Tribunal de Apelación del Distrito de Columbia. Quedó establecido que «la cosa a partir de la cual se realiza la deducción tiene que estar lo suficientemente establecida como para contar con suficiente aceptación en el campo particular al que pertenece». El polígrafo había sido introducido sólo dos años atrás y ciertamente no podía decirse que «contara con suficiente aceptación» en esa época. No obstante, en la actualidad los resultados del polígrafo siguen siendo inadmisibles como prueba, si bien en varios casos han demostrado ser una herramienta eficaz en las manos de los investigadores.

En 1975, el Tribunal Supremo de Estados Unidos promulgó un grupo de Reglas Federales para las Pruebas que fue ratificado por el Congreso. Las reglas definían un estándar en cierto modo más suave que el definido por Frye, concediendo una mayor discrecionalidad a los jueces. Luego, en 1993, el Tribunal Supremo rechazó la aplicación del Estándar Frye en las jurisdicciones gobernadas por reglas federales. Un nuevo estándar, que recibe su nombre del caso de «Daubert et ux. contra Merrel Dow», concede aún más discrecionalidad al juez. El Tribunal Supremo ofrece los siguientes criterios para definir la admisibilidad o no:

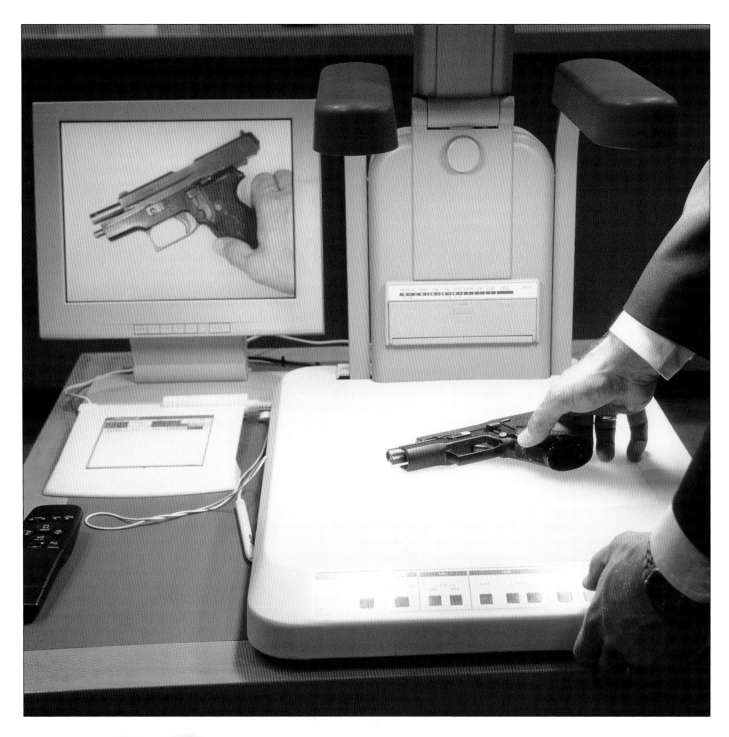

Si la teoría o la técnica en cuestión puede (y ha sido) comprobada.

Si ha sido sometida a una revisión y publicación adecuada.

Su nivel de error conocido o potencial y la existencia y mantenimiento de estándares que controlen su funcionamiento.

Si ha conseguido una aceptación generalizada entre una comunidad científica relevante.

Algunos estados, sobre todo California, continúan manteniendo el Estándar Frye, pero muchos están comenzando a adoptar el Estándar Daubert.

En Reino Unido, la admisibilidad de las pruebas depende de la discrecionalidad del juez y se convierte en jurisprudencia, a menos que sea posteriormente rechazada por el Tribunal de Apelación.

Como dice la sorna británica: «La Ley presume que todos conocen la Ley excepto los jueces de Su Majestad; pues por encima de ellos tienen al Tribual de Apelación para comprobar que no se equivocan». En casos muy raros las apelaciones respecto a un punto concreto de una ley de importancia pública llega a la Cámara de los Lores, que es el estamento final de las apelaciones judiciales.

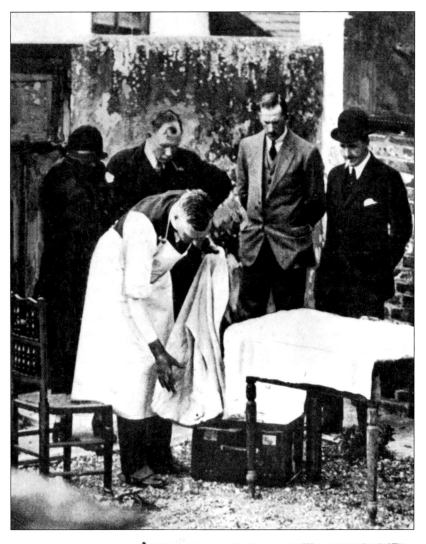

cía local le confirmó que era un tipo de árbol que no se encontraba en el bosque. Era evidente que el cuerpo había sido trasladado desde algún otro sitio.

No obstante, lo más importante eran los gusanos. El cadáver, de un varón, ya se estaba desintegrando y la policía supuso que había permanecido medio enterrado entre seis y ocho semanas. Pero Simpson no estaba de acuerdo. «Como mínimo entre seis y ocho días –dijo–, pero probablemente no más de una docena. Es sorprendente lo rápido que los gusanos se comen la carne. He visto cuerpos reducidos a este estado en sólo diez días.»

Los gusanos eran larvas de mosca azul. «Las larvas a las que estaba mirando –escribió Simpson posteriormente en *Forty Years of Murder*– estaban maduras, de hecho eran gusanos viejos, gordos e indolentes en el tercer estadio de su desarrollo, pero todavía no habían pasado a pupas. Por lo tanto, consideré que los huevos habían sido depositados nueve o diez días antes. Añadiendo algún tiempo más para que las moscas azules llegaran al cuerpo, calculé que la muerte había ocurrido el 16 o 17 de junio.

Dado el nivel de descomposición del cuerpo, Simpson decidió diseccionar in situ. Encontró un charco de sangre sobre el lado izquierdo de la laringe, donde los huesos estaban aplastados. Uno de los policías sugirió que la víctima había recibido algo así como un «golpe de karate» en el cuello; Simpson estuvo de acuerdo y pensó que era pro-

ARRIBA EL JOVEN BERNARD SPILSBURY EXAMINA LOS RESTOS DE EMILY KAYE EN EL CASO DE ASESINATO DE MAHÓN EN 1924. DURANTE CASI MEDIO SIGLO FUE EL PATÓLOGO MÁS FAMOSO DE REINO UNIDO Y DURANTE ALGÚN TIEMPO FUE EL ÚNICO ESPECIALISTA NOMBRADO OFICIALMENTE POR EL HOME OFFICE. CON SU FORMIDABLE REPUTACIÓN COMO TESTIGO DE LA ACUSACIÓN, SU CAPACIDAD APENAS ERA PUESTA EN DUDA.

DERECHA WILLIAM BRITTLE, CULPABLE DEL ASESINATO DE PETER THOMAS EN 1964. DURANTE EL JUICIO, LA CUESTIÓN DEL MOMENTO DE LA MUERTE FUE RESUELTA GRACIAS A LAS PRUEBAS ENTOMOLÓGICAS Y BRITTLE FUE CONDENADO A CADENA PERPETUA.

EL JUICIO DE WILLIAM BRITTLE

Las pruebas entomológicas también pueden producir algunos intercambios jugosos en la sala del tribunal, y el juicio de William Brittle es un ejemplo clásico de ello.

El 28 de junio de 1964, dos chicos que estaban en una excursión de pesca se metieron en un bosquecillo en Berkshire (Reino Unido), esperando encontrar un conejo o pichón muerto infestado de gusanos que utilizar como cebo. En un montón de turba cubierto de esquejes de haya encontraron una miríada de gordos gusanos a escasa distancia del camino; pero al levantar la turba quedaron horrorizados al descubrir un brazo humano en descomposición.

Después de que se avisara a las autoridades locales, se requirió la presencia del Dr. Keith Simpson y éste supervisó la exhumación del brazo, mientras se fotografiaba cada paso. Simpson estaba desconcertado por la presencia de los esquejes de haya, pues la poli-

BERNARD SPILSBURY Y EL JUICIO DE NORMAN THORNE

Durante casi los primeros 40 años del siglo xx, sir Bernanrd Spilsbury fue el principal experto médico británico de la acusación en muchos casos de asesinato y durante gran parte de ese período fue el único patólogo acreditado por el Home Office. En más de un juicio se encontró enfrentado al Dr. Robert Brontë, que a menudo aparecía en el bando de la defensa. Brontë era un nervioso irlandés del cual un juez escribió:

«En la época en que la gente decía que Spilsbury estaba sentando las bases de la legislación médica», un supuesto patólogo, Brontë, era llamado a menudo para contradecirle en los casos criminales. La única vez que vi que Spilsbury no se contenía fue una vez en que se estaba cuestionando la opinión de Brontë. "Me parece imposible –dijo– que nadie con conocimientos de anatomía fuera capaz de decir eso." Al día siguiente un conocido cirujano dijo exactamente lo mismo desde el estrado de los testigos».

Una de las apariciones importantes en las que Spilsbury estuvo en desacuerdo público con Brontë tuvo lugar durante el juicio de Norman Thorne.

Elsie Cameron, una mecanógrafa londinense desapareció el 5 de diciembre de 1924, cuando iba de camino para visitar a su amante, Norman Thorne, en su granja de aves en el condado de Sussex. Cinco días después, su padre, al no tener noticias suyas, alertó a la policía. En la granja, Thorne afirmaba que Cameron no había aparecido; no obstante, un mes después dos hombres informaron que la habían visto mientras iba de camino hacia ella. Un rápido registro de la granja realizado por la policía no tardó en desenterrar su bolsa de viaje y entonces Thorne contó un historia diferente. Sí, Cameron había llegado y le dijo que allí se quedaría hasta que Thorne accediera a casarse con ella. Thorne se fue entonces a visitar a su nueva novia, y al regresar encontró a Cameron ahorcada en una viga del cobertizo de las aves. Entonces le entró un ataque de pánico, descolgó el cuerpo, lo desmembró y enterró los trozos en el corral.

Los detectives encargados del caso observaron que en la viga no había marcas como las que tendría que haber dejado un cuerpo colgado de ella y, de hecho, la capa de polvo estaba intacta. La implicación de esto estaba clara: Cameron no se había ahorcado y tampoco Thorne lo había hecho, pero casi con seguridad sí la había asesinado. Los restos de Cameron fueron desenterrados el 15 de enero de 1925 y Thorne fue acusado de su asesinato. Dos días después Spilbury examinó el cuerpo. Fue enterrado el día 26, pero un mes después fue exhumado por petición de los abogados de Thorne para que lo examinara Brontë en presencia de Spilsbury. En el juicio de Thorne, Spilsbury prestó el siguiente testimonio:

«El 17 de enero realicé un minucioso estudio del cuello. No había signo alguno del tipo de daño resultado de un intento o un ahorcamiento logrado. Por lo tanto no era necesario realizar ningún tipo de análisis al microscopio o preparar muestras. Cuando el 24 de febrero el Dr. Brontë realizó su examen post mórten, la condición de los tejidos era tal que ningún tipo de examen, microscópico o de cualquier otra clase, hubiera servido de nada. Cuando el 24 de febrero el Dr. Brontë encontró las marcas que consideró normales en el cuello de la

mayoría de las mujeres, comentó, de lo que tomé nota entonces, que eran "las arrugas normales en la piel" [...] tomé muestras de la mejilla derecha y del lado derecho del cuello como hiciera el Dr. Brontë y preparé muestras de las mismas [...]. Me resultó bastante imposible identificar las muestras o aquello que había en ellas. El 17 de enero me confirmó de que no había signo alguno de congestión del cerebro.»

También estaba la cuestión de las contusiones encontradas en el cuerpo de Elsie Cameron, entre ellas dos en la cabeza, una de las cuales había convertido en pulpa los tejidos. Brontë afirmó que algunas de ellas habían sido realizadas antes de la muerte, otras durante y otras después. De algún modo, no obstante, estas heridas eran irrelevantes, pues la principal cuestión que había de dilucidarse es si Cameron se había ahorcado ella misma o no. Durante su interrogatorio por parte del abogado defensor, Brontë mantuvo que la causa de la muerte había sido «el choque sufrido tras un intento fallido o interrumpido de autoestrangulación». Negó también que las arrugas fueran naturales y las describió como «surcos». También afirmó que había encontrado pruebas de la extravasión (rotura) de los vasos sanguíneos del cuello. No obstante, Spilsbury ya había declarado que no había encontrado tales pruebas, dado el estado de descomposición del cuerpo el día 24 de febrero. Las muestras para el microscopio tomadas por ambos patólogos no fueron concluyentes.

Al declarar en su propia defensa, Thorne describió cómo había encontrado a Cameron colgando con los ojos abiertos, pero los párpados contraídos. El último día del juicio, Spilsbury realizó su última declaración al respecto: asumiendo que se hubiera producido una pérdida de consciencia, si no la muerte, los ojos hubieran estado paralizados. Es decir, que los ojos no habrían estado ni completamente abiertos ni completamente cerrados, [sino] medio abiertos, y ciertamente los párpados no estarían arrugados.» En su síntesis, el juez señaló: «Sir Bernard Spilsbury sería el primero en afirmar la falta de infalibilidad en cuestiones de este tipo, pero su opinión es sin duda la mejor opinión que se puede conseguir.» Norman Thorne fue declarado culpable y condenado a muerte. Fue uno de los casos que llegaron al Tribunal de Apelación basándose en que los comentarios del juez respecto a Spilsbury era «tendenciosos» . El Lord Chief Justice confirmó la decisión original.

ARRIBA NORMAN THORNE Y SU AMANTE, LA MECANÓGRAFA ELSIE CAMERON. FUE ENCONTRADO CULPABLE DE ESTRANGULARLA, DESCUARTIZARLA Y ENTERRAR SU CUERPO EN EL CORRAL; EN 1925 FUE EJECUTADO EN LA HORCA.

LOS JUICIOS DE CLAUS VON BULOW

El 21 de diciembre de 1980 el miembro de la alta sociedad Claus von Bulow descubrió a su esposa, Martha «Sunny» Crawford (von Auersperg) von Bulow, en coma en su mansión de Newport, Rhode Island. No era la primera vez. En diciembre de 1975 Sunny fue conducida en coma al hospital de Newport, donde se le diagnosticó una bronconeumonía. Tras recobrarse, su medico de Nueva York, el Dr. Richard J. Stock, descubrió que poseía un nivel de azúcar en sangre muy bajo, si bien no lo bastante como para suponer una amenaza para su vida.

Tres semanas después, Sunny fue llevada de nuevo al hospital, en Newport. El equipo de urgencias sospechó de una sobredosis de alcohol y barbitúricos, pero los médicos del hospital quedaron aún más perplejos por su bajo nivel de azúcar en sangre. Le pusieron un goteo –para elevar sus niveles de azúcar– y luego pidieron una prueba de insulina. Normalmente, la insulina es producida por el páncreas para controlar el nivel de azúcar en la sangre, por lo cual es recetada a las personas diabéticas.

Los análisis fueron confusos. Un laboratorio de Boston obtuvo 0,8 unidades de insulina en el primer análisis y de 350 unidades en el segundo. Uno de los principales laboratorios de California informó de 216 unidades, posible resultado del goteo de Sunny, que continuaba en coma.

Al conocer esa inusitada cantidad de insulina en la sangre de Sunny, su familia comenzó a sospechar. Su doncella afirmó después que había una «bolsa negra» que contenía diversas drogas, varias jeringuillas y un vial de insulina. Cuando se encontró la bolsa en un armario cerrado de la mansión de Newport no había en ella insulina, pero se había utilizado una de las agujas.

Claus von Bulow fue acusado de intento de asesinato contra su esposa. El fiscal sostenía que la aguja utilizada tenía insulina incrustada, pero el médico forense de Nueva York, Dr. Michael Baden, a quien la defensa acudió como experto, escribiría más tarde en su libro Unnatural Death (Muerte no natural) (1989) que eso era imposible. El exterior de la aguja habría quedado limpio al ser extraída de la carne. Baden también llamó la atención sobre la cantidad de amobarbital que había en la sangre de Sunny –el equivalente a diez o 12 cápsulas– y sostuvo que de nuevo había intentado suicidarse.

Contratado por la defensa, Herald Price Fahringer decidió, no obstante, basar su caso en la inconsistencia de los análisis de sangre. Sin embargo, quienes debían haber sido los testigos más fuertes de la defensa demostraron ser poco convincentes ante el tribunal. El Dr. Milton Hamosky, de la Escuela de Medicina de la Universidad Brown, por ejemplo, fue obligado a admitir bajo presión que no podía descartar la insulina como causa de la muerte. Por su parte, el Dr. Stock y otros expertos testificaron que el coma de Sunny en concreto sólo podía ser resultado de una inyección de insulina. En marzo de 1982 Claus von Bulow fue declarado culpable de dos intentos de asesinato.

Von Bulow apeló y esta vez contrató a dos abogados diferentes: Alan Dershowitz, un distinguido catedrático de Harvard, que prestó su consejo sobre los defectos del primer juicio, y el destacado abogado Thomas Puccio. Al mismo tiempo, el escritor Truman Capote apareció en televisión chismorreando sobre su amistad con Sunny. Dijo que bebía demasiado, tomaba drogas y se inyectaba insulina para perder peso.

En el nuevo juicio, el fiscal esperaba basarse sobre todo en el testimonio del Dr. Jeremy Worthington, un neurólogo del Hospital de Newport, que afirmaba haber estudiado en las universidades de St. Edwarss (Oxford) y Bolonia. Se pretendía que describiera las contusiones y arañazos en el cuerpo de Sunny, pero como el Dr. Baden señala, éstos muy bien pudieron producirse durante los esfuerzos realizados por reanimarla.

No obstante, en una audiencia privada delante del juez, el Dr. Worthington admitió que St. Edwards no era más que una escuela de Oxford y que sólo se había matriculado en dos clases en Bolonia; el juez dictaminó que Worthington no estaba bastante cualificado como para testificar.

Puccio basó su defensa en una declaración jurada del Dr. Michael Baden en la que sostenía que las pruebas sugerían de forma notable un intento de suicidio por parte de Sunny al menos en dos ocasiones anteriores. El jurado declaró inocente al acusado.

ABAJO EL IMPECABLE CLAUS VON BULOW SE DIRIGE A LA PRENSA REUNIDA DURANTE SU JUICIO POR EL ENVENENAMIENTO DE SU ESPOSA SUNNY EN 1981. EN EL NUEVO JUICIO, TRAS SU APELACIÓN, SE CONSIDERÓ QUE ERA PROBABLE QUE SUNNY SE SUICIDARA.

bable que el hombre muriera de una hemorragia en la tráquea como resultado del golpe. Entre las personas que habían sido declaradas desaparecidas recientemente se encontraba un tal Peter Thomas, que había desaparecido el 16 de junio de Lydney (Gloucestershire), a más de 160 km de distancia. Las dimensiones del cuerpo, una antigua fractura en el brazo izquierdo, sus huellas dactilares, así como una etiqueta de un sastre en su chaqueta, permitieron identificarlo. El registro de su casa permitió hallar cartas que revelaban que Thomas le había prestado 2.000 libras a un tal William Brittle, que vivía a menos de 16 kilómetros del lugar donde fue encontrado el cuerpo. Y el préstamo estaba a punto de expirar.

Cuando fue interrogado, Brittle dijo que había conducido hasta Lydney el 16 de junio para saldar su deuda con Thomas y un autoestopista confirmó que Brittle lo había recogido a su regreso ese mismo día. Un registro intenso del coche de Brittle no reveló nada más sospechoso que una única hoja de haya debajo de la esterilla. En su chaqueta había algunos restos de sangre de tipo 0, el de Thomas y Brittle. No obstante, la policía descubrió que cuando estaba en el ejército Brittle había aprendido lucha cuerpo a cuerpo sin armas.

Desgraciadamente, mientras la investigación seguía su cauce, un hombre declaró que sin duda había visto a Thomas en Lydney el 20 de junio (en el juicio otros dos testigos de la defensa declararon haberlo visto el 21 de junio). Si esto era verdad, Thomas no podía llevar muerto más de cinco o seis días cuando su cadáver fue descubierto. «¿Es posible?», le preguntó el jefe de la investigación a Simpson. «No, no es posible –replicó el patólogo– y estoy dispuesto a afirmarlo ante un tribunal y a soportar un fuerte interrogatorio al respecto si llegamos a eso.»

A pesar de la renuncia del fiscal jefe en llevar el caso ante un tribunal debido a las pruebas contradictorias, un jurado de forenses tomó el poco habitual camino de declarar que William Brittle era el asesino de Peter Thomas y que lo había hecho «el 17 de junio o en fecha cercana». El juicio tuvo lugar en Gloucester en la primavera de 1965.

La defensa estaba dirigida por Quintin Hogg, QC (Queen's Counsel), quien posteriormente, como lord Hailsham, fue nombrado Lord Chancellor de Reino Unido, la cabeza visible (un cargo político) de la judicatura. Entre los expertos de la defensa se encontraba el distinguido entomólogo profesor Thomas McKenny-Hughes.

–Profesor –preguntó Hogg– ¿podemos ponernos de acuerdo en algo? Supongamos que la mosca azul deja sus huevo en la medianoche de...

–¡Por Dios del cielo, no! –le interrumpió el entomólogo–. Ninguna mosca azul que se respete deja sus huevos a medianoche. Al mediodía quizá, pero no a medianoche. –Hubo un brote de risas en la sala e incluso la cara del juez perdió ligeramente su compostura.

Hogg continuó presionando:

–Entonces, profesor ¿en qué período se esperaría que se abrieran los huevos?

–Bueno, todo depende. Sabe Ud., con tiempo cálido...

–Sí profesor, sabemos que era junio y hacía bastante calor. ¿Cuántas horas habrían transcurrido antes de que aparecieran los primeros gusanos?

–Bueno, estoy de acuerdo con el Dr. Simpson –dijo McKenny-Hughes, aparentemente inconsciente del efecto de su testimonio.

ABAJO EL DESTACADO PATÓLOGO BRITÁNICO DR. KEITH SIMPSON CAMINO DEL TRIBUNAL. DURANTE CASI 40 AÑOS, LAS PRUEBAS FORENSES DE SIMPSON FUERON VITALES PARA LA FISCALÍA EN MUCHOS CASOS. SIN SU TESTIMONIO COMO EXPERTO ES CASI SEGURO QUE ASESINOS COMO WILLIAM BRITTLE HUBIERAN SIDO DECLARADOS INOCENTES.

–¿Y esos gusanos se asientan en los cuerpos muertos enseguida? –preguntó Hogg ya un poco a la desesperada.

–Bueno –dijo el entomólogo–, los gusanos son unos pequeños y curiosos diablos –entonces sacó una caja de cerillas–. Imagine que esto es un cuerpo muerto y suponga que hay 100 gusanos. Unos 99 se dirigirán hacia el cuerpo, pero el pequeño diablo número cien lo hará en el otro sentido.

Los presentes en la sala se atrevían a mirarse y la cara del juez volvió a mostrar signos de actividad.

–No hay más preguntas –dijo Hogg desesperado.

La defensa se volvió entonces hacia las pruebas de los testigos que afirmaban haber visto a Peter Thomas en fecha tan tardía como el 21 de junio, mientras el fiscal se esforzaba, con denuedo, pero con escaso éxito, en hacerlos cambiar de opinión. A pesar de ello, las pruebas entomológicas siguieron sin poder rebatirse y el jurado encontró a Brittle culpable. Fue condenado a cadena perpetua.

EL JUICIO DE O. J. SIMPSON

Pocos juicios en los últimos años han atraído tanto público como el de la ex estrella del fútbol americano O. J. Simpson. Las audiencias del juicio fueron vistas por millones de personas de todo el mundo y el veredicto del jurado dependió, en parte al menos, de la admisibilidad de las pruebas presentadas.

El 12 de junio de 1994, los cuerpos de la estrangulada esposa de Simpson, Nicole, y de su amigo Ronald Goldman aparecieron en el camino que conducía a la entrada principal de la casa de Nicole en el selecto suburbio de Los Ángeles llamado Brentwood, en las afueras de Santa Mónica. Ambos estaban cubiertos de sangre y habían recibido profundas cuchilladas. La cabeza de Nicole estaba casi separada del cuerpo; la herida iba desde el lado izquierdo de la garganta hasta justo debajo de la oreja derecha y era tan profunda que dejaba al descubierto la médula espinal. Goldman había sido apuñalado al menos 30 veces.

Cuando las víctimas fueron descubiertas, pasada la medianoche, llevaban muertas unas tres horas. En los primeros momentos de la investigación se realizaron demasiados errores. La policía dejó expuestos los cuerpos en la escena del crimen –cubiertos con una sábana sacada de la casa de Nicole– durante varias horas antes de permitir que los médicos los examinaran. Además, durante el juicio, el patólogo forense que realizó las autopsias se vio obligado a confesar que había cometido hasta 40 errores diferentes al examinar los cuerpos.

Más importante aún fue la cuestión de las manchas de sangre en la espalda desnuda de Nicole, que yacía caída hacia delante y boca abajo, claramente visibles en las fotografías de la escena del crimen. Era evidente que alguien había sangrado sobre ella. Sin embargo, al trasladar el cuerpo al depósito, el equipo del coroner le había dado la vuelta –la práctica habitual– al meterla en una bolsa para cadáveres y cerrar la cremallera, con lo que la sangre de su cuello borró esta prueba vital. El Dr. Herb MacDonell se mostró especialmente preocupado por esta cuestión y llevó a cabo varios experimentos para replicar el dibujo de las

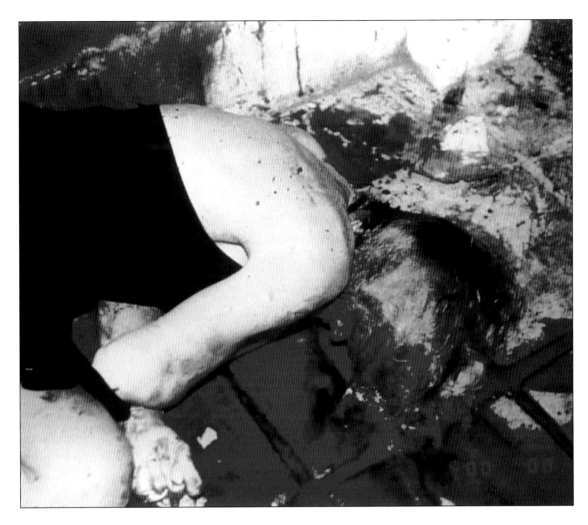

manchas, pero cuando testificó (para la defensa) no se le preguntó por sus investigaciones.

El comportamiento de O. J. Simpson durante las horas que siguieron a los asesinatos y después, fue tremendamente sospechoso. Entre las 9.36 y las 10.56 p.m. se desconoce cuáles fueron sus movimientos, pero a las 10.03 realizó una llamada telefónica, no desde su casa, sino desde su Ford Bronco. A las 10.56 p.m. el conductor de una limusina que le iba a llevar al aeropuerto para volar hasta Chicago lo vio entrar en su casa. Pocos minutos después salió con sus maletas, incluida una pequeña bolsa negra, que ya no estaba en la limusina cuando llegaron al aeropuerto.

Al regresar de Chicago el día siguiente, Simpson fue interrogado en el cuartel general de la policía. Se fijaron sobre todo en una herida abierta que tenía en la mano, que no fue capaz de explicar convincentemente. El interrogatorio duró sólo media hora y sus detalles no se presentaron ante el tribunal. Además, cuando se dictó una orden de arresto, Simpson salió huyendo en otro Bronco conducido por un amigo íntimo, que no tardó en verse seguido por una docena de coches patrulla, junto a helicópteros con fotógrafos de prensa y cámaras de televisión.

En el coche, una vez se detuvo, se encontraron el pasaporte de Simpson, 8.750 dólares en monedas y cheques de viaje, una pistola cargada y una barba y un bigote falsos. Tras él, en su casa de Benedict Canyon, había dejado una larga nota a un amigo, en la que sugería que había estado planeando viajar a México. Ni la nota ni el intento de huida fueron sacados a colación durante el juicio.

Cuando comenzó el juicio de Simpson, el 22 de julio de 1994, se declaró «absolutamente 100% inocente». Durante 133 días, presididas por el juez Lance Ito, las audiencias fueron transmitidas en directo por televisión; el fiscal llamó a 78 testigos y la defensa a 72. El equipo de defensa de Simpson no tardó en ser conocido como el Dream Team. Estuvo dirigido por el célebre abogado de Los Ángeles Johnnie Cochran, que en 1993 había defendido con éxito a Michael Jackson en un caso de abuso de menores. Formaban parte de él el conocido abogado Robet Shapiro, el famoso abogado decano F. Lee Bailey, Barry Scheck del Proyecto Inocencia, el catedrático de Harvard Alan Dershowitz y así hasta un total de once abogados. El equipo del fiscal, dirigido por la ayudante del fiscal del distrito Marcia Clark, lo formaban nueve abogados. Estaban convencidos de conseguir un veredicto de culpabilidad, pero demostraron no estar a la altura del Dream Team.

Tres semanas del juicio estuvieron dedicadas a los detallados testimonios referentes a las pruebas de ADN de las muestras de sangre. Se encontraron siete restos de ADN de Simpson en el escenario del crimen, un guante empapado de sangre cerca de su casa contenía la de ambas víctimas, un calcetín recuperado en su cuarto estaba manchado con sangre de Nicole. Gotas de sangre en la entrada de la casa de Simpson, el vestíbulo y en su Bronco pertenecían al acusado. La mayoría de las manchas del coche eran suyas, pero tres pequeños restos, descubiertos seis semanas después, coincidían no sólo con el ADN de Simpson, sino también con el de Nicole y Goldman.

Sin embargo, Barry Scheck atacó sin compasión al criminólogo Dennis Fung, que había sido el responsable de la recolección de las muestras de sangre. Estuvo en el estrado durante nueve días y tuvo que admitir que muchas de las manchas de sangre habían sido recogidas por su ayudante «bajo mi directa supervisión».

Scheck también incidió en la cuestión del tiempo transcurrido antes de que Fung llegara a la escena del crimen; lentamente estaba planteando la idea de que algunas de las pruebas habían sido colocadas y muchas de ellas contaminadas. En un momento de su contrainterrogatorio, Scheck dejó claras sus intenciones:

¿Atendiendo a la costumbre y práctica de su laboratorio y su trabajo con los detectives, hubiera sido impropio si cualquiera de esos detectives hubiera guardado durante la noche del 13 de junio entre sus objetos personales la sangre obtenida del Sr. Simpson y luego habérsela entregado a Ud. a la mañana siguiente, el 14 de junio?

ABAJO LAS SANGRIENTAS HUELLAS DE PISADAS EN EL CAMINO SE ALEJAN DEL CUERPO DE NICOLE. EN EL JUICIO CIVIL DE O. J. SIMPSON, LAS PRUEBAS ESTABLECIERON QUE CON TOTAL SEGURIDAD HABÍAN SIDO DEJADAS POR SUS ZAPATOS BRUNO MAGLI DE TALLA 12 AMERICANA.

En la sala se organizó un pequeño escándalo cuando Robert Shapiro repartió galletitas de la suerte «del restaurante Hang Fung». Fue obligado a disculparse ante la corte.

El distinguido científico forense Dr. Henry Lee fue llamado como testigo de la defensa. Scheck le preguntó sobre las fotografías de las manchas de sangre en la escena del crimen y le fue dirigiendo hasta comentar que la ausencia de una escala en las imágenes era un serio fallo de procedimiento. Seguidamente se le preguntó por su examen de los dos calcetines en el dormitorio de Simpson, que habían sido introducidos ambos en la misma bolsa y, por lo tanto, era posible que se hubieran contaminado mutuamente.

Scheck preguntó: «¿Tendría alguna relevancia para los resultados de este examen que no llevara bata de laboratorio o una redecilla en el pelo?»

A lo cual Lee replicó con su inglés medio chino: «No importa lo que llevara, traje de astronauta o armadura. Seguirían contaminadas».

F. Lee Bailey contrainterrogó al detective Mark Fuhrman sobre el hallazgo de un gorro tejido y del guante desparejado encontrado junto al cuerpo de Ronald Goldman, que supuestamente coincidía con el encontrado en el dormitorio de Simpson. Fuhrman demostró ser un mal testigo cuando con persistencia recordó detalles de sus entrevistas con los fiscales y luego Bayle volvió al ataque: «¿Había previsto, basado en lo que se le había dicho, que se le podía atacar de algún modo respecto a supuestos comentaros racistas?».

Esta línea de interrogatorio iba a ser crucial para el juicio. Marcia Clark había conseguido debilitar los ataques de la defensa contra Fuhrman, pero la escritora Laura McKinny testificó que, en las diferentes entrevistas grabadas que le había realizado

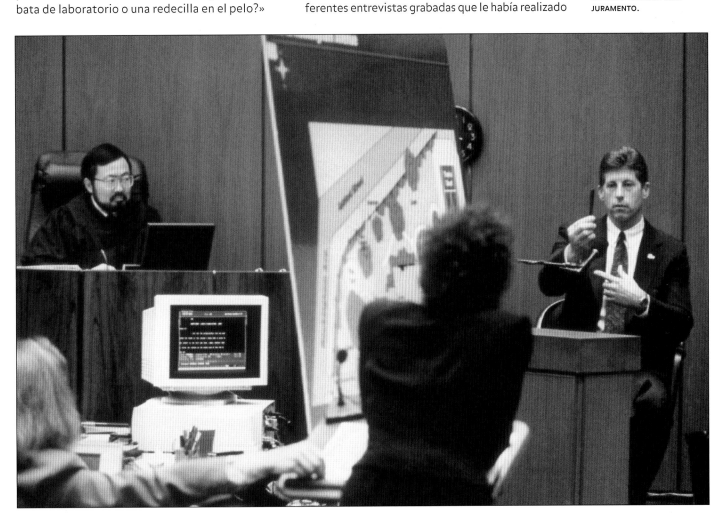

Presumption of Innocence - Reasonable Doubt - Burden of Proof

A defendant in a criminal action is presumed to be innocent until the contrary is proved, and in case of a reasonable doubt whether his guilt is satisfactorily shown, he is entitled to a verdict of not guilty. This presumption places upon the People the burden of proving him guilty beyond a reasonable doubt.

Reasonable doubt is defined as follows: It is not a mere possible doubt; because everything relating to human affairs is open to some possible or imaginary doubt. It is that state of the case which, after the entire comparison and consideration of all the evidence, leaves the minds of the jurors in that condition that they cannot say they feel an abiding conviction of the truth of the charge.

ARRIBA LA AYUDANTE DEL FISCAL DEL DISTRITO MARCIA CLARK EN EL TRIBUNAL, CON UN CARTEL DONDE SE EXPLICABA EL SIGNIFICADO DE «DUDA RAZONABLE» AL JURADO. A LOS EXPERTOS FORENSES SE LES EXIGE QUE ESTABLEZCAN LOS DETALLES DE UN CRIMEN «MÁS ALLÁ DE CUALQUIER DUDA RAZONABLE».

al detective a lo largo de diez años, había utilizado la palabra «negrata» 42 veces. Cuando Fuhrman negó bajo juramento que hubiera utilizado nunca semejante expresión, quedó demostrado que había cometido perjurio, y la defensa estuvo rápida al sugerir seguidamente que había colocado las pruebas cruciales. De hecho, en una cinta escuchada durante el juicio Fuhrman no sólo utilizó la palabra «negrata», sino que también comentó que había colocado pruebas para asegurar una condena.

A pesar de que la fiscalía llamó a varios expertos para que explicaran la importancia del ADN en términos sencillos, no tardó en quedar claro que no sólo millones de televidentes, sino también el jurado estaban confusos y aburridos por las largas explicaciones científicas. Pero lo más importante es que se sembraron dudas respecto a la cadena de custodia de las pruebas. Resultó que el volumen de un vial con una muestra de sangre de Simpson había disminuido misteriosamente. Dos expertos de la defensa que habían estudiado los calcetines dos semanas después de los asesinatos declararon que no habían visto manchas y la acusación informó de que éstas no fueron comunicadas hasta cuatro semanas después.

Hubo una alegación no fundamentada de que muestras de los calcetines, enviadas al laboratorio del FBI, habían demostrado contener el conservante añadido a las muestras de sangre de Simp-

son. También hubo indicios de que los viales de referencia de la sangre de Nicole y Goldman habían quedado contaminados por el ADN de Simpson, lo cual levantó serias dudas respecto a los procedimientos del laboratorio de la policía de Los Ángeles. El Dr. Lee realizó un comentario, respecto a estas pruebas, sucinto (y expurgado), que se haría famoso: «Algo no funciona».

Ante estas admisiones, otras pruebas incriminatorias –como el guante, así como las huellas sangrientas en la escena del crimen, realizadas probablemente por uno de los zapatos Bruno Magli de talla 12 americana de Simpson– quedaron reducidas a nada. El 2 de octubre de 1995, tras sólo tres horas de deliberaciones, el jurado declaró inocente a Simpson.

Después de que terminara el juicio, varios miembros del Dream Team pusieron mucho esmero en señalar que habían formado parte de la defensa no porque creyeran necesariamente en la inocencia de Simpson, sino para esclarecer puntos de la ley y, sobre todo, para destacar la falta de atención con la que los investigadores tomaban las muestras de sangre para los estudios de ADN. Posteriormente la familia de Ronald Goldman presentó una demanda civil contra Simpson, en la que fue encontrado culpable de «haber causado injustamente las muertes de Ronald Goldman y Nicole Brown Simpson».

IZQUIERDA WYNE WILLIAMS EN LA CONFERENCIA DE PRENSA EN LA CÁRCEL TRAS SU CONDENA COMO EL ASESINO EN SERIE DE NIÑOS DE ATLANTA. A PESAR DE SU APELACIÓN, EL TRIBUNAL SUPREMO DE GEORGIA RATIFICÓ LA CONDENA.

Conocer y comprender la psicología criminal también puede ser de gran importancia durante los interrogatorios de los testigos en el transcurso del juicio. Cuando Wayne William fue acusado en 1982 de los asesinatos de niños en Georgia, el fiscal se dio cuenta de que –a pesar de la cantidad de pruebas físicas y circunstanciales–, tendrían problemas para convencer al jurado de que era capaz de cometer los crímenes de los que se le acusaba. Williams era de modales amables, bien hablado y estaba dispuesto a cooperar; llevaba unas gafas de cristales gruesos y sus rasgos faciales en modo alguno eran ordinarios. Vivía con sus padres, ambos maestros jubilados y se quejó de que la acusación contra él se debía exclusivamente a cuestiones raciales.

La fiscalía no esperaba que Williams declarara, por lo que se sorprendieron cuando su abogado anunció que testificaría. Durante más de un día su abogado llamó la atención sobre su aspecto físico: «¡Mírenle! ¿Tiene aspecto de ser un asesino en serie? [...] Miren lo suaves que tiene las manos. ¿Creen que poseen la fuerza suficiente como para matar a alguien, para estrangular a alguien con esas manos?»

El creador de perfiles psicológicos del FBI John Douglas ya había contribuido anteriormente con sus conocimientos a la investigación. Él y su colega Roy Hazelwood habían opinado que el perpetrador de los asesinatos de Atlanta era negro –un rasgo muy inusual para un asesino en serie–, soltero y de entre 25 y 29 años de edad. «Apostaba por algo relacionado con la música o la interpretación», escribió Douglas posteriormente en su libro *Mindhunter (Cazador de mentes)*, 1995. (Williams se describía a sí mismo como un caza-talentos del mundo de la música.)

Por este motivo se invitó a Douglas a asistir al juicio. Cuando le llegó el turno al ayudante del fiscal del distrito, Jack Malard, de contrainterrogar al acusado, Douglas le aconsejó: «Tienes que mantenerlo en el estrado tanto tiempo como puedas: tienes que romper su resistencia, porque es una personalidad supercontrolada y rígida [...] y para llegar hasta ella tienes que mantener la presión contra él, mantenerle repasando cada aspecto de su vida. Finalmente, Douglas sugirió a Mallard que se moviera cerca de él, que violara el espacio personal de Williams, le tocara físicamente y le preguntara en voz baja: "¿Te entró pánico Wayne, cuando mataste a esos chicos?"».

Tras varias horas de preguntas cortantes, Mallard hizo lo que Douglas le había aconsejado. Con voz débil, Williams respondió: «No», para seguidamente tener un estallido de intensa rabia. Señaló a Douglas y gritó: «¡Estás intentando que encaje en ese perfil del FBI y no te voy a ayudar a conseguirlo!» Williams siguió despotricando, describiendo al FBI como «matones» y al equipo de la fiscalía como «idiotas». Fue el punto de inflexión del juicio, pues el jurado se dio cuenta del lado violento de la personalidad de Williams, hasta entonces oculto para ellos, pero que allí estaba. Fue declarado culpable y condenado a cadena perpetua.

NATIONAL EDITION

Sacramento Tim

VOL. CLII...NO. 52,475   SACRAMENTO, THURSDAY, FEBRUARY 23, 2002

Hombre de Sacramento declarado culpable de homicidio sin premeditación

EL FBI ACTÚO AL CRUZAR LA INVESTIGACIÓN LAS FRONTERAS ESTATALES

La familia de la víctima decepcionada con el veredicto

BRAN INNES

SACRAMENTO, 22 de febrero. Ayer, al comienzo del juicio que se sigue contra Stasz Pawlowski, un instalador de moquetas de Sacramento, John Meyer, ayudante del fiscal del distrito, pidió un veredicto de asesinato en segundo grado. Pawlowski se declaró inocente en una sala repleta presidida por Frank Carson en el edificio de la biblioteca y los juzgados.

Al comenzar el caso presentando las pruebas, el fiscal alabó las habilidades, tanto de la policía, como del FBI al identificar a la víctima, la Sra. Anna Jepson, la hija de 24 años de el Sr. y la Sra. Ahmad Razak, de Longview (Washington). Se requirió la ayuda del FBI porque las pruebas demostraban que, si bien el esqueleto de la víctima había sido encontrado en una tumba de poca profundidad en el sur de California, había llegado allí atravesando dos fronteras estatales. Muchas horas de paciente análisis, incluida una reconstrucción facial y un estudio del ADN, dieron como resultado la identificación de los restos como pertenecientes a la Sra. Jepson. Estudios adicionales de la alfombra en la que estaba envuelta la víctima, así

como de los restos de un vehículo encontradas en la escena del crimen terminaron conduciendo a los investigadores hasta Pawlowski, cuyas huellas dactilares coincidieron con una descubierta en una cartera hallada junto al cuerpo.

En su alegación inicial, la abogada de la defensa, Rachel Weinberger, afirmó que las pruebas presentadas eran completamente circunstanciales. No intentó cuestionar la identificación de la víctima, pero dijo que nada la relacionaba con su defendido, que vivía muy lejos del lugar donde los restos fueron encontrados y que el estudio de sus archivos de ventas y viajes demostraría que sólo trabajaba en la zona norte de California y Oregón. Dijo que presentaría pruebas de que en ningún momento instaló una moqueta en la casa de los Razak y que nada demostraba que conociera a la víctima. Asimismo comentó que Pawlowski era conocido como una persona tremendamente honrada, un profesional muy trabajador y que los testigos confirmarían estos rasgos de su personalidad. Era incapaz, dijo Weinberger, del abyecto crimen del asesinato.

El edificio de la biblioteca y el juzgado en Sacramento, donde se desarrolló el juic

Descubierto un esqueleto enterrado

El primer testigo de la fiscalía, el policía José Rodríguez, describió el descubrimiento de los restos el 20-21 de octubre del año anterior. Weinberger le preguntó por las precauciones adoptadas durante estos momentos iniciales del descubrimiento. «En el escenario del crimen estaban todos los especialistas necesarios –replicó Rodríguez–.

No estoy cualificado para expresar un opinión, pero fueron meticulosos al se guir los procedimientos estándar y s siguió cuidadosamente la cadena d custodia.»

El médico forense ayudante, Dra Jane Kurosawa, detalló a continua ción el examen del esqueleto y testi ficó que las heridas visibles indicaba que la difunta era la víctima de u atropello con huida. Durante su inte rrogatorio, Weinberger cuestionó la

Continúa en la pág. A2

...ear Officer Gregory,

February 24, 2002

...anted to take a m...
...terday's ...
...end ...
...on ca...

...sed ...
...ction...
...dica...
...g o...
...ire...

Y,

...zale...
...olic...
...Poli...

SEVENTY-FIVE CENTS

Cortesía de la California State Library

Sacramento Times

Hombre de Sacramento declarado culpable

continuación de la pág. A1

calificaciones profesionales de la Dra. Kurosawa y le preguntó: «Es posible que esas heridas fueran causadas por otros medios? ¿Mediante un objeto romo, por ejemplo?».

«Tengo siete años de experiencia con unos 30 casos de muerte por atropello –respondió Kurosawa– y estas fracturas tan características y las huellas en el cráneo son típicas de este tipo de accidentes.»

Seguidamente la investigadora de la escena del crimen, Tamara Gregory, detalló las diferentes pruebas que condujeron a la detención de Pawlowski. El primer indicio de que la víctima procedía de fuera del estado fue el descubrimiento de semillas de una planta que no era nativa de California. Se refirió brevemente a la técnica de reconstrucción facial, que fue luego descrita en detalle por un miembro del FBI. A continuación Gregory describió los pelos de perro, junto a los fragmentos de cristal y pintura procedentes de un Chevrolet, encontrados en la alfombra. Finalmente contó cómo una huella dactilar hallada en el interior de una cartera, localizada en la escena del crimen, había sido identificada como perteneciente a Pawlowski.

—No pienso discutir la huella de la cartera –dijo Wienberger–, pero ¿no podría haber sido de Pawlowski y haberla perdido durante un viaje de negocios? Dónde está la prueba que la relaciona con la Sra. Jepson?»

—Con la cooperación de los Sres. Razak –dijo Gregory–, expertos en huellas dactilares de Seattle pudieron obtener huellas para comparar de varios de los objetos personales de su hija. Éstas confirmaron que las demás huellas del interior de la cartera eran de la víctima. Las fotografías de las mismas se presentan como pruebas 12 y 13.

Seguidamente el Sr. Meyer indicó que cuatro testigos expertos del fiscal estaban en la sala y podían ser llamados a declarar. El juez Carson dijo: «Por ahora estoy satisfecho con el testimonio de los testigos de la policía. Tras escuchar lo que tenga que decir la Sra. Weinberger se podrán llamar más testigos por ambas partes».

Hablando por su defendido, Weinberger hizo hincapié en el uso de la palabra «accidente» en el testimonio de la Dra. Kurosawa. Si bien las pruebas presentadas hasta el momento parecían implicar al defendido, no se ha sugerido que hubiera intención de matar. La víctima era desconocida de Pawlowski y su comportamiento siguiente fue el de un hombre atacado por el pánico ante lo que había hecho y lleno de remordimientos.

Desenlace sorpresa

Entonces ambos abogados se acercaron al juez y hablaron con él en privado, tras lo cual se anunció que se había llegado a un acuerdo: el cargo de asesinato sería retirado y Pawlowski se declararía culpable de homicidio sin premeditación en segundo grado. Se despidió al jurado y más tarde se dictó sentencia: tres años en una institución

©HIRB/Index Stock Imagery

El acusado, Stasz Pawlowski, fue condenado ayer por asesinato sin premeditación y condenado a tres años de cárcel.

correccional del estado con posibilidad de libertad bajo fianza.

En nombre de la familia de la víctima, el Sr. Meyer leyó en la escalinata del tribunal un comunicado: «Nada podrá devolvernos a nuestra amada hija Anna y nuestro nieto ha perdido a una amada y bella madre, pero al menos nuestras mentes podrán descansar al respecto de su desaparición y muerte. Estamos encantados y agradecidos de que la policía y el FBI hayan identificado finalmente al perpetrador de este horrible crimen y de que vaya a recibir el adecuado castigo. Sin embargo, consideramos que en estas circunstancias la sentencia es completamente inadecuada.» Los Sres. Razak no realizaron más declaraciones.

CRÉDITOS DE LAS ILUSTRACIONES